I0385008

www.ingramcontent.com/pod-product-compliance
Lightning Source LLC
Chambersburg PA
CBHW070502120526
44590CB00013B/730
9781912699193

درآمدی بر

تاریخ کلیسا

جلد دوم: از اصلاحات کلیسا تا دورهٔ معاصر

ISBN 978-1-912699-19-3
90000
9 781912 699193

ویراست چهارم

درآمدی بر تاریخ کلیسا

جلد دوم: از اصلاحات کلیسا تا دورهٔ معاصر

بروس ال. شِلی

ویراستهٔ ر. ل. هَچِت

ترجمه: م. کاوه

حروف‌چینی و صفحه‌آرایی: نادر فرد
طرح جلد: مؤسسهٔ رنگین‌کمان

انتشارات پارس ۲۰۲۳
کلیهٔ حقوق برای ناشر محفوظ است

شابک جلد کاغذی: ۳-۱۹-۹۱۲۶۹۹-۱-۹۷۸
شابک ای‌بوک: ۰-۴۹-۹۱۲۶۹۹-۱-۹۷۸

Church History
In Plain Language

(2nd Volume, From Reformation to the Present)

Updated 4th Edition

Bruce L. Shelley

Revised by R. L. Hatchett

Published by arrangement with Thomas Nelson,
a division of HarperCollins Christian Publishing, Inc.

Persian Translation © 2021 Pars Publications

Reprint:: 2023

Translated into Persian by: M. Kāveh

Typesetting: Nader Fard
Cover: Rainbow Graphics

Persian Translation Published by:
Multimedia Theological Training Limited
P. O. Box 66099, London, W4 9FE, UK

publications@parstheology.com
www.parsonlineshop.com

Paperback ISBN 978-1-912699-19-3
Ebook ISBN 978-1-912699-49-0

فهرست مطالب

دورهٔ اصلاحات کلیسا

فصل بیست‌وچهارم: گرازی وحشی در تاکستان ۱۱

فصل بیست‌وپنجم: شاگرد به معنای تمام ۲۳

فصل بیست وششم: افتادن در بازی ۳۳

فصل بیست‌وهفتم: مقام سلطنت زیر لعنت ۴۳

فصل بیست‌وهشتم: «انسانی دیگر» در مانرِسا ۵۱

فصل بیست‌ونهم: گشودن صخره ۶۳

فصل سی‌ام: حکمرانی مقدسین ۷۵

فصل سی‌ویکم: عقیده‌ای قدیمی که ارزش جانبازی ندارد ۸۷

عصر خِرَد و بیداری روحانی

فصل سی‌ودوّم: هدف گرفتنِ بنیادها ۹۹

فصل سی‌وسوم: دل و دلایل آن ۱۱۱

فصل سی‌وچهارم: چوبی نیم‌سوز، برگرفته از میان آتش ۱۲۵

فصل سی‌وپنجم: نظم نوین اعصار ۱۳۷

عصر پیشرفت

فصل سی‌وششم: بازسازی دژها ۱۴۹

فصل سی‌وهفتم: مرز جدید اجتماعی ۱۶۱

فصل سی‌وهشتم: به‌سوی مردم مناطق دوردست جهان ۱۷۱

فصل سی‌ونهم: سرنوشت یک ملت ۱۸۳
فصل چهلم: پلی برای مُدرنیست‌های خردباور ۱۹۵
فصل چهل‌ویکم: چیزی برای ازدست‌دادن نیست، جز زنجیرها ۲۰۷

عصر ایدئولوژی‌ها

فصل چهل‌ودوم: دیوارنگاری بر دیوار شرم ۲۲۱
فصل چهل‌وسوم: مهاجران بی‌ریشه در جامعه‌ای بیمار ۲۳۳
فصل چهل‌وچهارم: اعتقادنامه‌های جدید برای صبحانه ۲۴۷
فصل چهل‌وپنجم: دوایی از رحمت ۲۵۷

عصر گسترش و جابه‌جایی جهانی

فصل چهل‌وششم: مسیحیت در غرب ۲۷۱
فصل چهل‌وهفتم: تغییر مسیر به‌سوی جهان جنوب ۲۸۵
فصل چهل‌وهشتم: پنجره‌هایی به‌سوی دنیای مسیحیت ۲۹۹

گفتار پایانی ۳۰۹
یادداشت‌ها ۳۱۷

دورهٔ اصلاحات کلیسا

۱۶۴۸-۱۵۱۷

اصلاحات کلیسا با شور و شـــتاب در قرن شانزدهم آغاز شد و با ایجاد نهضت پروتســـتان، طومار ریاســـت پاپ را بر مســـیحیت غرب در هم پیچید. نهضت پروتســـتان در دورهٔ نخســـتین خود به چهار فرقهٔ عمده تقسیم می‌شد: لوتری، اصلاح‌شده، آناباپتیست، و آنگلیکن. کلیسای رُم نیز پس از یک نسل، به رهبری ژزوئیت‌هـــا، غیرت خود را برای امور اخلاقی بـــاز یافت. درگیری‌های خونینی میان کاتولیک‌ها و پروتســـتان‌ها پیش آمد و اروپا زیر ضربهٔ جنگ ویران شـــد تا اینکه تردیدی در این باره باقی نماند که دنیای مســـیحیت غرب برای همیشـــه چندپاره شده اســـت. در این زمان، چند تن پیشگام، راهی جدید به کلیسا نشان دادند و آن، مفهوم فرقه‌گرایانه از کلیسا بود.

دورهٔ اصلاحات کلیسا

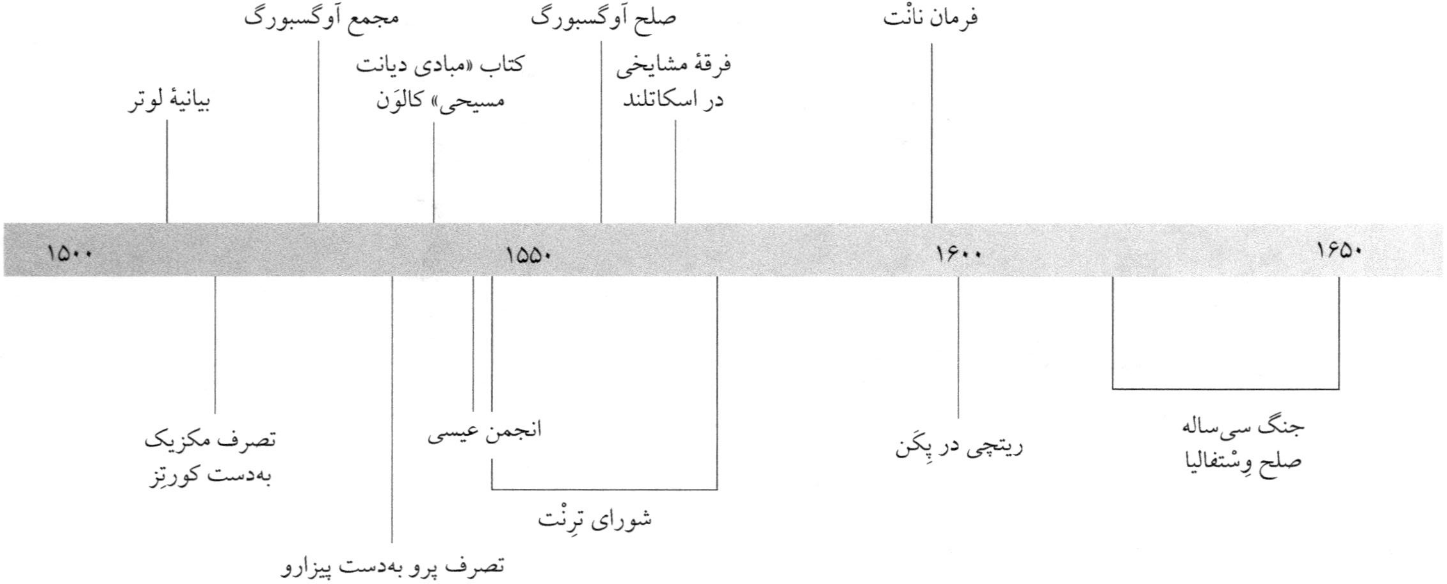

فصل بیست‌وچهارم

گرازی وحشی در تاکستان

مارتین لوتر و جنبش پروتستان

در تابستان ۱۵۲۰ سندی با یک مُهر با ابُهت پای آن، در آلمان دست‌به‌دست می‌شد تا به مخاطبِ دور آن برسد. در آغاز آن آمده بود: «خداوندا! به داوری برخیز که همانا گرازی وحشی به تاکستانت زده است.»

این سند که فرمان مهرشدۀ پاپ بود - به لاتین Papal Bull - سه ماه طول کشید تا به‌دست مارتین لوتر، همان گراز وحشی، رسید. البته، دیری پیش از آنکه به ویتنبرگ، محل تدریس لوتر برسد، لوتر از محتویات آن خبر داشت. چهل‌ویک مورد از اعتقادات او «بدعتکارانه، ننگین، کاذب، توهین‌آمیز به گوش درستکاران، یا اسباب گمراهیِ ساده‌دلان، یا منافی حقیقت کاتولیک» دانسته و محکوم شده بود. فرمان پاپ لوتر را فرامی‌خواند که اگر نمی‌خواهد با پیامدهای هولناک خطاهای خود روبه‌رو شود، توبه کند و در صدد اصلاح آنها برآید.

فرمان پاپ در دهم اکتبر به‌دست لوتر رسید. پس از به‌پایان‌رسیدن مهلت شصت‌روزه‌اش، لوتر گروهی از دانشجویان مشتاق را با خود از آوگسبورگ بیرون برد و نسخه‌هایی از قوانین کلیسایی و نوشته‌های برخی از الاهیدانان قرون وسطیٰ را به آتش کشید. شاید همان‌جا به فکرش رسید که نسخه‌ای از فرمان پاپ را هم به شعله‌های آتش بسپارد. این کار به‌منزلۀ پاسخ او بود. لوتر می‌گفت: «حالا که کتاب‌های مرا سوزانده‌اند، من هم کتاب‌های آنها را خواهم

سوزاند.» شعله‌هایی که از این آتش در روزهای نخست ماه دسامبر ۱۵۲۰ برمی‌خاست، نمادی گویا از گردن‌کشی سراسر آلمان در برابر پاپ بود.

کلیساهای وابسته به پاپ، دیگر پروتستانها را تکفیر نمی‌کنند و مسیحیان لوتری هم دیگر کتاب‌های کاتولیک‌ها را به آتش نمی‌کشند، ولی جدایی‌ها میان مسیحیان غرب همچنان پابرجاست. در پشت اختلاف‌های امروز میان کاتولیک‌ها و پروتستان‌ها، رخدادهای روزگار لوتر قرار دارد، یعنی همان دوره‌ای از تاریخ کلیسا که نزد ما به اصلاحات معروف است (۱۶۴۸-۱۵۱۷).

معنای پروتستانتیسم[1]

پروتستانتیسم چیست؟ آنچه ارنست ترولچ[2] در تعریف این واژه گفته، به تعریف معیار آن تبدیل شده است. در اوایل قرن بیستم، ترولچ پروتستانتیسم را «تعدیل کاتولیسیسم» خواند که در آن مسایل کلیسای کاتولیک باقی ماند، امّا راه‌حل‌های متفاوتی برای آنها ارائه شد. چهار پرسشی که پروتستانتیسم به شیوه‌ای نو به آنها پاسخ گفت، عبارت بودند از: (۱) انسان چگونه نجات می‌یابد؟ (۲) جایگاه مرجعیّت دینی کجاست؟ (۳) کلیسا چیست؟ و (۴) ذات زندگی مسیحی چیست؟

اصلاحگران پروتستان در سراسر اروپای قرن شانزدهم به پاسخ‌هایی مشابه دربارهٔ این پرسش‌ها دست یافتند، امّا پاسخ‌های نو به این پرسش‌ها، نخستین بار در درگیری شخصیِ مارتین لوتر با کلیسای رُم، پدیدار شد. مردان و زنان دیگری هم نیاز به اصلاح را عمیقاً احساس می‌کردند، امّا هیچ‌یک به‌اندازهٔ این آلمانیِ تنومند، چنین دستخوش کشمکش در جان و باطن خود نبود.

لوتر که در ۱۴۸۳ از پدری معدنچی به دنیا آمده بود، عزم آن داشت که وکیل شود، امّا روزی در سال ۱۵۰۵، در راه دهکدهٔ استاترنهایم[3] گرفتار توفان و رعد و برق شد و آذرخشی بر او فرود آمد و نقش بر زمینش کرد، و لوتر، هراسان، دست دعا به‌سوی قدیسه‌ای که در کلیسای کاتولیک او را نگاهبان معدنچیان می‌دانند، دراز کرد و گفت: «یا حضرت آنّا! اگر نجاتم بدهی قول می‌دهم راهب شوم.»

با همهٔ ناخشنودی والدینش، لوتر به سوگند خود وفادار ماند. دو هفته بعد، با دلی در بند احساس گناه، پا به صومعهٔ آگوستینی‌ها در ارفورت گذاشت و به راهبی سرسپرده تبدیل شد. سال‌ها بعد زمانی که به خاطرات آن دوره می‌اندیشید، نوشت: «من آیین راهبان را چنان سفت‌وسخت به اجرا درمی‌آوردم که اگر راهبی هرگز با عمل به راه و آیین راهبان به بهشت می‌رفت، آن من می‌بودم. اگر کمی بیشتر به این راه ادامه داده بودم، از کثرت عبادات شبانه و دعاها و قرائت‌ها و کارهایی دیگر از این دست جان به جان‌آفرین تسلیم می‌کردم.»

1. Protestantism; 2. Ernst Troeltsch; 3. Stotternheim

لوتر با آن‌همه ریاضتی که پیشـــه می‌کرد، ســـلامت خود را به خطر انداخته بود. گاه سه روز تمام روزه می‌گرفت و در ســـرمای سخت زمستان، بدون رواندازِ می‌خوابید. آنچه او را به این پایه از ریاضت‌پیشـــگی برمی‌انگیخت، احساس ژرفی بود که از گناهکاری خود و از عظمت وصف‌ناپذیر خدا داشت. لوتر در خاطرات خود آورده است که وقتی برای نخستین بار آیین قربانی مقدس را اجرا می‌کرد، در میانهٔ مراســـم «بی‌اندازه سرگشته و هراسان شدم و به خود گفتم: "من کِه باشـــم که نگاه خود را به عظمت الاهی متوجه کنم یا دستانم را به‌سوی آن برافرازم؟ من که خاک و خاکستر و سراپا غرق در گناهم، ایستاده‌ام و با خدای زندهٔ جاوید و حقیقی ســـخن می‌گویم."» لوتر هرچه هم تن به تنبیه خود می‌داد، هرچه از مقامات مافوق خود اندرزهای آرامش‌بخش می‌شنید، این اندیشه که گنهکار نگون‌بختِ محکومی است، او را رها نمی‌کرد. با آنکه شنوندهٔ اعترافاتش به او اندرز داده بود که خدا را دوست بدارد، روزی لوتر فریاد کشید: «من خدا را دوست ندارم! از او متنفرم!»

این راهبِ شوریده ســـرانجام محبتی را که در پی‌اش بود، با خواندن کتاب‌مقدس یافت. او که به کرسی مطالعات کتاب‌مقدس در دانشگاه نوبنیادِ ویتنبرگ منصوب شده بود، مسحور این کلمات مسیح از فراز صلیب شد: «خدایا، خدایا، چرا مرا ترک کردی؟» مسیح ترک شد! چطور ممکن اســـت خداوند ما ترک شود؟ لوتر هم احساس وانهادگی داشت، امّا او خود را گناهکار می‌دانســـت، درحالی‌که مسیح چنین نبود. پاسخ را می‌بایست در یکی‌شدنِ مسیح با انسان گناهکار جُست. آیا او در بیگانه‌شدنِ انسان با خدا سهیم شد تا مجازات گناه را بر خود بگیرد؟

چنین بود که تصویری نو و انقلابی از خدا رفته‌رفته در جانِ بی‌آرام لوتر شـــکل گرفت. ســـرانجام، در سال ۱۵۱۵، هنگامی که لوتر سرگرم تعمق دربارهٔ نامهٔ پولس به رومیان بود، به این کلمات رســـید: «زیرا عدالت خدا بدین‌گونه از ایمان بر ایمان آشـــکار شد؛ چنان‌که آمده اســـت: عادل را به ایمان باید زیستن» (۱:۱۷؛ از ترجمهٔ KJV).[۱] در این آیه، لوتر کلید اطمینان روحانی را یافت.

> لوتر بعدها در خاطرات خود آورده اســـت: «روز و شب در اندیشه بودم، تا آنکه رابطهٔ بین عدالت خدا و این جمله را دریافتم: "عادل به ایمان زندگی خواهد کرد." آنگاه پی بردم که عدالت خدا، همان پارســـایی است که خدا توسط آن، محض فیض و رحمت خود، از راه ایمان، ما را پارســـا می‌شمارد. از آن لحظه، احساس کردم از نو زاده شده‌ام و از درهای گشوده گذشته و به بهشت پا گذاشته‌ام.

لوتر این حقیقت را اکنون به‌روشـــنی می‌دید. انســـان فقط با ایمان و محض شایســـتگی قربانی مســـیح نجات می‌یابد. صلیب به‌تنهایی می‌تواند انسان را از گناه نجات دهد و او را از

۱. برای حفظ امانت در ترجمه، برگردانِ نقل‌قول‌ها از همان ترجمهٔ مورد نظر نویســـنده صورت گرفته است. «هزارهٔ نو» در ترجمهٔ این آیه آورده است: «زیرا در انجیل، آن پارسایی که از خداست به‌ظهور می‌رسد، که از آغاز تا به انجام بر پایهٔ ایمان است. چنانکه نوشته شده است: "پارسا به ایمان زیست خواهد کرد."» (مترجم).

چنگ شیطان رهایی بخشد. به این ترتیب، لوتر به تعلیم معروف خود، یعنی پارساشمردگی فقط از راه ایمان رسیده بود. از نظر او، این تعلیم کاملاً در تضاد با تعلیم کلیسای کاتولیک در خصوص پارساشمردگی از راه ایمان و کارهای نیک قرار داشت که مطابق آن، فرد ایمان خود را از راه کارهای فضیلت‌مندانه، پذیرفتن تعلیمات کلیسا، و شرکت در مراسم کلیسایی نشان می‌دهد. بعدها لوتر در سرودی که سبک نرمش‌ناپذیر او را انعکاس می‌داد، سفر روحانی خود را از اضطراب و نگرانی به‌سوی ایمان راسخ، چنین بیان کرد:

شیطان در سیاه‌چالش زنجیرم کرده بود
سایه‌های مرگ بر من افتاده بود.
گناهی که مادر در آن به من آبستن شد
شبان و روزان جانم برمی‌آشفت.
این رنجْ گزنده‌تر می‌شد هر دَم،
زندگی نداشت لذتی بَهرم،
گناه، عقل از من ربوده بود.

پسر خدا گفت مرا «اگر دستم محکم بگیری
زین پس تو پیروزی در نبرد زندگانی.»
بهر تو، من دست زجانم بشستم
بر چوبهٔ صلیب میخکوب بمردم.
من از آنِ تو و تو از آنِ منی،
هرجا که باشم، باهمیم
و زان خصم کهن، دگر باکی نیست.

نتایج حقیقتی که لوتر کشف کرد عظیم بود. اگر نجات فقط نتیجهٔ ایمان به مسیح است، پس نیازی به شفاعت کشیشان نیست. ایمانی که کلام خدا، چه مکتوب چه وعظ‌شده، به آن شکل می‌دهد و تغذیه‌اش می‌کند، دیگر نیازی به راهب و آیین قربانی مقدس و دعا به مقدسین ندارد. به این ترتیب، دیگر هیچ حاجتی به وساطت کلیسای رُم هم نیست.

حملهٔ لوتر به مرجَعیّت پاپ

لوتر نمی‌دانست این کشف روحانی او را به کجاها خواهد برد. هنگامی که او با سوءاستفادهٔ وقیحانه‌ای از منابع مالی کلیسا روبه‌رو شد، به کانون عصیان مذهبی در آلمان سوق یافت و در موضع انقلابی دیگری علیه مرجعیت پاپ قرار گرفت.

فروش بخشش‌نامه که در زمان جنگ‌های صلیبی باب شد، همچنان یکی از منابع مورد علاقهٔ پاپ برای کسب درآمد بود. کلیسا در قبال عملی شایسته - که اغلب حمایت از

هدفی ارزنده یا رفتن به زیارت یک مزار مقدس بود - گناهکار را از جریمهٔ گناهان، یعنی به‌جاآوردنِ اعمال ندامت‌جویانه معاف می‌کرد. به این منظور، کلیسا از «گنجینهٔ شایستگی‌ها» مایه می‌گذاشت. این گنجینه از فیضی فراهم آمده بود که نتیجهٔ قربانی‌شدن مسیح بر صلیب و اعمال صالح قدیسان بود.

بیشتر اوقات، واعظانی که ارادت بسیار به موضوع بخشش‌نامه‌ها داشتند، آنها را کیمیا جلوه می‌دادند، چنان‌که گویی یک عمل نیک، به‌خصوص کمک مالی، صرف‌نظر از وضعیت روحانی فردی که این عمل را انجام داده بود، بلافاصله پاداش می‌گرفت. به این ترتیب، غم و پشیمانی به‌خاطر ارتکاب گناه احساسی بود که می‌شد به‌طور کامل و با وجدان آسوده از آن صرف‌نظر کرد. این مسئله لوتر را آشفته می‌کرد.

لوتر با درک جدیدی که از معنی ایمان یافته بود، در موعظه‌های خود شروع به انتقاد از دیدگاه‌های الاهیاتی مربوط به بخشش‌نامه‌ها کرد. اتفاقی که در سال ۱۵۱۷ افتاد کاسهٔ صبر او را لبریز نمود. ماجرا از این قرار بود که راهبی به نام یوهان تِتْسِل از فرقهٔ دومینیکی، در آلمان دوره افتاده بود و می‌خواست از طرف پاپ هزینه‌های لازم برای تکمیل ساخت کلیسای سن پیتر (حضرت پطرس) را در رُم تأمین کند. مردک لاف می‌زد که به هرکس دست‌به‌جیب شود، بخشش‌نامه‌ای خواهد داد که حتی بر دنیای مردگان هم اثرگذار است و ارواح اموات را از برزخ نجات می‌دهد. می‌گفت: «صدای جیرینگ سکه چو از صندوق برآید، روح از برزخ به‌درآید!»

از نظر لوتر، الاهیات تِتْسِل در بهترین حالت مزخرف بود. بنابراین، به‌سرعت دست‌به‌کار شد و دیدگاه‌های خود را برای بحث‌وگفتگوی الاهیاتی در نودوپنج مادّه نوشت و در ۳۱ اکتبر ۱۵۱۷ مطابق رسم دانشگاه بر در ورودی کلیسای ویتنبرگ نصب کرد. در این نودوپنج مادّه اشاره شده بود که بخشش‌نامه نمی‌تواند گناهان انسان را پاک کند، هیچ تأثیری بر ارواح در برزخ ندارد، و رواج آنها زیانبار است، زیرا احساس امنیّت نادرستی در اعانه‌دهنده ایجاد می‌کند. جرقه‌ای که جنبش اصلاحات را شعله‌ور ساخت، همین بود.

طولی نکشید که دومینیکی‌های آلمانی در گزارشی به رُم، لوتر را متهم کردند که «آموزه‌های خطرناک» موعظه می‌کند. یکی از الاهیدانان واتیکان جوابیه‌ای به نودوپنج مادّهٔ لوتر نوشت و ادعا کرد هرکس از بخشش‌نامه‌ها انتقاد کند، بدعتکار است. لوتر که در آغاز مایل بود فرمان رُم را در این باره بشنود، اصرار داشت که شاهدی از کتاب‌مقدس بر نادرستی دیدگاه او ارائه شود. او حتی منکر اقتدار پاپ بر رهانیدن ارواح از برزخ شد. در ۱۵۱۹، طی مناظره‌ای هجده‌روزه با الاهیدانی به نام جان اِک[1] در لایپزیگ، لوتر ناگهان گفت: «شورای کلیسایی هم ممکن است اشتباه کند. نه کلیسا، نه پاپ، هیچ‌کدام نمی‌توانند اصول ایمان وضع کنند. برای این اصول باید به کتاب‌مقدس مراجعه کرد.»

به این ترتیب، لوتر از اولین باوری که به آن رسیده بود - یعنی نجات فقط از طریق مسیح - به دومین باور خود رسید: معیار ایمان و رفتار برای مسیحیان، پاپ یا مصوبات شوراهای کلیسایی نیست، بلکه کتاب‌مقدس است.

---

1. John Eck

شباهت لوتر به جان هوس از چشم جان اِک دور نماند. او پس از مناظرهٔ لایپزیگ دست‌به‌کار شد تا کلیسای رُم لوتر را بدعتکار اعلام کند. لوتر هم در مقابل تصمیم گرفت جزواتی بنویسد و دیدگاه‌های خود را به قضاوت مردم آلمان بسپارد. این اصلاحگر کلیسا در «سخنی با نجیب‌زادگان مردم آلمان» شاهزادگان آلمانی را به اصلاح نابسامانی‌های کلیسا فراخواند و از آنها درخواست کرد تا اسقفان و رؤسای صومعه‌ها را از ثروت و قدرت دنیوی‌شان محروم کنند و کلیسایی مردمی برای آلمان تشکیل دهند.

لوتر در اثر دیگر خود به نام «اسارت بابلی کلیسا»، به توضیح دراین‌باره پرداخت که چگونه عقیده به پارساشمردگی از راه ایمان، تعلیم او را دربارهٔ کلیسا اصلاح کرده بود. او استدلال می‌کرد که کلیسای رُم با آیین‌های کلیسایی‌اش مسیحیان را به اسارت گرفته است. لوتر به دستگاه پاپ حمله کرد، چون باور داشت مسیحیان را از اینکه به‌طور مستقیم و بدون وساطت کشیشان به خدا نزدیک شوند، محروم کرده است. ضمناً دیدگاه‌های خودش را دربارهٔ آیین‌های کلیسایی بیان کرد. به‌نظر او، آنچه به آیین کلیسایی اعتبار می‌بخشید این بود که توسط مسیح تعیین شده و منحصراً مسیحی باشد. با این دو ضابطه، لوتر پنج مورد از آیین‌های کلیسای کاتولیک را فاقد توجیه دانست. از نظر او، فقط دو آیین تعمید و عشای ربانی اعتبار داشت و حتی همین دو آیین هم به کل کلیسا متعلق بود و در انحصار کشیشان قرار نداشت.

موضوعات مهم الاهیاتی برای لوتر

پارساشمردگی از راه ایمان

کاتولیک‌ها معمولاً پیرو دیدگاه آگوستین هستند که تعلیم می‌داد پارسایی افاضه[1] می‌شود. مسیحی این پارسایی را که درونی است طی زندگی خود کسب می‌کند. در مقابل، لوتر تعلیم می‌داد که انسان زمانی در نظر خدا پارسا می‌شود که خدا او را پارسا «محسوب»[2] می‌کند. این کلمه از اصطلاحات حسابداری است و خدا را در حالی تصویر می‌کند که پارسایی یا عدالتی را که به عیسی تعلق دارد به حساب فرد ایماندار می‌گذارد. این پارسایی که «خدا اعلام می‌کند» نسبتی با درون ایماندار ندارد، زیرا در ساحت تجربه، او همچنان گناهکار است. بنابراین، انسان فقط به‌اتکای پارسایی عیسی که به حساب او گذاشته شده، در حضور خدا پارسا شناخته می‌شود. فقط در این موقع، فردی که مقدس اعلام شده، در عمل نیز پارسایی را تجربه می‌کند. مسیحیان پروتستان این رخداد را که فرد پارسا اعلام می‌شود، پارساشمردگی[3] و فرآیند رشدی را که متعاقب آن آغاز می‌شود،

1. Imparted; 2. Imputation

۳. Justification این اصطلاح را می‌توان به برحق‌شمردگی نیز برگرداند. (مترجم)

تقدیس[1] می‌خوانند. لوتر معتقد بود که تلاش انسان برای رشد در تقدس چنانچه خدا او را پارسا اعلام نکرده باشد، مردود است.

خلاصهٔ دیدگاه‌های مختلف در مورد پارسایی	
دیدگاه آگوستین دربارهٔ پارسایی (الگوی کاتولیک‌ها)	دیدگاه لوتر دربارهٔ پارسایی (الگوی پروتستان‌ها)
پیروان وفادار مسیح طی سلوک روحانی خود، پارسا می‌شوند.	ایمانداران ابتدا پارسا اعلام می‌شوند و فقط آنگاه می‌توانند در زندگی عملی نیز به‌سوی تقدسِ بیشتر گام بردارند.
پارسایی طی یک فرآیند به‌دست می‌آید.	پارسایی در یک رخداد دریافت می‌شود.
پارسایی افاضه می‌شود.	پارسایی برای فرد محسوب می‌شود.
پارسایی عبارت از حالتی درونی است که القاء[2] یا به فرد منتقل[3] می‌شود.	پارسایی برای ایماندار امری بیرونی است.
پارساشمردگی و تقدیس کلیتی یگانه‌اند.	پارساشمردگی و تقدیس دو فرآیند کاملاً متفاوتند [۱].

شریعت و انجیل

لوتر معتقد بود که در قسمت‌های مختلف کتاب‌مقدس با دو نظام عمل یا گرایش روبه‌رو هستیم: شریعت و انجیل. شریعت و انجیل هر دو دارای وعدهٔ برکت‌اند. از نظر لوتر، وعده‌های شریعت مشروط به رعایت الزامات عهد بود. انسان در صورتی می‌توانست از مشارکت با خدا بر اساس عهد او برخوردار شود که از دستورهای آن اطاعت کند. با این حال، اگر انسان نتواند به الزامات شریعت عمل کند، وعدهٔ آن تقریباً عذاب‌آور می‌شود. با این حال، شریعت در آشکارشدن ورشکستگیِ روحانی انسان و نیاز او به انجیل فیض، نقشی حیاتی ایفا می‌کند. در مقابل، انجیل شامل وعده‌ای بزرگ‌تر در مورد مشارکت با خداست؛ این وعده بزرگ‌تر است، زیرا خدا در رحمت خود تمام شرایط را تأمین می‌کند و بنابراین با وعده‌ای بی‌قیدوشرط روبه‌رو هستیم. لوتر شخصاً شادیِ حیات‌بخش انجیل را چشیده بود؛ او که در گذشته نتوانسته بود به دستورهای شریعت عمل کند و وجدانی معذب داشت به مردی تبدیل شده بود که از وعدهٔ بی‌قیدوشرط الاهی برخوردار شده بود. متونی که اعلام‌کنندهٔ انجیل‌اند هم در عهدعتیق وجود دارند (برای مثال، به‌طور متمرکز در کتاب اشعیا) و هم در عهدجدید (به‌طور خاص در نامه‌های یوحنا و پولس، ولی در نامهٔ یعقوب خبری از انجیل نیست).

1. Sanctification; 2. Infused; 3. Implanted

الاهیات مربوط به صلیب

صلیب رازی را در قلب مسیحیت آشکار می‌کند. واقعهٔ صلیب از نظر بیننده، بدترین نقطهٔ تاریخ است. این بی‌عدالتی بزرگ (مصلوب‌شدن مردی بی‌گناه) درست مانند این است که هدف خدا با شکست روبه‌رو شده باشد: ظلمت غلیظ. فقط با گذشت زمان است که فرد در می‌یابد در نگریستن به صلیب، او شاهد پیروزی خدا بر شر و پلیدی بوده است. صلیب به‌عنوان پارادایم (یعنی الگو) و دریچه‌ای نو برای نگریستن به جهان، درک انسان را از ارزش‌ها، عدالت، و امید دگرگون می‌سازد. به این ترتیب، هرگاه ارزیابی ما از صلیب وارونه می‌شود (یعنی از تصور پیروزی شرارت به درک پیروزی بر شرارت می‌رسیم)، ارزیابی ما از جهان نیز تغییر می‌یابد. چنین نبود که افراد نجیب و منضبط پیشرفت کرده و به خدا نزدیک شده بودند. صلیب پرده از تکبر دروغین برمی‌دارد و نشان می‌دهد که فقط فروتنان بر ناتوانیِ روحانی و اخلاقی خود آگاهی دارند. گناهکاران فروتن برای دریافت فیض خدا آماده‌اند. هنگامی که به دنیا از دریچهٔ صلیب می‌نگریم، نگاه متفاوتی به آن می‌یابیم: خدا گناهکاران را به قدیس تبدیل می‌کند و مردگان به زندگی باز می‌آیند.

لوتر از الاهیات کاتولیکی انتقاد می‌کرد که به توانمندی انسان برای پیشرفت (یا به‌عبارتی، صعود) به‌سوی خدا اطمینان دارد. او این نگرش را الاهیات جلال خواند و بر آن بود که الاهیات ما باید در صلیب که جهتی نو به زندگی‌مان می‌دهد، ریشه داشته باشد.

به این ترتیب، لوتر دیدگاه سنتی را دربارهٔ کلیسا که آن را همچون سلسله‌مراتبی مقدس با ریاست پاپ می‌انگاشت کنار زد و به دیدگاه اولیهٔ مسیحی بازگشت. مسیحیان اولیه کلیسا را جامعه‌ای از ایمانداران می‌دانستند که در آن تمام مسیحیان کاهن هستند و خوانده شده‌اند تا قربانی‌های روحانی به خدا تقدیم کنند.

لوتر در سومین جزوه‌اش که در سال ۱۵۲۰ تحت عنوان «آزادی فرد مسیحی» منتشر شد، با لحنی آشتی‌جویانه ولی محکم دیدگاه‌های خود را دربارهٔ رفتار مسیحی و نجات بیان داشت. احتمالاً این جزوه بهترین مقدمه بر دیدگاه‌های محوری اوست که در اختیار داریم. در این نوشتار، او سخنی برخلاف کارهای نیک نمی‌گوید؛ امّا استدلال می‌کند که آزادی روحانیِ باطنی که ناشی از اطمینانِ به‌دست‌آمده از ایمان است، تمام مسیحیان واقعی را به‌سوی اقدام به کارهای نیک هدایت می‌کند. لوتر می‌گوید: «کارهای نیک، ما را به انسان نیک تبدیل نمی‌کند»، بلکه «انسان نیک دست به کارهای نیک می‌زند.»

به این ترتیب، لوتر در آستانهٔ طردشدنش از کلیسای رُم، ضرورت زندگی رهبانی را منکر شد، زیرا تأکید داشت ذات زندگی مسیحی در این خلاصه می‌شود که انسان مطابق دعوت خود به خدا خدمت کند، خواه این خدمت در کلیسا باشد خواه بیرون از آن. لوتر می‌گفت که از نظر خدا تمام خدماتِ مفید، به یک اندازه مقدس‌اند.

بدعتکار، یاغی، و قهرمان

در ژوئن ۱۵۲۰، پاپ لئوی دهم، حکم خود را دال بر محکومیت لوتر صادر کرد و به او شصت روز فرصت داد تا دست از بدعت خود بردارد. آتشی که در ویتنبرگ افروخته شد، قصد لوتر را روشن ساخت و نتیجهٔ این امر، طرد او از کلیسای رُم بود. در ژانویهٔ ۱۵۲۱ پاپ لوتر را بدعتکار اعلام کرد و او را از به‌اصطلاح «کلیسای واحد مقدس کاتولیک و رسولی» بیرون انداخت.

کسی که اکنون می‌بایست به مسئلهٔ این آلمانی رسیدگی کند، امپراتور جوان، شارل پنجم[1] بود. او سوگند یاد کرده بود از کلیسا دفاع کند و بدعت را از امپراتوری دور سازد. شارل لوتر را جهت ادای توضیح دربارهٔ نوشته‌هایش، به مجلس (یا مجمع) امپراتوری که در وُرْمْس[2] تشکیل می‌شد فراخواند. در برابر این شورا، لوتر یک بار دیگر تأکید ورزید که فقط به مرجعیت کتاب‌مقدس تمکین می‌کند. او خطاب به اعضای محکمه گفت: «وجدان من اسیرِ کلام خداست.» «من حرف خود را در هیچ موردی پس نمی‌گیرم، زیرا در عمل برخلاف وجدان، نه صداقتی هست نه امنیتی. من در اینجا می‌ایستم، غیر از این نمی‌توانم. خدا یار من باد. آمین.»

شارل پنجم نه فقط متأثر نشد، بلکه لوتر را یاغی اعلام کرد. در حکم او آمده بود: «این شیطان در جامهٔ راهبان، همهٔ خطاهای کهن را در گودالی بویناک گرد آورده و خطاهای جدیدی ابداع کرده است.» لوتر بیست‌ویک روز فرصت داشت تا قبل از اجرای حکم، خود را در امان به ساکسونی برساند. اما این اتفاق نیفتاد. لوتر را شاهزادهٔ ساکسونی، دوک فردریک فرزانه[3] که ویتنبرگ[4] جزو قلمرو او بود، از خطر دستگیری و مرگ نجات داد. دوک ترتیبی داد تا لوتر در مکان خلوت قلعهٔ وارتبورگ[5] پنهان شود. این اصلاحگر کلیسا در هیئت نجیب‌زاده‌ای کم‌اهمیت به نام یونکر گئورگه[6] به‌مدت تقریباً یک سال در آنجا ماند و در این مدت، دست به ترجمهٔ عهدجدید به زبان آلمانی زد. این نخستین گام مهم برای شکل‌دهی مجدد به عبادت عمومی و شخصی در آلمان بود.

در این اثنا، شورش علیه رُم نیز گسترش یافت؛ در شهرها یکی پس از دیگری، کشیشان و شوراهای شهر مجسمه‌ها را از کلیساها برمی‌داشتند و آیین قربانی مقدس (عشای ربانی) را ترک می‌کردند. اصلاحگرانی جدید که بسیاری از آنها تُندروتر از لوتر بودند، بر صحنه ظاهر شدند. از این مهم‌تر، شاهزادگان، دوک‌ها، و الکتورها یعنی صاحبان رأی با حمایت از این جنبش نو، محکومیت لوتر را نپذیرفتند.

در ۱۵۲۲ لوتر به ویتنبرگ بازگشت تا اصلاحات روحانی خاصی ایجاد کند که به الگویی برای بخش گسترده‌ای از آلمان تبدیل شد. او مقام اسقف را ملغی اعلام کرد، زیرا تأییدی بر آن در کتاب‌مقدس نمی‌دید. آنچه کلیسا نیاز داشت، شبان بود نه مقامات عالیه. بسیاری از خادمان کلیسا در ساکسونی و نواحی اطراف، تجرّد را کنار گذاشتند. راهبان و راهبه‌ها تأهل اختیار کردند و خود لوتر هم پس از اینکه دیگران را به ازدواج توصیه کرد، سرانجام تصمیم

1. Charles V; 2. Worms; 3. Duke Frederick The Wise; 4. Wittenberg; 5. Wartburg Castle; 6. Junker George

گرفت با راهبهٔ سابق، کاتارینه فون بورا[1] ازدواج کند. تصویری نو از خدمت در مسیحیت غربی پدیدار شد: کشیش متأهل که مانند مردان دیگر خانواده‌ای برای خود داشت. لوتر بعدها گفت: «در سال نخست ازدواج به چیزهای بسیاری باید عادت کرد. مثلاً صبح بیدار می‌شوی و یک جفت گیسوی بافته روی بالش می‌بینی که قبلاً آنجا نبود.»

لوتر همچنین آیین عبادی لاتینی را بازبینی و به آلمانی ترجمه کرد. او این رسم کاتولیکی را که غیرروحانیون فقط مجاز به گرفتن نان عشا هستند کنار گذاشت. به این ترتیب، غیرروحانیون هم نان و هم شراب عشا را دریافت می‌کردند، درست همان‌گونه که پیروان جان (یان) هوس یک سدهٔ پیش خواستار شده بودند. از این گذشته، محور تأکید در عبادت کلیسایی، از آیین قربانی مقدس به موعظه و تعلیم کلام خدا تغییر یافت.

با این‌همه، چنین نبود که اوضاع در آلمان از هر نظر خوب باشد. در سال ۱۵۲۴ لوتر نشان داد که برای جلب حمایت شاهزادگان آلمانی تا چه اندازه از مواضع خود کوتاه آمده بود. دهقانان آلمانی که از دیدگاه لوتر مبنی بر آزادی فرد مسیحی جسور شده و این مفهوم را به قلمرو مسائل اقتصادی و اجتماعی تعمیم داده بودند، بر اربابان خود شوریدند. دهقانان که مدت‌ها از نجیب‌زادگان توسری خورده بودند، در مطالبات دوازده‌گانه‌شان الغای تیول‌داری را خواستار شدند مگر اینکه بر مبنای انجیل توجیه‌پذیر باشد؛ آنها همچنین خواستار لغو اجبار در مورد خدمات اضافی شدند.

در ابتدا لوتر اعتراضات دهقانان را برحق دانست، اما هنگامی که آنها علیه مراجع قدرت دست به خشونت زدند، او زبان به سرزنش آنها گشود. او در نوشتار تند و تلخ خود به نام «علیه دسته‌های دزد و آدم‌کش دهقانان»، شاهزادگان را فراخواند تا «بزنند و دار بکشند و بکشند ... چون چیزی زهرآگین‌تر و مهلک‌تر یا اهریمنی‌تر از فرد یاغی نیست.»

در سال ۱۵۲۵ شاهزادگان و نجبا شورش دهقانان را درهم‌کوبیدند و این کار به بهای جان یکصدهزار دهقان تمام شد. بازماندگان آن جماعت، لوتر را نبی دروغین دانستند و بسیاری از آنها به کلیسای کاتولیک بازگشتند یا جذب اَشکال تندروتر جنبش اصلاحات کلیسا شدند.

مارتین لوتر (۱۴۸۳-۱۵۴۶) پدر جنبش اصلاحات کلیسا بود. این جنبش نه فقط مسیحیت، بلکه تمام تمدن غرب را دگرگون کرد.

1. Katherine Von Bora

فرقه‌های اصلی اصلاحات کلیسا

کاتولیک رومی مسیحیت قرون وسطیٰ ارتودوکس شرقی	لوتری اصلاح‌شده یا رِفُرْمد کاتولیک رومی آنگلیکن (کلیسای انگلستان) آناباپتیست

دیدگاه‌های محافظه‌کارانهٔ لوتر در امور سیاسی و اقتصادی، از این باور او ناشی می‌شد که برابری تمام انسان‌ها در پیشگاه خدا فقط در مسائل روحانی است نه دنیوی. اگرچه این دیدگاه‌ها دهقانان را از او دور می‌ساخت، به نفع اتحاد با شاهزادگان بود، زیرا بسیاری از آنها بخشی به این سبب لوتری شدند که دیدگاه‌های لوتر به آنها امکان می‌داد تا اختیار کلیسا را در قلمروهای خود به‌دست گیرند و بدین‌گونه، منابع قدرت و ثروت خود را تقویت کنند.

تأثیرِ ماندگار لوتر

در ۱۵۳۰ زمانی که اجلاس سران جنبش اصلاحات برای تهیهٔ بیانیهٔ مشترک ایمان در آوگسبورگ تشکیل شد، رهبری نهضت کم‌کم از دست لوتر خارج شده بود. او هنوز قانون‌شکن محسوب می‌شد و اجازهٔ شرکت در اجلاس را نداشت. چنین بود که وظیفهٔ ارائهٔ دیدگاه‌های لوتری به فیلیپ ملانشتون[1] استاد جوان زبان یونانی در ویتنبرگ، واگذار شد. این پژوهشگر جوان پیش‌نویسِ اقرارنامهٔ آوگسبورگ[2] را تهیه کرد که به امضای شاهزادگان و الاهیدانان لوتری رسید، ولی امپراتور در اینجا نیز همچون در ورمز، تن به مصالحه نداد.

پس از این اجلاس، لوتر به موعظه و تعلیم‌دادن کتاب‌مقدس در ویتنبرگ ادامه داد، ولی حتی زندگی‌نامه‌نویسانی که بیشترین همدلی را با لوتر داشته‌اند، حاضر نشده‌اند برخی از کارهای او را در سال‌های پایانی زندگی‌اش توجیه کنند. در یکی از شماره‌های مجلهٔ تایم دربارهٔ لوتر آمده است: «او به شاهزاده فیلیپ که از هوادارنش بود اجازه داد زن دوم بگیرد. او اصلاحگرانی را که با وی اختلاف داشتند، با همان کلماتی محکوم می‌کرد که زمانی برای دستگاه پاپ استفاده کرده بود. او سخنانی دربارهٔ یهودیان گفت که بر زبان هیتلر هم جاری نمی‌شد.» یکی از زندگی‌نامه‌نویسان لوتر به نام رولاند بِینتون[3] می‌گوید که لوتر هنگام مرگ خود در ۱۵۴۶ «پیرمردی شده بود تندمزاج، بداخلاق، ستیزه‌جو و ناخویشتندار که گاه عملاً ادب و نزاکت را زیر پا می‌گذاشت.»

1. Philip Melanchthon; 2. Augsburg Confession; 3. Roland Bainton

خوشبختانه، ضعف‌های یک شورشیِ سالخورده نمی‌تواند از عظمت دستاورد او که در نهایت نه فقط مسیحیت، بلکه کل تمدن غرب را دگرگون ساخت، چیزی بکاهد.

پس از سال ۱۵۳۰، امپراتور شارل پنجم خنجر را از رو بست و قصد خود را برای نابودی بدعتی که در حال گسترش بود، علنی ساخت. در پاسخ، شاهزادگان لوتری ائتلافی به نام اتحادیهٔ اشمالکالد[1] (۱۵۳۱) تشکیل دادند و بین ۱۵۴۶ تا ۱۵۵۵ جنگ داخلی ناپیوسته‌ای جریان یافت. آنچه به این مخاصمه پایان داد، پیمان صلح آوگسبورگ در سال ۱۵۵۵ بود که به شاهزادگان این حق را می‌داد تا مذهب اتباع خود را انتخاب کنند. طبق این پیمان، فعالیت تمام فرقه‌های پروتستان به‌جز فرقهٔ لوتری ممنوع بود و تمام اسقفان کاتولیک موظف بودند در صورت پذیرش مذهب لوتری، اموال خود را واگذار کنند.

نتایج این توافقات برای آلمان عمیق بود. مذهب لوتری در بخش‌های گسترده‌ای از امپراتوری به دین دولتی تبدیل شد، و از آلمان به اسکاندیناوی گسترش یافت. به این ترتیب، دیدگاه‌های دینی به متعلقات شخصی شاهزادگان تبدیل شد و برای اتباع آنها چاره‌ای جز قبول آنها وجود نداشت، حال این دیدگاه‌ها می‌خواست لوتری باشد یا کاتولیکی.

با این‌همه، بزرگ‌ترین خدمت لوتر به تاریخ، نه در زمینهٔ امور سیاسی، که دینی بود. او به چهار سؤال اساسی کاتولیکی، پاسخ‌هایی نو و روح‌بخش داد. به این پرسش که «انسان چگونه نجات می‌یابد؟» لوتر پاسخ داد: «نه از راه اعمال، بلکه فقط با ایمان.» به این پرسش که «جایگاه مرجعیت دینی کجاست؟»، پاسخ داد: «نه در نهادی مرئی که کلیسای کاتولیک رومی خوانده می‌شود، بلکه در کلام خدا که در کتاب‌مقدس یافت می‌شود.» به این پرسش که «کلیسا چیست؟» لوتر پاسخ داد: «کل جامعهٔ ایمانداران مسیحی، زیرا همهٔ آنها در پیشگاه خدا کاهن هستند.» و در نهایت به این سؤال که «ذات زندگی مسیحی چیست؟»، پاسخ داد: «خدمت به خدا به هر طریق مفید، خواه به‌عنوان روحانی دستگذاری‌شده یا مسیحی عادی.» هنوز هم هر توصیف کلاسیکی از مذهب پروتستان باید این حقایق محوری را منعکس کند.

پیشنهادهایی برای مطالعهٔ بیشتر

Bainton, Roland. *Here I Stand: A Life of Martin Luther.* Nashville: Abingdon Press, 1950.
Chadwick, Owen. *The Reformation.* Middlesex: Penguin Books, 1964.
Dillenberger, John. *Marin Luther: Selections from His writings.* Garden City, NY: Doubleday & Company, Inc., 1961.
Heinze, Rudolph W. *Reform and Conflict: From the Medieval World to the Wars of Religion, AD 1350-1648. Baker History of the Church.* Vol. 4. Grand Rapids: Baker, 2004.
Marty, Martin. *Martin Luther.* New York: Penguin, 2004.
*McGrath. *Theology of the Cross: Martin Luther's Theological Breakthrough.* 2nd ed. Malden, MA: Wiley-Blackwell, 2011.

1. The Schmalkald League

فصل بیست‌وپنجم

شاگرد به معنای تمام

آناباپتیست‌ها

زیر پوشش تاریکی، دوازده تن یا در همین حدود، آهسته و به‌سختی زیر برفی که در ژانویهٔ ۱۵۲۵ در زوریخ می‌بارید، راه می‌رفتند و آرام ولی مصمم از کوچه‌های تنگ می‌گذشتند. باد سرد زمستانی که از دریاچه به‌سوی آنها می‌وزید، با وضع و حال آنها که به خانهٔ مَنز نزدیک می‌شدند، سازگار بود. خانهٔ او در نزدیکی گروس‌مونستر[1] بزرگ‌ترین کلیسای شهر، قرار داشت.

شورای شهر زوریخ آن‌روز دستور داده بود که رهبران این افراد، کُنراد گرِبِل[2] و فلیکس منز[3] از دایر کردن کلاس‌های مطالعهٔ کتاب‌مقدس خودداری کنند. مخالفت اوج می‌گرفت! همین چهار روز قبل شورا برای تمام والدین خط‌ونشان کشیده بود که نوزادانشان را باید حداکثر تا هشت روز پس از ولادت تعمید داده باشند وگرنه مجبور به ترک دیار خواهند شد. از دست برادران روحانی چه کاری برمی‌آمد؟ آنها تصمیم گرفتند به خانهٔ منز بروند و فکرهاشان را روی هم بگذارند.

در خانهٔ منز، شایعات و حرف‌هایی را که از این طرف و آن طرف شنیده بودند با هم در میان گذاشتند و دست به دعا برداشتند تا خدا قدرت اجرای اراده‌اش را به آنها اعطا کند. پس از دعا، آنها برخاستند تا یکی از مهم‌ترین اقدامات تاریخ مسیحیت را به انجام رسانند.

---

1. Great Minster; 2. Felix Manz; 3. Conrad Grebel

جُرج بلوروک[1] کشیش سابق، به کنراد گربل نزدیک شد و از او درخواست کرد تا به‌شیوهٔ رسولان مسیح تعمیدش دهد که مستلزم اعتراف به ایمان شخصی به عیسای مسیح بود. گربل بلافاصله او را تعمید داد و او نیز دیگران را تعمید داد. بدین‌گونه، آناباپتیسم، یکی دیگر از صورت‌های مهم اصلاحات پروتستان، قدم به عرصهٔ وجود نهاد.

امروزه اخلاف مستقیم این فرقه، مسیحیان مِنونیت[2] و هاتِرایت[3] هستند. احتمالاً مردم آمریکا آنها را کشاورزانی تصور می‌کنند که ریش دارند و همسرانشان کلاه زنانه به سر، سوار اسب و درشکه، در نقطه‌ای از حومهٔ پنسیلوانیا یا آیووا مشغول ترددند. این جماعت با اتومبیل و دکمه و زیپ کاری ندارد.

در واقع فقط یکی از شاخه‌های مسیحیت منونیت، یعنی فرقهٔ قدیمی آمیش دست از سبک قدیمی زندگی برنمی‌دارد. اکثر منونیت‌ها مانند آمریکاییان دیگر هستند و به اندازهٔ آنها منابع انرژی را مصرف می‌کنند.

آنچه شاخه‌های گوناگون منونیت را با هم متحد می‌سازد، سبک خاصی از پوشش یا روش به‌خصوصی برای حمل‌ونقل نیست، بلکه مجموعه‌ای از اعتقادات و ارزش‌های مشترک است. امروزه بسیاری از این اعتقادات را مسیحیان دیگر نیز پذیرفته‌اند. بنابراین، امروزه بستگان دور آناباپتیست‌ها، باپتیست‌ها یا تعمیدیون[4] کویکرها[5] و در یک کلام، مسیحیان کانگریگشنالیست[6] یا جماعت‌گرایان هستند. در واقع، آناباپتیست‌ها با اعتقاد خود به جدایی کلیسا و دولت ثابت کردند که در عمل پیشگامان تمام پروتستان‌های مدرن هستند.

علت این امر چیست؟ چگونه ممکن است افرادی که چنین مصمم به احیای مسیحیت عهدجدیدی بودند، این‌همه بر زمانهٔ خود سبقت گرفته باشند؟ همانند راهبان بندیکتی در اوایل حیات فرقه‌شان، آناباپتیست‌ها ثابت کردند کسانی که با تمام وجود برای دنیای آینده زندگی می‌کنند، اغلب در بهترین موقعیت برای تغییردادن دنیای فعلی قرار دارند.

عقاید بنیادین آناباپتیست‌ها

از یک نظر، پدیدآمدن آناباپتیسم پدیده‌ای دور از انتظار نبود. در اکثر نهضت‌های انقلابی شاخه‌های تندروتری پا می‌گیرند که احساس می‌کنند خدا آنها را فراخوانده تا دست به اصلاح نهضت اصلاحات بزنند. آناباپتیسم چنین ماهیتی داشت؛ ندایی بود که اصلاحگران میانه‌رو را فرامی‌خواند تا ضربات عمیق‌تری به بنیادهای نظام قدیم وارد سازند.

همانند بسیاری از نهضت‌هایی که خلاف جریان فرهنگ غالب شکل می‌گیرند، آناباپتیست‌ها فاقد انسجام بودند، به‌طوری که در مورد بدنهٔ واحدی از آموزه‌های مسیحی یا شکل سازمانی وحدت‌بخشی توافق نداشتند. حتی همین عنوان «آناباپتیست»، یعنی کسانی

1. George Blaurock; 2. Mennonites; 3. Hutterites; 4. Baptists; 5. Quakers

۶. Congregationalist یعنی نظام کلیسایی خاصی که جماعت کلیسا را مسئول ادارهٔ کلیسا می‌داند و برای آن مرجعیت و استقلال قائل است. (مترجم)

که دوباره تعمید می‌دهند، لقبی بود که دشمنان به آنها داده بودند، چون می‌خواستند این تندروها را با بدعتکاران سده‌های نخست کلیسا ارتباط بدهند و زمینه را برای آزار و اذیت شدید آنها فراهم سازند؛ این نیرنگ کاملاً کارساز افتاد.

در واقعیت امر، آناباپتیست‌ها اصلاً چیزی به اسم تعمید مجدد را قبول نداشتند، زیرا آیینی را که طی آن، در نوزادی به آنها آب افشانده بودند، تعمید واقعی نمی‌دانستند. بنابراین، بیشتر ترجیح می‌دادند باپتیست یعنی «تعمیددهنده» خوانده شوند. با این حال، برای اکثر آنها، مسئلهٔ اصلی و اساسی، نه تعمید بلکه ماهیت کلیسا و رابطهٔ آن با دولت‌های مدنی بود.

آنها نیز از همان راهی به عقاید خود رسیده بودند که اکثر پروتستان‌های دیگر: یعنی از طریق کتاب‌مقدس. لوتر تعلیم داده بود که مردم عادی حق دارند به تفحص در کتاب‌مقدس بپردازند. اگر کتاب‌مقدس او را به‌سوی نجات هدایت کرده بود، چرا نتواند دیگران را هدایت کند؟

در نتیجه، گروه کوچکی از مسیحیان آناباپتیست جمع شدند تا در کتاب‌مقدس خود تفحص کنند و در صفحات عهدجدید دنیایی متفاوت یافتند که در آن نه از ائتلاف دولت و کلیسا خبری بود و نه از به‌اصطلاح «دنیای مسیحیت». در مقابل، آنچه یافتند این بود که کلیساهای تأسیس‌یافته به‌دست رسولان، جماعاتی از ایمانداران متعهد بودند، جوامعی از مردان و زنانی که شخصاً تصمیم گرفته بودند از عیسی پیروی کنند. برای قرن شانزدهم، این دیدگاه انقلابی بود.

با وجود تأکید لوتر بر مذهب شخصی، کلیساهای لوتری از سازمانی تثبیت‌شده برخوردار بودند. آنها کشیش دستگذاری‌شده داشتند که کل جماعت یک منطقهٔ به‌خصوص را اعضای کلیسای خود می‌دانست. کلیسا برای حقوق و حمایت چشم به دولت داشت. به این ترتیب، کلیسای رسمی پروتستان فرق چندانی با کلیسای رسمی کاتولیک نداشت.

آناباپتیست‌ها می‌خواستند تمام اینها را تغییر بدهند. هدف آنها «بازگرداندن» مسیحیت رسولی بود، یعنی بازگشت به کلیساهای مسیحیان واقعی. آنها می‌گفتند که در کلیسای صدر مسیحیت، اجازهٔ تعمید فقط به مردان و زنانی داده می‌شد که شخصاً تولد دوبارهٔ روحانی را تجربه کرده بودند. این کلیساهای رسولی چیزی از تعمید نوزادان نمی‌دانستند. در واقع، سنت تعمید نوزادان روشی سهل‌وساده برای تداوم‌بخشیدن به مسیحیت بود، یعنی ایجاد جامعه‌ای که اسماً مسیحی بود، ولی از نظر روحانی قدرتی نداشت.

این مسیحیان تندرو تأکید داشتند که کلیسای حقیقی همواره جامعه‌ای متشکل از مقدسین، یعنی شاگردان مسیح در دنیایی سراپا شرارت است. همانند راهبان مبشر در قرون وسطی[۱]، آناباپتیست‌ها می‌خواستند جامعه را با سرمشق خود از شاگردبودن به معنای تمام، شکل بدهند و اگر ضرورت می‌یافت از نثار جان نیز اِبایی نداشتند. آنها با تمام وجود در مقابل اینکه بخشی از قدرت دنیوی باشند مقاومت می‌کردند و این شامل خودداری از به‌دست‌گرفتن اسلحه، احراز مناصب سیاسی، و ادای سوگند بود. در قرن شانزدهم چنین استقلالی از جامعهٔ مدنی و اجتماع، تحریک‌آمیز، انقلابی یا حتی خیانتکارانه تلقی می‌شد.

این مسیحیان تندرو سوئیس، راینلانت و هلند را بیش از هر جای دیگری برای موعظهٔ عقاید خود مستعد یافتند. در میانهٔ قرن، سه گروه در اروپای آلمانی‌زبان پدیدار شدند: (۱) برادران سوئیسی به رهبری کُنراد گِربِل و فلیکس مَنْز در زوریخ. (۲) برادران هاتِرایت در موراویا[۱]؛ و (۳) منونیت‌ها در هلند و شمال آلمان.

مسیحیان تندرو در آلپ سوئیس

کنراد گربل و فلیکس منز در ابتدا از حامیان اصلاحات نوپا در زوریخ بودند که هدایت آن را اولریش زوینگلی (۱۴۸۴–۱۵۳۱) برعهده داشت. در ۱۵۱۹، سالی که لوتر با جان اِک در لایپزیگ مناظره کرد، زوینگلی در کلیسای گروس‌مونستر زوریخ به کشیش مردم تبدیل شد. او به‌جای اینکه اعتقادات خود را بر سردر کلیسا نصب کند، با موعظهٔ کتاب‌مقدس از منبر، جریان اصلاحات را به راه انداخت. تأثیر اراسموس، محقق معروف، احترام به زبان و پیام عهدجدید را در زوینگلی برانگیخت. همین امر سبب شد موعظه‌های او در زوریخ شوری به پا کند. یکی از شنوندگان موعظه‌هایش، مردی جوان به نام توماس پلاتِر[۲]، می‌گفت وقتی کتاب‌مقدس پس از این‌همه سال غفلت، توضیح داده می‌شد، انگار زوینگلی او را از موهایش گرفته بود و بلند می‌کرد.

از یک جنبهٔ مهم، زوینگلی در پیروی سفت‌وسخت از کتاب‌مقدس از لوتر هم پیش افتاد. لوتر می‌گفت اگر چیزی را کتاب‌مقدس منع نکرده باشد، جایز است؛ زوینگلی چیزی را که کتاب‌مقدس تجویز نکرده بود جایز نمی‌شمرد. به‌همین سبب، اصلاحات در زوریخ بیش از جاهای دیگر نمادهای سنتی کلیسای کاتولیک مانند شمع، مجسمه، موسیقی، و تصاویر را کنار گذاشت. بعدها در انگلستان، این خوی و خصلت را پیوریتَنیسم[۳] یا پاکدینی نامیدند.

گربل و منز که هر دو مردانی بسیار تحصیل‌کرده و معروف بودند از اصلاحات اولیهٔ زوینگلی حمایت کردند، اما با پیروی از توصیهٔ زوینگلی به مطالعه و بررسی کتاب‌مقدس، تفاوت‌های چشمگیری بین کلیساهای رسولی و کلیساهای روزگار خود مشاهده کردند.

در دولت‌شهرِ زوریخ، همچون دیگر نقاط دنیای مسیحیت، هر نوزادی تعمید داده می‌شد و عضو کلیسا به‌شمار می‌آمد. در نتیجه، کلیسا و جامعه یکی دانسته می‌شد، طوری که جای آنها را می‌شد با هم عوض کرد. کلیسا، کلیسای همهٔ افراد جامعه بود. با این‌همه، در عهدجدید، کلیسا مشارکتی بین یک جمع معدود است، جماعتی متشکل از ایمانداران حقیقی که متعهد به زیستن و مردن برای خداوندشان هستند.

گربل و منز خواستار چنین کلیسایی در زوریخ بودند: یعنی کلیسایی مستقل از دولت و متشکل از شاگردان حقیقی مسیح. تعمید ایمانداران برجسته‌ترین خصیصهٔ این کلیسای

---

۱. منطقه‌ای در مرکز اروپا که در گذشته جزو سرزمین‌های چک بود و اکنون در شرق جمهوری چک واقع است. (مترجم)

2. Thomas Platter; 3. Puritanism

جدید بود. با این‌همه، زوینگلی نقشی در این انقلاب نداشت. او محتاج حمایت ریش‌سفیدان شهر بود.

در پاییز ۱۵۲۴، هنگامی که همسر گربل پسری به دنیا آورد، تمام این نظریه‌های الاهیاتی در عمل به آزمون گذاشته شد. آیا نورسیده را باید تعمید می‌دادند؟ گربل و همسرش زیر بار نرفتند و والدین دیگر هم از سرمشق آنها پیروی کردند.

برای حل‌وفصل بحرانِ پیش‌آمده، شورای شهر زوریخ مناظره‌ای عمومی دربارهٔ این موضوع در ۱۷ ژانویهٔ ۱۵۲۵ ترتیب داد و پس از استماع دلایل له و علیه موضوع تعمید نوزادان، نمایندگان مردم زوینگلی و شاگردانش را برندهٔ مناظره اعلام کردند. در نتیجه، شورا به تمام والدینی که از تعمید فرزندانشان خودداری کرده بودند هشدار داد که اگر ظرف یک هفته به این کار اقدام نکنند از زوریخ اخراج می‌شوند.

زمینهٔ آن تعمید تاریخی که در خانهٔ منز در ۲۱ ژانویه انجام شد همین بود. این اقدام علناً به منزلهٔ نافرمانی و البته بیش از آن بود. گربل، منز و پیروانشان حاضر بودند بهای این کار را بپردازند. به‌همین سبب، مدت کوتاهی پس از اینکه تعمید صورت گرفت، این گروه اندک‌شمار از زوریخ بیرون آمد و رهسپار یکی از دهکده‌های نزدیک آن به نام زولیکون[1] شد. در این دهکده، در اواخر ژانویه، نخستین جماعت آناباپتیست شکل گرفت که نخستین کلیسای مستقل دنیای مدرن بود (مستقل به این معنی که هیچ رابطه‌ای با دولت نداشت).

مقامات زوریخ نمی‌توانستند چشم بر این عصیان ببندند. این بود که با اعزام نیروهای انتظامی به زولیکون، مردانی را که به‌تازگی تعمید یافته بودند دستگیر و برای مدتی روانهٔ زندان کردند. اما به‌محض آزادی، آناباپتیست‌ها برای یافتن پیروان جدید به شهرهای مجاور رفتند.

سرانجام، کارد به استخوان شورای زوریخ رسید. در هفتم ماه مارس ۱۵۲۶، مجازات کسی که اقدام به تعمید مجدد می‌کرد مرگ از طریق غرق‌شدن تعیین شد. ظاهراً مقامات نزد خود فکر کرده بودند «مگر بدعتکاران تعمید با آب نمی‌خواستند؟ این هم یک دریا آب!» ظرف یک سال، در ۵ ژانویهٔ ۱۵۲۷، فلیکس منز اولین نفر از آناباپتیست‌ها بود که به شهادت رسید. مقامات زوریخ او را در رود لیمات[2] که از شهر می‌گذرد غرق کردند. ظرف چهار سال، جنبش رادیکالی که در زوریخ و اطرافش شکل گرفته بود عملاً از ریشه برکنده شد.

بسیاری از جفادیدگان به آلمان و اتریش گریختند، ولی در آنجا نیز افق روشن‌تری در انتظارشان نبود. در ۱۵۲۹ شورای امپراتوری اسپیر[3] آناباپتیسم را بدعت اعلام کرد و تمام دادگاه‌ها در کشورهای مسیحی ملزم شدند بدعتکاران را به مرگ محکوم کنند. در سال‌هایی که اصلاحات کلیسا جریان داشت، بین چهار تا پنج هزار آناباپتیست به مرگ با آتش، آب و شمشیر محکوم شدند.

از نظر ما امروزیان، آناباپتیست‌ها خواستهٔ ساده‌ای داشتند: حق فرد در انتخاب باورهای شخصی‌اش. اما در قرن شانزدهم ، چنین می‌نمود که بدعتکاران تاروپود جامعه را نابود می‌کنند. از همین‌رو، ندای وجدان اغلب با شهادت خاموش می‌شد.

1. Zollikon; 2. Limmat; 3. Speyer

این ندا را در سطور نامه‌ای تأثرانگیز می‌توان دید که مادری جوان در سال ۱۵۷۳ به دختر چندروزه‌اش نوشت. پدر قبلاً به جرم تعلق به فرقهٔ آناباپتیست اعدام شده بود. اعدام مادر که در زندان آنت‌وِرْپ[1] به‌سر می‌برد تا زمان تولد فرزندش به تعویق افتاده بود. مادر جوان خطاب به دخترش می‌نویسد که وقتی بزرگ شد به‌خاطر والدینش شرمسار نباشد:

> فرزند دلبندم، دعا می‌کنم محبت حقیقی خدا تو را در کسب فضیلت تقویت کند. تویی که هنوز طفلی و مجبورم در این دنیای شریر و پلید و منحرف تنهایت بگذارم. ای‌کاش در ارادهٔ خدا بود که بتوانم تو را بزرگ کنم، ولی ظاهراً ارادهٔ خدا این نیست ... به‌خاطر ما شرمسار نباش. این راهی است که انبیا و رسولان هم رفتند. پدر عزیزت با خون خود حقانیت ایمانش را ثابت کرد. من هم امیدوارم که با خون خود همین را ثابت کنم. جسم بر چوبهٔ دار باقی می‌ماند، اما پس از این زندگی قطعاً همدیگر را خواهیم دید.

یکی از مبشران آناباپتیست که پیام این فرقه را به جانب شرق از مسیر آلپ به منطقهٔ موسوم به تیرول رساند، جرج بلوروک بود. مقامات کاتولیک به‌شدت آناباپتیست‌ها را مورد جفا قرار دادند. در روز ششم سپتامبر ۱۵۲۹ خود بلوروک نیز به شعله‌های آتش سپرده شد.

جفا آناباپتیست‌ها را به شمال راند. بسیاری از آنها در سرزمین‌های متعلق به شاهزادگانی در موراویا پناه جستند که به‌طور استثنایی رواداار بودند. در این نواحی، آنها شکل پایداری از یک نوع جامعهٔ اقتصادی تأسیس کردند که به آلمانی برودِرهُف[2] [محل برادران] خوانده می‌شد و نوعی کمون یعنی جامعهٔ اشتراکی مسیحی بود. بخشی از هدف آنها این بود که از الگوی جامعهٔ رسولی مسیحیان اولیه پیروی کنند. لیکن دلایل عملی نیز آنها را بر آن می‌داشت تا خواهان حیات جمعی باشند، زیرا بدین‌طریق در کنار یکدیگر می‌توانستند در برابر جفا تاب بیاورند. جوامع آنها سعی در نشان دادن این امر داشت که در پادشاهی خدا، برادران بر شخص تقدم دارند. این گروه‌ها که تحت رهبری یاکوپ هوتِر[3] استحکام یافتند، به هاتِریات‌ها شهرت یافتند. هوتر در سال ۱۵۳۶ چشم از جهان فروبست.

ملکوتی که به بیراهه رفت

ترس مسیحیان کاتولیک و لوتری از تندروهای آناباپتیست ناگهان در میانهٔ سال‌های ۱۵۳۰ با قیام غریبی که در مونستر رخ داد، عمیق‌تر شد. مونستر شهری وابسته به حوزهٔ اسقفی در وِستفالیا نزدیک هلند بود. در ۱۵۳۲ اصلاحات به‌سرعت در شهر گسترش یافت. اوایل، یک گروه لوتری قدرتمند در آنجا حضور داشت. اما مهاجران جدید که رسولانِ فرد عجیب‌وغریبی به‌نام یان ماتایس[4] بودند افرادی را که در مصدر قدرت قرار داشتند به تعصب‌ورزی سوق دادند. بسیاری در پی این بودند که پادشاهی زمینی خداوند در مونستر

1. Antwerp; 2. Bruderhof; 3. Jakob Hutter; 4. Jan Matthijs

تشکیل شود. مورخان تاریخ کلیســا چنین دیدگاه‌هایی را «هزاره‌گرایی» می‌نامند که به معنی اعتقاد به پادشاهی هزارسالهٔ مسیح بر زمین است.

هنگامی که اســقف ناحیه قشون خود را برای محاصرهٔ شــهر فرستاد، این آناباپتیست‌ها برخلاف انتظار، برای دفاع از خود اسلحه به‌دست گرفتند. همچنان‌که محاصره طول می‌کشید، شــهر به سلطهٔ رهبران افراطی‌تر درآمد. در تابســتان ۱۵۳۴ فردی به نام یان از شهر لَیدن[1] که در گذشــته مسافرخانه‌چی بود، قدرت دولت را قبضه کرد و حکومت استبدادی مطلق به راه انداخت. یان که مدعی دریافت مکاشــفات جدید بود، چندهمسری را که در عهدعتیق رواج داشت دوباره باب کرد و در ماه سپتامبر لقب «داوود پادشاه» را برای خود برگزید.

جناب «داوود پادشــاه» با حرمسرای خود در ناز و نعمت به‌سر می‌برد، اما با دوز و کلک عجیبی توانست با وجود گرسنگی شدیدی که در شهر بیداد می‌کرد، روحیهٔ مردم را بالا نگه دارد. از دیگر اقدامات حضرت ایشــان اینکه قشــون اسقف را تا ۲۴ ژانویهٔ ۱۵۳۵ عقب نگه داشت. اما سقوط شهر به سلطنت «داوود» پایان داد. با این حال، تا قرن‌ها بعد اروپاییان هرگاه کلمهٔ «آناباپتیست» به گوششان می‌خورد به یاد قیام مونستر می‌افتادند.

پس از ختم غائلهٔ مونســتر، آناباپتیست‌های ناحیهٔ راینِ سفلیٰ که روحیهٔ خود را از دست داده بودند بر اثر خدمات فردی به نام مِنو ســیمونس (حدود ۱۴۹۶–۱۵۶۱) جان دوباره‌ای یافتند. منو، این کشــیش ســابق، که جانش همواره در خطر بود، مسافت‌های زیادی را برای دیدن گروه‌های پراکندهٔ آناباپتیست در شمال اروپا زیر پا می‌گذاشت و با موعظه‌های شبانه‌اش به آنها روحیه می‌داد. منو در توصیه به پاسیفیسم یا صلح‌طلبی ذره‌ای کوتاه نمی‌آمد. در نتیجه، به‌مرور نام او با نفی خشــونت در نهضت آناباپتیســم گره خورد. با اینکه منو بنیان‌گذار این نهضت نبود، نسل‌های بعدیِ آناباپتیست‌ها را اغلب تا امروز مِنونیت می‌خوانند.

این گروه‌های آناباپتیست که صرفاً همچون دســته‌های قانون‌شکن در سوئیس، موراویا و هلند موجودیت خــود را حفظ کردند، فرصت چندانی در اختیار نداشــتند تا تلاش‌های میســیونری خود را هماهنگ‌ســازی کنند یا اعتقادات خود را به‌شکلی واحد و منسجم بیان نمایند. با این‌همه، در یک موقعیت مهم، تلاش به‌عمل آوردند تا در مورد بنیاد یکسانی برای مشارکت خود به توافق برسند.

پیشگامان مسیحیت مدرن

جان یودِر[2] و اَلِن کرایدر[3] این کنفرانس اولیه را شامل خلاصهٔ آرای آناباپتیست‌ها می‌دانند. در ۱۵۲۷ در شلایتهایم[4] (که امروزه در مرز آلمان و سوئیس، نزدیک شافهاوزن[5] واقع است) آناباپتیست‌ها در نخستین مجمع نهضت اصلاحات پروتستان حضور به‌هم رساندند. مهم‌ترین کسی که در این جلسه حضور داشت، مایکل زاتلر، راهب بندیکتی سابق بود که چهار ماه بعد

1. Jan Of Leiden; 2. John H. Yoder; 3. Alan Kreider; 4. Schleitheim; 5. Schaffhausen

در شـــهر روتنبورگ‌آم‌نِکا[1] که در نزدیکی آن محل قرار داشت، به شعله‌های آتش سپرده شد. سند «همبســـتگی برادرانه» که در شلایتهایم تصویب شد، سندی بسیار مهم از کار درآمد. ما آن را «اقرار شـــلایتهایم» می‌خوانیم. در سال‌های دهۀ بعد، آناباپتیست‌هایی که در اقصی نقاط اروپا زندگی می‌کردند موافقت خود را با اعتقادات مطرح‌شده در این سند اعلام کردند.

اولین اعتقاد از این مجموعه، چیزی بود که آناباپتیســـت‌ها «شاگردی» می‌خواندند. رابطۀ مسیحیان با عیسای مسیح باید در مرتبه‌ای فراتر از تجربۀ درونی و پذیرش آموزه‌های مسیحی قرار گیرد. این رابطه باید شامل زندگی روزانه با خدا باشد، که در آن تعلیم و سرمشق مسیح، به سبک خاصی از یک زندگی تحول‌یافته شکل می‌دهد. همان‌گونه که یکی از آناباپتیست‌ها گفته است: «تا انســـان در زندگی خود از مسیح پیروی نکند نمی‌تواند حقیقتاً او را بشناسد.» این یعنی مصمم‌بودن در اطاعت از «ســـخنان روشن و درخشان پسر خدا که کلام او راستی و فرمان او زندگی جادوانی اســـت.» معمولاً مســـیحیان چنین می‌اندیشند که اول باید فهمید (یعنی معنی را دریافت) آنگاه اطاعت کرد؛ فطرت آناباپتیست درست برعکس این است: فقط اطاعت راه ما را به‌سوی فهم می‌گشاید.

نتایج شاگردبودن، همان‌گونه که آناباپتیســـت‌ها دریافتند، دامنه‌ای بسیار گسترده داشت. اگر بخواهیم فقط یک مورد از این نتایج را ذکر کنیم، آناباپتیســـت‌ها با ادای ســـوگند مخالف بودند. علت این امر دستور صریح مسیح در موعظۀ بالا کوه بود: «هرگز سوگند مخورید، نه به آسمان ... نه به زمین ... و نه به اورشلیم» (متی ۵:۳۴ و ۳۵). برای یک آناباپتیست راستگویی دارای درجات و سطوح گوناگون نبود.

دومین اصل آناباپتیســـت‌ها، یعنی اصل محبت، منطقاً از اصل نخست [شاگردی] ناشی می‌شـــد. آناباپتیســـت‌ها در رفتار با افرادی که به فرقۀ آنها تعلق نداشتند بنا را بر صلح‌جویی می‌گذاشتند. آناباپتیست‌ها به جنگ نمی‌رفتند و از خود در برابر جفاکنندگان دفاع نمی‌کردند و در استفادۀ کشور از قوۀ قهریه سهیم نمی‌شدند.

با این‌همه، درون جوامع آناباپتیست‌ها نیز، کمک متقابل افراد به یکدیگر و توزیع ثروت، بر پایۀ اخلاق مبتنی بر محبت صورت می‌گرفت. این اخلاق، همچنان‌که شـــرح آن گذشت، سبب شد تا آناباپتیست‌های موراویایی زندگی مسیحی اشتراکی در پیش بگیرند.

سومین اصل آناباپتیست‌ها نگاهی به موضوع اقتدار و مرجعیت در کلیساست که نزد ما به جماعت‌گرایی مشهور شده است. لوتر و زوینگلی در سال‌های نخست اقدامات اصلاحگرانۀ خود متمایل به این دیدگاه بودند. در مجامع آناباپتیســـت‌ها تمام اعضا می‌بایست ایماندارانی باشـــند که داوطلبانه و بر اساس اقرارِ ایمان شخصی به مســـیح تعمید یافته‌اند. بنابراین، هر ایمانداری هم حکم کشـــیش را برای ایماندارن دیگر داشـــت و هم حکم مبشر را برای افراد خارج از ایمان.

تصمیم‌گیری با کل اعضا بود. در امـــور تعلیمی، مرجعیت کتاب‌مقدس ملاک بود، لیکن تفســـیر کتاب‌مقدس بر پایۀ نوعی ســـنت تعلیمـــی یا رأی و نظر مراجع کلیســـایی صورت

1. Rottenburg Am-Neckar

نمی‌گرفت، بلکه ملاک عبارت بود از نظر اجماعیِ اعضای فرقه که برای این منظور گرد آمده بودند و اظهارات همه شنیده و نقد می‌شد. در امور انضباطی کلیسا نیز به‌صورت دستجمعی اقدام می‌شد. از آناباپتیست‌ها انتظار می‌رفت که برای کمک به یکدیگر، در کمال وفاداری مطابق تعهدات خود در زمان تعمید، زندگی کنند.

چهارمین اعتقاد مهم آناباپتیست‌ها تأکید بر جدایی کلیسا از دولت بود. آنها ادعا می‌کردند که «مسیحیان انسان‌هایی آزاد و رها از قهر و اجبار هستند.» ایمان موهبتی است که خدا به انسان می‌بخشد و صاحب‌منصبان کشور زمانی که «با مشت آهنین به دفاع از کلام خدا برمی‌خیزند»، از حدود صلاحیت خود خارج می‌شوند. آناباپتیست‌ها می‌گفتند که کلیسا از جامعه جداست، حتی اگر جامعه ادعا کند مسیحی است. پیروان حقیقی مسیح در این دنیا زائر هستند و کلیسا عبارت از راهپیمایی دسته‌جمعی بیگانگان دائمی است.

با جداکردن کلیسا از دولت، آناباپتیست‌ها به نخستین مسیحیان در روزگار نو تبدیل شدند که آزادی کامل دینی را موعظه می‌کردند و آن حق هر انسان برای عبادت با همباوران خود بود بی‌آنکه مورد حمایت یا آزار و اذیت حاکمیت قرار بگیرد.

با گذشت چند قرن، نسل‌های بعدی آناباپتیست‌ها بسیاری از خصلت‌های بنیان‌گذاران فرقهٔ خود را از دست دادند. آنها در کوشش برای داشتن کلیسایی پاک و منزه، اغلب گرفتار شریعت‌گرایی شدند. در تلاش برای بقا، شور بشارت در آنها خاموش شد و صرفاً به‌عنوان کشاورزان درجه‌یک، انسان‌های نیک‌نَفْس و «افراد بی‌سروصدای سرزمین» شناخته شدند. تا اواخر قرن نوزدهم، بیداری روحانی و رشد جدیدی در آنها اتفاق نیفتاد. در اواخر قرن بیستم جمعیت این فرقه به نیم میلیون نفر بالغ شد. با این‌همه، مسیحیانی هم که فاصلهٔ زیادی با مرزهای جوامع منونیت و هاتریات دارند، یک یا چند مورد از اصول فوق را که نسل نخست مسیحیان تندرو حاضر به جانسپاری در راه آنها بود، به مواضع خود افزوده‌اند.

پیشنهادهایی برای مطالعهٔ بیشتر

Clasen, Claus-Peter. *Anabaptism: A Social History, 1525-1618*. Ithaca, NY: Cornell University Press, 1972.

Estep, William R. *The Anabaptist Story*. Grand Rapids: Eerdmans, 1975.

Hershberger, Guy F. *The Recovery of the Anabaptist Vision*. Scottdale, PA: Herald Press, 1957.

Littel, Franklin H. *The Origins of Sectarian Protestantism*. New York: Macmillan, 1964.

Wenger, John Christian. *Even Unto Death*. Richmond: John Knox Press, 1946.

*Weaver, Denny. *Becoming Anabaptist: The Origin and significance of Sixteenth Century Anabaptism*. 2nd ed. Scottsdale, PA: Herald Press, 2005.

Williams, George H. and Angel M. Mergal. *Spiritual and Anabaptist Writers*. Philadelphia: The Westminster Press, 1957.

*Van Braght, Thieleman J. *Martyrs Mirror: The Story of Seventeen Centuries of Christian Martyrdom from the Time of Christ to AD. 1660*. Trans. Joseph F. Sohm. Scottsdale, PA: Herald Press, 1950.

فصل بیست و ششم

افتادن در بازی

ژان کالوَن[1]

جنگی که بین اسپانیا و فرانسه جریان داشت راه استراسبورگ را بسته بود. در نتیجه، دانشور جوان فرانسوی که امیدوار بود تحصیلاتش را ادامه دهد، مجبور شد از ژنو عبور کند. تصمیم داشت فقط یک شب در آنجا بماند. می‌دانست که شهر جای خوبی برای خلوت‌گزینی نیست.

ژنو دستخوش به‌هم‌ریختگی بود. این شهر به لذت‌جویی شهرت داشت، اما کنار گذاشتن دوک ساوُی[2] و پاپ رُم، امور همگانی را دچار آشفتگی کرده و به‌دست احزاب خطرناک انداخته بود.

یکی از اصلاحگران به نام ویلیام فارِل[3] که رویهٔ تحریک‌آمیزی داشت چهار سال بود در ژنو موعظه می‌کرد و آیین قربانی مقدس کاتولیکی اجرا نمی‌شد. با این حال، نهضت پروتستان در ژنو عمدتاً بر خصومت سیاسی با اسقف متکی بود تا بر اعتقاد به اصول خاص تعلیمی. هنوز کسی پا پیش نگذاشته بود تا نهادهای دینی شهر را مطابق اصول کتاب‌مقدس اصلاح کند.

فارل می‌دانست که شهر به مدیر نیاز دارد. این بود که بازدید «اتفاقی» جوان فرانسوی یعنی ژان کالون را مغتنم شمرد و از او دعوت به‌عمل آورد. فارل کلید حل مشکلات ژنو را در

---

1. John Calvin; 2. Duke Of Savoy; 3. William Farel

دســـت کالون می‌دید. از همین‌رو، دانشور جوان را ترغیب کرد تا جایی نرود و در شهر بماند و به سر و سامان دادن کارها کمک کند.

کالون عذر آورد که ســـرگرم مطالعات خاصی اســـت و میل دارد به تحقیقات خود ادامه دهد. اما فارل پاســـخ داد: «تو فقط به فکر خواسته‌های خودتی! اگر به ما در این کار خداوند کمک نکنی، خداوند تو را مجازات خواهد کرد، چون منافع خود را بر او ترجیح داده‌ای.»

کالون از ترس قالب تهی کرد، چون به‌هیچ‌وجه نمی‌خواست خدای قادر مطلق را از خود برنجاند! این بود که به ماندن رضایت داد و بلافاصله مشغول امور اصلاحات در ژنو شد.

ســـال‌ها بعد که کالون به اقدامات گذشته‌اش می‌اندیشـــید چنین نوشت: «من ذاتاً کمی ضداجتماعی و خجالتی بودم و همیشـــه دوست داشـــتم در صلح و صفا گوشه‌ای بنشینم ... اما خدا طوری مرا با توفان حوادث گوناگون به این‌سو و آن‌سو کشانده که هرگز اجازه نداده جایی در آرامش باشـــم، بلکه برخلاف طبعم مرا به میان معرکه کشـــانده و چنان‌که می‌گویند "وارد بازی" کرده است.»

رهبری کالون در این به‌اصطلاح «بازی» به ســـومین سنت اصلاحات کلیسا شکل داد که امروزه ما به آن مســـیحیت رِفُرمْد Reformed یعنی اصلاح‌شـــده یا کالوَنیستی می‌گوییم. این سنت شـــامل تمام مسیحیان پِرزبیتری یا مشایخی، کلیســـاهای اصلاح‌شدهٔ هلند و آلمان، و بسیاری از باپتیست‌ها (تعمیدیون) و جماعت‌گراهاست.

معنی مسیحیت رِفُرمْد یا اصلاح‌شده

وجوه خاص مســـیحیت اصلاح‌شده چیست؟ سرمنشأ این خصوصیات غالب را می‌توان در زندگی و تعلیمات همین دانشور جوان فرانسوی یافت که دعوت خدا را در هشدار ویلیام فارل شنید.

خدا بازی خاصی داشت. کالون در این مورد کاملاً اطمینان داشت و آن را ارادهٔ مطلق خدا می‌خواند. همان‌گونه که آموزهٔ محوری لوتر پارساشمردگی از طریق ایمان بود، آموزهٔ محوری کالون نیز عبارت از حاکمیت مطلق[1] خدا بود. فکر این دو اصلاحگر به‌شـــدت غرق موضوع عظمت خدا بود که ذهن لوتر را متوجهٔ معجزهٔ آمرزش گناهان ساخت، درحالی‌که برای کالون حاوی اطمینان از این امر بود که هیچ‌چیز نمی‌تواند خللی در تحقق هدف خدا پدید آورد.

کالون (۱۵۰۹-۱۵۶۴) در چهار اعتقاد محوری پروتســـتان با لوتر همعقیده بود، اما باید توجه داشت که او یک نسل پس از لوتر و در سرزمینی متفاوت به دنیا آمده بود و از زمین تا آسمان با او فرق داشت.

لوتر یک روســـتایی، راهب و استاد دانشگاه بود؛ کالون دانشور و وکیل بود که در جامعهٔ بازرگانیِ شکوفای ژنو به خدمت عمومی پرتلاطمی خوانده شد. طبعاً آنها نیازهای متفاوتی

---

۱. Sovereignty Of God یا علی‌الاطلاق. (مترجم)

را احساس کردند و بر راه‌حل‌های مسیحی متفاوتی تأکید ورزیدند. بنیادهای آنها یکسان بود، ولی ساختارهای تعلیم و عمل که در ویتنبرگ و ژنو بر پا داشتند، در بسیاری از وجوه مهم با یکدیگر تفاوت داشت.

توانمندی‌های کالون در زمینه‌های سازماندهی و اجرایی این امکان را برای او فراهم ساخت تا کار را بر بنیاد آنچه زوینگلی انجام داده بود پیش ببرد. نهضت اصلاحاتی که در زوریخ آغاز شد به‌سرعت در بخش آلمانی‌زبان سوئیس گسترش یافت. بِرن و نواحی اطرافش (یعنی کانتون[۱]) در ۱۵۲۸ به صفوف پروتستان‌ها ملحق شدند. شهر بال[۲] نیز در ۱۵۲۹ به این روند پیوست. دیری نپایید که آپِنتسل[۳] سَنت گال[۴] و شافلهاوزن[5] به نهضت ملحق شدند.

اصلاحات به سبک زوینگلی در خارج از سوئیس نیز در شهر مهم آلمانی استراسبورگ مورد حمایت مردم قرار گرفت. در این شهر، مارتین بوسر[۶] (۱۴۹۱–۱۵۵۱) بعد از لوتر و ملانشتون[۷] تأثیرگذارترین فرد بود. او بیشتر با زوینگلی همدلی داشت تا لوتر.

با این‌همه، مناقشه میان کانتون‌های پروتستان و کاتولیکِ سوئیس، در ۱۱ اکتبر ۱۵۳۱ به جنگ در کاپِل[۸] میان زوریخ و همسایگان کاتولیک آن انجامید. در این جنگ، زوینگلی کشته شد و به این ترتیب، رهبری نهضت اصلاحات دینی در زوریخ به هاینریش بولینگر[۹] سپرده شد. با این حال، در دههٔ ۱۵۴۰ ژنو در بخش فرانسوی‌زبان سوئیس بر اثر مدیریت منضبط کالون، به مرکز جهانی مسیحیت اصلاح‌شده تبدیل شده بود.

ژان کالون اهل شهرکی در شصت مایلی شمال شرقی پاریس بود. پدرش می‌خواست هر طور شده پسرش از تحصیلات خوبی برخوردار شود. کالون در چهارده‌سالگی وارد دانشگاه پاریس شد و هم توانست به نثری فاخر بنویسد و هم در فنون استدلال منطقی به تبحر رسید. در سالیان بعد، کسانی هم که با گفته‌های کالون موافق نبودند، لااقل در درک گفته‌های او مشکلی نداشتند. او در سال ۱۵۲۸ با درجهٔ فوق‌لیسانس علوم انسانی از تحصیل در دانشگاه فراغت یافت.

پس از پاریس، به اصرار پدر، ژان برای تحصیل حقوق رهسپار دانشگاه‌های اورلئان[۱۰] و بورژ[۱۱] شد، اما با مرگ پدر در سال ۱۵۳۱، کالون توانست علایق خود را دنبال کند. چنین بود که برای تحصیل در رشتهٔ آثار کلاسیک [منظور ادبیات یونان و روم به زبان‌های اصلی آنهاست] به پاریس بازگشت با این نیت که بعدها به‌عنوان صاحب‌نظر در این رشته کار کند.

مطالعات کالون او را با دیدگاه‌های اصلاح‌طلبانه‌ای که در پاریس رواج داشت مواجه ساخت، و مدت‌کوتاهی پس از آن، رویدادی در زندگی کالون او را در مسیر جدیدی قرار داد. او آن را «دگرگونی روحانی غیرمنتظره» خواند. تاریخ این اتفاق را نمی‌دانیم، اما پیداست چیزی بیش از نوعی تنویر روحانی یا بازشناسی مرجعیت روحانی کتاب‌مقدس برای کالون

---

۱. Canotn به معنی بخش و بلوک است. (مترجم)

2. Basel; 3. Appenzell; 4. St. Gall; 5. Schaflhausen; 6. Martin Bucer

۷. Melanchthon همچنین به صورت ملانکتون ضبط شده است. (مترجم)

8. Kappel; 9. Heinrich Bullinger; 10. Orleans; 11. Bourges

رخ داده بود. او اراده‌اش را تسلیم خدا کرد. زندگی حرفه‌ای خود را به‌عنوان پژوهشگر آثار کلاسیک کنار گذاشت و خود را به آرمان نهضت پروتستان در فرانسه وقف کرد.

در پاییز ۱۵۳۳ کالون چنان رابطهٔ نزدیکی با دوستش، نیکولاس کوپ[1]، داشت که وقتی او به‌عنوان کشیش دانشگاه خطابه‌ای بسیار پروتستانی ایراد کرد برخی احتمال دادند شاید کالون متن خطابه را نوشته باشد. خطابهٔ آتشین کوپ غوغایی در این نهاد آموزشی به پا کرد و کالون مجبور به فرار از پاریس شد. اصلاحگر جوان در شهر بال پناهنده شد و در همان‌جا نیز در ماه مارس ۱۵۳۶ چاپ اول کتاب بسیار تأثیرگذار خود، «مبانی دیانت مسیحی» را منتشر ساخت.

این کتاب شامل روشن‌ترین، مستدل‌ترین و خواندنی‌ترین بیان از تعلیمات پروتستان، یعنی محصول عصر اصلاحات، بود و نام نویسندهٔ جوانش را یک‌شبه بر سر زبان‌ها انداخت. کالون تقریباً در سراسر دوران فعالیت خود روی این کتاب کار کرد، به‌طوری که بیست سال بعد، اثری به‌مراتب حجیم‌تر از کار درآمد، لیکن جوهرهٔ تفسیر آن از حقیقت مسیحی تغییر نکرد.

کالون نامهٔ بسیار درخور توجهی را که خطاب به فرانسوای اول، پادشاه فرانسه، نوشته بود در آغاز کتاب مبادی قرار داد. در این نامه او از پروتستان‌های ساکن آن سرزمین در مقابل انتقادات دشمنان دفاع کرده و این حق را برای آنها قائل شده بود که اظهاراتشان در کمال احترام شنیده شود. تا آن زمان کسی چنین دفاع جانانه‌ای از حقوق آنان به عمل نیاورده بود و همین نامه، کالون را در جایگاه رهبری نهضت پروتستان نشاند.

ژنو: خانهٔ کالوَنیسم

کالون دیگر نمی‌توانست در فرانسه بماند. از همین‌رو، پس از چند ماه سفر، در آن شب سرنوشت‌سازِ ژوئیهٔ ۱۵۳۶ که ویلیام فارل از او برای کار خدا در ژنو کمک طلبید، رهسپار استراسبورگ شده بود.

شوراهای شهر به کالون پیشنهاد کردند تا به‌عنوان استاد درس «کتاب‌مقدس» مشغول به کار شود و او کار خود را با شور و حرارت آغاز کرد. او برای تمام داوطلبان اخذ شهروندی، اقرارنامهٔ ایمان تهیه کرد، برنامه‌ای جهت آموزش همگانی ترتیب داد و تأکید نمود برای کسانی که زندگی‌شان با معیارهای روحانی سازگاری نداشت، اخراج از کلیسا و به‌خصوص محرومیت از عشای ربانی در نظر گرفته شود.

این سختگیرانه‌ترین برنامهٔ انضباط اخلاقی در میان پروتستان‌ها و اندکی بیش از آن‌چیزی بود که ریش‌سفیدان شهر به آن خرسند بودند. مخالفت‌هایی شکل گرفت، به‌خصوص بر سر اینکه اخراج از کلیسا در حیطهٔ تصمیم‌گیری چه کسی بود، کلیسا یا دادرسان. پس از یک سال کشمکش، کالون و فارل در این موضوع شکست خوردند، و در آوریل سال ۱۵۳۸ شوراهای شهر حکم به اخراج این دو اصلاحگر از ژنو دادند. ظاهراً کالون کار را خراب کرده بود.

1. Nicholas Cope

سه سالی که کالون متعاقب این اتفاق در استراسبورگ گذراند، احتمالاً خوشترین سال‌های زندگی‌اش بود. به‌عنوان کشـیش مسئول کلیسای متشـکل از پناهندگان فرانسوی، آزاد بود اقدامـات انضباطی‌اش را به اجرا درآورد. در تدریس الاهیات موفق بود و در شـهر احترام داشـت، به‌طوری که او را به‌عنوان نماینده به کنفرانس‌های مهم دینی در آلمان فرستادند. در این سـال‌ها با بیوه‌ای که دو بچه داشت ازدواج کرد و او تا زمان مرگ کالون در مارس ۱۵۴۹ یاری و همراهی مفید خود را از او دریغ نکرد.

در این حال، دوستان کالون در ژنو دوباره در هیئت حاکمهٔ شهر قدرت را به دست گرفتند و او را به بازگشت و از سـرگیری تلاش‌های خود برای ایجاد اصلاحات ترغیب کردند. در سپتامبر ۱۵۴۱، کالون با همهٔ دودلی‌اش، یک بار دیگر تن به دشواری‌های خدمت در ژنو داد. قوانین کلیسا که به تأیید شهر رسیده بود، دیدگاه‌های کالون را در زمینهٔ رهبری عملی کرد.

مناصب چهارگانه‌ای که ادارهٔ کلیسا را بر عهده داشتند عبارت بودند از کشیشان، معلمان، مشـایخ (رهبران)، و شماسان. دوازده شیخ یا رهبر همراه با روحانیون کلیسا مجمع معروف به Consistory[1] یا دادگاه کلیسـایی را تشـکیل می‌دادند که مسـئول نظارت اخلاقی بر شهر بود. غیبت از عبادت عمومی کلیسـا تا شرب خمر، زنا، قمار و رقص از مصادیق جرم تلقی می‌شد.

طبیعتاً، مخالفت‌ها ادامه یافت. بارها کالون در آسـتانهٔ تبعید قرار گرفت، اما شجاعانه به مبارزه در راه عقاید خود ادامه داد، و کسـانی که برای ایمان خود تبعید شـده و عمدتاً اهل فرانسـه بوده و کالون آنها را به ژنو جلب کرده بود، با قرار گرفتن در صف پیروان او به شمار آنها می‌افزودند.

یک بار در سـال ۱۵۵۳ که نفوذ کالون کاهش یافته بود، طبیب اسپانیایی درخشان لیکن بی‌ثباتی به نام مایکل سِروِتوس[2]، در ژنو پناه جست. سـروتوس در حال فرار از کلیسای کاتولیک بود که او را به جرم بدعت نفی آموزهٔ تثلیث، مورد آزار قرار می‌داد. او درست زمانی به ژنو رسید که دشمنان کالون اقتدار او را به پرسش گرفته بودند. با اینکه کالون می‌خواست اعدام این بدعتکار به روشـی انسانی‌تر از سوزاندن اجرا شـود، با مجازات مرگ این متفکر نامتعادل موافق بود. سـروتوس به شعله‌های آتش سپرده شـد و بسیاری در نسل‌های بعد، کالون را در درجهٔ اول کسی دانسته‌اند که «سروتوس را سوزاند.»

دو سـال بعد، جایگاه کالون در ژنو تثبیت شـد و تا زمان مـرگ، نظر او در امور دینی و اخلاقی شـهر تأثیری عمده داشـت. با این‌همه، ژنو برای کالون هرگز به‌خودی‌خود هدف نبود. او این شهر را پناهگاهی برای پروتستان‌های جفادیده، نمونهٔ جامعهٔ منضبط مسیحی، و کانونی برای تربیت خادمان کلیسا می‌دانست. دانشجویان با شور و شوق از همه‌جای اروپا به ژنو می‌آمدند تا ناظر چیزی باشند که به تعبیر جان ناکْس[3] «کامل‌ترین مدرسهٔ مسیح بر زمین

---

۱. این کلمه در لغت به معنی «انجمن» است، ولی با توجه به نقش و اختیارات حقوقی و انضباطی آن، این معادل چندان رسا به‌نظر نمی‌رسید. (مترجم)

2. Michael Servetus; 3. John Knox

از روزگار رسولان» بود. آنها تعلیمات الاهیاتی کالون را از دهان خود او می‌شنیدند و فروتنانه مطابق اصول سختگیرانهٔ دینی شهر زندگی می‌کردند.

حاکمیت مطلق خدا

کالونیســـمی که دانشجویان اصول آن را می‌آموختند از عقیدهٔ محوری کالون به حاکمیت مطلق خدا سرچشـــمه می‌یافت. کالون نوشته اســـت: «خدا اعلام می‌کند که از قدرت مطلق برخوردار اســـت»، «و از ما می‌خواهد به این صفت در وجود او اذعان کنیم.» خدا «حاکم بر همه‌چیز است». خدا در حکمت خود، از ایّام دور ازل، کارهای خود را مقدر کرده است، و با قدرت خود اموری را که مقدر کرده به اجرا درمی‌آورد.

این چیزی بیش از هدایتی عام و کلی است. کتاب‌مقدس تعلیم می‌دهد که خدا زندگی هر فردی را در مســـیر خاصی هدایت می‌کند. در کتاب‌مقدس می‌خوانیم که حتی یک گنجشک هم بدون خواســـت پدر بر زمین نمی‌افتد. همچنین می‌خوانیم که او به برخی از زن‌ها فرزند بخشیده و به برخی نبخشـــیده. این اتفاقات نشان می‌دهد که نه جبری بی‌رحم، بلکه مشیت (یعنی خواست‌های) خدای قادر مطلق بر طبیعت حاکم است، که انسان‌ها را به گام‌برداشتن در طریق او سوق می‌دهد.

اگـــر مهم‌ترین آیه‌ای که لوتر به آن اســـتناد می‌کرد «عادل به ایمان خواهد زیســـت» بود، مهم‌ترین آیه برای کالون عبارت بود از «ارادهٔ تو چنان‌که در آســـمان انجام می‌شود، بر زمین نیز به انجام رسد». کالون آموزهٔ قدیمی معروف به گزینش ازلی را که پولس، آگوستین و لوتر تعلیم داده بودند، سرچشـــمهٔ عبادت و وقف می‌دانســـت. او این موضوع را که خدا افراد را برای زندگی جادوانی برمی‌گزیند، ژرف‌ترین سرچشـــمهٔ اطمینان، فروتنی و قدرت اخلاقی می‌دانست.

هرچند کالون ادعا نداشـــت از هویت برگزیدگان خدا برای زندگی جاودانی باخبر است، ســـه معیار را در نظر می‌گرفت که عقیده داشـــت ملاک خوبی برای قضاوت در مورد هویت نجات‌یافتگان احتمالی‌اند. این سه معیار عبارت بودند از: شرکت در دو آیین تعمید و عشای ربانی (شام خداوند)، زندگی ســـالم اخلاقی، و اعتراف عمومی به ایمان مسیحی. احراز این شرایط برای کلیسایی منضبط بر زمین کافی بود.

کالون بســـیار بیش از لوتر عقیده داشـــت که نتیجهٔ ایمان عبارت از تلاش ســـخت برای گسترش پادشاهی خدا بر زمین است. مسیحی حقیقی با اینکه دیگر زیر داوری شریعت خدا نیســـت، اما شریعت را دربرگیرندهٔ الگویی الاهی برای منش اخلاقی می‌داند. انسان بر اساس اعمال خود پارســـا شمرده نمی‌شود، اما هیچ انســـان پارساشمرده‌شده‌ای بدون اعمال صالح نیست. هیچ‌کس نمی‌تواند بدون اشـــتیاق برای زندگی پاک و مقدس، مسیحی حقیقی باشد. این تلاش سخت برای رسیدن به پارسایی اخلاقی، یکی از وجوه اصلی کالونیسم بود و منش انســـان را آزمونی بنیادین برای تعیین اصالت زندگـــی مذهبی او قرار می‌داد. در ضمن علت

فعالیت اجتماعی پویای کالون را روشن می‌ساخت. خدا برگزیدگان را برای تحقق هدف خود فرامی‌خواند!

از سوی دیگر، تأکید کالونیسم بر حاکمیت مطلق خدا به شکل‌گیری دیدگاهی خاص دربارهٔ دولت انجامید. لوتر گرایش به این فکر داشت که رأی و نظر دولت در همه‌چیز نهایی است. امیران آلمانی اغلب تعیین می‌کردند که انجیل کجا و چگونه موعظه شود. اما کالون تعلیم داد که انسان، چه پاپ باشد چه پادشاه، نمی‌تواند مدعی قدرت مطلق شود. کالون هرگز موعظه نکرد که مردم «حق انقلاب‌کردن» دارند، ولی مشوق رشد انجمن‌های نمایندگان بود و بر حق مقاومت آنها در برابر استبداد حکمرانان تأکید داشت. مقاومت کالون در برابر استفادهٔ بی‌ضابطهٔ حکمرانان از قدرت، عاملی کلیدی در توسعهٔ دولت‌های مشروطه یعنی پیرو قانون اساسی در روزگار نو شد.

کالون می‌گفت که کلیسا تابع دولت سکولار یعنی عرفی یا غیردینی نیست مگر در امورِ فاقد ماهیت دینی. از سوی دیگر، کلیسا تحت حاکمیت مطلق خدا وظیفه دارد مقامات سکولار را در امور روحانی هدایت کند. این چشم‌انداز الهام‌بخش پیروان کالون شد تا همچون عاملان نوعی تبانی روحانی به سراسر اروپا بروند و در صدد براندازی مذهب دروغین و دولت‌های معاند برآیند.

بسیاری از شاگردان غیور کالون ژنو را دژی بر ساحل می‌دانستند که خدا ساخته بود، و وعده می‌داد روزی پادشاهی الاهی سازماندهی شود. آنها پس از ترک ژنو به کشور خود بازمی‌گشتند تا اصول کالونی را در آنجا برقرار کنند. در نتیجه، کالونیسم به‌سرعت از ابعاد بین‌المللی برخوردار شد.

در فرانسه، پیروان کالون در اقلیت باقی ماندند، لیکن به برکت نجیب‌زادگان بانفوذی که به کالونیسم گرویده بودند، این جنبش اهمیتی بسیار فراتر از عدهٔ پیروانش یافت. کالونیست‌های فرانسوی که به اوگنوها[1] شهرت داشتند، هنگامی که تهدید می‌کردند زمام کشور را به‌دست گیرند، هزاران تن از آنها در روز عید برتولما (۱۵۷۲) در کمال بی‌رحمی سلاخی شدند. پس از این واقعه، اوگنوها کماکان اقلیت مهمی باقی ماندند، ولی دیگر هیچ‌گاه تهدیدی جدی برای پادشاه کاتولیک کشور به‌شمار نیامدند.

در هلند، کالونیسم نوعی کانون مقاومت برای تقویت مخالفان با سلطهٔ ظالمانهٔ اسپانیای کاتولیک پدید آورده بود. کشیشان کالونیست از نخستین رهبران گروه‌های مقاومت بودند. امروزه ما چنین کسانی را مبارزان آزادی یا حتی نیروهای چریکی می‌نامیم. رهبر آزادی‌بخش حزب ملی در ایالت شمالی هلند، ویلیام ملقب به خاموش[2] بود. او در سال ۱۵۷۳ به کلیسای اصلاح‌شده ملحق شد و در دههٔ متعاقب آن به ایجاد یک جمهوری هلندی یاری رساند. سرود ملی امروز هلند که «سرود شاهزاده» نامیده می‌شود، برای پیروان ویلیام نوشته شد.

کالونیست‌ها در اسکاتلند پدیده‌ای خلق کردند که در اروپای قرن شانزدهم بی‌همتا بود، یعنی سرزمینی که مذهب آن با حکمرانش فرق داشت.

---

1. Huguenots; 2. William The Silent

این حکمران کسی نبود جز ماری ملکهٔ اسکاتلند[1]، دختری هجده‌ساله، که در خارج از کشور زندگی می‌کرد. او با خانوادهٔ سلطنتی فرانسه وصلت کرده بود و مردم اسکاتلند همانند بسیاری از مردم انگلستان از این می‌ترسیدند که مبادا ماری اسکاتلند را دودستی تقدیم فرانسه کند. با این‌همه، مردی دوره افتاده بود و همه جا موعظه می‌کرد که مردم اسکاتلند مجبور نیستند از ملکه‌شان تبعیت کنند. این مرد، جان ناکْس[2] بود.

اسکاتلند در روزگار جان ناکْس

ناکْس فعال سیاسی خستگی‌ناپذیری بود که قبلاً تلاش داشت انگلستان را در مسیر پذیرش کالونیسم قرار دهد. با این‌همه، او نیز همچون بسیاری دیگر، مجبور شد شبانه از انگلستان فرار کند. این اتفاق زمانی افتاد که کشور در سال ۱۵۵۳ در زمان حکومت دختر هنری هشتم، ماری اول، به ایمان کاتولیک بازگشت. آزار و اذیتی که ملکه بر رهبران پروتستان روا داشت موجب شد او را ماریِ خونریز[3] بخوانند.

ناکْس به کشورهای قارهٔ اروپا[4] فرار کرد و این نظریه را پرورش داد که پروتستان‌ها حق دارند در مقابل حکام کاتولیکی که مانع از عبادت یا فعالیت میسیونری آنها می‌شوند، مقاومت کنند و اگر لازم شد به زور متوسل شوند. خود کالون تا این حد جلو نرفته بود، ولی نظر ناکْس خوشایند بسیاری از نجیب‌زادگان اسکاتلند واقع شد.

هنگامی که در ۱۵۵۹ اسکاتلند درگیر جنگ داخلی شد، ناکْس بی‌درنگ راه وطن را در پیش گرفت. در تابستان ۱۵۶۰ کالونیست‌ها کنترل ادینبرگ را به‌دست گرفته بودند. ناکْس پیش‌نویس قوانین مربوط به دین را تهیه کرد. شورا با تأیید این قوانین برای کشور، التزام به مذهب کاتولیک را لغو نمود.

سال بعد، وقتی ماری ملکهٔ اسکاتلند که در نوزده‌سالگی بیوه شده بود، تصمیم گرفت به قلمرو سلطنت خود بازگردد، متوجه شد که این «بدعتکاران» پروتستان در مصدر امور قرار گرفته‌اند. تا چند سال، ناکْس، واعظ پرشور کالونیسم، و ماری، ملکهٔ جوان اسکاتلند، به نماد مناقشات اصلاحات تبدیل شدند: پروتستان‌ها در مقابل کاتولیک‌ها، و ادعاهای دموکراتیک کالونیسم نیز در مقابل قدرت پادشاه برای تعیین اسقفان. اتفاقات در اسکاتلند به سود ناکْس پیش رفت. با اینکه اخلاف ماری کوشش کردند وضعیت را به شکل سابق برگردانند، اسکاتلند همچنان وفادارترین کشور جهان به اصول کالونیسم باقی ماند.

بدین‌گونه، زمانی که کالون در ۱۵۶۴ چشم از جهان فروبست، میراثی بزرگ‌تر از ژنو اصلاح‌شده از خود به‌جا گذاشت. در سراسر اروپا، و دیری نپایید در آمریکای دوردست، او پیروانی داشت مشتاق ادامهٔ بازی‌ای که او در آن شبِ سرنوشت‌ساز در ژنو آشوب‌زده و بی‌آرامِ فارل، وارد آن شده بود.

---

1. Mary Queen Of Scots; 2. John Knox; 3. Bloody Mary

۴. منظور کشورهای اروپایی منهای انگلستان و ایرلند است. (مترجم)

پیشنهادهایی برای مطالعهٔ بیشتر

*Cottret, Bernard. *Calvin: A Biography*. Eerdmans, Grand Rapids, 2000.
Ferm, Vergilius. *Classics of Protestantism*. New York: Philosophical Library, 1959.
Harbison, E. Harris. *The Christian Scholar in the Age of the Reformation*. New York: Charles Scribner's Sons, 1956.
McGrath, Alister. *A life of John Calvin: A Study in the Shaping of Western Culture*. Oxford: Basil Blackwell, 1990.
McNeill, John T. *The History and Character of Calvinism*. New York: Oxford University Press, 1967.
Parker, T. H. L. *Portrait of Calvin*. Philadelphia: Westminster, John Knox Press, 2007.
Walker, Williston. *John Calvin, the Organizer of Reformed Protestantism*. New York: Schocken, 1969.

فصل بیست‌وهفتم

مقام سلطنت زیر لعنت

کلیسای انگلستان

در بعد از ظهر یک روز شنبه در ژوئن ۱۵۳۳، بانویی انگلیسی با چشمان تیره که در احاطهٔ نجیب‌زادگان کشور بود، از کوچه‌های شلوغ لندن و از زیر طاق‌های نصرت سواره عبور کرد. آنا بولین[1]، سوار بر صندلی نقره و طلاپوش، به سمت وِست‌مینستر آبی در حرکت بود، جایی که صبح روز بعد رسماً به‌عنوان ملکهٔ انگلستان مسح و تاجگذاری می‌شد.

پیش از اینکه این هیئت با ملکهٔ آینده همراه شود، اتفاقاتی به‌سرعت رخ داد که موجب شد انگلستان به سبک خاص خود اصلاحات دینی مسیحی انجام دهد و زمینهٔ تاریخی برای ظهور انبوهی از فرقه‌های انگلیسی-آمریکایی شامل اسقفی‌ها، جماعت‌گراها، و باپتیست‌ها فراهم شود.

اگر اصلاحات لوتری در حجرهٔ یک راهب آغاز شد و اصلاحات آناباپتیست‌ها در جلسهٔ دعا، و اصلاحات کالونی پشت میز یک دانشمند، آنچه زمینه‌ساز اصلاحات انگلستان شد مسائل مملکتی و به‌خصوص این موضوع بود که چه کسی وارث تاج‌وتخت خواهد شد.

به یک معنا، اصلاحات در انگلستان به دو شکل اتفاق افتاد: یک بار به شکل اصلاحات در قانون اساسی در زمان پادشاهی هنری هشتم (۱۵۰۹-۱۵۴۷) و یک بار هم به شکل اصلاحات الاهیاتی که تقریباً یک قرن بعد در زمان پیوریتن‌ها رخ داد. در زمان هنری،

1. Anne Boleyn

آموزه‌های کلیسا تغییر نیافت، بلکه انگلستان صرفاً مرجعیت کلیسای کاتولیک رُم را نفی کرد. لیکن این حرکت انگلستان پیشاپیش خبر از آیندهٔ مسیحیت در کشورهای دوران مدرن می‌داد. اصلاحات در انگلستان اعتقادات مسیحی را تقریباً در کل به امری شخصی تبدیل کرد و دین‌ورزی را به ابزار دولت مبدل ساخت. نسل‌های بعدی به آن گفتند «دین دولتی».

چگونه این اتفاق افتاد؟ چرا انگلستان حتی بی‌آنکه مسئلهٔ الاهیاتی مهمی در کار باشد، مرجعیت دیرینهٔ کلیسای کاتولیک رُم را از اعتبار ساقط کرد؟

قطع رابطهٔ انگلستان با رُم

این مسئله از مشکلات زناشویی هِنری پادشاه آغاز شد که چارلز دیکنز در وصف او نوشته است: «مردکی بی‌نهایت رذل و تحمل‌ناپذیر و لکهٔ کثیف خون و چربی بر تاریخ انگلستان.» البته، امور دیگری نیز بر قطع رابطه با رُم تأثیر داشت، لیکن این مسئله که چه کسی وارث تاج‌وتخت خواهد شد، مهمترین مسئلهٔ قانونی بود که سبب شد کلیسا «در» انگلستان به کلیسا«ی» انگلستان تبدیل شود.

قرن‌های متمادی کلیسای انگلستان در مسیر قطع رابطه با رُم حرکت کرده بود. در زمان لوتر، بسیاری از انگلیسی‌های میهن‌پرست ایمان مسیحی را در سرزمین خود دارای خصلتی متمایز می‌دانستند.

کاردینال تامس وولزی[1] (۱۴۷۴-۱۵۳۰) احتمالاً بهترین نماد استقلالی بود که انگلستان حتی پیش از قطع رابطهٔ هِنری با رُم به آن دست یافته بود. وولزی اسقف‌اعظم یورک و یکی از کاردینال‌های کلیسای رُم و صدر اعظم قلمرو انگلستان بود و به این ترتیب، کلیسا در انگلستان و کلیسای رُم و پادشاهی انگلستان را در شخص خود با هم ترکیب کرده بود. لیکن در تمام این مناصب، نوکر دست‌به‌سینهٔ شاه بود و بنا به هوس همایونی، از اوج عزت به سریر ذلت فرومی‌افتاد.

از قرائن چنین برمی‌آید که شقاق در کلیسا از مشکلی در دربار ناشی شد و نتیجهٔ تعارض بر سر مسائل الاهیاتی نبود. به بیان ساده، هنری هشتم، پادشاه انگلستان، علیه پاپ سر به طغیان برداشت زیرا ندیمهٔ چشم‌ابرو مشکی دربار، آنا بولین، دل‌ودین از او ربوده بود.

آنچه گفتیم فقط تیتر موضوع بود. وقایع مهم حول مسئلهٔ جانشین تاج‌وتخت انگلستان اتفاق افتاد نه هوسرانی شخص شاه. هنری می‌دانست چطور کام دل بگیرد. او هم مطابق رسم زمانه، تفریحات همایونی خود را با معشوقگانش داشت که حداقل یک پسر نامشروع روی دستش گذاشته بود. مشکل هنری این بود که از ملکه یعنی کاترینِ آراگون[2] پسری نداشت.

کاترین، دختر فردیناند[3] و ایزابِلای[4] اسپانیا پنج بچه به دنیا آورده بود که فقط یکی از آنها یعنی شاهدخت ماری زنده مانده بود. متأسفانه، انگلستان آمادگی این را نداشت که دختری را به‌عنوان وارث تاج‌وتخت به‌رسمیت بشناسد، زیرا ملکهٔ قبلی جنگ‌های خونینی برای جانشینی سلطنت به راه انداخته بود.

1. Cardinal Thomas Wolsey; 2. Catherine Of Aragon; 3. Ferdinand; 4. Isabella

بنابراین، هرچه بر سن کاترین افزوده می‌شد، بر مشکلات هنری هم افزوده می‌شد. در ۱۵۲۵ ملکه چهل سالش بود و سؤالی که هنری برای یافتن پاسخ آن روز به روز بیشتر به تعمق در راه‌های قادر مطلق می‌پرداخت این بود: «نکند خدا من را لعنت کرده باشد؟»

این سؤال از آنجا در ذهن هنری مطرح شده بود که کاترین قبل از ازدواج با هنری لااقل برای چند ماه همسر برادر مرحوم او یعنی آرتور[1] بود و هنری اعتقاد داشت اگر کسی با زن برادرش ازدواج کند مشمول لعنت الاهی می‌شود. در کتاب لاویان هم آمده است: «اگر مردی زن برادر خود را بگیرد، این ناپاکی است ... ایشان بی‌اولاد خواهند بود» (لاویان ۲۰:۲۱).

طبعاً کلیسای رُم نیز وجود این لعنت را تشخیص داده بود و هنگام ازدواج هنری، پاپ ژولیوس دوم دلایلی برای اعطای اجازهٔ مخصوص به هنری برای این وصلت یافته بود. اما همچنان که سال‌های بی‌حاصل از پی هم می‌گذشت، هنری به این فکر افتاد که نکند ژولیوس در اعطای این مجوز فراتر از حقوق الاهی خود عمل کرده باشد. آیا اینکه کاترین نمی‌توانست پسری بیاورد دال بر لعنت خدا بر این وصلت نبود؟ در این صورت، آیا پاپ نمی‌توانست آنچه را پیوسته بود جدا سازد؟

در سال ۱۵۲۷ هنری از پدر مقدس، کلمنت هفتم، درخواست کرد تا اجازهٔ مخصوصی را که داده بود لغو و ازدواجی را که هجده سال از آن گذشته بود از آغاز بی‌اعتبار اعلام کند. اگر کاترین خالهٔ شارل پنجم، امپراتور روم مقدس و پادشاه اسپانیا نبود، پاپ این پیشنهاد را می‌پذیرفت. در آن زمان پاپ نمی‌توانست موجب رنجش امپراتور شود و از عواقب این کار در امان بماند، در نتیجه تن به این کار نداد. دلایل شخصی هنری برای لغو این ازدواج همتراز دلایل سیاسی پاپ برای امتناع از این درخواست بود.

هنری تصمیم گرفت امور را در دست خود بگیرد. او مشتاقانه به پیشنهاد یکی از مشاورانش، توماس کرانمر[2] عمل کرد. کرانمر پیشنهاد کرده بود که هنری مسئله را با دانشگاه‌های اروپا در بین بگذارد و نظر علمی آنها را جویا شود. پاسخ دانشگاه‌ها، چنان‌که می‌شد پیش‌بینی کرد، منسجم نبود ولی هنری روش خود را برای تحمیل اراده‌اش بر ملت داشت.

در ژانویهٔ ۱۵۳۳ شاه مخفیانه با آنا ازدواج کرد. در ماه مِه یکی از دادگاه‌های انگلستان ازدواج هنری را با کاترین بی‌اعتبار اعلام کرد. در ماه سپتامبر، ملکهٔ جدید فرزندی به دنیا آورد که برخلاف پیش‌بینی‌های ستاره‌شناسان دختر بود. اسم او را الیزابت گذاشتند.

هنگامی که پاپ در پاسخ به اقدام هنری اقدام به تکفیر او کرد، هنری دریافت که باید به اقتدار و مرجعیت پاپ در انگلستان پایان داده شود. شاه می‌دانست که احساسات ضدپاپی شدیدی در انگلستان جریان دارد. مثلاً برخی از مدرسان کمبریج به اندازه‌ای شیفتهٔ لوتر بودند که محل تجمع مورد علاقه‌شان، یعنی مسافرخانهٔ اسب سفید، «آلمان کوچک» خوانده می‌شد. بنابراین، شاه با محاسباتش به این نتیجه رسید که در صورت نفی مرجعیت پاپ در انگلستان و پرهیز از مسائل مناقشه‌برانگیز تعلیمی، با مقاومت عمومی چندانی روبه‌رو نخواهد شد.

1. Arthur; 2. Thomas Cranmer

هنری تند و چابک در چندین جبهه به فعالیت پرداخت. او قانونی قدیمی را که مربوط به قرن چهاردهم بود به‌اصطلاح از زیر خاک بیرون کشید. این قانون هرگونه ارتباط با قدرت‌های خارجی را ممنوع می‌کرد. او بر اساس این قانون خواستار توقف ارتباط روحانیون انگلیس با پاپ شد و جالب است که روحانیون هم چندان مقاومتی از خود نشان ندادند.

یک سال بعد، در ۱۵۳۴، «قانون تفوق»[1] اعلام داشت: «مقام شامخ سلطنت حقاً و قانوناً به‌تنهایی در رأس کلیسای انگلستان موسوم به آنگلیکانا اِکلسیا[2] قرار دارد و باید قرار داشته باشد و قرار خواهد داشت.»

این کار انجام شد. قطع رابطه با رُم تکمیل گردید. انگلستان اکنون کلیسایی ملی داشت که شاه در رأس آن بود و در هر حال، کسی که در رأس کلیسا قرار داشت روحانی نبود. به این ترتیب، او می‌توانست اسقفان را تعیین کند، ولی حق تقدیس اسقف را نداشت. می‌توانست از ایمان دفاع کند ولی حق صورتبندی آن را نداشت. به این ترتیب، در امور مربوط به روحانیون، شاه از خدمات اسقف اعظم کانتربری که بالاترین منصب در کلیسای انگلستان بود بهره‌مند می‌شد. شاه توماس کرانمر را به این مقام منصوب کرده بود.

سیاست دوگانهٔ هنری

بنابراین، تنها موضوع مذهبی در اصلاحات اولیهٔ انگلستان عبارت بود از مسئلهٔ تفوق پاپ. هنری قصد کنار گذاشتن ایمان قدیمی را نداشت. در واقع، خود را حافظ اصول تعلیمات کاتولیک می‌دانست. شاه در سال ۱۵۲۱ در پاسخ به حملهٔ لوتر به آیین‌های هفتگانهٔ کلیسای کاتولیک «دفاعیه‌ای در باب آیین‌های هفتگانه» نوشت و در آن ضمن نکوهش لوتر، او را «ماری سمی» و «گرگی برآمده از دوزخ» خواند. پاپ نیز به پاس این اقدام هنری، به او لقب «مدافع ایمان» را داد - لقبی که هنوز هم مقامات سلطنتی انگلستان یدک می‌کشند.

پس از قطع رابطه با رُم، اعتقادات کاتولیکی در انگلستان دست‌نخورده باقی ماند. هنری کماکان به حفظ تعالیم کاتولیکی در قلمرو خود تأکید داشت. ظاهراً هدف او داشتن کلیسای کاتولیک انگلیسی به‌جای کلیسای کاتولیک رومی بود. قانون موسوم به «مفاد ششگانه» در ۱۵۳۹ مواردی همچون تجرد روحانیون، برگزاری خصوصی آیین عشای ربانی، و اعتراف نزد کشیش را به‌رسمیت می‌شناخت.

فقط دو تغییر جدی مشخصهٔ راه جدید در کلیسای انگلستان بود. اولی، جمع‌کردن بساط صومعه‌ها و دومی، انتشار کتاب‌مقدس به زبان انگلیسی برای استفاده در کلیساها.

راهبان در انگلستان نه محبوبیت داشتند و نه متدین بودند. یکی از نویسندگان دربارهٔ آنها نوشته بود: «یک مشت جذامیِ تن‌لش ناشاد که از تخم‌مرغ‌های زن‌های بدبخت عُشر می‌گرفتند.» عدم پایبندی آنها به دعوت روحانی‌شان در سال ۱۵۳۶ که هنری بساط صومعه‌های کوچک‌تر را برچید، از پرده بیرون افتاد. شاه به راهبان فرصت داد که یا به

1. The Act Of Supremacy; 2. Anglicana Ecclesia

دیرهای دیگر بروند و یا کلاً قید رهبانیت را بزنند و وارد زندگی عرفی شـــوند. درست نیمی از آنها دنیا را به دیر ترجیح دادند.

هنری از دارایی‌های صومعه‌ها - تقریباً یک‌دهم ثروت ملی - برای پرکردن خزانهٔ دربار و جلب حمایت بارون‌ها و اشـــراف استفاده کرد که املاک این صومعه‌ها به آنها داده یا فروخته شد. راهبان مُستمری معقولی دریافت می‌کردند، ولی هنری با همین یک حرکت توانست از شمار مخالفان سیاست‌هایش بکاهد و دوستان جدیدی به دست آورد.

دومین تغییر در کلیســـای انگلســـتان زمانی رخ داد که هنری دستور داد در تمام کلیساها یک کتاب‌مقدس انگلیســـی گذاشته شود. از نظر اصولی، کلیسای رُم اعتراضی به این نداشت که در کلیســـا از ترجمه‌های کتاب‌مقدس به زبان‌های بومی اســـتفاده شود، اما شرط این کار صحت و اعتبار این ترجمه‌ها بود. با این‌همه، ترجمه‌های صورت‌گرفته از زبان‌های عبری و یونانی خوشـــایند کلیسای رُم نبود، زیرا برای قرن‌های متمادی، آموزه‌های بسیار مهم خود را بر بنیاد ترجمه‌های سؤال‌برانگیزی شـــکل داده بود که مأخذ آنها ترجمهٔ لاتینی کتاب‌مقدس بود. برجســـته‌ترین مثال هم اینکه کلمهٔ یونانی «توبه کنید» به «اعمـــال ندامت‌جویانه انجام دهید» ترجمه شده بود. بنابراین، رُم نمی‌توانست به ترجمهٔ انگلیسی دیگری، به‌خصوص بعد از بدعت ویکلیف، روی خوش نشان دهد.

با این‌همه، پس از آنکه اراســـموس در ۱۵۱۶ ویراستی از عهدجدید به زبان یونانی منتشر ساخت و در پیشگفتار توصیه کرد که کتاب‌مقدس به زبان‌های متداول در اروپا ترجمه شود، چندی نگذشت که ترجمه‌های جدید از کتاب‌مقدس به زبان‌های آلمانی، فرانسه و انگلیسی پدیدار شـــد. این ترجمه‌ها احساســـات ملی را که روز به روز شـــدیدتر می‌شد و اعتقادات پروتستانی را تقویت کرد.

کتاب‌مقدس با ترجمهٔ ویلیام تیندل

ویلیام تیندل[1] پیشگام ترجمهٔ کتاب‌مقدس به زبان انگلیسی بود. اشتیاقی که در جان تیندل شـــعله می‌کشید این بود که کتاب‌مقدس را به زبان انگلیسی در اختیار مردم عادی قرار دهد. تیندل پس از آنکه به مقام کشیشـــی دستگذاری شد، روزی صادقانه حیرت خود را از جهل روحانیون ابراز کرد و هنگامی که یکی از کشیشان همکار به گفتهٔ او واکنش نشان داد، با شور و شـــتاب گفت: «اگر خدا به من عمر داد کاری می‌کنم تا چند سال دیگر پسربچه‌ای که زمین را شخم می‌زند کتاب‌مقدس را از تو یکی بهتر بداند!»

با این‌همه، دیری نپایید که تیندل متوجه شد در انگلیس از این کار استقبال نمی‌شود. پس از تحصیل در آکســـفورد و کمبریج، او ناگزیر شد به اروپای قارّه‌ای بگریزد، در آنجا زندگی کند، زحمت بکشـــد و ترجمهٔ خود را از عهدجدید به چاپ برساند. از اوایل سال ۱۵۲۶، او نخستین نسخه‌های ترجمهٔ خود را پنهانی به وطن می‌فرستاد.

1. William Tyndale

در سال‌های بعد، تیندل بخش‌هایی از عهدعتیق را نیز ترجمه کرد و ویراست اصلاح‌شدهٔ خود را از ترجمهٔ عهدجدید منتشر ساخت. با این‌همه، مقامات کلیسایی همچنان در پی او بودند و سرانجام در ۱۵۳۶ به او دست یافتند. تیندل پس از گذراندن هفده ماه در زندان، به چوبهٔ دار سپرده شد. دعای او در زمان مرگ چنین بود: «خداوند چشمان پادشاه انگلیس را باز کن.»

در این زمان، وقایع انگلستان به‌سرعت در مسیر اجابت دعای تیندل پیش می‌رفت. زمانی که تیندل در زندان به‌سر می‌برد، مایلز کاوردِیل[1] که او نیز از فارغ‌التحصیلان کمبریج و اصلاحگر بود، چاپ اول ترجمهٔ خود را از کل کتاب‌مقدس منتشر کرد. این ترجمه در اصل همان ترجمهٔ تیندل بود که به کمک ترجمه‌های لاتینی و آلمانی تکمیل شده بود.

یک سال پس از مرگ تیندل نیز ترجمهٔ موسوم به Matthew Bible (کتاب‌مقدس به ترجمهٔ متیو) پدیدار شد. این ترجمه کار یکی دیگر از اصلاحگران انگلیسی به نام جان راجِرز[2] بود که بهتر دانست نام خود را پای ترجمه‌اش ننویسد. ترجمهٔ راجرز تقریباً تلفیقی بسیار ویراسته از ترجمه‌های تیندل و کاوردیل بود. با این‌همه، به درخواست توماس کرانمر، هنری هشتم اجازه داد مردم در سرتاسر انگلستان، این کتاب‌مقدس را که کاوردیل ویراسته بود و «کتاب‌مقدس کبیر» خوانده می‌شد خریداری و مطالعه کنند. به این ترتیب، بخشی از دعای تیندل در زمان مرگ اجابت شد. دسترسی ناگهانی به کتاب‌مقدس موجی از هیجان در میان مردم برانگیخت به‌طوری که هنری با وضع مقررات جدید، مطالعهٔ کتاب‌مقدس را به اشراف و بازرگانان ثروتمند محدود کرد. با این‌همه، آزادی گسترده‌تر در راه بود.

حرکت به‌سوی مذهب پروتستان

پس از مرگ شاه در ۱۵۴۷، تنها پسرش، ادوارد ششم[3] که نحیف و نزار بود وارث تاج‌وتخت پدر شد. مادر ادوارد جِین سیمور[4] نام داشت که هنری پس از اعدام آنّا بولین به جرم ارتکاب زنا، با او ازدواج کرده بود. قدرت دولت در زمان ادوارد دست گروهی از مشاوران دربار بود که با جنبش اصلاحات پروتستان همدلی داشتند. چنین بود که سیاست رسمی انگلستان ناگهان به‌سمت پروتستان‌ها چرخید.

در سال‌های اندک حکمرانی ادوارد، انگلستان شاهد تغییراتی بود همچون الغای مواد ششگانه، اجازه به کشیشان برای ازدواج، و استفاده از کتاب دعای عمومی کرانمر که به زبان انگلیسی بود و جایگزین آیین عبادی قدیمی به زبان لاتین شد. در ۱۵۵۳ کرانمر همچنین اقدام به تدوین «مواد چهل‌ودوگانه» کرد که شامل بیان ایمان کلیسای انگلستان در چارچوب اعتقادات مسیحیان پروتستان بود.

این حرکت به جانب مسیحیت پروتستان ناگهان با مرگ ادوارد در ۱۵۵۳ و نشستن ماری، دختر کاترین، بر تخت سلطنت متوقف شد. ماری که سفت‌وسخت کاتولیک بود تلاش کرد

1. Miles Coverdale; 2. John Rogers; 3. Edward VI; 4. Jane Seymour

انگلســـتان را دوباره به آغوش کلیسای رُم بازگرداند. در تنها چهار سال او روی پدرش را در عدم‌رواداری ســـفید کرد به‌گونه‌ای که تقریباً سیصد پروتستان از جمله اسقف‌اعظم کرانمر را به شعله‌های آتش سپرد.

بعدها، جان فاکس[1] گزارش‌های جانداری از این شهادت‌ها جمع‌آوری کرد و در اثرش، «کتاب شـــهیدان» (۱۵۷۱)، به چاپ رساند و مردم انگلســـتان را به تحرک در قبال استیلای طولانی‌مدت مذهب کاتولیک واداشت. لقبی که او به ماری داد، یعنی ماری خونریز، در تاریخ ماندگار شد.

با اینکه ماری احتمالاً یگانه مقام ســـلطنتیِ به‌راستی پرهیزکار در انگلستان قرن شانزدهم بود، مرتکب اشتباهی نابخشـــودنی در ایجاد این خیل شهیدان شد. در دهۀ ۱۵۵۰ انگلستان برای یک نسل از دخالت رُم به‌دور مانده بود، در نتیجه مردم کشور دینداری ماری و ازدواجش را با فیلیپ، شـــاه اسپانیا، خیانت به ملت خود دانستند. ماری زمانی که از دنیا رفت، ملکه‌ای دل‌شکسته و سرخورده بود.

بـــا جلوس الیزابت اول[2] (۱۵۵۸-۱۶۰۳) دختر ســـرخ‌مو و تندمـــزاج آنّا بولین بر تخت سلطنت، کلیسای اَنگلیکن خصلت متمایز خود را نمودار ساخت، اینکه نه دنباله‌روی کلیسای کاتولیک رومی بود نه کلیســـاهای اصلاح‌شده. الیزابت که به ضرورت سیاسی آشتی مذهبی پی برده بود، ســـخت در صدد برآمد به نوعی توافق و ســـازش برسد. با وجودی که کلیسای انگلســـتان همچنان کلیسایی دولتی تحت اختیار بالاترین مقام ســـلطنتی باقی ماند، الیزابت در کمال هوشـــمندی عنوان خود را از «رهبر اعظم کلیســـا» به «حکمران اعظم» که عنوانی فروتنانه‌تر بود تغییر داد.

مواد ســـی‌ونه‌گانۀ الیزابت (۱۵۶۳) از این نظر که برای کتاب‌مقدس مرجعیت نهایی قائل بود و فقط تعمید و عشای ربانی را آیین‌های مقررشده توسط مسیح می‌دانست ذاتاً پروتستانی بود، اما شـــیوۀ بیان بســـیاری از مفاد به‌گونه‌ای بود که هم کاتولیک‌ها و هم پروتســـتان‌ها را خرســـند می‌کرد. آیین عبادی کلیسا بســـیاری از عناصر کاتولیکی را حفظ کرد و اسقفان که تصور می‌شد توالی آنها به رسولان می‌رسد کلیسا را اداره می‌کردند. الیزابت همانند پادشاهان پس از خود پندی که شـــنید و به آن باور داشـــت این بود که اگر کلیســـا توسط اسقف اداره شود بهتر می‌توان آن را کنترل کرد. به‌مرور، مقامات کلیسایی انگلستان گفتند که انتخاب این حد میانی *Media Via* که مابین مذاهب پروتســـتان و کاتولیک قرار دارد، بهترین توافق ممکن است.

البته برخی از تبعیدیانی که در زمان حکومت ماری از کشور رانده شده بودند، زیاد به این موضوع اعتقاد نداشـــتند. هنگامی که آنها از اروپای قاره‌ای به قلمرو الیزابت بازگشتند، کم‌کم بر «آسوده‌خیالان در صهیون»[3] بانگ کشیدند. آنها کتاب‌مقدس خود را خوانده و دیدگاه‌های خـــاص خود را در مورد اجرای اصلاحات حقیقی در انگلســـتان پرورش داده بودند. ما این

1. John Foxe; 2. Elizabeth I

۳. اشاره‌ای است به عاموس ۶:۱ (مترجم)

اصلاح‌گران را به نام پیوریتن‌ها می‌شناسیم که دربارهٔ لزوم زندگی پرهیزکارانه چه در سطح فردی و چه ملی موعظه می‌کردند. آینده از راه می‌رسید.

پیشنهادهایی برای مطالعهٔ بیشتر

*McCulloch, Diarmaid. *Thomas Cranmer: A Life*. New Haven, CT: Yale, 1996.
Mozley, J. F. *William Tyndale*. New York: The Macmillan Company, 1937.
Parker, T. M. *The English Reformation to 1558*. London: Oxford University Press, 1960.
Rupp, E. G. *The English Protestant Tradition*. Cambridge: Cambridge University Press, 1966.
Rupp, Gordon. *Six Markers of English Religion: 1500-1700*. New York: Harper & Brothers Publishers, 1957.
Woodbridge, U. K. *Thomas Cranmer: Churchman and Scholar*. Rochester: Boydell Press, 1993.

فصل بیست‌وهشتم

«انسانی دیگر» در مانرِسا

اصلاحات در کلیسای کاتولیک

در سال ۱۵۲۱، سالی که مارتین لوتر در برابر امپراتور شارل پنجم در مجمع امپراتوری وُرْمْس ایستاد، نجیب‌زادهٔ اسپانیایی جوانی در سرزمین‌های مرزی امپراتور با قوای مهاجم فرانسوی در پامپلونا[1] می‌جنگید. در جریان درگیری، گلولهٔ توپ یکی از پاهای نجیب‌زاده را قطع کرد. طی دورهٔ طولانی و دردناک نقاهت، از فرط ملال به خواندن دو اثر الهام‌بخش پرداخت که یکی دربارهٔ زندگی قدیسین بود و دیگری دربارهٔ زندگی مسیح. با مطالعهٔ این آثار بود که روند طولانی‌مدت تغییر زندگی او آغاز شد.

چند ماه بعد، در صومعهٔ بندیکتی مونتسرّات[2]، لباس‌های اشرافی‌اش را با جامهٔ زمخت زائر تعویض کرد و شمشیر و دشنه‌اش را تقدیم مجسمهٔ حضرت مریم سیاه‌پوستِ[3] مزار نمود. او به‌مدت تقریباً یک سال در شهر کوچکی به نام مانرِسا، واقع در سی مایلی شمال بارسلون، ریاضت شدید پیشه کرد: خانه به خانه گدایی می‌کرد، کمربند خاردار می‌بست و روزهای بی‌پایان به روزه‌داری می‌گذراند. برای چندین ماه او افسردگی‌های سهمناک عارفان را که به شب تاریک جان معروف است تحمل کرد تا جایی که حتی یک بار به

---

1. Pamplona; 2. Montserrat

۳. Black Virgin منظور مجسمه‌ها و تصاویری از حضرت مریم است که او را به‌صورت سیاه‌پوست نمایش می‌دهند. (مترجم)

فکر پایان‌بخشیدن به زندگی خود افتاد. لیکن آنچه متعاقب این ریاضت‌پیشگی‌ها رخ داد پاداش بی‌همتای عارف بود، یعنی دستیابی گسترده به تنویر روحانی. روزی بر کرانهٔ رودخانهٔ کاردونار[1] در موجی از جَذبهٔ تنویر، این نجیب‌زادهٔ مجروح، ایگناتیوس لویولا[2] چنان‌که خود گفته است، به «انسانی دیگر» تبدیل شد.

لویولا (۱۴۹۱–۱۵۵۶) تولد دوبارهٔ خود را در مانرسا به برنامه‌ای برای انضباط روحانی تبدیل کرد، به چیزی که شبیه نوعی کتاب راهنمای نظامی برای نیروهای ضربت در خدمت پاپ بود. بدین‌طریق، فرقهٔ ژزوئیت‌ها یا یسوعیان، به‌عبارتی «جامعهٔ عیسی» شکل گرفت. این فرقه بزرگ‌ترین نیروی واحد در پیکار کلیسای کاتولیک برای بازپس‌گیری قلمروهای روحانیِ تصرف‌شده توسط پروتستان‌ها بود.

کلیسای رُم چگونه به چالش پروتستان‌ها پاسخ داد؟ پاسخ آن فوری نبود. اما هنگامی که سرانجام به جدی‌بودن این طغیان پی برد، جنگجویان روحانی‌اش را فراخواند، شورایی برای رزم تشکیل داد، و ساز و کار منصب پاپ را اصلاح کرد. کلیسای کاتولیک در برابر طغیان تقریباً نیمی از اروپا، موج نهضت پروتستان را به عقب راند تا آنکه در اواخر قرن شانزدهم، حضور پروتستان‌ها تقریباً به یک‌سوم اروپا در شمال این قاره محدود شد، همچنان‌که امروزه چنین است.

عده‌ای از مورخان، اصلاحات در کلیسای کاتولیک را به نوعی ضد حمله در برابر اصلاحات پروتستان‌ها تعبیر کرده‌اند؛ برخی دیگر آن را به مثابهٔ احیای اصیل و واقعی پرهیزکاری کاتولیکی با یکی دو اندیشهٔ پروتستانی دانسته‌اند. در حقیقت، جنبشی که برای اصلاحات در کلیسای کاتولیک پا گرفت، هم به‌طوری که پروتستان اصرار دارند نوعی اصلاحات متقابل[3] بود و هم به‌گونه‌ای که کاتولیک‌ها استدلال می‌کنند، اصلاحات در کلیسای کاتولیک بود. ریشه‌های این اصلاحات به دوران پیش از روزگار لوتر باز می‌گشت، لیکن شکل این اصلاحات را تا حد بسیاری حملهٔ پروتستان‌ها تعیین کرد.

وجوه مختلف اصلاحات متقابل

۱) ایگناتیوس به چهره‌ای مهم در روحانیت کلیسای کاتولیک تبدیل شد و همچنین فرقهٔ تأثیرگذار ژزوئیت را سازماندهی کرد.

۲) اصلاحات متقابل همچنین به ظهور چهره‌های مهم دیگری در روحانیت مسیحی، از جمله قدیسه ترزا اهل آویلا کمک کرد.

---

1. River Cardoner; 2. Ignatius Loyola

۳. Counter Reformation را برخی به ضد اصلاحات نیز برگردانده‌اند که به‌نظر می‌رسد تأکید آن بر جنبهٔ سلبی یا به تعبیری منفی رویکرد کاتولیک‌ها به موضوع اصلاحات بیشتر است. در نتیجه، معادل اصلاحات متقابل را که تأکید بیشتری بر وجوه ایجابی اقدام کلیسای کاتولیک در این راستا دارد، ترجیح دادیم. به بیان روشن‌تر، اقدام کاتولیک‌ها بیش از آنکه نه گفتن به پروتستان‌ها باشد، شامل برخی بازتعریف‌ها و بازاندیشی‌ها بود. (مترجم)

۳) کاتولیک‌ها به فعالیت علمی و تحقیقی پروتستان‌ها با کار در زمینهٔ زبان (به‌خصوص در اسپانیا) و تربیت کشیشان پاسخ دادند.

۴) شورای ترِنْت در واکنش به تعلیمات پروتستان، تبیینی از آموزه‌های کاتولیکی ارائه کرد.

۵) کلیسای کاتولیک برای ترویج ایمان خود اقدام به فعالیت میسیونری در سطح جهان کرد.

۶) تفتیش عقاید یا همان باورکاوی، برگرفته از یکی از رویه‌های قانونی کهن روم، راهبرد مؤثر لیکن خشنی برای کشف بدعت و جلوگیری از آن بود.

بازگشت به امور روحانی

شاید عجیب به‌نظر رسد، اما بخش بزرگی از جانیابی دوبارهٔ کلیسای کاتولیک شامل تجربهٔ عرفانی بود. قرن شانزدهم طیف متنوع و چشمگیری از قدیسان کاتولیک پدید آورد: حقوقدان و دولتمردِ انگلیسی، توماس مور[۱]؛ مبشر گشاده‌رو و خلاّق که به پیروان کالون بشارت می‌داد، فرانسیس اهل سالِز[۲]؛ اسقف اعظم اصلاحگر و جدی میلان، چارلز بورّومئو[۳]؛ عارفهٔ شیدای اسپانیایی، تِرِزا اهل آویلا[۴]؛ و، تأثیرگذارتر از همهٔ اینها، سرباز اسپانیایی مسیح، ایگناتیوس لویولا.

حتی پیش از اینکه لوتر دیدگاه‌های الاهیاتی خود را بر سردر کلیسا نصب کند، گروهی ممتاز و اشرافی در رُم انجمن برادریِ زاهدانه‌ای تشکیل داده بودند که «انجمن محبت الاهی» نام داشت. اعتقاد شاخص آنها این بود که اصلاح کلیسا و جامعه در باطن فرد آغاز می‌شود.

این انجمن هرگز از نظر تعداد گسترش نیافت. احتمالاً بیش از پنجاه نفر عضو نداشت، اما تأثیرگذاری آن عظیم بود، به‌طوری که موجب اصلاح فرقه‌های قدیمی‌تر رهبانی شد و رهبرانی به کلیسای رُم بخشید و در همین حال، برنامه‌هایی برای تشکیل شورایی همگانی جهت رسیدگی به اصلاحات داخلی و بدعت پروتستانی طرح کرد. برخی از اعضای انجمن که بعدها به افراد مهمی تبدیل شدند، یکی یاکوپو سادولِتو[۵] بود که با کالون مناظره کرد؛ دیگری، رِجینالد پُل[۶] بود که در زمان سلطنت ماری خونریز کوشش کرد انگلستان را به دامان رُم بازگرداند. در پایان نیز باید به جی‌آن پیئترو کارافّا[۷] اشاره کرد که بعدها پاپ پل چهارم[۸] شد.

با این‌همه، در سراسر دههٔ ۱۵۲۰ و ۱۵۳۰ کلیسای رُم گام‌های مهمی به‌سوی اصلاحات برنداشت. باید پرسید چرا؟ به چه سبب کلیسا در پاسخ به مسائلی که پروتستان‌ها پیش کشیده بودند چنین کُند عمل کرد؟

---

1. Thomas More; 2. Francis Of Sales; 3. Charles Borromeo; 4. Teresa Of Avila; 5. Jacopo Sadoleto; 6. Reginald Pole; 7. Pietro Caraffa; 8. Pope Paul IV

یک پاسخ ساده این است که امور سیاسی چنین اقتضا می‌کرد. امپراتور شارل پنجم و پاپ‌ها بر سر تشکیل شورایی عمومی دو دهۀ تمام کشمکش داشتند. لوتر در همان سال ۱۵۱۸ پیشنهاد تشکیل شورای کلیسایی را داده بود. پیشنهاد او از حمایت امیران آلمانی و امپراتور برخوردار شد، ولی پاپ‌ها از تشکیل چنین مجمعی بیم داشتند. آنها شوراهای کُنستانس و بال را نیک به‌یاد داشتند. همچنین می‌دانستند که بسیاری در آلمان به فکر تشکیل شورایی بدون حضور پاپ بودند.

نکتۀ دیگر که به همین اندازه مهم است اینکه پاپ‌ها در دهۀ سال‌های ۱۵۲۰ و ۱۵۳۰ ذهنشان سخت مشغول امور دنیا و عالم سیاست بود. کلِمِنْت هفتم (۱۵۲۳-۱۵۳۴) نمونه‌ای برجسته از این امر است. او دغدغه برای ایالات پاپی در ایتالیا را واجب‌تر از واجب می‌دانست و شور و اشتیاقش برای اقبال سیاسی پاپ، وی را به ائتلاف با فرانسه در برابر شارل پنجم[1]، متولی منافع هاپسبرگ در ایتالیا، سوق داد. خیانت و بی‌وفایی پاپ شارل را به خشم آورد. او کلمنت را تهدید کرد که وی را در برابر دادگاه عمومی محاکمه خواهد کرد مگر آنکه به ائتلاف خود با فرانسوای اول[2]، پادشاه فرانسه، پایان بخشد.

شارل برای اینکه به پاپ نشان دهد با او شوخی ندارد لشکریانش را به‌سوی رُم گسیل کرد. از قضای روزگار، شارل بیش از آنچه نقشه‌اش را کشیده بود به‌دست آورد. فرماندهان لشکرش کشته شدند. در نتیجه، سربازان مزدور خشن و نامنضبط اسپانیایی و آلمانی هنگامی که در ۶ مِه ۱۵۲۷ به رُم هجوم بردند، رهبر نداشتند. غارتگری و چپاول و کشت‌وکشتار آنها هفته‌ها در رُم ادامه یافت. پاپ در قلعۀ سَن آنجلو پناه جست، اما سرانجام مجبور به تسلیم و تحمل شش ماه زندان سخت شد. بسیاری این غارت رُم را ملاقاتی وحشتناک از سوی خدا دانستند، صدایی رسا که دستگاه پاپ را به توبه و ترک دنیامداری خود می‌خواند.

البته تا زمانی که پاپ پُل سوم (۱۵۳۴-۱۵۴۹) بر کرسی پاپی نشست، اصلاح جدی صورت نگرفت. ظاهراً پل به‌هیچ‌روی در حد و اندازه‌های این نبود که رهبری روحانی کلیسا را بر عهده بگیرد. او سه پسر و یک دختر نامشروع داشت که به‌عبارتی چهار نمود بارز از هوسرانی‌های او بودند. با این‌همه، گویا دست تطاولی که به رُم دراز شد، او را نیز به خود آورد زیرا دریافت زمان آن رسیده است که اصلاحات در خانۀ خدا آغاز شود. بدین‌ترتیب، او از جایی آغاز کرد که احساس می‌کرد تغییر قلب افراد در آن بسیار ضروری است، یعنی مجمع کاردینال‌ها. به این منظور، برخی از طلایه‌داران اصلاحات را وارد مجمع کرد که در بین آنها رهبران انجمن محبت الاهی، یعنی سادولِتو، پل، و کارافّا حضور داشتند.

سپس پل نه نفر از کاردینال‌های جدید را به عضویت کمیسیونی برای ایجاد اصلاحات منصوب کرد. رئیس این کمیسیون یکی دیگر از اعضای سابق انجمن محبت الاهی یعنی گاسپارو کُنتارینی[3] بود. کنتارینی که سرشتی صلح‌جو داشت طرفدار آشتی با پروتستان‌ها بود و از بازگشت به ایمان رسولان حمایت می‌کرد.

---

1. Charles V; 2. Francis I; 3. Gasparo Contarini

پس از بررسی مفصل شرایط کلیسا در رُم، کمیسیون در ۱۵۳۷ گزارشی رسمی با این عبارات آغاز کرد: *توصیه ... در خصوص اصلاح کلیسا*. در این گزارش آمده بود که آشفتگی در کلیسا را مستقیماً می‌توان به نیاز برای اصلاح ربط داد. دستگاه پاپ بیش از حد دنیامدار شده. پاپ و کاردینال‌ها باید توجه بیشتری به امور روحانی داشته باشند و از مغازله با جهان دست بر دارند. رشوه‌خواری در سطوح بالای کلیسایی، سودجویی از فروش بخشش‌نامه‌ها، طفره‌رفتن از اجرای قانون کلیسا، روسپیگری در رُم: به تمام این تخلفات و موارد دیگر باید پایان داده شود.

دعوت به تشکیل شورای عمومی

پاپ پل برای اصلاح برخی از این موارد دست به اقدام زد، اما مهمترین واکنش او این بود که خواهان تشکیل شورای عمومی کلیسا شد. پس از گفتگوهای فشرده، او با امپراتور در مورد محل تشکیل این شورا به توافق رسید. این محل شهری در شمال ایتالیا به نام ترِنْت[1] بود که زیر نگین امپراتور قرار داشت.

حتی با وجود این، تا سال‌ها شورا تشکیل نشد زیرا فرانسوای اول با هرچه در توان داشت از برگزاری این نشست جلوگیری کرد. او که در سودای رهبری بر اروپا بود می‌ترسید چنین شورایی فقط به تحکیم موقعیت شارل بینجامد. فرانسوا حتی حاضر شد ترکان را بر امپراتور بشوراند. دو جنگی که میان فرانسوا و شارل درگرفت، گشایش شورا را تا سال ۱۵۴۵ به تعویق انداخت، یعنی تقریباً سه دهه پس از اینکه لوتر دیدگاه‌هایش را بر سردر کلیسا نصب کرد.

در ۱۵۴۵ رُم را جوّ ریاضت جدیدی فراگرفته و اصلاحات شدت یافته بود. این فضا دیگر نمی‌توانست پذیرای رفتارهای خلاف اخلاق از آن نوع باشد که پل در جوانی از خود نشان داده بود. سختگیری جدید پاپ در نهاد تفتیش عقاید رُم و در فهرست کتاب‌های ممنوعه هویدا بود. این فهرست شامل تمام آثاری می‌شد که یک کاتولیک با خواندن آنها لعنت می‌گردید. تمام نوشته‌های اصلاحگران و کتاب‌مقدس‌هایی که پروتستان‌ها منتشر کرده بودند در این فهرست جای می‌گرفت. در اسپانیا تا مدت‌ها حتی داشتن یکی از این کتب ضاله مجازات مرگ در پی داشت. این فهرست تا سال ۱۹۵۹ مرتب به‌روز می‌شد تا اینکه سرانجام به‌دستور پاپ پل ششم کنار گذاشته شد.

ایگناتیوس لویولا

رُم جدیدی که می‌خواست پیکار کند و این پاپ، یعنی پل سوم، اینها بودند که مهر تأیید بر انجمن نوبنیاد ایگناتیوس لویولا زدند. این سربازان پرجرئت مسیح به پاپ قول دادند به

1. Trent

هرجا آنها را بفرستد بروند «خواه نزد ترکان خواه به جهان نو[1] یا نزد پیروان لوتر و یا هرکس دیگری، چه از مؤمنین باشند چه از مشرکین.» آنها این وعده را دادند و پای آن هم ایستادند، زیرا از هر نظر شبیه فرمانده و بنیان‌گذار انجمن خود بودند.

ایگناتیوس زمانی که جوانکی بیش نبود قلعهٔ دلگیرِ لویولا در نزدیکی پیرنه[2] را ترک گفت تا وارد دربار دوست اشرافی پدرش شود. ایگناتیوس در مجموع جوانک خوشگذرانِ جذابی از آب درآمده بود که روزهایش را به بازی‌های رزمی یا خواندن داستان‌های عشقی شهسواران می‌گذراند، شب‌ها هم با دختران آن دور و حوالی به ماجراجویی‌های کمتر شرافتمندانه می‌پرداخت.

اما تمام اینها مربوط به پیش از ملاقات ایگناتیوس با خدا در مانرسا بود. مارتین لوتر در حالی از تلاش و تقلای روحانی خود خارج شد که متقاعد شده بود ارادهٔ انسان در بند است و انسان نمی‌تواند خود را نجات دهد. خدا، و فقط خدا، باید او را نجات بخشد. لویولا نیز در حالی از این ستیز و آویز خارج شد که ایمان داشت هم خدا و هم شیطان بیرون از انسان قرار دارند و انسان قدرت انتخاب بین آنها را دارد. انسان اگر به‌طور منضبط از نیروی خیال خود استفاده کند می‌تواند با تقویت ارادهٔ خود، خدا و راه‌هایش را برگزیند.

برای نمونه، یکی از تمرین‌های روحانی لویولا این بود که عذاب‌های ترسناک جهنم را برای خود واقعی می‌ساخت. در این باره می‌گوید:

> در عالم خیال ضجه‌ها و ناله‌ها و فریادهای کفرآمیز علیه خداوندمان مسیح و تمام قدیسان را بشنو. در عالم خیال، دود گوگرد و بوی تعفنِ آلودگی و فساد را استشمام کن. در عالم خیال، طعم تلخ تمام اشک‌ها و اندوه و وجدان معذب را بچش؛ و در عالم خیال حس کن داغی شعله‌هایی را که یکسر زبانه می‌کشند و جان‌ها را در خود فرو می‌بلعند.

البته از همین روش می‌شد برای احساس زیبایی ولادت مسیح یا جلال آسمان نیز بهره گرفت. اگر قوهٔ خیال از انضباط مناسبی برخوردار شود می‌تواند ارادهٔ انسان را تقویت کند و به آن بیاموزد که با فیض خدا همکاری کند.

از نظر ایگناتیوس، تسلیم‌شدن فرد به ارادهٔ خدا به معنی تحصیل بیشتر بود. او وارد مدرسه‌ای در بارسلون شد تا با پسرانی که نصف او سن داشتند سر کلاس درس زبان لاتین بنشیند، سپس یک سال تمام مشغول تحصیل بسیار فشرده‌ای در دانشگاه آلکالا شد. همین تجربه او را متقاعد کرد که تحصیل موقعی ثمربخش خواهد بود که سازماندهی شده باشد. همین دیدگاه سرانجام به برنامهٔ تحصیلی معروف ژزوئیت‌ها تبدیل شد که شامل برنامه‌ای سنگین ولی انجام‌پذیر برای مطالعه در زمینهٔ آثار کلاسیک، علوم انسانی و علوم بود.

---

۱. New World منظور قارّهٔ آمریکاست که به ینگه دنیا و از همه مصطلح‌تر به بَرّ جدید ترجمه شده. به‌خاطر بار الاهیاتی و فلسفی این اصطلاح، ترجیح دادیم آن را به «جهان نو» ترجمه کنیم. (مترجم)

2. Pyrenees

ایگناتیوس به چنان مبشر پرشور و حرارتی تبدیل شد که دادگاه تفتیش عقاید چندین مرتبه زندانی‌اش کرد و از او دربارهٔ زندگی، تعلیمات، و دیدگاه‌های الاهیاتی‌اش بازجویی کرد. او آشفته‌حال رهسپار پاریس شد، هفت سال را به تحصیل در دانشگاه گذراند و به «استاد ایگناتیوس» تبدیل شد و نخستین گروه از همراهان همیشگی‌اش را به دور خود جمع کرد. اینها عبارت بودند از: پیتر فابِر[1] دیئگو لاینس[2] آلفونسو سالمِرون[3] سیمون رودریگِز[4] نیکولاس بوبادیلا[5] و، مهمتر از همه، نجیب‌زادهٔ جوان اسپانیایی، فرانسیس خاویر.[6]

ایگناتیوس برنامهٔ فوق‌العادهٔ خود برای تقدس، یعنی «تمرین‌های روحانی» را در اختیار آنها گذاشت. کتاب «تمرین‌ها» که فشردهٔ تجربیات مذهبی خود ایگناتیوس طی تحول شخصی‌اش و بعد از آن است، چهار «هفته» تأمل را تجویز می‌کند که از تأمل دربارهٔ گناه، مرگ، داوری و جهنم آغاز می‌شود و به زندگی و مرگ و رستاخیز مسیح می‌رسد.

ایگناتیوس راهی به‌سوی کمال روحانی در نظر داشت که عبارت بود از تفتیش سفت‌وسخت وجدان، اعمال ندامت‌جویانه و تصمیم راسخ سالک روحانی برای فراموش‌کردن جرم و گناه خود پس از دریافت آمرزش الاهی. «تمرین‌ها» به بنیاد روحانیتِ تمام اعضای فرقهٔ ژزوئیت تبدیل شد. پاپ‌های بعدی نیز این تمرین‌ها را به داوطلبان دستگذاری توصیه کردند و از آنها در برنامه‌هایی که کلیسای کاتولیک برای تقویت روحانی اعضای عادی ترتیب می‌داد استفاده شد.

جیمز جویس در رمان خود به نام «چهرهٔ مرد هنرمند در جوانی»[7] در توصیف قهرمان جوان خود می‌گوید که با شنیدن موعظه‌ای دربارهٔ جهنم، وجودش سراپا ترس و وحشت شد: «موجی از آتش بدنش را فرا گرفت ... شعله‌ها از جمجمه‌اش بیرون زد.» ایگناتیوس درست به دنبال همین بود. لویولا می‌نویسد: «هیچ‌کس را دل‌افسرده روانه نکنید.» «خدا از انسان کار غیرممکن نمی‌خواهد.» چنین بود که پیروانش به رسولان بزرگِ کارهای ممکن تبدیل شدند.

انجمن عیسی

در سال ۱۵۴۰ پاپ پل سوم انجمن عیسی را که اعضایی اندک داشت به‌عنوان فرقه یا طریقتی نو تأیید کرد. ایگناتیوس این استعاره را دربارهٔ ژزوئیت‌ها به‌کار می‌برد که باید سربازان سلحشور مسیح باشند، پا در رکاب، همه‌فن‌حریف، همواره آماده برای اینکه به هر جا پاپ اراده کرد بروند و هر مأموریتی که پاپ بر عهدهٔ آنها گذاشت انجام دهند. به‌عنوان فرقه‌ای که به‌رسمیت شناخته شده بود، آنها به سوگندهای پیشین خود که زندگی در فقر و پاکدامنی بود، سوگند قدیمی اطاعت از مافوق و سوگند چهارمی نیز اضافه کردند که عبارت از وفاداری خاص نسبت به شخص پاپ بود. آنها زمام فرقه را به‌دست فرماندهٔ مافوقی

1. Peter Faber; 2. Diego Laynez; 3. Alfonso Salmeron; 4. Simon Rodriguez; 5. Nicholas Bobadilla; 6. Francis Xavier

۷. این کتاب در ایران با ترجمهٔ منوچهر بدیعی به چاپ رسیده است. (مترجم)

می‌دادند که برای تمام عمر انتخاب می‌شـد. اولین کسـی که به این مقام انتخاب شد خود ایگناتیوس بود.

ایـن فرقه یک هدف مشـخص را دنبال می‌کـرد: بازگرداندن کلیسـای کاتولیک رُم به جایگاهی که سـه قرن پیش در زمان حکومت اینوسنت سـوم چه از نظر قدرت روحانی و چه از نظر تأثیرگذاری بر جهان داشـت. هرچیز و هرکس باید از کلیسای رُم تبعیت می‌کرد، زیرا ایگناتیوس از صمیم قلب باور داشت مسیحِ زنده منحصراً در نهاد کلیسا سکونت دارد.

شاید جالب‌ترین ویژگی ژزوئیت‌ها کوششِ مخاطره‌آمیز آنها بود برای اینکه با تمام نیرو «در» جهان زندگی کنند بی‌آنکه «از» جهان باشند. لویولا می‌خواست اعضای فرقه همه‌کس را همه‌چیز بشوند[1] و آنها تقریباً به این کار توفیق یافتند.

تلاش‌های ژزوئیت‌ها طرفدارانی دارد که آنها را لایق بالاترین درجات آسـمانی می‌دانند و منتقدانی که آنها را مستحق پایین‌ترین طبقات دوزخ می‌شمارند. جان آدامز[2] در سال ۱۸۱۶ خطاب به توماس جفرسون[3] چنین نوشت: «اگر جماعتی از آدمیان بتوان یافت که بر زمین و در دوزخ لایق محکومیت ابدی باشند، این جماعت مریدان لویولا هستند.» مقصد آنها هرچه بود، ژزوئیت‌ها از همان آغاز یگانه بودند.

این نسلِ نخست تحت رهبری غیرتمندانهٔ لویولا چهار نعل برای انجام‌دادن مأموریت‌های جدیـدش می‌تاخت که عبارت بودند از موعظهٔ ایمان مسـیحی به مشـرکان و بازگرداندن پروتسـتان‌ها به ایمان کلیسای کاتولیک. فرانسیس خاویر از هندوستان به‌شتاب راهی آسیای جنوب شـرقی و سپس ژاپن شد، کشوری که هرگز کلمه‌ای از مسیحیت نشنیده بود. انجمن عیسی بیش از سایر نهادهای کلیسای کاتولیک توانست موج نهضت پروتستان را در فرانسه، فروبومان[4] و اروپای مرکزی مهار و گاه معکوس کند. هنگامی که ایگناتیوس در سـال ۱۵۵۶ درگذشـت، فرقهٔ او تقریباً هزار نفر عضو داشت و رسولانش به چهار قارهٔ جهان گسیل شده بودند.

از مأموریت‌های این نسـل اول ژزوئیت‌ها هیچ‌یک به‌اندازهٔ مأموریت حضور در شورای ترنت سرنوشت‌ساز نبود. فقط سی‌ویک پدر شورا که توسط سه نمایندهٔ پاپ هدایت می‌شدند در مراسم گشـایش شورا حضور داشتند. هیچ‌یک نمی‌توانست تصور کند شورایی که با این عدهٔ معدود آغاز شـد به مهمترین شـورایی تبدیل می‌شـد که در فاصلهٔ بین نیقیه (۳۲۵) و شورای دوم واتیکان (۱۹۶۲–۱۹۶۵) برگزار گردید. تحت تأثیر ژزوئیت‌ها ترنت به سلاحی قدرتمند برای جریان اصلاحات متقابل تبدیل شـد. دو عضو متین، هوشمند و بسیار بانفوذ انجمن یعنی دیئگو لاینز و آلفونسـو سالمرون، دستور جلسه را تا جایی که توانستند به‌سوی «نگرش درست کلیساییِ» پیروان لویولا سوق دادند.

---

۱. اشاره‌ای است به اول قرنتیان ۹:۲۲. (مترجم)

2. John Adams; 3. Thomas Jefferson

۴. منظور به‌ویژه هلند، بلژیک، و لوکزامبورگ اسـت. برای این اصطلاح از معادل کشـورهای سُـفلی نیز استفاده شده. (مترجم)

پدران شورا در سه نشست عمده حضور به‌هم رساندند: ۱۵۴۵-۱۵۴۷، ۱۵۵۱-۱۵۵۲، و ۱۵۶۲-۱۵۶۳. در سراسر این جلسات، آرای شرکت‌کنندگان ایتالیایی به‌خوبی ارائه شد؛ لیکن آرای شرکت‌کنندگان از مناطق دیگر، به‌خصوص فرانسه، ارائهٔ ضعیفی داشت. در مقایسه با شوراهای دیگر، حضور در شورای ترنت کمرنگ بود. در دور دوم جلسات، شماری از پروتستان‌ها هم حضور داشتند، اما حضور آنها نتیجه‌ای نداشت. شورای ترنت از ابتدا تا آخر موضع جدید کلیسای رُم را انعکاس می‌داد که قصد ایجاد دگرگونی‌های اساسی داشت.

شکل جدید مسیحیت کاتولیک

هرآنچه نهضت پروتستان به حمایت از آن برخاسته بود با شدت تمام - و حتی می‌توان گفت با خشونت - در شورای ترنت رد شد. اصلاحگران پروتستان بر پارساشمردگی *فقط از راه ایمان* تأکید داشتند. تحت تأثیر ژزوئیت‌ها، شورا یک سازش بالقوه را رد کرد، زیرا بر آن بود که پارساشمردگی معلول دو چیز است: ۱) شکلی از پارسایی که بیرون از وجود شاگرد است، اما در نظر خدا به حساب ما گذاشته می‌شود، و ۲) شکلی از پارسایی که درونی است و به شاگرد مسیح القاء می‌شود. از نظر پروتستان‌ها، پارسایی بیرونی یک رخداد است که از طریق آن، خدا فرد را از نظر خود پارسا محسوب می‌کند. از نظر کاتولیک‌ها، پارساییِ درونی فرایندی است که طی آن خدا پارسایی را در طول زندگی شاگرد به او افاضه می‌کند. شورای ترنت به‌طور مؤکد پارساشمردگی را به فرایند پارساشدن مربوط دانست و بحث پارسا اعلام‌شدن فرد را به کسانی واگذاشت که خود را پروتستان اعلام می‌کردند.

لوتر، کالون، و گربل[1] تأکید داشتند که نجات فقط «از طریق فیض» است. شورای ترنت بر فیض و همکاری انسان با خدا تأکید کرد تا به‌گفتهٔ لویولا از «سمّی که آزادی را نابود می‌کند» پرهیز شود. توصیهٔ ایگناتیوس چنین بود: «طوری دعا کن که انگار همه‌چیز فقط به خدا بستگی دارد.» «ولی طوری عمل کن که انگار نجات تو فقط به خودت بستگی دارد.»

پروتستان‌ها تعلیم می‌دادند که مرجعیت در امور دینی «فقط با کتاب‌مقدس» است. شورا تأکید داشت که در تفسیر کتاب‌مقدس نظر عالیترین مراجع تعلیم در کلیسای کاتولیک، یعنی پاپ‌ها و اسقفان ملاک است.

بدین‌گونه، شورای ترنت ضمانت می‌کرد که کلیسای جدید کاتولیک با همکاری خدا و انسان اداره شود، به‌طوری که مقام پاپ حفظ شد، و آیین‌های هفتگانهٔ کلیسای کاتولیک و اعتقاد به قربانی‌شدن مسیح در آیین قربانی مقدس نیز به قوت خود باقی ماندند. قدیسان، موضوع اعتراف، و صدور بخشش‌نامه هم به‌همین‌گونه. شورای ترنت اساساً گزینه‌هایی را که تا پیش از آن زمان در اختیار کلیسای قرون وسطیٰ قرار داشت محدودتر کرد، ضمن اینکه از لحن آن پیدا بود واکنشی علیه نهضت پروتستان است. اکنون که با گذشت چهار قرن، به عصر اصلاحات دینی واپس می‌نگریم، درمی‌یابیم که اتحاد دینی در دنیای مسیحیت غرب

1. Grebel

تقسیمات مذهبی در پایان قرن شانزدهم میلادی

تا ابد از میان رفت. انسان‌های روزگار لویولا، اعم از زن و مرد، متوجهٔ این حقیقت نبودند و اروپا کم‌کم به آن پی برد.

در آغاز، پیروان لوتر تصور می‌کردند دیدگاه‌های او به‌اندازه‌ای درست است که کلیسای کاتولیک حتماً آنها را خواهد پذیرفت. دیگران هم به‌اندازه‌ای دیدگاه‌های او را غلط می‌دانستند که عقیده داشتند دیر یا زود به‌عنوان بدعتکار در شعله‌های آتش سوزانده خواهد شد و بساط نهضت او جمع خواهد شد. مگر نه اینکه گوشه‌گوشهٔ تاریخ پر از اجساد گناهکاران است. نکته این است که هر دو طرف، چه کاتولیک‌ها چه پروتستان‌ها، فکر می‌کردند کلیسای حقیقی و کاتولیک (جهانی) مسیح را نمایندگی می‌کنند و دشمنانشان نسخهٔ دروغین این کلیسا هستند. جَوّ حاکم بر شورای ترنت هم همین‌گونه بود.

اما با گذشت زمان، فکر مردم تغییر کرد و بی‌آنکه خود بفهمند وارد مرحلهٔ دوم شدند. مردم خواسته و ناخواسته به این باور ناراحت‌کننده رسیده بودند که مناقشه به بن‌بست رسیده است. کاتولیک‌ها نمی‌توانستند کار بدعت جدید را بسازند و پروتستان‌ها هم حریف رُم نمی‌شدند. در این مرحلهٔ دوم، مردم حقیقتاً از لحاظ عاطفی یا عقلی به مرحلهٔ پذیرش این بن‌بست نرسیده بودند، بلکه صرفاً به آن اذعانی تلخ داشتند.

اکثر مردم کماکان عقیده داشتند که حقیقت دینی امری مشهود[1] است، به‌طوری که حقیقت در یک سو قرار دارد و خطا در سوی دیگر. خطا نه فقط به معنی لعنت‌شدن فرد بود، بلکه موجب آلوده‌شدن دیگران و نابودی اجتماع می‌شد. مقاومت در برابر این شرور به‌صورت تفتیش عقاید، جنگ‌های داخلی، و جفاها درآمد.

بار این جنگ ایدئولوژیک بر دوش کالونیست‌ها و ژزوئیت‌ها بود. هریک در قالب سازمانی مبارز درآمده بود که از اعضایش می‌خواست وفاداری‌شان فراتر از وابستگی‌های ملی و سیاسی باشد. در این مرحله، تقریباً کسی تصور نمی‌کرد که هر دو سوی درگیر می‌توانند سهمی از حقیقت داشته باشند یا هر دو می‌توانند در یک کشور حتی قاره همزیستی مسالمت‌آمیز داشته باشند.

سومین مرحلهٔ رواداری مذهبی که بر اساس پذیرش کامل تنوع مذهبی در یک ملت استوار است، تا قبل از سال ۱۶۰۰ فقط به‌صورت جزئی دیده می‌شد، آن‌هم در نگرش‌های عرفا و انسان‌گرایان مسیحی مانند اراسموس یا پروتستان‌های دوآتشه مانند آناباپتیست‌ها، و سیاستمداران عملگرا مانند الیزابت ملکهٔ انگلستان.

شاید نیروهای سیاسی و اقتصادی که به ظهور دولت–کشور یا دولت ملّی منجر شد، دست بالا را داشتند. در این زمان اروپا مناطق سیاسی کوچکی (به اندازهٔ تقسیمات ایالتی[2] یا ایالات کوچک در آمریکا) داشت که زیر چتر امپراتور یا کلیسای کاتولیک بودند. این قلمروهای کوچک‌تر که به‌دست اربابان اداره می‌شد با ادغام در یکدیگر تبدیل به چیزی می‌شد که امروزه ملّت[3] می‌نامیم، مانند آلمان. در حکومتی[4] با مرزهای جغرافیایی مشخص و جمعیت بیشتر، شهروندان پروتستان و کاتولیک می‌بایست با یکدیگر همزیستی و همکاری می‌داشتند.

عده‌ای که طرز فکرشان با اواخر دورهٔ روشنگری در آینده سازگاری داشت، خواستار آن شدند که مفهومی عام از خدا که تقریباً مورد قبول تمام مؤمنان در غرب بود، به‌عنوان مفهوم معیار در نظر گرفته شود: خدا یکتاست، ابدی است و غیره. از نظر این افراد، عقاید و مناسک اجتماعی متمایز را در صورتی می‌شد جایز شمرد که بتوان آنها را در دایرهٔ باورهای شخصی قرار داد. این زمزمه، هرچند بی‌رمق، صدایی بود که از آینده به گوش می‌رسید و هیچ گروهی از مسیحیان به‌اندازهٔ ژزوئیت‌ها در برابر آن سرسختی نکرد.

---

1. Identifiable

۲. County عبارت از زیرمجموعهٔ اداری یا سیاسی یک ایالت است شامل منطقه‌ای با مرزهای مشخص که گاه تا اندازه‌ای از نظر اداری مستقل است. (مترجم)

۳. تا جایی که مترجم اطلاع دارد، استادان علوم سیاسی ملاحظاتی در مورد معادل‌های موجود برای این کلمات در زبان فارسی دارند. ما از معادل‌های رایج فعلی استفاده کرده‌ام. (مترجم)

4. State

پیشنهادهایی برای مطالعهٔ بیشتر

*Bireley, Robert. *The Refashioning of Catholicism, 1450-1700*. Washington, D. C.: Catholic University of America Press, 1999.
Brodrick, James. *The Origin of the Jesuits*. London: Longmans, Green and Co., 1949.
Daniel-Rops, Henry. *The Catholic Reformation*. New York: E.P. Dutton, 1962.
Franzen, August. *A History of the Church: Revised and Edited by John P. Dolan,* New York: Herder and Herder, 1969.
Noll, Mark A. *Turning Points: Decisive Moments in the History of Christianity*. Grand Rapids: Baker Books, 2000.
*O'Malley, John W. *The First Jesuits*. Cambridge, MA: Harvard University Press, 1993.
Thompson, Francis. *Saint Ignatius Loyola*. Westminster, MD: Newman Press, 1950.
Wakefield, James L. *Sacred Listening: Discovering the Spiritual Exercises of Ignatius Loyola*. Grand Rapids: Baker Books, 2006.

فصل بیست‌ونهم

گشودن صخره

آمریکا و آسیا

پنجشنبه ۱۱ اکتبر ۱۴۹۲[۱] جهانی نو برای ایمان مسیحی گشوده شد. در آن روز، کریستُف کُلمب یا کریستوفر کولومبوس[۲] «دریاسالار اقیانوس و دریا، والی و فرمانروای هر منطقه‌ای که کشف کند» نگاهش به پرندگان موسوم به آبچلیک و نیزار سرسبز افتاد و سرانجام در سرزمینی لنگر انداخت که به آن می‌گوییم هند غربی.[۳]

صبح روز بعد، کلمب پا بر ساحل جزیره گذاشت و آن را سَن سالوادور (نجات‌دهندهٔ مقدس) نامید و اعلام کرد مالکیت آن به شاه فردیناند و ایزابلا ملکهٔ اسپانیا تعلق دارد. او به بومیانی که حس کنجکاوی‌شان برانگیخته شده بود «کلاه قرمز و تسبیح شیشه‌ای داد تا به گردن بیاویزند.» این اقدام چنان آنها را به وجد آورد که کلمب نتیجه گرفت بومیان این سرزمین را به‌آسانی و بدون توسل به زور «با محبت می‌توان به دین مقدس ما درآورد.»

مورخان یکصدوپنجاه سالِ بعدی را دورهٔ اکتشاف می‌خوانند، زیرا در این دهه‌ها اروپاییان مستعمراتی در قارهٔ آمریکا [مشتمل بر آمریکای شمالی و جنوبی] ایجاد کردند و راه‌های تجاری جدیدی برای رسیدن به ثروت‌های شرق دور یافتند. در تاریخ مسیحیت می‌توان این

---

۱. تاریخ ۱۲ اکتبر نیز ذکر شده است. (مترجم)

2. Christopher Columbus; 3. West Indies

سال‌ها را «عصر گسترش جهانی مسیحیت» دانست، زیرا بین سال‌های ۱۵۰۰ و ۱۶۵۰ راهبان و برادران (فرایرهای) کلیسای کاتولیک رومی پیام انجیل را در سراسر آمریکای لاتین به مستعمرات اسپانیا و بنادر پرتغال در سواحل آفریقا و آسیا رساندند.

در تمام این سال‌های هیجان‌انگیز، پیشنهادی که کلمب برای ترویج ایمان مسیحی داشت مبشران مسیحی را به دردسر می‌انداخت، زیرا این سؤال برای آنها مطرح بود که آیا باید بومیان را با محبت به ایمان مقدس دعوت کرد یا با توسل به زور؟ گاه مبشرِ شجاع و ازجان‌گذشتۀ فرانسیسکنی یا ژزوئیتی با محبت تسلیم‌ناپذیر خود، در این کار موفق می‌شد. گاه نیز قشونی سنگدل از کشورگشایان مسیحی، به زور شمشیر بومیان را به قبول تعمید مسیحی وا می‌داشتند.

این مشکل از آنجا ناشی می‌شد که مبشران همواره در برابر این پرسش قرار داشتند که ماهیت شرک یا بت‌پرستی چیست؟ آیا شکست انسان در یافتن خدای حقیقی است؟ یا مقاومت سرسختانۀ او در برابر پیام انجیل؟ آیا نمی‌بایست سفیر ایمان مسیحی نکات مثبت در مذاهب شرک را بیابد و جامعه‌ای مسیحی بر بنیاد آنها پی افکند؟ یا می‌بایست تمام صورت‌های مذهب شرک را سرکوب، و در صورت لزوم نابود کند، تا بتواند ایمان حقیقی را در دل‌ها بکارد؟ می‌توان رویکرد اول را تطبیقی و دومی را سیاست مبتنی بر فتح نامید.

انجیل و فرهنگ

خود بحث تطبیق‌دادن یا فتح نیز بر این پرسش گسترده‌تر استوار است که چه رابطه‌ای بین انجیل و فرهنگ وجود دارد؟ خطری که بیشتر وقت‌ها کلیسا را تهدید می‌کند یکی‌دانستن انجیل با شکلی از فرهنگی است که ایمان مسیحی را در خود جا داده است. بدین‌گونه مبشران نتوانستند خود را با آداب مردمان دیگر تطبیق دهند. آنها خود را ناگزیر می‌دیدند که بر بیان ایمان به شیوه‌های آشنا تأکید کنند.

در عصر رسولان، مسیحیان یهودی‌نژاد در آغاز با همۀ وجود باور داشتند که ایمان چیزی جز عهد و آیین‌های یهودیان و رعایت روز شَبّات نیست. هنگامی که خبر خوش ایمان مسیحی خود را از قید جلوه‌های یهودی‌اش رها کرد توانست در دنیای یونانی-رومی ریشه بگیرد. همین اتفاق نیز درست زمانی افتاد که طوایف مهاجم ژرمن بسیاری از نهادهای زندگی رومی را از بین بردند. بدین‌گونه، ایمان مسیحی می‌بایست شیوه‌های جدید و مؤثری برای سخن‌گفتن با مردم قرون وسطیٰ می‌یافت. در آغاز و میانۀ قرون وسطیٰ مبشران از جان و دل برای ترویج ایمان مسیحی مایه گذاشتند.

با این‌همه، طی قرون وسطیٰ نگرش مهمی در مسیحیان اروپایی شکل گرفت. ظهور دین اسلام در قرن هفتم، میان مسیحیان اروپا و همدینانشان در آسیا و آفریقا شکاف انداخت. بدین‌گونه در کشورهای اسلامی شمال آفریقا و خاور نزدیک فقط چند پایگاه برای مسیحیت باقی ماند و تقریباً مسیحیت به اروپا محدود شد.

جنگ‌های صلیبی اقدام تکان‌دهندهٔ اروپای مسیحی برای عبور از موانع دین جدید از طریق قدرت نظامی بود. ستیز و آویزهای طولانی در اسپانیا و پرتغال برای بیرون‌راندن مسلمین، یا مورها به‌گفتهٔ مردم این سرزمین‌ها، نگرشی مشخصاً جهادگرانه نسبت به کسانی که خارج از ایمان مسیحی قرار داشتند پدید آورد. بدین‌گونه، فتح و تبشیر طوری با هم آمیخته شدند که انگشت‌شماری می‌توانستند آنها را از هم تفکیک کنند.

عصر جدید میسیون‌ها یا به‌عبارتی فعالیت‌های میسیونری در سطح جهان، با عصر اکتشافات بزرگ آغاز شد. پرتغالی‌ها و اسپانیایی‌ها ابتدا در میانهٔ قرن پانزدهم کشتی‌های خود را روانهٔ جنوب کردند. فرانسویان، هلندیان، و انگلیسیان نیز دیری نپایید به این جریان ملحق شدند تا مستعمراتی برای خود پدید آورند. پرتغالی‌ها با پیمودن ساحل غربی آفریقا، در سال ۱۴۸۶ به رأس جنوبی قاره رسیدند و آنجا را دماغهٔ امید نیک[1] نامگذاری کردند.

در سال ۱۴۹۵ واسکو دو گاما[2] آفریقا را دور زد و مسیر آسیا را در پیش گرفت و برای نخستین بار به ساحل غربی یا به‌اصطلاح مالابار هند رسید. این منطقه می‌توانست بهترین پایگاه پرتغال برای اقدامات توسعه‌طلبانه در شرق دور باشد. قرن‌ها بود که تجار عرب از بنادر مالابار ادویه، جواهرات، عاج، پارچه‌های کتان هندی، و ابریشم چینی بار می‌زدند و از طریق دریای سرخ یا خلیج فارس و سپس از راه خشکی، به کشورهای مدیترانه می‌رساندند. پرتغالی‌ها دریافتند که این بنادر مرکز تبادل بین شرق و غرب، یعنی قلب تجارت شرقند.

پرتغالی‌ها بدون فوت وقت کشتی‌های بی‌استقامت عرب‌ها را از اقیانوس هند بیرون راندند و گوا[3] را در ساحل مالابار به مرکز امپراتوری تجاری شرق خود تبدیل کردند و به سمت شرق روانه شدند تا پایگاه‌هایی راهبردی در مجمع‌الجزایر مالایی[4] و جزایر ملوک[5] ایجاد کنند. آنها در سال ۱۵۱۶ به چین و در سال ۱۵۴۳ به ژاپن رسیدند.

پرتغالی‌ها برخلاف اسپانیایی‌ها کوششی برای کسب فتوحات یا ایجاد مستعمرات در مقیاس کلان انجام ندادند. آنها علاقه‌ای به سرزمین نداشتند و در رویای رسیدن به طلا هم نبودند. فقط می‌خواستند تجارت را در انحصار خود دربیاورند و این به معنی استیلا بر دریاها بود. بدین‌گونه، پرتغالی‌ها بنادری در سواحل آفریقای جنوبی، کنگو و آنگولا، در هندوستان و سیلان، در برزیل، موزامبیک، و مالایی ایجاد کردند. در هریک از مستعمرات تجاری، کلیساهای کوچک کاتولیک نیز پدیدار شد.

اسپانیایی‌ها در جهان نو

در همین حال اسپانیایی‌ها اکتشافات کلمب را دنبال می‌کردند. این مرد سرخ‌موی جنوایی سه سفر دیگر نیز به جهان نو انجام داد و بیهوده کوشید راهی برای ورود به سرزمین اصلی آسیا بیابد. او در دومین سفر از این سه سفر، با کشتی‌هایی حامل ۱۵۰۰ نفر عازم شد و در هاییتی به طلا دست یافت - طلای فراوان!

1. The Cape Of Good Hope; 2. Vasco Da Gama; 3. Goa; 4. Malay Archipelago; 5. Molucca Islands

سپس ساحل کوبا را که فکر می‌کرد جنوب چین است دنبال کرد و راهی اسپانیا شد. با وجود سوگندی که برای پنهان‌داشتن این امور یاد شده بود، کلمهٔ جادویی «طلا» به وطن درز کرد و شوریده‌ترین تلاش تاریخ را برای کشف طلا به راه انداخت.

در پنجاه سالی که از کشف سن سالوادور می‌گذشت، اسپانیایی‌ها جهان نو را از کالیفرنیا تا رأس آمریکای جنوبی چپاول کرده و به تصرف درآورده بودند. عملکرد این فاتحان جسور و خشن کلمهٔ کُنکیستادور[1] یا کشورگشایان اسپانیایی را وارد لغت‌نامه‌های زبان انگلیسی کرد. در ۱۵۲۱ هِرناندو کورتِز[2] مجهز به اسب‌های جنگی، زره و باروت، امپراتوری بزرگ آزتک را در مکزیک نابوده کرده بود. در ۱۵۳۳ نیز فرانچسکو پیزارو در اقدامی خائنانه، آتاهوالپا[3] پادشاه اینکاها را به قتل رسانده و این امپراتوری را که زمانی عظمت داشت، به زانو درآورده بود.

توجه به این نکته مهم است که تمام این اتفاقات در زمان حیات لوتر افتاد. شارل پنجم که جانشین فردیناند و ایزابلا شد و ثروت عظیم جهان نو را به ارث برد همان شهریاری بود که لوتر در مجمع وُرْمْس مقابل او ایستاد. بنابراین، در همان حال که شارل تلاش داشت از فرولغزیدن آلمان از چنگ امپراتوری‌اش و افتادن آن به دست پروتستان‌ها جلوگیری کند، از دیدن کشتی‌های مملو از بار اسپانیایی که از هند غربی و مکزیک می‌رسیدند، دلش آرام می‌گرفت.

با این‌همه، این تلاش مخاطره‌آمیز جهانی صرفاً مسابقه‌ای نفس‌گیر برای رسیدن به ادویه و طلا نبود. اشتیاقی که در عمق قلب بازرگانان پرتغالی و کشورگشایان اسپانیایی شعله می‌کشید ترویج ایمان مقدس، یعنی ایمان کلیسای کاتولیک رومی بود که از پدران خود به میراث برده بودند. بنابراین، دومینیکی‌ها، فرانسیسکن‌ها، آگوستینی‌ها، یا ژزوئیت‌ها تقریباً به هر کشتی‌ای که عازم می‌شد سوار می‌شدند و همان اندازه مشتاق دعوت مشرکان به دین خود بودند که ناخدای کشتی می‌خواست بندر جدیدی برای تجارت بیابد.

بسیاری از این راهبان و فرایرها دست به فداکاری خارق‌العاده‌ای زدند. سفر در دریا خطرناک بود. چیزی به اسم مرخصی هم وجود نداشت. از بین ۳۷۶ ژزوئیت که در فاصلهٔ سال‌های ۱۵۸۱ و ۱۷۱۲ رهسپار چین شدند، ۱۲۷ نفر در حین سفر جان باختند.

به برکت اینان، قرن شانزدهم، که شاهد تقسیم اروپا میان کاتولیک‌ها و پروتستان‌ها بود، همچنین نظاره‌گر چهره‌ای جدید از مسیحیت کاتولیک شد. درست وقتی این حقیقت دردناک آشکار شد که صفت «کاتولیک» دیگر به معنای «متحد و یگانه» نیست، ایمان مسیحی که از راه بشارت به مردمان دوردست می‌رسید، به معنی کلمهٔ کاتولیک[4] تجسم بخشید. پاپ برای جلوگیری از رقابت بین پرتغال و اسپانیا، خطی روی نقشه از قطب شمال به جنوب، درست در غرب آزور کشید و اعلام داشت که آنچه در غرب این خط واقع شده به اسپانیا تعلق دارد و هرچه در شرق آن واقع شده به پرتغال. همین مرز سبب شد که امروز زبان مردم برزیل پرتغالی باشد درحالی‌که بقیهٔ مردم آمریکای لاتین اسپانیایی‌زبان هستند.

1. Conquistadores; 2. Hernando Cortes; 3. Atahualpa

۴. نویسنده در اینجا Catholic را با C کوچک در مقابل کاتولیک به منزلهٔ اسم خاص با C بزرگ، نوشته است. (مترجم)

به دستور پاپ پادشاهان پرتغال و اسپانیا مسئولیت یافتند تا در سرزمین‌هایی که به تصرف سربازانشـــان درآمده بود بشـــارت دهند. کلیسای کاتولیک از این شـــهریاران انتظار داشت مبشـــرانی گسیل دارند و آنها را در هندوســـتان یا پرو نگه دارند. شاهان کنترل انحصاری بر مبشران داشتند و می‌توانستند اسقفانی برای هدایت تبعهٔ تازه‌تعمیدیافتهٔ خود منصوب کنند.

بنابراین، دیدگاهی که در بنیاد این دورهٔ جدید بشـــارت قرار داشت بسط مفهوم شهریار مسیحی بود. او راهنمای روحانی مردم خود محسوب می‌شد که از سوی خدا تعیین شده بود و از او انتظار می‌رفت تمام نشـــانه‌های بت‌پرستی را از سرزمین‌های خود بزداید و مردم خود را از طریق کلیسای مقدس کاتولیک به تبعیت مسیح درآورد.

ماهیت خشـــونت‌آمیز لشکرکشی‌های اسپانیایی‌ها شاید ریشـــه در سرسپردگی اسپانیا به کلیسای مادر و ورود نظامی مسلمین به اسپانیا داشت. متأسفانه، این لشکرکشی‌ها نیز به مسیر افراط‌کاری‌های خشـــونت‌آمیز جنگ‌های صلیبی افتاد. مثلاً کورتز، فاتح ســـنگدل و مجرب مکزیک، ارادتی عمیق به مریم عذرا داشـــت و همیشـــه مجسمهٔ کوچکی از او با خود همراه می‌بـــرد. او هر روز دعـــا می‌کرد و در آیین قربانی مقدس شـــرکت می‌نمود. روی یک بیرق کورتز، تصویر صلیب و روی بیرق دیگرش تصویر باکرهٔ مقدس نقش بود.

نخســـتین سیاست اســـپانیا در قبال بومیان اِنْکومیاندا خوانده می‌شد و شماری از بومیان را در اختیار استعمارگران اســـپانیایی قرار می‌داد تا در معادن و کشتزارهای اربابان خود کار کنند. آنها در مقابل زحمات خود، از حمایت اسپانیایی‌ها برخوردار می‌شدند و ایمان مقدس کاتولیک به آنها تعلیم داده می‌شـــد. از آنجا که بومیان متهم به جرایم ســـنگینی چون قربانی انسان‌ها و بت‌پرستی بودند، فاتحان بر خود می‌دانستند تا به این اعمال وحشیانه و غیرانسانی پایان بخشـــند. بنابراین، از نظر آنها، جنگ با بومیان مانند جنگ بنی‌اســـرائیل با اهالی کنعان، درست و موجه بود. در ۱۵۳۱ اسقف سومارّاگا[1] در نامه‌ای که از مکزیک نوشت اعلام داشت بیش از پانصد معبد و بیست‌هزار بت را نابود کرده‌اند.

قهرمان ستمدیدگان

قهرمان بومیان ستمدیده، بارتولومئو دُلا کاساس[2] بود که پدرش در دومین سفر کلمب به هند غربی او را همراهی کرده بود. در آغاز بارتولومئو به‌اندازهٔ هر اســـپانیایی دیگری در هند غربی یا مکزیک به امپریالیسم مسیحی تعلق داشت. با این‌همه، در میانهٔ دههٔ سوم زندگی‌اش، تحولی روحانی در زندگی‌اش رخ داد و به مقام کشیشـــی دســـتگذاری شد که این نخستین دســـتگذاری از این نوع در جهان نو بود. رفته‌رفته وجدان او معذب شد. او در خطابه‌ای که در حضور فرماندار و مهاجران برجسته ایراد کرد به تقبیح رفتارهای ظالمانه‌ای پرداخت که در پیرامون خود شـــاهد بود. چگونه امکان داشت خدای مسیحی قساوت و وحشی‌گری را ابزاری برای ترویج مسیحیت سازد؟

1. Zumarraga; 2. Bartholomew De Las Casas

کاساس با مقاومتی گسترده روبه‌رو شد. بسیاری او را فردی خیال‌اندیش و تهدیدی برای اسپانیای نو می‌دانستند. برخی از مبشران هم استدلال می‌کردند که انسان‌های وحشی و بی‌تمدن را نمی‌توان بدون توسل ضروری به زور، متوجهٔ خطاهایشان کرد و به‌سوی ایمان هدایت نمود. برخی از استعمارگران نیز تأکید داشتند که مخالفت کاساس با *اِنکومیاندا* مستعمرات را از لحاظ اقتصادی ویران خواهد کرد.

با این‌همه، کاساس بر دیدگاه‌های خود پافشاری کرد. او چهارده مرتبه اقیانوس اطلس را پیمود تا رهبران اسپانیایی را قانع کند راه دیگری برای هدایت بومیان به‌سوی ایمان بیابند. در نتیجهٔ درخواست‌های او، شارل پنجم در ۱۵۴۲ قوانین جدیدی به نام «قوانین مستعمرات» وضع کرد که از خشونت روش انکومیاندا کاست و این اصل را تثبیت کرد که بومیان نیز از حقوق انسانی برخوردارند.

با این‌همه، قوانین در اسپانیا یک چیز بود و عمل به این قوانین در مکزیک چیز دیگری. در مناظرهٔ معروفی که در وایادولید[1] در شبه جزیرهٔ یوکاتان[2] به سال ۱۵۵۰ برگزار شد، کاساس به نفع برابری و آزادی بومیان استدلال کرد. او می‌گفت فقط با موعظهٔ صلح‌آمیز کلام خدا و ارائهٔ سرمشق زندگی مقدس می‌توان آنها را به ایمان مسیحی دعوت کرد. طرف مقابل او در مناظره، الاهیدانی به نام خوئان خینِس دسپولوِدا[3] بود. او از این استدلال ارسطو استفاده می‌کرد که برخی انسان‌ها ذاتاً برای بردگی آفریده شده‌اند. او می‌گفت: «مردم اسپانیا به‌همان‌اندازه بر بومیان این سرزمین‌ها برتری دارند که انسان بر میمون.» در نتیجه، با وجود نهایت تلاش کاساس، امپریالیسم مسیحی در جهان نو ادامه یافت و مانع از گسترش انجیل شد.

بومیان به ایمان مسیحی اشتیاق داشتند، ولی به‌همین‌اندازه نیز آمادهٔ ترک آن بودند. بین سال‌های ۱۵۲۴ و ۱۵۳۱ فرانسیسکن‌ها بیش از یک میلیون مکزیکی را تعمید دادند. تعمید دسته‌جمعی مردم خواننده را به یاد زمانی می‌اندازد که مردم اروپا در قرون وسطیٰ دسته‌جمعی به ایمان مسیحی درمی‌آمدند. چنین اقداماتی برای ایمانداران امروزی که بر رابطهٔ فرد با خدا تأکید دارند، سرسری یا حتی خرافی جلوه می‌کند.

در داستان معروفی آمده است که کورتز در یکی از شهرها سفت‌وسخت مقرر کرده بود مردم خدای مسیحی را عبادت و از اسب لنگ او نگهداری کنند. بومیان هم در کمال وفاداری به دستور او عمل کرده و آن‌قدر میوه و گل به خورد اسب داده بودند که حیوان بیچاره تلف شده بود. آنها تصور کرده بودند خدای مسیحی همین اسبی است که به آنها سپرده شده. بعدها، دو فرانسیسکن متوجه شدند بومیان تصویری از اسب کشیده و او را به‌عنوان خدای تندر و آذرخش می‌پرستیدند![4]

در شرق، پرتغالی‌ها مانند اسپانیایی‌ها بر این باور بودند که پادشاه مسیحی در مورد سعادت روحانی اتباعش به خدا پاسخگوست. در نتیجه، گوا، کانون امپراتوری تجاری

1. Valladolid; 2. Yucatan Peninsula; 3. Juan Gines De Sepulveda

۴. احتمالاً این نامگذاری به‌خاطر تخلیهٔ شدید محتویات معدهٔ حیوان زبان‌بسته بوده است! (مترجم)

پرتغال در شرق، به شهری با کلیساهای باشکوه به سبک باروک تبدیل شد. اسقف اعظم این شهر نمایندهٔ قدرت کلیسای کاتولیک در شرق آسیا بود و مقامات پرتغالی مراقب بودند که سرزمین پادشاه مسیحی آنها را شرک و بت‌پرستی آلوده نسازد.

با این‌همه، پرتغالی‌ها با مسئله‌ای روبه‌رو شدند که اسپانیایی‌ها هرگز در قارهٔ آمریکا با آن مواجه نبودند. آنها خود را در برابر تمدن‌هایی به‌مراتب توسعه‌یافته‌تر و مذاهبی به‌مراتب کهن‌تر از اینکاها و آزتک‌ها یافتند. این امور تأثیر مهمی بر شیوهٔ برخورد بسیاری از مبشران مسیحی با مردم آسیا داشت. در هندوستان، ژاپن، و چین، سیاست فتح و واداشتن مردم به تغییر دین، تعدیل و در مواردی کنار گذاشته و سیاست تطبیق در پیش گرفته شد. به‌طور خاص ژزوئیت‌ها این پرسش را مطرح می‌کردند که کدام دسته از آداب مردم ژاپن، چین یا هندوستان فقط جنبهٔ اجتماعی یا مدنی دارد و کدام آداب و عادات آنها با تعمید مسیحی سازگار نیست.

فرانسیس خاوِیر

سال ۱۵۴۲ بود که پیشگام بزرگ فعالیت‌های میسیونری مسیحی در شرق دور به گوا رسید. این شخص، فرانسیس خاویر (۱۵۰۶–۱۵۵۲) همکار ایگناتیوس لویولا بود و به‌عنوان نمایندهٔ پاپ انجام وظیفه می‌کرد و در خدمت پادشاه پرتغال قرار داشت. مقامات رسمی در همه‌جا موظف بودند او را در مأموریتی که برای موعظه داشت یاری کنند. خاویر گوا را نیز همچون بیشتر شهرهای ساحلی، محل تردد آدم‌های ناجوری یافت که به دنبال هوسرانی‌های خود بودند. او فقط چند ماه در گوا ماند و در مدت‌زمانی کوتاه چیزی شبیه انقلاب اخلاقی در آن شهر ساحلی موجب گشت. آنگاه، در اشتیاق ورود به پهنه‌ای نو، نگاهش را متوجهٔ رأس جنوبی هندوستان کرد که کار با مردمانش به‌مراتب دشوارتر بود.

در ۱۵۳۴ عده‌ای از ماهیگیران که در ساحل جنوب شرقی زندگی می‌کردند، از پادشاه پرتغال درخواست حمایت کرده بودند، زیرا سارقان در خشکی و دریا دمار از روزگارشان درآورده بودند. پرتغالی‌ها هم به آنها قول حمایت دادند مشروط بر اینکه دین مسیحی را بپذیرند و تعمید بگیرند. آنها به این شرط عمل کردند، ولی در هشت سال نخستی که از ورودشان به دین مسیحیت می‌گذشت، کسی نبود رازهای ایمان جدید را برای آنها شرح بدهد. اینجا بود که خاویر، «این مرد کوچک‌جثهٔ سیه‌چرده» به یاری آنها آمد. او تمام تپه‌های شنی سوزان را برای رسیدن به دهکده‌های پراکندهٔ ماهیگیران زیر پا می‌گذاشت. زنگ دستی خود را به‌صدا درمی‌آورد تا اهالی دهکده جمع شوند و برای آنها اعتقادنامه، دعای ربانی، ده فرمان، و دعاهای مربوط به تسبیح را به‌صدای بلند می‌خواند. پس از اینکه ماهیگیران کلمات را یاد می‌گرفتند و ایمان خود را به اعتقادنامه اقرار می‌کردند، خاویر آنها را در گروه‌های صدتایی تعمید می‌داد تا اینکه دستش از خستگی بالا نمی‌رفت. پس از سه سال، او کلیسایی سازمان‌یافته داشت که می‌توانست به جانشینانش تحویل دهد.

عدهٔ این ماهیگیران که پاراوار[1] خوانده می‌شـــدند شاید به سی‌هزار تن می‌رسید. از آنجا که مســـیحیت بین آنها فقط به یک کاسْـــت یعنی طبقه محدود می‌شد، آنها به‌جز در زمان داد و ســـتد، رابطهٔ اندکی با همسایگان خود داشتند. بنابراین، کلیسا همچون جزیره‌ای در احاطهٔ دریای هندوئیسم به حیات خود ادامه داد.

ژزوئیت‌هـــا که از خاویر تبعیت می‌کردند و از حمایت مقامات پرتغالی برخوردار بودند، پاراوارهـــا را در دهکده‌هایی مخصوص به خود گرد آوردند و رفته‌رفته ســـبک زندگی آنها را مطابق معیارهای مسیحی شـــکل دادند. به این ترتیب، هیچ قایقی یکشنبه‌ها به ماهیگیری نمی‌رفت و بخشی از صید روزهای جمعه به کلیسا تقدیم می‌شد. به‌تدریج، خاطرهٔ روزهایی که پاراوارها هنوز مســـیحی نبودند از یادها رفت. کلیسا، تنها ساختمان سنگی دهکده که در احاطهٔ کلبه‌های ساخته‌شده از برگ نخل و کاهگل بود، در مرکز زندگی آنها قرار داشت.

هم مسیحیان کاتولیک و هم پروتستان فرانسیس خاویر را به‌خاطر غیرت او برای بشارت و شخصیت جذابش ستایش می‌کنند. با این‌همه، او نیز فرزند زمانه‌اش بود. سال‌هایی که در هندوســـتان گذراند نشان می‌دهد که او نیز در آغاز همچون معاصرانش تحمل باورهای دینی دیگران را نداشت. خاویر در نامهٔ مورخ ۱۶ مه ۱۵۴۶ خود به پادشاه پرتغال، اظهار داشت که شرط داشتن مسیحیان خوب در هندوستان این است که اعلی‌حضرت دستگاه تفتیش عقاید را برای ســـرکوب مسلمین برقرار کند. شاه خواســـتهٔ خاویر را اجابت کرد و تفتیش عقاید تا اوایل قرن نوزدهم در گوا ادامه داشت.

با این‌همه، خاویر قصد نداشـــت در گوا یا منطقهٔ آن ماندگار شود. مأموریت او از جانب پاپ و شاه، کل شرق دور را در بر می‌گرفت. بنابراین، در ۱۵۴۶ از هندوستان به مالایا رفت و پس از تقریباً دو ســـال خدمت در آن خطه، برای فتح سرزمین‌های جدید آماده بود. از این‌رو، به گوا بازگشـــت و در ۱۵۴۹ با دریافت نامه‌های لازم از مقامات، از راه دریا رهســـپار ژاپن، جزیرهٔ رویاهای مارکو پولو[2] شد.

خاویر با دو تن از همراهانش در ۱۵ اوت به ژاپن رســـید. ورود او به خاک ژاپن به‌موقع بود. ژاپن که فقط توسط اشراف فئودال اداره می‌شد و مشتاق تجارت با دنیای خارج بود، از این بیگانگان اســـتقبال کرد. بودائیسم از دور خارج شده بود و از مذاهب ملّی ژاپن هیچ‌یک چندان مقاومتی در برابر انجیل نشان نداد.

ســـال‌هایی که خاویر در ژاپن گذراند دید او را نسبت به فعالیت‌های میسیونری مسیحی تغییر داد. در اوایل حضورش در هندوســـتان، او موضعی امپریالیستی اتخاذ کرده بود. شرک هیچ اشـــتراکی با ایمان حقیقی ندارد. دیدگاه اکثر مبشران در آمریکای لاتین این بود که اول باید زد همه‌چیز را از اساس نابود کرد و سپس بر خاکستر آن بنیادی مسیحی ساخت.

با این‌همه، در ژاپن خاویر با مردمی روبه‌رو شـــد که نشانه‌های بسیاری از شرافت داشتند و بنابرایـــن، موضع خود را تغییر داد. او دریافت که هرچنـــد انجیل باید ژاپنی‌ها را دگرگون و اصلاح کند، لزومی ندارد همهٔ مظاهر زندگی و فرهنگ ژاپنی را بی‌ارزش دانســـت و کنار

1. Paravars; 2. Marco Polo

گذاشـــت. بسیاری از ژزوئیت‌ها که در احاطهٔ ادیان کهن شرق قرار داشتند و دنباله‌رو خاویر بودند، از نگرشـــی برخوردار شدند که مطلقاً در جریان اصلاحات متقابل دیده نمی‌شد و آن عبارت بود از مماشات در امور مذهبی.

انجمن عیســی تا پایان قرن شـــانزدهم، فعالیت‌های میســیونری مســیحی را در ژاپن ســـازماندهی می‌کرد. اقدامات آنها با موفقیت چشمگیری روبه‌رو شد. در سال ۱۵۷۷ یکی از ژزوئیت‌ها با خوشبینی چنین نوشـــت: «اگر ما مبشران کافی داشته باشیم کل ژاپن تا ده سال دیگر مسیحی خواهد شـــد.» دو سال بعد، ژزوئیت‌ها واقعاً شهری نو برای مسیحیان نوکیش بنا کردند و آن را ناکازاکی نامیدند. هنوز به پایان قرن مانده بود که طبق آمار مبشـــران، سیصد هزار مسیحی نوایمان، صدها کلیسا، و دو کالج مسیحی در ژاپن وجود داشت.

ژزوئیت‌ها ســـال‌ها با پیروی از خط مشی خاویر سعی داشتند شیوه‌هایی برای بیان ایمان مســیحی با توجه به فرهنگ میزبان خود بیابند. آنها تا جایی که می‌توانستند خود را با آداب و ارزش‌های مردم آن سرزمین تطبیق دادند، و با حداکثر سرعت کوشیدند رهبرانی ژاپنی برای کلیساها تربیت کنند.

متأســـفانه، در اوایل قرن هفدهم، حکمرانان جدید ژاپن که می‌ترسیدند مبشران خارجی در اصل مهاجمان خارجی باشـــند، سیاست سرکوب مســـیحیان را در پیش گرفتند. در بین ســـال‌های ۱۶۱۴ و ۱۶۴۲، ۴۰۴۵ شهید مسیحی با مرگ خود، شهادتی نهایی بر مسیح دادند. از این تعداد، برخی به ضرب شمشـــیر، برخی بر چوبهٔ دار، و برخی در دیگ جوشـــان کشته شدند. بدین‌گونه، شـــیرازهٔ اقدامات شکوفای مسیحی در ژاپن از هم پاشید و فقط عده‌ای از مسیحیان در تپه‌های نزدیک ناکازاکی باقی ماندند.

راه ورود به چین

داســـتان فعالیت‌های میسیونری در چین شبیه ماجرایی است که در ژاپن اتفاق افتاد. فکر بشـــارت در چین نیز از ذهن فرانسیس خاویر تراوید. پس از دو سال موعظه در ژاپن، خاویر که سری نترس داشت به این نتیجه رسید که زمان ورود به چین فرارسیده است و برای کسب اختیارات لازم به گوا بازگشت، اما در سفر به شرق، نتوانست از سنگاپور عبور کند. بنابراین، به امید اینکه بتواند خود را مخفیانه به کانتون برســـاند، سوار کشتی‌ای به مقصد جزیره‌ای در نزدیکی جنوب چین شـــد. اما در آنجا بیمار شد و چشم از جهان فروبست. بدین‌گونه، یکی از خلاقانه‌ترین فعالیت‌های میسیونری تاریخ به پایان رسید. این اتفاق در سال ۱۵۵۲ افتاد.

راهی که خاویر نتوانســـت برای ورود به چین بیابد، جانشـــین روحانی او، متیو ریتچی[1] (۱۵۵۲–۱۶۱۰) یافت. در سال ۱۵۶۷ جزیره‌ای کوچک نزدیک ساحل چین به نام ماکائو[2] به مســـتعمرهٔ پرتغال تبدیل شد. با این حال، تا سال‌ها ورود به چین غیرممکن می‌نمود. خاندان مینگ[3] که بر این کشور حکومت می‌کرد علاقه‌ای به تماس با دنیای خارج نداشت.

1. Matthew Ricci; 2. Macao; 3. Ming

آنها چینی‌ها را تولیدکنندهٔ فرهنگ می‌دانستند نه واردکنندهٔ آن. آیین کنفوسیوسی در امپراتوری و کشور غلبه داشت، و خانواده مطابق آرمان‌ها و تعلیمات آن اداره می‌شد.

در داستانی آمده است که اَلساندرو والیگنانو[1]، یکی از رهبران ژزوئیت‌ها در مشرق‌زمین، هنگامی که در سال ۱۵۷۹ از پنجره‌اش در ماکائو بیرون را نگاه می‌کرد خطاب به ساحل چین بانگ کشید: «ای صخره، ای صخره، تو کِی گشوده می‌شوی؟»

والیگنانو به‌یاد ژزوئیت ایتالیایی سی‌ساله‌ای افتاد که در آن زمان در دانشکدهٔ الاهیاتِ گوا تدریس می‌کرد. متیو ریتچی پیش از آنکه راهی هند شود، در رُم به تحصیل ریاضیات، نجوم، و کیهان‌شناسی پرداخته بود. او آمادگی عجیبی برای کار بین مردم چین داشت. در نتیجه، والیگنانو ریتچی را به ماکائو فراخواند و بار بشارت در چین را بر دوش او نهاد.

نخستین وظیفه‌ای که برای ریتچی تعیین شد این بود که در ماکائو اقامت کند و زبان و آداب چینی را بیاموزد - و منتظر شکافتن صخره باشد. در ۱۵۸۳ به او اجازهٔ اقامت در چائوچینگ[2] مرکز ایالتی کشور، داده شد. چینی‌ها با احترامی که از دیرباز برای دانشمندان قائل بودند با ریتچی رفتار کردند، زیرا او لباس ماندارین‌ها یا افراد عالی‌مقام را بر تن داشت، به زبان چینی سخن می‌گفت، و می‌توانست آنها را با علوم جدید آشنا کند. ریتچی نقشه‌ای از جهان برای چینی‌ها تهیه کرد و آنها را با علم جدید مربوط به تقویم آشنا ساخت.

این تماس‌ها برای افزایش رواداری چینی‌ها مفید بود ولی ریتچی عقیده داشت که با فعالیت در یک ایالت دورافتاده نمی‌توان چین را به‌سوی ایمان مسیحی هدایت کرد. بنابراین، قدم به قدم به مرکز امپراتوری نزدیک شد تا اینکه در ۱۶۰۰ اجازهٔ ورود به خود پکن را یافت.

ریتچی از دو عدد ساعت برای جلب توجه امپراتور استفاده کرد. او ساعت‌ها را با خود آورده بود تا به امپراتور هدیه کند، و البته این هدایا بسیار خوشایند ایشان واقع شد، ولی زمانی که از کار افتادند، متخصصان چینی نتوانستند آنها را دوباره به کار بیندازند. مهارت ریتچی در راه‌اندازی ساعت‌ها بسیار مورد استقبال امپراتور قرار گرفت، آن‌چنان که به او اجازه داد برای ده سال به‌عنوان ستاره‌شناس و ریاضیدان در پایتخت بماند.

رهبری خردمندانهٔ ریتچی موجب شد فعالیت میسیونری ژزوئیت‌ها در پکن ریشه بدواند و شکوفا شود. شماری از دانشمندان و خانواده‌های مهم پکن تعمید یافتند. در زمان مرگ ریتچی در سال ۱۶۱۰، شمار اعضای کلیسا به دو هزار نفر رسیده بود.

جانشین ریتچی، آدام شَل[3] فعالیت‌های علمی را به سطحی بالاتر ارتقا داد. آنچه او را مورد تحسین دانشمندان چینی قرار داد این بود که توانست در نهایت دقت، زمان خسوف ماه را پیش‌بینی کند و بدین‌گونه به مدیریت سرویس اخترشناسی امپراتوری منصوب شد. در ۱۶۵۰ شَل کلیسایی برای عموم در پکن ساخت و به همت او در کل امپراتوری، مسیحیت آزاد اعلام شد (۱۶۵۷). در زمان مرگ شل، تقریباً دویست‌وهفتاد هزار مسیحی در چین وجود داشت. فرمان امپراتوری در سال ۱۶۹۲ دایر بر رواداری، پاداشی از سوی چین و خانهٔ امپراتور برای ژزوئیت‌ها بود و بدین‌گونه پدیدآمدن کلیسای مستقل چینی به واقعیت نزدیک شد.

1. Allessandro Valignani; 2. Chaoching; 3. Adam Schall

فعالیت میسیونری در چین نیز به دست‌انداز افتاد، با این تفاوت که فشار از خارج کلیسا نبود، بلکه از سوی فرقه‌های دومینیکی و فرانسیسکن بود که استدلال می‌کردند کلیسا در چین بیش از حد خود را با آداب و عادات چینی‌ها تطبیق داده است.

ریتچی کوشیده بود مسیحیت را همچون چیزی کاملاً جدید به چینی‌ها معرفی نکند. او حاضر نشده بود این مردم پیشرفته و مذهبی را ملحد بداند، بنابراین چنین تعلیم می‌داد که دینداریِ سنتی چینی‌ها در ایمان مسیحی به کمال می‌رسد. او می‌گفت «ارباب آسمان‌ها» که چینی‌ها از گذشته‌های دور او را محترم داشته بودند، همان خداست. ریتچی استدلال می‌کرد که احترام به اجداد که در چین رواج گسترده داشت، مسئله‌ای اجتماعی بود نه دینی. بنابراین، برای مسیحیان پذیرفتنی بود.

ولی آیا به‌راستی در تطبیق افراط شده بود؟ در ۱۶۳۱ یک فرانسیسکن و یک دومینیکن به پکن رسیدند و از آنچه دیدند جا خوردند. آنها متوجه شدند در پرسش‌وپاسخ دینی[1] ژزوئیت‌ها، برای ترجمهٔ «آیین قربانی مقدس» از یک نویسهٔ (کاراکتر) چینی استفاده شده که به معنی مراسم عبادت اجداد است! شبی فرایرها با لباس مبدل در این مراسم شرکت کردند و از دیدن آنچه مسیحیان چینی انجام می‌دادند سخت یکّه خوردند. آنها از دیده‌های خود به رُم گزارش دادند و بدین‌گونه مناقشه بر سر «آیین‌های دینی» آغاز شد. این مسئله با تأیید یک پاپ و تقبیح پاپ دیگر روبه‌رو شد تا آنکه با گذشت یک‌قرن، کل فعالیت میسیونری در چین راه زوال پیمود.

تنش میان سیاست مبتنی بر تطبیق و سیاست مبتنی بر فتح به قرن هفدهم ختم نشد. این تنش امروزه نیز ادامه دارد، اما به‌شکل استفاده از اهرم اقتصادی تا سیاسی. با این حال، عصر گسترش جهانی مسیحیت به یک معنی دوره‌ای کاملاً خاص بود، زیرا با گشودن بخش‌هایی وسیع از جهان به روی پیام مسیحیت، فرصتی برای ظهور برخی از نوآورترین و خلاق‌ترین رهبرانِ میسیون در تمام اعصار شد.

پیشنهادهایی برای مطالعهٔ بیشتر

Gascoigne, Bamber. *The Christians.* New York: William Morrrow & Co., Inc., 1977.

Latourette, Kenneth Scott. *A History of the Expansion of Christianity.* Vol. 3. New York: Harper, 1939.

Neill, Stephen. *A History of Christian Missions.* Edited by Owen Chadwick. Middlesex: Penguin Books, 1986.

------- . *The Christian Society.* New York: Harper & Brothers, 1952.

---

۱. Catechism این کلمه را در فارسی به کَتِکیزم یا دین‌آموزی نیز برگردانده‌اند. منظور اصول اعتقادات مسیحی است که به‌صورت سؤال و جواب به نوایمانان و داوطلبان تعمید و تأیید در کلیسا آموزش داده می‌شود. (مترجم)

فصل سی‌ام

حکمرانی مقدسین

پیوریتَنیسم[1]

در ۱۶۳۰ بیش از چهارصد مهاجر در ساوت‌همپتون[2] انگلستان جمع شدند تا روانهٔ جهان نو [قارهٔ آمریکا] شوند. جان کاتُن[3] روحانی برجسته‌ای که بعدها در سوی دیگر دریا به مهاجران پیوست، موعظه‌ای به مناسبت وداع ایراد کرد. آیه‌ای که از کتاب‌مقدس انتخاب کرده بود در چند سطر حال‌وهوای این ماجراجویی بزرگ را بیان می‌داشت. این آیه، دوم سموئیل ۷:۱۰ بود:

> من برای قوم خود اسرائیل مکانی تعیین خواهم کرد و ایشان را غرس خواهم نمود تا در مکان خویش سکونت گزینند و دیگر جا به جا نشوند. شریران دیگر همچون گذشته بر ایشان ستم نخواهند کرد. (انگلیسی از ترجمهٔ KJV، فارسی از «هزارهٔ نو»)

کاتن اعلام داشت که مهاجران نیز همچون قوم بنی‌اسرائیل در زمان‌های کهن، قوم خدا بودند که راهی سرزمینی می‌شدند که خدا به آنها وعده داده و برای آنها آماده کرده بود. در این سرزمین جدید می‌توانستند بدون هیچ‌دردسری برای جلال خدا فعالیت کنند.

---

۱. Puritanism این اصطلاح و مشتقات آن را در زبان فارسی به پاکدینی، زُهدباوری و غیره برگردانده‌اند که چندان افادهٔ مقصود نمی‌کند. بنابراین، از ترجمهٔ این کلمه صرف‌نظر شد و به همان صورت اصلی‌اش آوردیم. (مترجم)

2. Southampton; 2. John Cotton

در اینجا با تصویری از پیوریتَنیسم روبه‌رو هستیم. در این تصویر، کتاب‌مقدس در حکم کتاب راهنمایی است شامل دستورالعملی مشخص برای تغییر زندگی ایمانداران و بنای جامعه‌ای که به هدف تحکیم دیدگاه کتاب‌مقدس دربارهٔ کشور و دولت ایجاد می‌شود؛ کلیسا نیز که اغلب همچون قوم کهن اسرائیل تصویر شده است، به‌درستی در کتاب‌مقدس تصویر شده و باید عاملی باشد که در جهت اصلاح فرد و جامعه عمل می‌کند؛ جامعه و ملت نیز باید طوری سامان داده شوند که از تحقق هدف خدا در تاریخ حمایت کنند. با اینکه نهضت پیوریتَنیسم بین سال‌های ۱۵۶۰ و ۱۶۶۰ همچون جنبشی مستقل در صحنهٔ تاریخ ظاهر شد، برای مسیحیان تمام دوره‌ها الگویی از ایمان مسیحی فراهم ساخت. این الگو شامل تعهد بی‌چون‌وچرا به عیسای مسیح و چگونگی بروز و ظهور این نوع زندگی روحانی در عرصهٔ عمومی زندگی ملتی بود که حقایق کتاب‌مقدس بر تمام شئون زندگی آن حاکمیت داشت.

پیوریتَنیسم: زندگی نو و دنیای نو

در چند قرن اخیر، مسیحیان گاه‌گاه تجربهٔ روحانی پیوریتن‌ها را تجدید کرده‌اند. این تجربه شکلی از زهد و پرهیزکاری است که از عمل کاملاً فیض‌آمیز خدا در قلب ایماندار ناشی می‌شود. با این حال، بعد از پیوریتن‌ها هیچ نهضت مسیحی رویا و فرصتی برای الزام یک ملت به اجرای قوانین الاهی نداشته است.

در روزگار نو، با این‌همه تأکید بر حقوق فردی و آزادی جنسی، پیوریتن کنایه از کسی است که به‌اصطلاح جانماز آب می‌کشد و تعصبات دینی افراطی یا امیال جنسی سرکوب‌شده دارد؛ به‌عبارتی، کسی که هر کاری توانست انجام می‌دهد تا حال دیگران را بگیرد! عامهٔ مردم با توجه به دورهٔ ملکه ویکتوریا که مذهب نفس مردم را گرفته بود، پیوریتن‌ها را آدم‌های عتیقه‌ای می‌دانستند که مرتب به مسائل اخلاقی گیر می‌دادند! در اوایل قرن بیستم، یک روزنامه‌نگار آمریکایی به نام اچ. ال. مِنکین[1] دیدگاه عمومی را دربارهٔ پیوریتَنیسم در یک جملهٔ هجوآمیز چنین خلاصه کرد: «پیوریتَنیسم یعنی ترس مداوم از اینکه مبادا کسی در جایی خوشحال باشد.»

اما آیا این ارزیابی منصفانه است؟ پیوریتَنیسم در اصل چه بود؟ پیوریتن‌ها هرچه بودند خشکه‌مقدس نبودند. آنها خواهان تغییر و آغازی نو در انگلستان بودند. نخستین پیوریتن‌ها از وضعیت مذهبی مردم رضایت نداشتند. برنامه‌های آنها برای انگلستان نو، از این اطمینان عمیق مایه می‌گرفت که تبدیل و تحول روحانی فرد، نقشی حیاتی در ایمان مسیحی دارد. این تولد نو، پیوریتن را از تودهٔ مردم جدا می‌کرد و او را در امتیازات و وظایف برگزیدگان خدا سهیم می‌ساخت. کلیسا می‌تواند انسان را برای داشتن این تجربه آماده کند، و پس از آن نیز می‌تواند او را هدایت کند، اما اساسی‌ترین موضوع در این تجربه، یعنی کسب فیض خدا، در اختیار کلیسا نیست.

1. H. L. Mencken

پیوریتَنیسم در تلاش برای شکل‌دهی مجدد به حیات دینی مردم انگلستان، از سه دورهٔ تاریخی کاملاً مشخص عبور کرد: نخست، در زمان ملکه الیزابت (۱۵۵۸-۱۶۰۳) کوشید کلیسای انگلستان را مانند ژنو در زمان کالون پالایش کند. دوم، در زمان جیمز اول و چارلز اول (۱۶۰۳-۱۶۴۲) پیوریتن‌ها در مقابل خواسته‌های شاه مقاومت کردند و متحمل فشارهای دربار شدند که می‌خواست از سبک خاصی از مسیحیت که کاملاً وابسته به نهاد رسمی کلیسا بود تبعیت شود. سوم، در زمان جنگ داخلی انگلستان و حکمرانی اُلیور کرامول (۱۶۴۲-۱۶۶۰) پیوریتن‌ها فرصت یافتند کلیسای ملی را در انگلستان شکل بدهند، اما به‌سبب اختلافات داخلی‌شان ناکام ماندند.

آنچه از این شرح مختصر درمی‌یابیم این است که پیوریتَنیسم جنبه‌ای عمومی و جنبه‌ای شخصی داشت، آن‌چنان که با تجربهٔ فرد از فیض رهایی‌بخش خدا آغاز می‌شد، ولی در ادامه بر رسالت مسیحی برگزیدگان در جهان تأکید می‌ورزید. این رسالت عبارت بود از شکل‌دادن جامعه طبق اصول کتاب‌مقدس.

پیوریتنیسم در تأکیدش بر زندگی باطنی مقدسان، ریشهٔ مسیحیت اونجلیکال[1] آینده را تشکیل می‌داد که بر تولد دوباره پافشاری داشت. پیوریتنیسم با تأکید بر «ملتی منضبط زیر حاکمیت خدا» و قوانین الاهی، نقش بسیار مهمی در شکل‌گیری خصلت ملی مردم آمریکا ایفا کرد.

پیوریتنیسم، دومین جنبش اصلاحی در انگلستان، نخستین بار در زمان سلطنت الیزابت پدیدار شد. سبک موعظهٔ آن جدید بود: پیام آن نه عقل که قلب را مخاطب می‌ساخت. این نهضت که به تعبیر ویلیام هالِر[2]، یکی از مقامات پیوریتن، «اخوت روحانی» بود، نام‌هایی چون گرینهام[2] راجرز[3] چادِرتون[4] و داد[5] را در بر می‌گرفت. بسیاری از این نخستین پیوریتن‌ها، پروتستان‌های تبعیدی از دوران ماریِ خونریز (۱۵۵۳-۱۵۵۷) بودند. این پروتستان‌های همدل با نهضت، که توسط ملکهٔ کاتولیک‌شان از وطن اخراج شده بودند، به ژنو رفته و بسیج شده بودند تا برای حملهٔ کالونیستی تازه‌ای به انگلستان پیشگام شوند.

این تصویر نظامی کاملاً مناسب است، زیرا در اواخر دههٔ ۱۵۵۰، ژنو به کانون براندازی در سطح جهان تبدیل شده بود - می‌توان گفت معادل مسکو در عالم پروتستان شده بود! - و گروهک‌هایی از دانشجویان را به وطن باز می‌فرستاد که سخت در تب‌وتاب براندختن مذهب کاتولیک در میهن خود بودند. در سال ۱۵۶۰ تلاش‌های جان ناکْس در اسکاتلند قرین موفقیت شد و اصلاحگران انگلیسی امیدوار بودند این اتفاق در کشور آنها نیز تکرار شود.

مرگ ملکه ماری و تاجگذاری الیزابت، برای تبعیدیان به منزلهٔ دعوتی برای بازگشت به انگلستان بود. آنها در حالی به‌کار خود مشغول شدند که اعتقاد راسخ داشتند کتاب‌مقدس دارای رهنمودهای مشخص برای سر و سامان‌دادن به زندگی شخصی، ساماندهی کلیسا،

---

۱. Evangelical اشاره به مسیحیانی است که به الهامی بودن کتاب‌مقدس ایمان دارند و آن را مکاشفهٔ الاهی می‌دانند و در امر بشارت انجیل بر مبنای فرمان مسیح کوشا هستند. متأسفانه این واژه در زبان فارسی اغلب به اشتباه «انجیلی» ترجمه شده است که ممکن است با کلیسای انجیلی اشتباه گرفته شود.

2. William Haller; 2. Greenham; 3. Rogers; 4. Chaderton; 5. Dod

و سازماندهی جامعه است. آنها دریافتند که مهم‌ترین مسئلهٔ سیاسی، اختیار و اقتدار برای انتخاب خادمان روحانی برای کلیساهاست. پیوریتن‌ها می‌خواستند روحانیون آنها را مردم انتخاب کنند؛ اما ملکه اصرار داشت که عزل و نصب اسقفان با حکمرانان است.

تا زمانی که الیزابت زنده بود به پیوریتن‌ها اجازه داد هرچه دوست دارند هوار بکشند، اما دردسر ایجاد نکنند. سیاست ملکه که دایر بر تحمل اعتقادات مذهبی دیگران بود، به پیوریتن‌ها اجازه داد به قرائت دعا از روی کتاب و البسهٔ مخصوص روحانیون و صلیب‌کشیدن هنگام تعمید – و خلاصه به هر آیینی که رنگ‌وبوی کاتولیکی داشت – اعتراض کنند، ولی اختیار کلیسا را به‌دست نگیرند. ملکه با وجودی که به آنها اجازه داد ساعت‌ها در خصوص اهمیت موعظه و خدمت مشایخ طبق کتاب‌مقدس حرف بزنند، اما ذره‌ای در مورد اینکه کلیسای انگلستان باید به‌دست اسقفان اداره شود، و در نتیجه زیر نگین سلطنت باشد، کوتاه نیامد.

مردمی اهل کتاب‌مقدس

آتش پیوریتن‌ها برای تطهیر و پالایش کلیسای انگلستان، با اشتیاق آنها به خواندن ترجمه‌های رایج کتاب‌مقدس تیزتر شد. یکی از این ترجمه‌ها موسوم به کتاب‌مقدس ژنو بود. این ترجمه به این علت چنین نام‌گذاری شده بود که محصول تلاش عده‌ای از تبعیدیان انگلیسی در ژنو در زمان سلطنت ماریِ کاتولیک بود. مایلز کاوردیل که کل کتاب‌مقدس را برای نخستین بار در سال ۱۵۳۵ به انگلیسی ترجمه کرد، جزو این گروه بود. کتاب‌مقدس ژنو که در نخستین سال‌های سلطنت الیزابت منتشر شد، با آیات شماره‌بندی‌شده، نثر روشن، پژوهش دقیق‌تر، مقدمه‌های مبسوط، و یادداشت‌هایش در حاشیهٔ صفحات، محبوبیت گسترده‌ای یافت و تا زمانی که سرانجام «ترجمهٔ شاه جیمز» (۱۶۱۱) جایگزین آن شد، بیش از هر کتاب‌مقدس انگلیسی دیگری توزیع شده بود. پیوریتن‌ها همین ترجمه را با خود به آمریکا بردند.

با این‌همه، پیوریتن‌ها فقط کتاب‌مقدس ژنو را به همراه نداشتند، بلکه خود را در مسیر تحقق سرنوشتی خاص می‌دیدند، در مسیر تحقق اهداف خدا برای ملل و انسان‌ها. این دیدگاه که خدای قادر مطلق در امور انسان‌ها دخالت می‌کند، بی‌تردید، به کتاب‌مقدس برمی‌گردد. اما این فکر که سیر و سلوک قوم خدا در طول قرن‌ها ادامه داشت تا اینکه سرانجام به انگلستان ختم شد، برگرفته از کتابی دیگر بود. جان فاکس در کتاب بسیار محبوب خود، یعنی «کتاب شهیدان»، این فکر را در ذهن مردم انگلستان قرار داد.

«کتاب شهیدان» نیز همانند کتاب‌مقدس ژنو محصول تبعید مسیحیان اصلاح‌گر انگلیس در زمان سلطنت ماری خونریز بود. فاکس در کتابش پشت سر هم حکایت‌های پروتستان‌های امینی را باز می‌گفت که برای پیروزی پادشاهی خدا، از مرگ هم ابایی نداشتند. فاکس می‌گفت که زنجیرهٔ این شهیدان به سواحل انگلستان و به سلطنت ماری امتداد یافت. نتیجه‌گیری او روشن بود: خدا در برنامه‌اش برای نجات مردم جهان، جایگاه خاصی برای مردم انگلستان در نظر گرفته بود.

تأثیر «کتاب شهیدان» عظیم بود. چندین نسل از مسیحیان انگلستان تاریخ و کتاب‌مقدس را با توجه به نگاه فاکس تفسیر کردند. بعد از کتاب‌مقدس احتمالاً کتاب فاکس بیش از هر کتاب دیگری به اندیشهٔ مردم انگلستان شکل داد. کمتر از نیم‌قرن پس از مرگ فاکس، پیوریتن‌ها اثر فاکس و فلسفهٔ تاریخ او را، همراه با کتاب‌مقدسشان، با خود از راه اقیانوس اطلس به سرزمین‌های بکر آمریکا بردند.

پیوریتن‌ها بر اثر خواندن کتاب‌مقدس و «کتاب شهیدان»، خود را بنی‌اسرائیل جدید خدا می‌دانستند. اکثر مسیحیانِ قرن هفدهم بر این باور بودند که کتاب‌مقدس کلام الهام‌شدهٔ خداست که در آن ارادهٔ او بر انسان آشکار شده. اگر می‌خواهیم بدانیم پیوریتن‌ها دربارهٔ کتاب‌مقدس و خودشان چه نظری داشتند، باید به درک آنها از مفهوم بنیادین و کتاب‌مقدسی «عهد» توجه کنیم.

پیوریتن‌ها همانند عبرانیان کهن بر این باور بودند که بین خدا و انسان «پیمان‌های روحانی» وجود دارد که بنیادی‌ترینشان عهد فیض است و مسیحیان حقیقی از طریق آن به خدا پیوسته‌اند. درحالی‌که آنها باور داشتند خدا بر اساس حاکمیت مطلق خود انسان‌ها را برای نجات برمی‌گزیند، به این هم باور داشتند که اگر کسی به عیسای مسیح ایمان بیاورد می‌تواند در جماعت عهدبستگان با خدا قرار گیرد. ایمانداران از راه فیض به قوم خدا تبدیل می‌شوند و خدا به خدای ایشان مبدل می‌شود.

این «پیوند و اتصال» مقدسان را ملزم می‌کرد که در همهٔ طریق‌های آشکارشدهٔ خدا در کلامش، گام زنند. از سوی دیگر، کتاب‌مقدس را همچون منبعی سرشار از قوت روحانی و عاطفی در اختیار آنها می‌نهاد و عزمی راسخ در آنها می‌آفرید که پیوریتن‌ها به‌خاطر آن معروف شدند. زندگی در چارچوب عهد فیض همانا زندگی در نور کلام و مطابق نقشهٔ خدای قادر مطلق بود.

تنش با شاه

در سال ۱۶۰۳ سلطنت طولانی ملکه الیزابت با درگذشت او که وارثی نداشت به پایان رسید. جیمز ششم اسکاتلند، پسر ماری ملکهٔ اسکاتلند، به جیمز اول انگلستان تبدیل شد و برای نخستین بار دو پادشاهی را با یکدیگر متحد ساخت. تمام امیدهای پیوریتن‌ها برای اینکه جیمز اعتقادات پرزبیتری یا مشایخی را از اسکاتلند به انگلستان بیاورد بسیار زود نقش بر آب شد. او از فرصت تعامل با اسقفان استقبال کرد. حکمرانی در اسکاتلند موجب شده بود که او مدام در تنش با کشیشان مشایخی باشد. جیمز می‌گفت: «مسیحی مشایخی همان‌قدر با سلطنت موافق است که خدا با شیطان.»

در همایش کاخ سلطنتی هَمپتن[1] در سال ۱۶۰۴ برخی از پیوریتن‌های برجسته فرصت این را یافتند که دیدگاه‌های خود را در خصوص تغییر در کلیسای انگلستان به پادشاه ارائه

1. Hampton Court Conference

دهند. اما جیمز که به هوش و فراست خود می‌بالید بیشتر نظرهای آنها را با بی‌ادبی رد کرد و فقط در یک مورد به خواسته‌های پیوریتن‌ها توجه نشان داد. جیمز می‌خواست ترجمهٔ جدیدی از کتاب‌مقدس صورت بگیرد. نتیجهٔ این تصمیم چیزی شد که امروز به آن می‌گوییم «ترجمهٔ شاه جیمز کتاب‌مقدس».

غیر از این، شاه در موضوع مهم دیگری تسلیم پیوریتن‌ها نشد. در مورد مراسم کلیسایی، کتاب دعا، و اسقفان کلیسای انگلستان قرار نشد چیزی تغییر کند. پیوریتن‌ها اگر از این موضوع خوششان نمی‌آمد می‌توانستند یا راه تسلیم را در پیش بگیرند و یا چنان‌که شاه گفت: «من از این سرزمین بیرونشان می‌کنم - یا بدتر از این!» با این تهدید، همایش خاتمه یافت.

اولین برخورد جیمز با مجلس هم عاری از ادب بود. او در نخستین سخنرانی‌اش خطاب به اعضای مجلس از حق الاهی شاهان دفاع کرد و گفت: «سلطنت عالی‌ترین مقام روی زمین است، زیرا شاهان نه فقط نایب خدا بر زمین هستند و بر مسند الاهی تکیه زده‌اند، بلکه حتی خدا نیز آنها را خدایان خوانده است.»

جیمز نهادهای انگلستان را کنار زد و با بی‌توجهی به مشرب مردم انگلیس، برای همه روشن ساخت که قصد دارد راه سلطنت مطلقه را در پیش بگیرد. در ۱۶۱۱ مجلس را منحل کرد و ده سال بدون مجلس بر انگلستان حکمرانی کرد. بدین‌گونه، رهبران پیوریتن‌ها و حامیان اختیارات مجلس در انگلستان، در مقابله با قدرت شاه، کنار هم قرار گرفتند.

با این‌همه، برخی از پیوریتن‌ها از انتظار برای تغییر خسته شده بودند. اندکی پس از همایش کاخ سلطنتی همپتن، گروه‌های کوچکی از ایمانداران برای عبادت جمع می‌شدند. آنها برای عبادت نه از اسقف‌ها یا کتب دعای کلیسای انگلستان بلکه از آن چیزی تبعیت می‌کردند که به نظرشان کتاب‌مقدس تعلیم می‌داد. آنها عزم کرده بودند از خدا اطاعت کنند حتی اگر رهبران ملت چنین نمی‌کردند. ما این جنبش را «جدایی‌طلبی»[1] می‌خوانیم زیرا این گروه‌ها قصد داشتند کلیسای انگلستان را (به قصد تأسیس کلیسایی جداگانه) ترک کنند.

یکی از این گروه‌ها در دهکده‌ای سکونت داشت که اسکروبی[2] نامیده می‌شد و در شمال انگلستان واقع بود. گروه دیگر در گینزبرو[3] سکونت می‌کرد که از دهکدهٔ قبلی زیاد دور نبود. در سال ۱۶۰۸ هر دو جماعت برای امنیت و آزادی عبادت رهسپار هلند شدند. گروه دهکدهٔ اسکروبی مقیم لیدون[4] شد و گروه گینزبرو هم در آمستردام رحل اقامت افکند.

جماعت اسکروبی که هدایت آن را کشیش جان رابینسن[5] بر عهده داشت، پس از گذشت ده سال در هلند دریافت فرزندان آنها در حالی بزرگ می‌شوند که هیچ ارتباطی با وطن خود ندارند و حتی زبان مادری‌شان را هم فراموش کرده‌اند. اما بازگشت به انگلستان هم به معنی بازگشت به راه‌های شرارت‌آمیز جامعهٔ انگلستان بود. آنها در مورد مستعمرهٔ انگلیسی ویرجینیا که در سال ۱۶۰۷ ساخته شده بود شنیده بودند. شاید پاسخ آنها قارهٔ جدید آمریکا بود. فکر جسورانه‌ای بود، سرشار از خطرات ناشناخته، اما عده‌ای اندک حاضر بودند این راه را امتحان کنند. این گروه به انگلستان بازگشتند و در آنجا گروه دیگری از مهاجران که با آنها

1. Separatism; 2. Scrooby; 3. Gainsborough; 4. Leyden; 5. John Robinson

همفکری داشتند به ایشان پیوستند. در سپتامبر سال ۱۶۲۰ عده‌ای نزدیک به یکصد نفر سوار بر کشـــتی موسوم به «مِی‌فلاور»[۱] از پلیموت[۲] روانه شـــدند. در نوامبر، خدمهٔ کشتی، ساحل نیوانگلند (انگلســـتان نو) را مشاهده کردند. پدران مهاجر در ساحل محلی پیاده شدند که ما پلیموت در ایالت ماساچوست می‌خوانیم.

در همین حال، گروه دوم برای در امان ماندن از جفا، مقیم هلند شـــد. مسیحیان مِنونیت محلی به یاری این جدایی‌طلبان آمده بودند. از ارتباطات آنها چیز زیادی نمی‌دانیم، همین‌اندازه می‌دانیـــم که آنها اعتقادات الاهیاتی خود را با هم در میان می‌گذاشـــتند تا آموزه‌هایشـــان را با هم بسنجند. شبان این جماعت، جان اســـمیت[۳] دانش‌آموختهٔ دانشگاه کمبریج، با بررسی عهدجدید به زبان یونانی به این نتیجه رســـید که آیین تعمید نوزادان در آن وجود ندارد. اگر پیمان مبتنی بر فیض شـــامل نوزادان نمی‌شود، و فقط بزرگســـالان را در بر می‌گیرد، پس آیا نباید گفت کلیسا از اقرار ایمان تشـــکیل شده و نه ارتباط‌های مبتنی بر عهد؟ بدین‌گونه، این جماعت بر اســـاس اقرار ایمان، نخستین کلیسای باپتیست یا تعمیدی را تشکیل داد. اسمیت اول خود و سپس چهل عضو دیگر جماعتش را با آب ریختن بر آنها تعمید داد. این اتفاق در سال ۱۶۰۹ افتاد. مسئلهٔ سرچشمه‌های کلیسای باپتیست و مسئلهٔ هویت آن، ارتباطی تنگاتنگ با یکدیگر دارند. آیا باپتیست‌ها را باید جدایی‌طلبان انگلیسی دانست یا جدایی‌طلبان انگلیسی که با آناباپتسیت‌ها آمیختند؟

حمله به مسح‌شدهٔ خداوند

با این‌همه، جدایی از کلیسای انگلستان بر بسیاری از پیوریتن‌ها گران می‌آمد. آنها امیدوار بودند کار به شقاق نکشد و گزینهٔ دیگری داشته باشند. با این‌همه، در سال ۱۶۲۵، هنگامی که چارلز اول به‌جای پدر بر تخت پادشـــاهی انگلستان نشست، تمام امیدهای آنها نقش بر آب شد. جیمز نظریه‌های خود را در مورد حق الاهی پادشاهان داشت و چارلز مصمم بود به این نظریه‌ها جامهٔ عمل بپوشـــاند. هیچ قانون و مجلسی هم جلودار او نبود. آنچه مسائل را برای پیوریتن‌ها بدتر می‌کرد این بود که همسر چارلز، هنریئتا ماریا[۴] شاهدختی فرانسوی با مذهب کاتولیک رومی بود.

برای تحمیل اراده‌اش بر پیوریتن‌ها، چارلز از خدمات اســـقف اعظـــم ویلیام لود[۵] بهره گرفت. او باور داشـــت خدا اســـقفان را برای ادارهٔ کلیسای خود تعیین کرده است. با هدایت اسقف اعظم، یک حزب اســـقفی برای مقابله با پیوریتن‌ها به میدان آمد. آنها با حمایت شاه، استفاده از شیشه‌های منقوش برای پنجره‌های کلیسا و صلیب - و حتی صلیب حامل تندیس مســـیح را - دوباره باب کردند. همچنین میز عشای ربانی را ارتقا دادند و آن را مذبح نامیدند و اصرار داشتند عبادت فقط بر طبق «کتاب دعا» باید انجام شود.

1. Mayflower; 2. Plymouth; 3. John Smith; 4. Henrietta Maria; 5. Archbishop William Laud

سیاست تکبرآمیز لود که احترامی برای دیدگاه‌های دیگران قائل نبود برخی از پیوریتن‌ها را به‌سوی جدایی‌طلبی سوق داد و برخی دیگر را نیز از راه اقیانوس اطلس روانهٔ آمریکا ساخت. ده سال پس از اینکه لود اسقف اعظم شد، بیست شهر و کلیسا در خلیج ماساچوست پدید آمده بود، به‌طوری که جمعیت این ناحیه با چهارصد نفری که موعظهٔ وداع جان کاتن را در ساوت‌همپتون شنیده بودند، شانزده هزار نفر بود.

آخرین اقدامی که کارد را به استخوان رساند و به خویشتنداری در هر دو کشور پایان داد، تلاش چارلز برای تحمیل سبک کلیسای اَنگلیکن با همهٔ آداب و آیین‌های آن بر مسیحیان مشایخی در اسکاتلند بود. او تأکید داشت که آنها باید عبادت خود را مطابق «کتاب دعای عام» انجام دهند. جان میلتون به این کتاب می‌گفت «اسکلت کتاب آیین قربانی مقدس». مسیحیان مشایخی اسکاتلند چنین نظری دربارهٔ این کتاب داشتند. از این‌رو، آنها به مقابله با تصمیم چارلز برخاستند و به «مجمع ملّی عهد» پیوستند. اسکاتلندی‌ها برای دفاع از کلیسای خود، در مخالفت با شاه حاضر شدند اسلحه به‌دست گیرند.

چارلز برای اینکه ارتش را وارد عمل کند مجبور به تشکیل مجلس شد، مجلسی که او نیز همچون پدرش برای بیش از یک دهه به آن بی‌توجهی کرده بود. هنگامی که مجلس تشکیل شد، اختلاف در وفاداری مجلسیان، به پدیدآمدن دو حزب انجامید که یکی طرفدار سلطنت و دیگری طرفدار نظام پارلمانی بود. طرفداران مجلس که آشکارا در اکثریت بودند، در کل با اصول پیوریتن‌ها موافق بودند، اما در مورد شکل کلیسا با هم اختلاف نظر داشتند. یک طرف مشایخی‌ها یا پرزبیتری‌ها بودند و در طرف دیگر، مستقل‌ها (یا جماعت‌گرایان). طرفداران مجلس که در نفرت خود از اسقف اعظم لود متحد بودند، او را به دادگاه کشیدند که به حکم آن، سر از تن او جدا شد.

هنگامی که چارلز در صدد برآمد رهبران مخالفان را اعدام کند، جنگ داخلی شعله‌ور گردید. اعضای سلطنت‌طلب مجلس، لندن را ترک کردند تا به نیروهای مدافع شاه ملحق شوند. به این ترتیب، دست مجلس اکنون باز بود تا اصلاحاتی را که پیوریتن‌ها همواره خواستار شده بودند، در کلیسا به‌عمل آورد. مجلس ده‌ها تن از الاهیدانان پیوریتن را به وست‌مینستر فراخواند و این وظیفه را بر عهدهٔ آنها نهاد که شکل جدیدی از عبادت و ادارهٔ کلیسا برای کلیسای انگلستان ایجاد کنند.

«مجمع وست‌مینستر» که از ۱۶۴۳ تا ۱۶۴۹ تشکیل شد، «اعتقادنامهٔ وست‌مینستر» را تدوین کرد تا جایگزین «سی‌ونه مادّه» شود، همچنین کَتکیزم یا اعتقادنامه‌هایی به‌صورت پرسش‌وپاسخ نوشت که یکی مبسوط‌تر و دیگری کوتاه‌تر بود. همین نوشته‌ها به‌تنهایی این مجمع را به یکی از مهم‌ترین جلسات تاریخ مسیحیت تبدیل کرد. بسیاری از کلیساهای مشایخی و جماعت‌گرا که از نظر الاهیاتی درست‌باور هستند تا امروز از این اعتقانامه‌ها استفاده می‌کنند.

در ۱۶۴۵ مجلس دستور داد تا در تمام کشور تشکیلات مشایخی ایجاد شود و مشایخ برای کلیساها انتخاب شوند. با این‌همه، این تصمیم هرگز چنان که باید و شاید اجرایی نشد،

زیرا مجلس هرگز بر کل کشـــور حاکم نبود، و حتی زمانی که شاه شکست خورد، ارتش و نه مجلس، قدرت را به‌دست گرفت.

حکمرانی مقدسین

خود جنگ یکی از برجســـته‌ترین شـــخصیت‌های تاریخ مســـیحیت را به میدان آورد، نجیب‌زاده‌ای روســـتایی به نام اُلیور کرامول[1] (۱۵۹۹–۱۶۵۸). او که در قوای مجلس درجهٔ ســـرهنگی داشت، ثابت کرد نابغهٔ نظامی است. هنگ او که ایرونسایدها[2] نامیده می‌شد هرگز شکســـت نخورد، بخشی به این ســـبب که کرامول به مردان خود آموخته بود انضباط داشته باشند و پیکار خود را به چشم مأموریت میسیونری مسیحیت ببینند.

با برآمدن ســـتارهٔ اقبال کرامول، او درســـت به‌موقع رهبری قوای موسوم به «ارتش مدل جدید» را بر عهده گرفت که شامل بیست‌ویک‌هزار نفر بود و نقش خود را در تاریخ انگلستان دعوتی از سوی خدا می‌دانســـت. از نظر این مبارزان، جنگ عبارت از جهاد پیوریتن‌ها علیه دشـــمنان پارسایی بود. به این ترتیب، چون هدف برحق بود، توسل به زور را توجیه می‌کرد. به‌همین‌سبب، سربازان قبل از جنگ دعا می‌کردند و در حالی وارد میدان کارزار می‌شدند که سرودهای مسیحی می‌خواندند.

در پایان ســـال ۱۶۴۶ ارتش کرامول چارلز را وادار به تسلیم کرده بود. در دو سال بعدی شـــاه کوشید دشـــمنانش را به جان هم بیندازد: یعنی اســـکاتلندی‌ها، مشایخی‌ها (که کنترل مجلس را به‌دســـت داشتند) و مســـتقل‌ها (که بر ارتش مسلط بودند). او توانست در مجلس اختلاف بیندازد و پنهانی با اسکاتلندی‌ها ائتلاف کرد. لیکن ارتش از دست چارلز به تنگ آمد و در ۱۶۴۸ آتش جنگ دوباره شعله‌ور شد.

این بار ارتش بر هم‌پیمانان شـــاه پیروز شد و مســـیحیان مشایخی از مجلس عوام تصفیه شدند. این به‌اصطلاح مجلس رامپ[3]، که ابزار ارتش بود، دادگاه عالی عدالت را برای محاکمهٔ شاه تشکیل داد. در ژانویهٔ ۱۶۴۹ چارلز در برابر کاخ سلطنتی وایتهال[4] در لندن به محل اعدام هدایت شد و در برابر جمعیت انبوهی که گرد آمده بود، اعدام گردید.

اعدام چارلز حرکتی بی‌فکرانه و نشـــانهٔ قطعی سقوط نهایی پیوریتن‌ها از جایگاه قدرت بود، زیرا شهیدی را که طرفداران سلطنت نیاز داشتند به آنها ارزانی کرد. قرن‌ها سنت سلطنتی در انگلستان نازدودنی بود، حتی برای مقدسین خدا.

---

1. Oliver Cromwell

۲. Ironsides این عنوان که در لغت به معنی «تا دندان مســـلح یا دلیر و مقاوم در برابر سختی‌هاست» از لقب‌های قدیمی خود کرامول بوده. (مترجم)

۳. Rump Parliament؛ کلمـــهٔ Rump به معنی تتمه و باقی‌مانده اســـت. منظور مجلس بـــا اعضای باقی‌مانده‌اش پس از پاکسازی مجلس بزرگتر است. (مترجم)

4. Whitehall

اصلاحات دینی در انگلستان

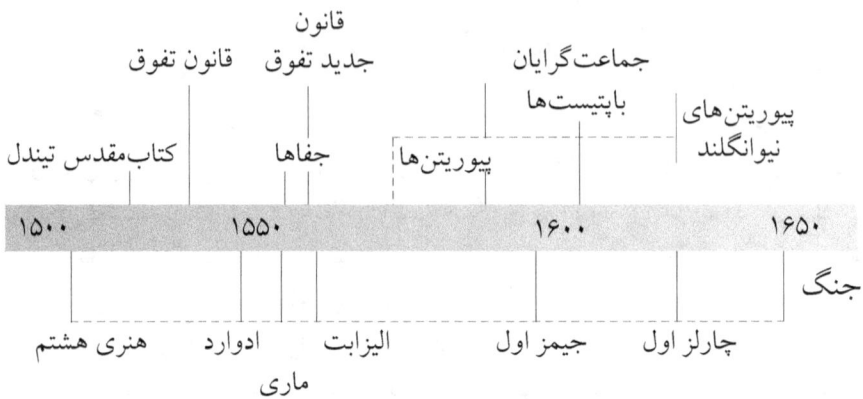

مدت کوتاهی پس از اعدام شاه، تصویری که ادعا می‌شد مربوط به آخرین ساعات زندگی شاه است دست‌به‌دست می‌گشت. در این تصویر، شاه جلوی میزی زانو زده بود که روی آن کتاب‌مقدس قرار داشت. تاج شاهی بر زمین افتاده بود. شاه در دست راست خود تاجی از خار داشت و نگاه خود را به تاج جلال در بالا متوجه کرده بود.

این تصویر که همه‌جا پخش شده بود با احساساتی که برمی‌انگیخت، طوری نقاب از چهرهٔ پیوریتن‌ها برداشت که هیچ جنگی نمی‌توانست چنین کند، و چارلز را از مقام شاهی که شورشیان اعدامش کرده بودند به شهیدی گرفتارِ جفای افراطیون مذهبی تبدیل کرد. این بود تصویری که بسیاری از مردم انگلستان از پیوریتن‌ها به ذهن سپردند.

با این‌همه، ارتش مقدسین فعلاً می‌توانست حرف خود را پیش ببرد. پس از الغای مجلس اعیان، مجلس عوام، انگلستان را جمهوری اعلام کرد: یعنی نظامی مبتنی بر همسودی یا مشترک‌المنافع.[1] اما در سال ۱۶۵۳ ارتش که هنوز به مجلس اعتماد نداشت، این نظام را برانداخت و شکلی از دولت پدید آورد که نظام پروتکتوری[2] یا تحت‌الحمایگی نامیده می‌شد. کرامول مقام «لرد پروتکتور یا لرد حامی انگلستان» را داشت، چیزی در مایه‌های دیکتاتور نظامی انگلستان.

لرد حامی کوشید به نوعی توافق مذهبی برسد و برای این منظور به طیف وسیعی از گروه‌های مسیحی که در عرصهٔ مذهبی انگلستان رشد می‌کردند، آزادی داد. اینها عبارت بودند از: مسیحیان مشایخی، مستقل‌ها، باپتیست‌ها، کویکرها، لِولِرها (هموارگران) و دیگران. متأسفانه او رسیدن به این هدف را ناممکن یافت، و سه سال پایانی زندگی‌اش به یأس و

1. The Commonwealth; 2. The Protectorate

دردسر آکنده شد. هنگامی که در ۱۶۵۸ درگذشت، حکمرانی مقدسین در انگلستان قدیم نیز با او به زیر خاک رفت. ظرف دو سال، کشور از بازگشت نظام سلطنتی استقبال کرد، و با شاه، مقام اسقفی هم برگشت. با این‌همه، در آن‌سوی اقیانوس اطلس، ده‌ها هزار تن از مقدسین زندگی خوب و خوشی در نیوانگلند داشتند، جایی‌که آنها خود را وقف برپاکردن پادشاهی خدا در سرزمین‌های بکر آمریکا کرده بودند.

پیشنهادهایی برای مطالعهٔ بیشتر

*Bebbington, David. *Baptists through the Centuries: A History of a Global People*. Waco, TX: Baylor Press, 2010.
*Brackney, William H. *The Baptists*. Westport, CT: Praeger, 1995.
Haller, William. *The Rise of Puritanism*. New York: Harper & Brothers, 1938.
Morgan, Edmund S. *Visible Saints: The History of a Puritan Idea*. Ithaca, NY: Cornell University Press, 1963.
Rutman, Darrett B. *American Puritanism*. Philadelphia: Lippincott, 1970.
Simpson, Alan. *Puritanism in Old and New England*. Chicago: University of Chicago Press, 1955.
Torbet, Robert G. *A History of the Baptists*. Philadelphia: Judson Press, 1963.
Watkins. Owen C. *The Puritan Experience*. New York: Schocken, 1972.

فصل سی‌ویکم

عقیده‌ای قدیمی که ارزش جانبازی ندارد

فرقه‌ها

برای چند دهه، منتقدان آنها را «رسوایی»، «آفت»، «جناح‌گرایی» و «نظام کاستی» خوانده‌اند، ولی فرقه‌ها نشانهٔ نهادیِ مسیحیت مدرن باقی مانده‌اند.

این انتقاد را می‌توان درک کرد. هر ایمانداری که عهدجدیدش را خوانده باشد تفاوت بین ایمان رسولان و مسیحیت روزگار ما را احساس می‌کند. برای مثال، پولس رسول می‌گوید که کلیسا معبد خداست، متحد در سرسپردگی به عیسای مسیح، اما چیزی که امروز می‌بینیم مجموعه‌ای درهم‌وبرهم از فرقه‌ها و شاخه‌ها و آیین‌های انحرافی و «ایسم»هاست. ما عمیقاً احساس می‌کنیم که این جدایی‌ها «نباید» در مسیحیت وجود داشته باشد، ولی هست.

چرا؟ چه شد که فرقه‌ها به مهمترین نمود مسیحیت در دنیای امروز تبدیل شدند؟

مهمترین واقعیت این است که مسیحیان امروز، لااقل تا حدی، از هم جدا شده‌اند زیرا آزادی متفاوت‌بودن را دارند. در قرن‌های گذشته این آزادی را نداشتند. شاید به فرقه‌ها بد و بیراه بگوییم یا موضوع آنها را نادیده بگیریم، ولی این مسئله‌ای نیست که به این زودی‌ها حل شود، زیرا بهای کنارگذاشتن فرقه‌ها فراتر از چیزی است که اکثر ما حاضر به پرداخت آن باشیم. ما از این ثمرهٔ مسیحیت مدرن یکّه خورده‌ایم، ولی عدهٔ اندکی از ما حاضرند تیشه بر ریشهٔ این مسئله بگذارند.

عصر اصلاحات دینی (۱۶۴۸–۱۵۱۷) یکباره به پایان نرسید و عصر خِرَد و بیداری‌های روحانی یک‌شبه (۱۷۸۹–۱۶۴۸) ظهور نکرد، هرچند ممکن است از تاریخ‌هایی که مورخان بیان می‌کنند چنین برداشتی داشته باشیم، اما زمانه تغییر می‌کند، و یک تفاوت اساسی بین قرن شانزدهم و قرن هفدهم عبارت بود از پذیرش تفاوت‌های مذهبی.

اغلب می‌شنویم که «من با نظر تو موافق نیستم، ولی تا پای جان از حق تو برای بیان نظرت دفاع خواهم کرد.» امروزه بیشتر مسیحیان، با نگرشی که در این گفتهٔ کثیرالتکرار وجود دارد موافق‌اند، حتی اگر منبع آن را ندانند. آنها این نظر را نه به‌خاطر مسیحی‌بودنش، بلکه به‌خاطر مدرن‌بودنش می‌پذیرند.

سرکوب ناهمنواگرایان

گفته‌ای که نقل شد احتمالاً از ولتر[1] (۱۷۷۸–۱۶۹۴)، انسانگرای مغرور و مستقل عصر خرد است. این چیزی است که مارتین لوتر یا ایگناتیوس لویولا هرگز نمی‌گفتند، زیرا هیچ‌یک به آن باور نداشتند. از دیدگاه نهضت اصلاحات دینی اختلاف‌نظر نه جزو فضایل مسیحی بود و نه جزو حقوق انسان. اصلاحگران هم به‌اندازهٔ کاتولیک‌ها مشتاقِ سرکوب ناهمنوایی بودند.

این بدان سبب بود که هر دو اردوگاه باور داشتند حقیقت مسیحی جوامع را پایدار نگه می‌دارد. حقیقت مسیحی ابزار قدرت بود و در مناقشات دینی، حقیقت فقط نزد یک طرف بود. این دیدگاه که کلام خدا را می‌توان در هر دو طرف جبههٔ نبرد یافت، دیدگاهی انقلابی بود و فقط زمانی شنونده یافت که دیگر رمقی برای دو طرف نمانده بود.

در دههٔ ۱۵۴۰ و ۱۵۵۰ که پروتستان‌ها و کاتولیک‌ها هنوز به دنیای یکپارچهٔ مسیحیت اعتقاد داشتند، جنگ امیران لوتری با نیروهای امپراتوری کاتولیک در آلمان به بن‌بست رسید. در پیمان صلح آوگسبورگ (۱۵۵۵) دو طرف فقط زمانی با توقف جنگ موافقت کردند که اصل آزادی حکمران در تعیین مذهب قلمرو خود را به‌رسمیت شناختند؛ به این ترتیب، حاکم هر ناحیه می‌توانست مذهب اتباع خود را چه لوتری چه کاتولیک تعیین کند.

این توافق از نتایج دیدگاهی بود که در مورد حاکم مسیحی وجود داشت و برای شماری از مردم، ضامن حق عبادت مطابق وجدان بود، ولی حق حاکم را نیز برای فشار بر کسانی که با او موافق نبودند محفوظ می‌دانست؛ همین موجب رنج و بدبختی بسیاری انسان‌های بی‌گناه شد که تنها جرم‌شان، اختلاف مذهبی بود.

اصل تعیین مذهب اتباع توسط حاکم هر خطه، پیشاپیش خبر از پایان دنیای واحد مسیحیت می‌داد. وقتی حاکم مسیحی یک قلمرو کوچک می‌تواند مذهب خاصی برای اتباع خود تعیین کند و چند کیلومتر آن‌سوتر حاکم دیگری می‌تواند مذهب دیگری برای اتباعش مقرر دارد، دیگر هیچ معیار قطعی برای حقیقت مسیحی باقی نمی‌ماند و جامعهٔ مسیحی تجزیه می‌شود.

1. Voltaire

البته، اتفاقات، قبل از ظهور اعتقادات جدید رخ می‌دادند، به‌طوری که جنگ‌های دیگری در سراســر اروپا اتفــاق می‌افتاد و قلمروهای جدیدی مطابق این دیــدگاه قدیمی که در هر سرزمین فقط یک مذهب می‌تواند وجود داشته باشد، شکل می‌گرفتند.

از ســال ۱۵۶۲ تا ۱۵۹۸ فرانسه درگیر مجموعه‌ای از جنگ‌های داخلی بین کاتولیک‌های رومی و کالونیســت‌های فرانســوی (یا اوگنوها) بود. هنگامی که هــر دو حزب به نهایت فرســودگی رسیدند، فرمان سلطنتی نانْت (۱۵۹۸) امکان رسیدن به توافق بر اساس قلمرو را برای آنها فراهم ســاخت. به این ترتیب، اوگنوها از آزادی مذهبی برخوردار شدند و کنترل سیاسی برخی مناطق کشور را به‌دســت گرفتند، درحالی‌که مذهب کاتولیک رومی، مذهب رسمی کشور و بخش وسیعی از ملت باقی ماند.

به‌نحوی مشابه، بین سال‌های ۱۵۶۰ و ۱۶۱۸ در هلند، هلندی‌های شدیداً کالونیست برای استقلال از اســپانیای کاتولیک جنگیدند و پیروز شدند. با این‌همه، در سرزمین‌های جنوبی، منطقــه‌ای که بلژیک می‌نامیم، مردم کاتولیک ماندند و تا مدت‌ها بعد نتوانســتند از اســپانیا استقلال یابند.

جنگ سی‌ساله

تمام این مناقشات، مقدمه‌ای خونین بر واپسین و ویرانگرترین جنگِ به‌اصطلاح مذهبی یعنی «جنگ سی‌ســاله» بود که از ۱۶۱۸–۱۶۴۸ طول کشــید. در ابتدا این مناقشه به‌صورت درگیری مذهبی با مایه‌های سیاسی آغاز شد و در پایان به جنگ قدرت سیاسی وحشیانه‌ای با مایه‌های دینی ختم شد. همین تغییر در انگیزه‌های مسلط، جنگ سی‌ساله را به نمادی مناسب از انتقال از عصر اصلاحات به عصر خرد و بیداری‌های روحانی تبدیل می‌کند.

این جنگ هم طولانی و هم پیچیده بود. مجال پرداختن به جزئیات نظامی یا سیاســی آن نیســت. ما بیشتر به تغییری که در آرمان‌ها حادث شد علاقه داریم و به این منظور اهم نکات را به‌ساده‌ترین شکل بیان کرده‌ایم.

یکی از چشمگیرترین ضعف‌های پیمان صلح آوگسبورگ (۱۵۵۵) این بود که کالونیست‌ها را به‌کل نادیده گرفت. با توجه به اینکه آنها برای خود رســالتی مقدس قائل بودند، مدتی که گذشــت دشمنی‌ها دوباره ســر بر آورد. تمهیدات جنگ در اوایل قرن هفدهم چیده شد، به این ترتیب که پروتســتان‌ها لیگ یا اتحادی از حاکمان آلمانی تشکیل دادند و کاتولیک‌ها نیز اقدامی مشابه در اردوگاه خود به‌عمل آوردند. جنگ در ۱۶۱۸ آغاز شد.

حامی غیــور نهضت اصلاحات متقابل، فردیناند دوم، دســت‌پروردهٔ ژزوئیت‌ها، شــاه بوهمیا نامیده شــد، و در اندک‌زمانی به مقام امپراتوری روم مقدس برگزیده شد. فردیناند که می‌خواست مطابق مفهوم «در هر قلمرو فقط یک مذهب» پیش برود، کوشش به‌عمل آورد تا مذهب پروتستان را از بوهمیا ریشه‌کن و مذهب کاتولیک را بر اتباع خود تحمیل کند.

نجیب‌زادگان بوهمیایی که اکثراً پروتستان بودند، سر به شورش برداشتند و تاج خود را تسلیم فریدریش پنجم[1] کردند. فریدریش حاکم پالاتن[2] یکی از مهمترین قلمروهای آلمان، کالونیست دوآتشه‌ای بود. او با پذیرفتن این پیشکش، آتش نبرد بین کاتولیک‌ها و کالونیست‌ها را شعله‌ور کرد.

در سال ۱۶۲۰ نزدیک پراگ، قوای امپراتوری کاتولیک با غریو «برای مریم مقدس» با یورش به مواضع بوهمیان آنها را درهم‌کوبید و اکثر ایالات شورشیان را به تصرف درآورد. فاتحان با سپردن مدیریت دانشگاه پراگ، پاتوق قدیمی جان هوس، به ژزوئیت‌ها، نمک بر زخم پاشیدند.

کریستیان چهارم، شاه دانمارک که مردمش مذهب لوتری داشتند، از پیروزی کاتولیک‌ها بیمناک شده بود و چون از طرفی هم اشتیاق داشت آلمان را به قلمرو خود ضمیمه کند، وارد جنگ با فردیناند و قوای کاتولیک شد. البته، چون کسی پشت او نبود، قشون‌کشی او از همان آغاز نافرجام ماند. در ۱۶۲۶ قوای دانمارک به‌طور کامل در محل رشته‌کوه‌های هارتس تارومار شد و مثل یک گله توله‌سگ کتک‌خورده به دانمارک واپس نشست.

کنترل امپراتوری بر سواحل جنوبی بالتیک و اعتقادات عمیق دینی، مبارز توانمند لوتری، شاه گوستاو آدولفوس[3] سوئد را بر آن داشت تا همچون رهبر جدید آرمان پروتستان وارد آلمان شود. او با پیروزی در یک سلسله حملات کوبنده، به جنوب و تا مونیخ رسید. «شیر شمال» لقبی بود که پروتستان‌ها به او داده بودند، ولی حتی دلیری شاهانه هم پایانی دارد. در نبرد لوتسن[4] (۱۶۳۲)، در جنوب غربی لایپزیگ، ارتش سوئد دوباره به پیروزی دست یافت، ولی آدولفوس در جنگ کشته شد.

جنگ بدون آدولفوس ادامه یافت، اما نتیجه از قبل روشن بود. قوای کاتولیک نتوانست پروتستان‌ها را در شمال آلمان شکست دهد و پروتستان‌ها هم نتوانستند بر کاتولیک‌ها در جنوب فائق آیند.

در واپسین سال‌های درگیری، مذهب کم‌رنگ شد و اهمیت خود را از دست داد. اکثراً فرانسه و اسپانیا، که هر دو کاتولیک اسمی بودند، برای کسب امتیازات سیاسی در راینلاند تقلا می‌کردند.

شمشیرها که از حرکت افتاد، آلمان به ویرانه تبدیل شده بود. رویای فردیناند برای احیای اقتدار امپراتوری در آن سرزمین نقش بر آب شد و به‌جای آنچه انتظارش را داشت، سیصد ایالت مستقل ظهور کرد. از آن‌همه اقدامات بیهوده، غیرت کاتولیک‌ها و کالونیست‌ها سرد شد، و رفته‌رفته مذهب واحد برای سرزمین واحد زیر سؤال رفت. گزینهٔ بعدی، فرقه‌گرایی بود.

شروط صلحی که به صلح وِسْتفالیا (۱۶۴۸) معروف شد، بازتاب گذشت یک عصر است. به این ترتیب، کالونیسم نیز همچون صورتی از ایمان مسیحی به‌رسمیت شناخته شد و در کنار مذهب لوتری و کاتولیکی قرار گرفت. برای نخستین بار، حاکمان آلمانی در صورت

1. Frederick V; 2. Palatinate; 3. King Gustavus Adolphus; 4. Battle Of Lutzen

تمایل می‌توانستند اجازه بدهند که پروتستان‌ها و کاتولیک‌ها به‌اتفاق در قلمرو آنها زندگی کنند. پاپ نیز از هرگونه مداخله در امور مذهبی آلمان منع شد. طبعاً پاپ اینوسنت دهم پیمان فوق را محکوم کرد، ولی نه کاتولیک‌ها و نه پروتستان‌ها اهمیتی به اعتراضات او ندادند. پس از گذشت بیش از هزار سال، حکومت اختیار یافت بدون توجه به وجود پاپ، به امور و مبادلات خود بپردازد.

ائتلاف مسیحیت با قدرت مدنی در حال تغییر بود و مسیحیان غرب امکان می‌یافتند تا تحت دولت-ملت‌ها (دولت‌های ملی)، یعنی فاتحان واقعی جنگ سی‌ساله، زندگی کنند. این نظام نوظهور، برای مسیحیان به معنی زندگی در حکومتی بود که شهروندانش به فرقه‌ها و مذاهب گوناگون تعلق داشتند. به‌مرور، برخی از این دولت-ملت‌ها برای شهروندان خود التزام به مفهومی عام از خدا را شرط احراز مناصب یا ورود به دانشکده قرار دادند؛ اما التزام به باورها یا مناسک متمایز، مانند اینکه فرد کاتولیک یا عضو کلیسای مشایخی باشد، موضوعی منحصراً فردی و خصوصی به‌شمار می‌رفت.

راه جدید در آمریکا

در سال ۱۶۴۸، آن‌سوی اقیانوس اطلس در مستعمرات انگلیسیِ آمریکای شمالی، مردم در تلاش برای ایجاد جوامع مشخصاً مذهبی بودند. آنها در آغاز کوشیدند محل خاصی پدید آورند که بستری مناسب برای زندگی وقف‌شده و شهادت مسیحی باشد. لیکن در نهایت، هدف مربوط به ساختن شهری مقدس که انسان‌های مقدس پرورش می‌دهد اصلاح و به احداث شهری تبدیل شد که در آن مردم بتوانند زندگی پاک و مقدس داشته باشند. امواج جدید مهاجرانی که از راه می‌رسیدند، بی‌اعتنایی نسل دوم، و مرزهای کاملاً گشوده، همهٔ این عوامل مانع از یکپارچگی دینی می‌شد.

در قرن شانزدهم، هم انگلستان هم فرانسه کاوشگرانی دلیر به آمریکای شمالی گسیل کرده بودند که در یافتن «گذرگاه شمالی‌غربی» به چین ناکام ماندند. با این حال، مهاجرنشین‌های دائمی از زمانی جذب مردم انگلستان را به جهان نو آغاز کردند که «کمپانی لندن» نخستین مستعمره‌نشینانش را به سال ۱۶۰۷ در جیمزتاونِ ویرجینیا پیاده کرد. مهاجران در سال ۱۶۲۰ به مقصد رسیدند و ده سال بعد «کمپانی خلیج ماساچوست» آغاز به جذب هزاران پیوریتن سرخورده به بوستون و شهرهای اطرافش کرد. بین سال‌های ۱۶۲۹ و ۱۶۴۲ در حدود بیست‌وپنج هزار پیوریتن به نیوانگلند مهاجرت کردند. به‌جز در ویرجینیا، مقامات انگلیسی در هیچ‌جای جهان نو تلاش نکردند مردم را به تبعیت از الگوی واحدی در زمینهٔ امور مذهبی وادار کنند.

مستعمرات در پی اهداف اقتصادی ایجاد شده بودند و به رونق امپراتوریِ در حال توسعهٔ انگلستان کمک می‌کردند. به‌منظور سودآوری، مستعمرات از مهاجران می‌خواستند جنگل‌ها را از بین ببرند و زمین‌ها را شخم بزنند. بدین‌گونه وعدهٔ رواداری دینی، انگیزه‌ای قوی به

افراد می‌داد تا مخاطرات زندگی در مستعمرات آمریکا را بر خود هموار سازند. کویکرها به پنسیلوانیا آمدند، کاتولیک‌ها به مریلند، و هلندی‌های پیرو کلیسای اصلاح‌شده به نیویورک. بعدها نیز لوتری‌های سوئدی و اوگنوهای فرانسوی، باپتیست‌های انگلیسی و مشایخی‌های اسکاتلندی از راه رسیدند.

این سیاست کلی رواداری دینی یک استثنای برجسته داشت و آن «پیوریتن‌های جماعت‌گرای خلیج ماساچوست»[1] بود. آنها عزم داشتند صهیونی جدید در سرزمین‌های بکر آمریکا بنا کنند که بنا به اظهار جناب فرماندار جان وینتروپ[2] «شکلی شایسته برای ادارهٔ جامعه و کلیسا» بود.

فرصت برای برقراری حاکمیت مقدسین پیوریتن در نیوانگلند با حذف‌کردن بندی مرسوم از منشور قوانین آغاز شد. مطابق این بند، مرکز فرماندهی کمپانی می‌بایست در انگلستان و مطیع اقتدار شاه می‌بود. با حذف این بند، کمپانی خلیج ماساچوست که توسط مقدسین اداره می‌شد، در واقع جمهوری مستقلی شد، زیرا تمام اعضایش به نیوانگلند مهاجرت کردند و منشور آن را همراه بردند.

بنابراین، برای دو نسل، مقدسین در نیوانگلند یا انگلستان جدید با سیاستی مبتنی بر همنوایی مذهبی حکومت کردند حتی با وجودی که بیهودگی این سیاست در انگلستان قدیمی ثابت شده بود. در نیوانگلند افراد ممکن بود به دلایل متعدد با اشد مجازات روبه‌رو شوند. برخی از این دلایل عبارت بودند از: عدم حضور در عبادت کلیسا، انکار رستاخیز مسیح، و یا بی‌احترامی به کتاب‌مقدس.

با این‌همه، حتی در اینجا نیز، یعنی در قلب پیوریتنیسم انگلستان نو، محرک‌هایی برای رواداری دینی وجود داشت. یکی از آنها از سرسپردگی پیوریتن‌ها به کتاب‌مقدس ناشی می‌شد. کشیش جان رابینسون به پدران مهاجر چنین گفت: «خداوند هنوز حقایق بیشتری از کلام مقدس خود آشکار خواهد کرد.» پیوریتن همواره حاضر به پذیرش «هر حقیقتی بود که از کلام مکتوب خدا آشکار می‌شد.» بنابراین، چه جای شگفتی که پیوریتن‌های نیوانگلند همواره معارضان خود را پدید می‌آوردند. اینها مردان و زنانی بودند توسل‌یافته به حقیقتی که از «کلام مکتوب خدا» بر آنها آشکار شده بود. راجر ویلیامز یکی از این افراد بود؛ آنه هاتچینسن[3] یکی دیگر.

دومین سدی که در برابر عدم رواداری دینی پیوریتن‌ها قرار داشت، سرزمین‌های بکر آمریکا بود. مخالفان در نیوانگلند لازم نبود به فعالیت زیرزمینی رو بیاورند؛ کافی بود از رودخانه عبور کنند، از جنگل بگذرند یا از کوه بالا بروند. عبادت را همواره می‌شد به این مکان‌های باز انتقال داد.

بنابراین، سرسپردگی پیوریتن‌ها به کتاب‌مقدس، وجود اراضی بکر، و سیاست مبتنی بر رواداری دینی انگلیسی دست‌به‌دست هم داد تا عرصه را بر نارواداری دینی پیوریتن‌های نیوانگلند تنگ کند.

1. The Congregational Puritans Of Massachusetts Bay; 2. John Winthrop; 3. Anne Hutchinson

لغو منشور پیوریتن‌ها در ۱۶۸۴ بر آخرین کوشش‌های آنها برای تحمیل یکپارچگی مذهبی در نیوانگلند سایه انداخت. نشانهٔ بارز و مشهود بازگشت مستعمره به زیر نگین سلطنت، اقدام فرماندار برای مصادرهٔ عبادتگاه موسوم به «اُلد ساوت»[1] در ۱۶۸۷ و تخصیص آن به عبادت آنگلیکن‌ها بود. از آن پس، ساکنان نیوانگلند می‌بایست به سیاست‌های انگلستان گردن می‌نهادند.

موضوع فرقه‌ها

تنوع مذهبی مستعمرات در آمریکا، هرچند عمدتاً نزد پیوریتن‌ها دیده می‌شد، مقتضی درک جدیدی از کلیسا بود. می‌توانیم آن را «نظریهٔ فرقه‌گرایانهٔ»[2] کلیسا بنامیم. استفاده از واژهٔ «فرقه» برای توصیف یک گروه مذهبی از حدود ۱۷۴۰ رواج یافت، یعنی طی نخستین سال‌های بیداری روحانی اِوانجلیکال که رهبری‌اش را جان وسلی و جُرج وایتفیلد[3] بر عهده داشتند. لیکن این نظریه را یک قرن پیش، گروهی از رهبران رادیکال پیوریتن در انگلستان و آمریکا پرورش داده بودند.

فرقه‌گرایی، در شکل اصلی‌اش، رویاروی Sectarianism یا اعتقاد به برحق‌بودن فقط یک فرقه قرار دارد. یک گروه خاص[4] یا فرقهٔ انحصارطلب ادعا می‌کند که اقتدار مسیح فقط متعلق به آن است. این گروه خاص باور دارد که بدن حقیقی مسیح و صاحب حقیقت مطلق است و مذاهب دیگر سهمی از حقیقت ندارند. از این‌رو، بنا بر تعریف، چنین فرقه‌ای انحصارطلب است.

اما برخلاف مفهوم فوق، واژهٔ Denomination یا فرقه مفهوم شمول‌گرایانه‌تری داشت و متضمن این معنا بود که یک گروه مسیحی که نام خاصی بر آن گذاشته شده فقط عضوی از گروه بزرگتر مسیحیان است که کلیسا نامیده می‌شود و کل فرقه‌ها را در بر می‌گیرد.

بنابراین، نظریهٔ فرقه‌گرایانهٔ کلیسا بر این تأکید دارد که کلیسای حقیقی را نمی‌توان با هیچ ساختار کلیسایی خاصی یکی دانست. هیچ فرقه‌ای ادعا نمی‌کند مظهر کل کلیسای مسیح است، بلکه هریک، از نظر شیوهٔ عبادت و ساختار سازمانی، شکل متفاوتی از حیات بزرگتر کلیسا را تبلور می‌بخشد.

اصلاحگران با تأکید بر اینکه کلیسای حقیقی را هرگز نمی‌توان به‌معنایی انحصاری با نهادی خاص یکی دانست، بذرهای نظریهٔ فرقه‌ای کلیسا را کاشته بودند. توالی اصلی نه مربوط به اسقفان که مربوط به ایمانداران است. لوتر تأکید داشت که نوعی جلوهٔ نهادی «در یک مکان مشخص و در امور و فعالیت‌های جهان» اجتناب‌ناپذیر است؛ لیکن «در این زندگی نمی‌توان کلیسا را در چارچوب این موارد به‌طرز مناسبی درک کرد.» لوتر می‌گفت جلوه‌های بیرونی کلیسا باید راه را برای کلام خدا در جهان بگشایند نه اینکه جلوی قدرت آن را برای نجات انسان‌ها بگیرند.

---

1. Old South; 2. denominational theory; 3. George Whitefield; 4. Sect

به‌نحوی مشابه، کالون در پیشگفتار خود بر «مبانی دیانت مسیحی» خاطرنشان ساخت که رسم مرزهای دقیق برای کلیسای مسیح ناممکن است. هیچ‌کس به‌طور دقیق نمی‌تواند تعیین کند چه کسی جزو برگزیدگان خداست.

با این‌همه، اصلاحگران هرگز از این خط پیروی نکردند؛ بلکه هرگاه در منطقه‌ای خاص نارضایتی مذهبی پیش می‌آمد، در صدد سرکوب آن برمی‌آمدند، زیرا کماکان باور داشتند که در هر قلمرویی فقط یک مذهب می‌تواند وجود داشته باشد.

معماران واقعی نظریهٔ فرقه‌ای کلیسا، مستقل‌ها (یا جماعت‌گرایان) قرن هفدهم بودند که در مجمع وست‌مینستر (۱۶۴۲–۱۶۴۹) گروه اقلیت را نمایندگی می‌کردند. اکثریت در این مجمع به اصول مشایخی التزام داشتند و اصول اعتقادات خود را به‌طور کلاسیک در اعتقادنامهٔ وست‌مینستر، و در نسخهٔ مبسوط و فشردهٔ آن که به‌صورت سؤال و جواب است (کَتکیزم) بیان داشتند.

با این حال، مستقل‌ها که به اصول جماعت‌گرایان پایبند بودند، به‌خوبی از خطرات «ایجاد شکاف در حزب دیندار پروتستان» آگاه بودند؛ از این‌رو، می‌خواستند راهی برای نشان‌دادن وحدت مسیحی حتی در عین اختلاف‌نظر بین مسیحیان بیابند.

این «برادران مخالف» وست‌مینستر نظریهٔ فرقه‌ای کلیسا را به‌صورت چند حقیقت بنیادین زیر بیان کردند:

اول) نظر به اینکه انسان همیشه هم نمی‌تواند حقیقت را به‌روشنی ببیند، اختلاف‌نظر در مورد شکل بیرونی کلیسا اجتناب‌ناپذیر است. دوم) با اینکه این اختلافات شامل بنیادهای ایمان نیست، نمی‌توان نسبت به آنها بی‌اعتنا بود. هر مسیحی موظف است به چیزی که تعلیم کتاب‌مقدس می‌داند، عمل کند. سوم) از آنجا که هیچ کلیسایی حقیقت الاهی را به‌طور کامل و نهایی درک نمی‌کند، هیچ ساختار کلیسایی هرگز نمی‌تواند مظهر کامل کلیسای حقیقی مسیح باشد.

نکتهٔ آخر اینکه جدایی به‌خودی‌خود به معنی شقاق نیست. ممکن است با وجود اختلاف‌نظر در موارد متعدد، با هم در مسیح متحد باشیم.

بنابراین، نظریهٔ فرقه‌ای کلیسا، اتحاد مسیحی را در نوعی تجربهٔ دینی درونی می‌جست و در مظاهر بیرونی این ایمان شخصی، گوناگونی را روا می‌دانست.

این نگرش روادارانه، از بی‌اعتنایی به اختلافات تعلیمی ناشی نمی‌شد. مسیحیان موسوم به مستقل بنا نداشتند به اسم اتحاد مسیحی پذیرای هرگونه دیدگاه مذهبی باشند. هویت «کلیسای واحد حقیقی» محدود به کسانی بود که در درکی مشترک از هستهٔ مرکزی ایمان مسیحی شریک بودند.

این دیدگاه فرقه‌ای در مورد کلیسا پذیرش محدودی در انگلستان داشت، جایی‌که کلیسای انگلستان جایگاه ممتاز خود را حفظ کرد، حتی پس از آنکه «قانون رواداری» مصوب در ۱۶۸۹ حق آزادی عبادت را برای مسیحیان مشایخی، جماعت‌گرا، باپتیست، و کویکر به‌رسمیت شناخت. با این‌همه، در مستعمرات انگلیسی آمریکا، نظریهٔ فرقه‌ای از پذیرش

فزاینده‌ای برخوردار شد. به‌نظر می‌رسید این نظریه پاسخ خداست برای مذاهب مسیحی که در جهان نو رشد می‌کردند.

حامیان کم‌شمارِ دیدگاه فرقه‌ای کلیسا در قرن هفدهم، پیش‌بینی امروز را می‌کردند که صدها گروه مسیحی زیر یک چتر جمع می‌شوند. آنها قصد نداشتند باورهای بنیادین مسیحیت را به احساسی عام از خلوص دینی فروبکاهند. اما اختیاری بر آینده نداشتند. آنها همین را می‌دانستند که تعصب‌ورزی و خون‌وخون‌ریزی‌هایی که از دیرباز به نام مسیح انجام شده، راه به جایی نخواهد برد.

نتیجۀ نهایی تمام اینها این بوده که در چند قرن اخیر از تاریخ مسیحیت، نگرش فرقه‌ای در مورد کلیسا غالب بوده است، البته نه از آن‌رو که این نگرش بهترین نگرش ممکن است، بلکه چون بهتر از هر نگرش دیگری در تاریخ از کار درآمده.

پیشنهادهایی برای مطالعۀ بیشتر

Ahlstrom, Sydney E. *A Religious History of the American People*. New Haven, CT: Yale University Press, 1972.
Buschart, W. David. *Exploring Protestant Traditions*. Downers Grove, IL: IVP Academic, 2006.
* Gaustad, Edwin S. and Leigh E. Schmidt. *The Religious History of the America: Revised Edition*. San Francisco: Harper Collins, 2004.
Hudson, Winthrop S. *American Protestantism*. Chicago: University of Chicago Press, 1961.
Littell, Franklin H. *From State Church to Pluralism*. Garden City, NY: Doubleday, 1962.
Mead, Sidney E. *The lively Experiment: The Shaping of Christianity in America*. New York: Harper & Row, 1963.

عصر خِرَد و بیداری روحانی

۱۶۴۸-۱۷۸۹

نشـــانهٔ عصر اصلاحات مناظره بین مسیحیان دربارهٔ راه نجات بود. برجسته‌ترین ویژگی عصر خرد یا عقل انکار دین با منشـــأ فوق‌طبیعی اســـت. به این ترتیب، احترام برای علم و عقل انسان جایگزین ایمان مسیحی شد که سنگ‌بنای فرهنگ غرب بود. بسیاری از پروتستان‌ها با این بحران ایمان، نه با استدلال بلکه با تجربهٔ مافــوق طبیعی زندگی تبدیل‌یافته مقابله کردند. ایمان بیشـــتر تجربه بود تا دگما (اصول اعتقاد). این مســـیحیت اِوانجلیکال فقط با قدرت موعظه رشـــد سریع یافت. و بسیاری از مسیحیان دریافتند که بقای مسیحیت در گرو حمایت دولت از آن نیست. مسیحیان مدرن آزادی مذهب را می‌توانستند بپذیرند.

عصر نخست سلسله‌ی روی کار آمدن صفویه

- ۱۵۰۰
  - سلطنت اسماعیل بشکار
  - آغاز تنش‌ها
- ۱۷۰۰
  - قائن اکبر بن درواری
  - مرگ نادر
  - مرگ نادرشاه
  - گنج کریم‌خان
  - جنگ بابلیان
  - تأسیس قاجاریه
  - واله
  - آغاز قاجار گشت
- ۱۷۵۰
- ۱۸۰۰

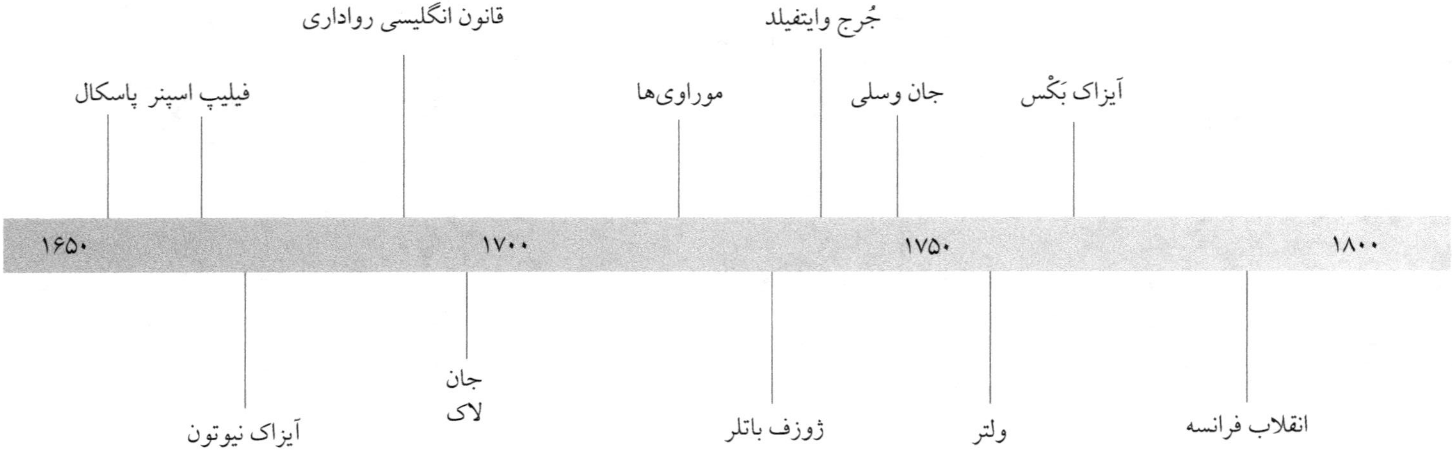

فصل سی‌ودوّم

هدف‌گرفتنِ بنیادها

کیش عقل

اگر آمریکایی‌ها به قدیسان اعتقاد داشتند، بنجامین فرانکلین[1] یکی از آنها می‌بود. او مظهر بسیاری از فضیلت‌های مورد تحسین آمریکایی‌ها بود. مردم او را مردی اهل عمل، خاکی، خوش‌برخورد، شوخ، و از همه مهمتر، روادار می‌دانستند.

چند هفته پیش از مرگ، بن در جواب به سوال رئیس دانشگاه ییل، عزرا استایلز، دربارهٔ ایمان دینی‌اش گفت:

> در مورد عیسای ناصری باید عرض کنم که ... راستش من دربارهٔ الوهیت عیسی تردیدهایی دارم. ولی از طرفی هم نمی‌خواهم در این مورد نظر قطعی بدهم، چون هیچ‌وقت درباره‌اش مطالعه نکرده‌ام و راستش را بخواهید حالا هم میل ندارم خودم را درگیر این موضوع کنم، چون بزودی فرصت پیدا می‌کنم حقیقت را با دردسر کمتری بفهمم. ولی اعتقاد به این موضوع هم ضرری ندارد، به‌خصوص اگر نتیجهٔ آن خوب باشد، یعنی سبب شود مردم احترام بیشتری برای تعلیمات عیسی قائل شوند و به آنها بهتر عمل کنند.

1. Benjamin Franklin

در این اظهارات چیزی از روح آمریکایی وجود دارد. منظورم روحِ زمانهٔ فرانکلین، عصر عقل و خرد (۱۶۴۸-۱۷۸۹) است. سؤالات مربوط به دگما یا اصولِ اعتقادات مهم به‌نظر نمی‌رسید و چندان ارزش مداقه نداشت. آنچه بی‌نهایت اهمیت بیشتری داشت، رفتار انسان بود. آیا اعتقادات ما سبب می‌شوند روادارتر باشیم، نسبت به عقاید کسانی که با ما فرق دارند احترام بیشتری قائل شویم، و روح حقیقی عیسی جلوهٔ بیشتری در ما داشته باشد؟

اگر این نفرت از تعصب‌ورزی دینی، همراه با تعهد به رواداری نسبت به همهٔ دیدگاه‌های مذهبی، طنینی آشنا دارد به‌خاطر این است که نگرش‌های عصر خرد اموری مربوط به گذشته نیستند، بلکه هنوز هم در ارزش‌های دنیای غرب نمود دارند.

عصر اصلاحات یک بار دیگر ثابت کرد که ایمان و قدرت، آمیزه‌ای نیرومند است. تا زمانی که مسیحیان دسترسی به قدرت داشتند، چه کاتولیک چه لوتری و چه رفرمد (اصلاح‌شده) از آن برای تحمیل همنوایی با حقیقت استفاده می‌کردند. به‌همین‌سبب، هزاران هزار تن در راه ایمان خود جان می‌سپردند تا آنکه احساسی کلی لیکن بسیار عمیق در انسان بیدار شد و سر به طغیان برداشت.

روحِ عصر خِرَد

ما به این طغیان می‌گوییم عصر خرد. برخی هم ترجیح می‌دهند آن را دورهٔ روشنگری یا روشن‌اندیشی بخوانند. در این زمان، همان‌گونه که چارلز ویلیامز[1] گفته است، «منافع ملّی و تلاش برای آسوده‌سازی ذهن با هم ترکیب شدند و متافیزیک یا مابعدالطبیعه را از فرهنگ بیرون راندند.»

روح عصر خرد در اصل نوعی انقلاب عقلی بود، راهی کاملاً جدید برای نگریستن به خدا، به جهان، و به خود. تولد سکولاریسم[2] بود.

قرون وسطیٰ و دورهٔ اصلاحات دینی، قرون ایمان بودند به این معنی که عقل در خدمت ایمان بود و اندیشه تابع مرجعیت. این مرجعیت برای کاتولیک‌ها، کلیسا بود و برای پروتستان‌ها، کتاب‌مقدس، اما به‌هرروی کلام خدا و نه اندیشه‌های آدمی، در اولویت قرار داشت، و دغدغهٔ اساسی انسان در این زندگی آمادگی برای آخرت بود.

عصر خرد این رهیافت را کنار گذاشت، و جایگاه ایمان را به عقل داد. بدین‌گونه، مهمترین دغدغهٔ آدمی، نه زندگی بعد از مرگ، که خوشی و خرسندی در این جهان بود، و بهترین هادی انسان به این خوشی و سعادت، عقل او بود نه احساسات، اسطوره‌ها یا خرافات.

روح و غایتِ روشنگری را یکی از سخنگویانش، بارون فُن هولباخ[3]، به‌شیوایی چنین بیان داشته است:

---

1. Charles Williams

۲. این کلمه به‌طور ساده به معنی عرفی‌شدن، غیر دینی شدن یا به‌عبارتی، جداانگاشتن دین از دولت است. (مترجم)

3. Baron Von Holbach

بیایید بکوشیم این ابرهای جهالت را بتارانیم، این مِه تاریکی را، که آدمی را از سفرش بازمی‌دارد ... و بر او ره می‌بندد تا با گام‌های محکم و استوار در زندگی پیش نرود. بیایید الهام‌بخش او باشیم ... با احترام‌گذاشتن به عقل او - با عشقی خاموشی‌ناپذیر به حقیقت، تا او بیاموزد که خود را بشناسد و دیگر از تخیلی که مرجعیت به بیراهه‌اش کشانده فریفته نشود، و یاد بگیرد اصول اخلاقی‌اش را بر طبیعت خود بنا کند، بر خواست‌های خود، بر آنچه صلاح واقعی جامعه است ... و بیاموزد که با کوشش در راه سعادت دیگران، در پی سعادت حقیقی خود باشد ... کوتاه آنکه، فردی فضیلت‌مند و خردورز شود که سعادت نمی‌تواند آغوش بر او نگشاید.

رُنِسانس[1] (نوزایی)

این فضای جدید چگونه پدید آمد و رشد کرد؟ بذر آن چه‌بسا در دورهٔ اصلاحات، در جنبشی که مورخان آن را رنسانس می‌نامند، کاشته شد. رنسانس به معنی «نوزایی» یعنی تولد دوباره است و به احیای ارزش‌های تمدن کلاسیک یونان و روم اشاره دارد که در ادبیات، سیاست و هنر تبلور یافته. به یک معنا، اصلاحات دینی بدون تأثیر انسان‌گراییِ نوزایی محال است شکل بگیرد، زیرا انسان‌گرایی در پی شکوفایی انسان است به‌طوری که فرد به کمال وجودی خود برسد و به تمام فضیلت‌ها و توانمندی‌ها مجهز شود. در این زمان، چنین می‌اندیشیدند که خواندن نوشته‌هایی از روزگار شکوه و شوکت یونان و روم گامی مهم در راه خوب زیستن است. خواندن این متون را در حکم ورود به گفتگو با نویسندهٔ نامدار آنها می‌دانستند، که به‌مثابهٔ مواجههٔ تجربی هم با نویسنده و هم فرهنگ زمانه‌اش بود. خواندن نوشته‌ها به زبان اصلی‌شان، معیاری زرین در این تلاش خطیرِ انسان‌ساز شمرده می‌شد. تمام اصلاحگران برجسته، همین رویکرد انسان‌گراییِ دورهٔ نوزایی را نسبت به متن در پیش گرفتند، و هریک به این باور رسیدند که باید با کتاب‌مقدس به زبان‌های اصلی‌اش روبه‌رو شد.

شاید بهترین نمونهٔ نوزایی روح کلاسیک، اراسموس اهل رتردام[2] (۱۴۶۷-۱۵۳۶) باشد. در مجموعه‌ای از هجویات پرفروش که مهمترینشان «در ستایش دیوانگی» نام داشت، اراسموس با استفاده از آیرونی (وارونه‌گویی)، طنز، و عقل سلیمِ منور، به تمسخر رهبانیت و فلسفهٔ اصحاب مدرسه می‌پردازد.

پیروان اراسموس چنین می‌اندیشیدند که از او صدای اصلاحگری حقیقی را می‌شنوند. می‌گفتند تخم را او گذاشت و از درون این تخم لوتر درآمد. اما در سال ۱۵۲۴ تنشی جدی میان لوتر و اراسموس پدید آمد. در این سال، کتاب اراسموس به نام «خطابه‌ای علیه ارادهٔ آزاد» منتشر شد. این کتاب پرده از تفاوت‌های اساسی میان این دو مرد برگرفت. لوتر باور داشت

1. Renaissance; 2. Erasmus Of Rotterdam

که ارادهٔ انسان اسیر، و کاملاً ناتوان است، مگر اینکه فیض خدا آن را برای دوست‌داشتن خدا و خدمت به او توانمند سازد. امّا اراسموس این تعلیم را خطرناک می‌دانست، زیرا تهدیدی که در آن می‌دید این بود که انسان را از مسئولیت اخلاقی‌اش خلاص می‌کند.

تفاوت اصلاحات دینی و نوزایی درست در همین‌جاست، یعنی در دیدگاه آنها دربارهٔ انسان. اصلاحگران دربارهٔ گناه اولیه موعظه می‌کردند و جهان را سقوط‌کرده از جایگاهی می‌دانستند که خدا برای آن در نظر گرفته بود. در مقابل، نوزایی نظر مثبتی به ذات انسان و خود جهان داشت. این اطمینان به آدمی و نیروهایش شکوفا شد و گل‌هایش فضای روشنگری را عطرآگین کرد.

ریشهٔ دیگر روشنگری، در یک قرن زدوخوردهای (۱۵۵۰-۱۶۵۰) هولناک مذهبی قرار داشت: جنگ داخلی انگلستان، آزار و اذیت اوگنوهای فرانسوی، و جنگ‌های سی‌ساله در آلمان. احترام به کرامت انسانی فریاد اعتراض خود را بر قدرت روحانیون متعصب بلند کرده بود و هر روز انسان‌های بیشتری با دیدن اینکه پیرزنی را به اتهام جادوگری به شعله‌های آتش می‌سپارند یا در آب غرق می‌کنند منزجر می‌شدند. به این ترتیب، تعصبات دینی، خطری به‌مراتب بزرگتر از بی‌خدایی جلوه می‌کرد. چنین بود که تشنگی برای رواداری و حقایق مشترک بین تمام انسان‌ها گسترش یافت.

روشنگری

روشنگری (روشن‌اندیشی) در واقع مجموعه‌ای از روشنگری‌ها بود که ابتدا انگلستان و فرانسه و جاهای دیگر را متأثر ساخت و سرانجام در آلمان آغاز شد. بینش بنیادین آن در نخستین اندیشه‌وران این نهضت در فرانسه تبلور داشت. آنها بر اساس تجربیات خود از انگلستان به مشاهداتی رسیدند که شگفت‌زده‌شان کرد. دیدند که رفاه مادی و آزادی در انگلستان به‌مراتب بیشتر است. در انگلستان، دو نهاد کلیسا و دولت تلاش چندانی برای محدودکردن شهروندان که آزادی وسیعی برای استفاده از عقل و اندیشهٔ خود داشتند، به‌عمل نمی‌آوردند. از این چند عامل، سرانجام باوری محوری شکل یافت: اگر سنت‌های فرهنگی مثل غل و زنجیر به پر و پای مردم نپیچند و افراد آزاد باشند از عقل و منطق خود برای هدایت زندگی‌شان استفاده کنند، از رفاه برخوردار خواهند شد. آزادی برای استفاده از عقل خود، بی‌پروای آنچه سنت می‌گوید، حقیقت و رفاه به ارمغان می‌آورد. این بینش در جلوه‌های بی‌شمار، بسط و گسترش یافته است.

نکتهٔ آخر اینکه، عصر خرد از خاکِ اعتقادی نو به نظم و قانون سر بر آورد. علوم جدید در سدهٔ شانزدهم و هفدهم پدید آمدند و دمیدن روزی نو از صلح و هماهنگی را به انسان وعده دادند. پیشگامان علوم جدید انسان‌ها را بر آن داشتند تا به‌شیوه‌ای نو دربارهٔ جهان بیندیشند:

کُپرنیک یا کپرنیکوس[1] (۱۴۷۳–۱۵۴۳) تأکید داشت خورشید، و نه زمین، مرکز عالم است؛ یوهانس کِپْلِر[2] (۱۵۷۱–۱۶۳۰) به این نتیجه رسید که نیروی مغناطیسیِ ساطع از خورشید، سیارات را در مدارهای خود به حرکت درمی‌آورد؛ و گالیلئو گالیله[3] (۱۵۶۴–۱۶۴۲) با اختراع تلسکوپی برای بررسی سیارات، ثابت کرد شتاب سقوط اجسام ثابت است.

با این‌همه، تمام این کشفیات می‌بایست در یک اصل جامع وحدت می‌یافت که حرکت اجرام آسمانی را توضیح می‌داد و عالم را همچون ماشین بزرگی متصور می‌شد که بر اساس قوانین تغییرناپذیر کار می‌کند. ارائهٔ این اصل، شاهکار نام‌آورترین دانشمند عصر خرد، جناب آیزاک نیوتون[4] (۱۶۴۲–۱۷۲۷) بود.

در ۱۶۸۷ نیوتون اثر بسیار مهم خود «اصول ریاضی فلسفهٔ طبیعی» را منتشر کرد و نشان داد که یک اصل بنیادین، عامل هماهنگی تمام قوانین حرکت در عالم است، از افلاک گرفته تا زمین. این اصل، قانون جاذبه است.

شگفتی دستگاه عالم[5]

تبیین شگفت نیوتون از عالم، یعنی جهان همچون یک دستگاه یا ماشین، کتابخوانان اروپا را مسحور کرد. عالم قرون وسطاییِ ارواح نامرئی – فرشتگان و شیاطین – دیگر چندان معقول به‌نظر نمی‌رسید و حتی خرافی می‌نمود. به‌جای این عالم، دنیایی با مرکزیت خورشید قرار گرفته بود که بر اساس قوانین فیزیک عمل می‌کرد. این قوانین را ریاضیات توضیح می‌داد و مُدلل می‌ساخت.

در الگوی جدید، خورشید به مرکزیّت زمین پایان بخشید. برخی باور داشتند که جایگاه انسان نیز تغییر کرده بود و دیگر او تاج و قلهٔ خلقت در مرکز عالم خدا نبود. برخی بر این عقیده بودند که جایگاه خدا نیز تغییر کرده، زیرا وقتی فرد مشاهده می‌کرد که جهان بر اساس قوانین قابل‌شناخت اداره می‌شود، دیگر وجود خدا برای حفظ جهان چندان ضرورتی نداشت. به خوانندگان امروزین حتماً باید یادآور شد که ظهور علوم جدید به‌طور مسلم به اعتقادات مسیحی متکی است و ذهن‌هایی که آن را پیش می‌برند در محیط‌ها و مراکز آموزشی مسیحی تعلیم یافته‌اند. نکتهٔ مهم دیگر اینکه در این مباحثات خدا همچون یکی از بازیگران صحنه تصویر شده، نه خداوند پرجلالی که بر دستگاه عالم نظارت دارد.

این عالم پهناور که رازهای آن یکی‌یکی آشکار می‌شد، برای برخی هرس‌انگیز بود. بلز پاسکال (۱۶۲۳–۱۶۶۲)، فیزیکدان فرانسوی، در برابر «پهنهٔ دلهره‌آوری که ما را همچون ذرات ناپایدار دربرگرفته است» دچار ترس و واهمه می‌شد، اما دیگران این فرصت را دعوتی برای کشف اسرار هستی کیهانی می‌دانستند. آلکساندر پاپ[6] نوشت:

طبیعت و قوانینش در رخت شب پنهان بود
خدا گفت «نیوتون باشد!» و همه‌جا روشن شد

1. Copernicus; 2. Johann Kepler; 3. Galileo Galilei; 4. Isaac Newton; 5. The World-machine; 6. Alexander Pope

این دسترسی ناگهانی به اسرار عالم ظاهراً نقش عقل انسان را برجسته‌تر کرد. اگر عالم کائنات دستگاهی است که به‌طور منظم مطابق طرحی عظیم کار می‌کند و این طرح هماهنگ‌کنندهٔ تمام اجزایش است، پس انسان برای یافتن معنای زندگی و سعادت حقیقی، فقط باید اندیشهٔ روشن داشته باشد. این دیدگاه بنیادین که انسان می‌تواند با استفاده از عقل و حواس خود به حقیقت دست یابد، علت نامگذاری این دوره به عصر خرد بود.

البته از این عنوان نباید برداشت کنیم که ناگهان نعلبند و کشیش روستایی روشنفکر شدند. بسیاری از مسیحیان هنوز با ایمانی که از پدرانشان به آنها رسیده بود در بی‌خبری از طلوع عصر جدید، زندگی می‌کردند و چشم از جهان فرو می‌بستند. با این حال، چشم‌انداز اروپا و مسیر آن تغییر کرده بود.

مسیحیت نمی‌توانست از امواج این انقلاب عقلی دور بماند. برای ۱۲۰۰ سال، اندیشه‌های آگوستین بر جهان مسیحیت حکم رانده بود. انسان، گناهکار اسیری دانسته می‌شد که بیش از هرچیز به فیض مافوق‌طبیعی خدا نیاز داشت و چنین پنداشته می‌شد که برای تضمین دسترسی به این فیض از طریق کلیسا، خدا قوای کشور را برای پاسداری از حقیقت و تنبیه خطا تعیین کرده است.

امّا در عصر خرد، روشنفکران استدلال می‌کردند که انسان گناهکار نیست، بلکه مخلوقی برخوردار از عقل و منطق است. چنین می‌نمود که انسان به عقل سلیم بیش از فیض خدا نیاز داشت.

مسیحیان خود را در دو فضای متعارض یافتند. در آغاز، طی سال‌های پایانی قرن هفدهم، برخی از ایمانداران، به‌خصوص در انگلستان کوشیدند عقل و ایمان را با هم هماهنگ کنند. آنها چنین استدلال می‌کردند که مسیحیت کاملاً معقول است ولی برخی از حقایق را عقل به ما می‌دهد و برخی دیگر را مکاشفه. به برخی حقایق مانند وجود خدا، با مشاهدهٔ آسمان‌ها می‌رسیم، ولی به برخی حقایق دیگر مانند رستاخیز مسیح، با توجه به شهادت کتاب‌مقدس دست می‌یابیم.

با این‌همه، پس از آغاز قرن هجدهم، این فضا تغییر یافت. در فرانسه، اطمینان به عقل اوج گرفت و مسیحیان دریافتند که بسیاری از روشنفکران اساساً با مراجعه به کتاب‌مقدس مخالفند زیرا آن را یک مشت مهملات خرافی می‌دانند. پیداست که فضای فکری در فرانسه خصمانه‌تر بود.

بهترین نمایندهٔ نسل نخست، جان لاک[1] (۱۶۳۲-۱۷۰۴) بود. این فیلسوف بسیار تأثیرگذار هیچ‌گاه اهمیت ایمان را دستِ‌کم نگرفت. او در کتاب خود «جستاری در فهم بشر»[2] نه فقط چگونگی عملکرد عقل را نشان می‌دهد، بلکه همچنین اظهار می‌دارد که وجود خدا «بدیهی‌ترین حقیقتی است که عقل کشف می‌کند.» با این‌همه، بررسی دقیق‌تر نشان می‌دهد خدایی که لاک در نظر داشت با خدایی که در کتاب خروج یا در رستاخیز عیسی می‌یابیم

1. John Locke

۲. Easy Concerning Human Understanding این کتاب بسیار مهم فلسفی با چند ترجمهٔ مختلف به فارسی برگردانده و تقریباً با همین عنوان به چاپ رسیده است. (مترجم)

چندان وجه اشتراکی ندارد. تلاش‌هایی که برای توجیه عقلانی مسیحیت صورت می‌گرفت متأسفانه بیشتر اوقات به ارائهٔ تصویری از مسیحیت می‌انجامید که مطابق معیارهای عقلی آن روزگار بازبینی شده بود. چیزی که در این میان به فراموشی سپرده می‌شد این حکمت کهن مسیحی بود که مسیحیان در نتیجهٔ استدلال مفصل عقلی به باورهای مسیحی خود نمی‌رسند، بلکه اعتقاد آنها ریشه در شهادتی دارد که از شاهدان نخستین به آنها رسیده است و حقانیت آن توسط قدرت خدا که همچنان بین آنها فعّال است، مقتدرانه اثبات می‌شود. عهدجدید نه کتابی بر پایهٔ منطق قیاسی، بلکه کتابی است محتوی شهادت بر عمل خدا، شهادتی که حقانیت آن با قدرت تمام اثبات شده. عقل می‌تواند در خدمت مکاشفه باشد، ولی هرگز نمی‌تواند جایگزین آن شود.

در تحسین موضع لاک باید گفت که او مکاشفه را تأیید می‌کند و هرگز به اهمیت آن شک ندارد. پیشگویی‌های تحقق‌یافته و معجزات عیسی حُجّت بر اقتدار او هستند. امّا از نظر لاک، کتاب‌مقدس در واقع نشان می‌دهد که فقط معدودی از اصول اعتقادات یا دگماها ضرورت دارند. این اصول اعتقادی، ساده و برای مردم عامی قابل‌فهم‌اند. مسیحیت در واقع فقط یک آموزهٔ بنیادین دارد: عیسی مسیحاست. لاک به‌طور گذرا بخش عمده‌ای از الاهیات سنتی مسیحی را چون فاقد موضوعیت می‌داند کنار می‌گذارد.

لاک با تأکیدی که بر رفتار داشت، دیدگاه نسل خود را بازتاب می‌داد. او می‌گوید مسیحیت افزون بر اینکه اعتقاد دارد عیسی همان مسیحاست، به زندگی نیک سفارش می‌کند. عیسی اغلب از پاداش و تنبیه برای رفتار مسیحیان سخن می‌گفت. و این نیز کاملاً معقول است زیرا عقل نشان می‌دهد که معیارهای اخلاقی باید توسط انگیزه‌های نیرومند تقویت شوند.

بنابراین، طبق نظر لاک، مکاشفه خصلت عقلانی مسیحیت را نشان می‌دهد. ایمان به اینکه عیسی مسیحاست و انسان باید رفتار اخلاقی داشته باشد همهٔ آن‌چیزی است که عیسی و رسولان لازمهٔ پارسایی می‌دانستند. هر دو نیز اساساً عقلانی‌اند.

ظهور رادیکال‌ها

«پدران غوره می‌خورند، و دندان فرزندان کُند می‌شود» (حزقیال ۱۸:۲). بسیاری در نسل بعد، یعنی در اوایل قرن هجدهم، تعهدات کمتری در قبال گذشتهٔ مسیحی احساس می‌کردند، بنابراین به‌جای کوشش برای ایجاد هماهنگی بین طبیعت و کتاب‌مقدس، به‌سادگی مکاشفه را کنار گذاشتند. بسیاری از روشنفکران ادعا داشتند بخش‌هایی از کتاب‌مقدس که با عقل سازگارند، آشکارا ضرورتی ندارند. بخش‌های متعارض با عقل نیز – مانند اسطوره‌ها، معجزات، و مهملات مربوط به کاهنان – به‌سادگی عاری از حقیقتند. این نگرشِ ستیزه‌جویانه‌تر در قبال ایمان، به‌خصوص در فرانسه به چشم می‌خورد.

در قرن هجدهم، پاریس به پایتخت فرهنگ جهانی جدیدی تبدیل شد. دیدگاه‌های مختلف آزادانه در اروپا و مستعمرات آمریکایی در گردش بود. رهبران اجتماعی و فکری

اروپا به میزانی که در گذشـــته هرگز سابقه نداشـــت، بر پایهٔ اندیشه‌ها و منافع مشترک با هم اتحاد یافته بودند.

در پاریس گروهی از متفکران و نویســندگان که به «فیلسوف» شهرت داشتند، عصر عقل را به اوج خود رســـاندند. این گروه، «فیلســـوف» به این معنی که در رشتهٔ دانشگاهی خاصی فعالیت داشته باشند نبودند، بلکه اهل قلم بودند و با مطالعهٔ جامعه، پلیدی‌های آن را واکاوی و از اصلاحات در آن پشـــتیبانی می‌کردند. آنها گســـترش دانایی و وارهانیدن روح انسان را وجههٔ همت خود قرار دادند.

نکتهٔ جالب اینکه در این «جامعهٔ خوش‌رفتار»، الحاد (خداناباوری) هیچ رواجی نداشت. بیشـــترِ به‌اصطلاح «بی‌دینان» برجسته در قرن هجدهم که مســـیحیت را به سخره می‌گرفتند به وجودی برتر باور داشـــتند، لیکـــن تصور دخالت او را در دســـتگاه جهان، امری خرافی می‌دانســـتند. همین دیدگاه، به دئیسم[1] معروف شـــد که نهضتی به‌خصوص محبوب در میان سخنگویان انگلیسی بود. دئیسم درست در میانهٔ راهی قرار داشت که انتهای آن به الحاد ختم می‌شـــد. در این مکتب می‌شد اعتقاد به خدا را حفظ کرد، اما حضور یا مداخلهٔ او را در امور جهان منکر شد.

خدای مکتب دئیسم را گاه خدای ساعت‌ساز خوانده‌اند، زیرا بنا بر اعتقاد این مکتب، خدا جهان را درســـت مانند یک ساعت‌ساز آفریده است که وقتی ساعتش را ساخت، آن را کوک و به حال خود رها می‌کند. از آنجا که خدا ساعت‌ساز کاملی است، لزومی ندارد پس از خلق جهان در امور آن دخالت کند. بنابراین، دئیســـت‌ها هر چیـــزی را که به‌نظر، مداخلهٔ خدا در عالم می‌رسید، همچون معجزات و مکاشفات خاصِ مکتوب در کتاب‌مقدس، نفی می‌کردند.

دئیست‌ها باور داشـــتند که دین آنها، دین اصلی بشر بود که تمام ادیان دیگر بر اثر وقوع تحریف در آن ایجاد شـــده بودند. این تحریفات، کار کاهنان و کشیشان بود که برای افزایش قدرت خود، معجونی از اندیشـــه‌های الاهیاتی و اســـطوره‌ها و آموزه‌های مذاهب گوناگون درست کرده بودند.

تأثیرگذارترین مبلغ دئیسم، ولتر (۱۶۴۹–۱۷۷۸)، تجسم شکاکیّت نهضت روشنگری در فرانسه بود. بیش از همه، ولتر دیدگاه‌های علمی نیوتون را رواج داد، برای آزادی فردی و آزادی مطبوعات جنگید، و کیش عقل را گسترش داد. شمار آثاری که او پدید آورد حیرت‌انگیز بود: کتاب‌های تاریخی، نمایشنامه، رساله، مقاله، رمان. در مکاتباتش که به‌تخمین، شامل ده هزار نامه است، با زیرکی تمام به گســـترش فضیلت‌های روشنگری پرداخت و حملات تندی به رفتارهای نادرست در روزگار خود انجام داد.

ولتر بیش از هر چیز به این شـــهرت داشت که نســـتوه‌ترین منتقد کلیساهای رسمی، چه کاتولیک چه پروتســـتان است. او از دیدن اینکه مسیحیت رســـمی تحمل عقاید دیگران را نداشـــت به تنگ آمده و از امور بی‌اهمیتی که روحانیون و کشیشان بر سر آنها مناقشه داشتند،

---

۱. Deism یا خداباوری عقلی. (مترجم)

بیزار بود. با وجود انتقاد گزنده‌اش از مسیحیت، هدف او نابودکردن دین نبود. حتی یک‌بار گفته بود اگر خدایی وجود نداشت لازم می‌بود یکی ابداع شود.

ولتر شاگردان بسیار داشت، اما جدی‌ترین رقیبش در ترویج انجیلِ دئیسم عبارت بود از مجموعه‌کتاب‌های «دانشنامهٔ» معروف فرانسه که دَنی دیدِرو[1] (۱۷۱۳-۱۷۸۴) به ویرایش آن همت گماشته بود. این دانشنامهٔ هفده‌جلدی برجسته‌ترین یادگار متفکران موسوم به فیلسوف بود. آنها برتری علوم جدید را اعلام و رواداری را ترویج و خرافه‌پرستی را تقبیح می‌کردند و در مزایای دئیسم داد سخن می‌دادند. دیدرو در مقاله‌اش دربارهٔ مسیحیت، ارج و احترام بسیاری برای دین عیسی قائل شده بود، اما خواننده را از ناکامی‌های اجتماعی مسیحیت عمیقاً تلخ‌کام می‌کرد.

برخلاف منتقدان پیشین کلیسا، این اندیشه‌وران فرانسوی که به فیلسوف موسوم بودند بدعتکاران یا دگراندیشانی نبودند که به نام مسیح بر کلیسا بتازند. حملهٔ آنها به کلیسا از بیرون بود. آنها بخشی از یک تعلیم مسیحی را نشانه نگرفته بودند، بلکه تیرهایشان متوجه بنیاد کل حقیقت مسیحی بود. هدف آنها که خوب تبلیغش را کرده بودند، برانداختن قلعه از بنیاد بود.

مسیحیت در بوتهٔ آزمون

آنها اصرار داشتند مسیحیت توطئهٔ ویرانگری است که به هدف تسلیم جهان به نیروهای ستمگرِ طبقهٔ روحانیون طرح شد. به‌نظر آنها، دین مکشوف‌شده چیزی جز نقشه‌ای برای بهره‌برداری از جهالت مردم نبود. ولتر خوش داشت به مسیحیت بگوید «پدیدهٔ بدنام». او در تندترین حمله‌اش به ایمان مسیحی، به هزاران هزار قربانیِ تعصب‌ورزی مسیحیت اشاره می‌کرد. طنز قضیه در این بود که منتقدان برای قضاوت دربارهٔ رفتار مسیحیان به معیارهایی متوسل می‌شدند که آنها را انسانی می‌خواندند و هیچ توجهی به این واقعیت نداشتند که این معیارهای انسانی در واقع میراث تعلیمات مسیحی بود.

معیار قضاوت این روشنفکران دربارهٔ مسیحیت، معیارهای سادهٔ انسانی در مورد نیک و بد بود. اگر کلیسا برای بی‌آلایش نگه‌داشتن آموزه‌هایش، جنگ خونین با مسیحیان دیگر را روا دانسته بود، چنان‌که در جنگ‌های مذهبی این اتفاق افتاد، پس مسیحیت نه فقط پاک و مقدس نیست، نهادی پست و شریر است، زیرا نگذاشته بود مردم جهان به صلح، هماهنگی و پیشرفت دست یابند.

مهمترین سلاحی که علیه کلیسا به‌کار گرفته می‌شد موضوع حقیقت بود. دیدرو می‌گفت: «از نظر ما، بزرگترین خدمت به انسان‌ها این است که به آنها آموزش بدهیم با استفاده از عقل خود فقط چیزی را حقیقت بدانند که درستی آن را اثبات کرده باشند.»

اما معیارهایی که برای حقیقت در نظر گرفته شده بود از ابتدا تعلیمات مسیحی را نقض می‌کرد. هنگامی که مسیحی معتقد می‌خواست بر اساس مقدمات اعتقادی خود استدلال کند،

1. Denis Diderot

بی‌دینان فقط زبان به تمسخر او می‌گشودند، زیرا استدلال‌های برگرفته از مرجعیت یا سنتِ مجسم در کتاب‌مقدس یا کلیسا، برای آنها پذیرفتنی نبود. اصولاً این استدلال‌ها را «عقلانی» نمی‌دانستند.

استدلال بر اساس معجزات نیز با همین دست تمسخرات روبه‌رو می‌شد. از نظر اینان، اقامهٔ برهان بر یک موضع، یا بر اساس عقل ممکن بود یا بر اساس تجربهٔ انسانی و از آنجا که اثبات معجزات از این راه ممکن نبود، آنها را از مهملات قرون وسطایی می‌شمردند و کنار می‌گذاشتند. دیدرو چنین استدلال می‌کرد:

> باید بگویم همین‌که انسان پا در این قلمرو مافوق‌طبیعی گذاشت، دیگر هیچ حدومرزی وجود ندارد. آدم نه می‌داند کجا می‌رود، نه می‌داند با چه چیز روبه‌رو می‌شود. یکی ادعا می‌کند که پنج هزار نفر فقط با پنج گردهٔ کوچک نان سیر شده‌اند. خب، اشکالی ندارد! ولی فردا یکی دیگر پیدا می‌شود و می‌گوید که فقط با یک گردهٔ کوچک نان پنج هزار نفر را سیر کرده، پس فردا هم یکی دیگر می‌گوید پنج هزار نفر را فقط با باد هوا سیر کرده است.

منتقدان کاملاً آگاه بودند که انقلابی در اعتقادات بنیادین اروپائیان برمی‌انگیختند. ولتر با هر پیروزی جدید عقل بر کلیسا، گزارش آن را همچون فرمانده‌ای فاتح در نبرد، پیروزمندانه اعلام می‌کرد.

بیهودگیِ اطمینان بی‌اساس

این حملات به اعتقادات مسیحی پاسخی محکم و مستدل از جانب مسیحیان درست‌باور می‌طلبید. متأسفانه، در کشورهای کاتولیک مانند فرانسه، این واکنش به‌طرز اسفباری نابسنده بود. رهبران مسیحی نسبت به موج فزایندهٔ بی‌دینی بی‌اعتنا نبودند، اما برای مهار آن، به روش‌های سنتی خود توسل می‌جستند. برای مثال، دست‌به‌دامن مقامات کشوری می‌شدند تا جلوی کتاب‌های «خطرناک» را بگیرند، اما معمولاً با موضوعات اصلی و اولیه‌ای که تمسخرکنندگان مطرح می‌کردند آشنایی نداشتند.

در انگلستان وضع متفاوت بود. چندین نفر، و بهتر از همه، اسقف جوزف باتلر[1] (۱۶۹۲-۱۷۵۲) نقدی محکم بر دئیسم نوشتند. کار ماندگار او، «تمثیل دین»، تقریباً بحث را برای افراد متفکر پایان داد. کشمکش‌ها برای چندین سال ادامه داشت، اما پس از باتلر روشن بود که موضوعات بنیادین حل‌وفصل شده‌اند.

دئیست‌ها با خوشبینیِ راسخ خود بر این گمان بودند که همه‌چیز را دربارهٔ حکمت و هدف خدا می‌دانند. منبع آنها تعبیری بود که از سازوکار طبیعت داشتند. اما باتلر با وضوح قانع‌کننده‌ای مشاهده کرد که زندگی مملو از پیچیدگی‌ها و ابهامات است.

1. Joseph Butler

او تلاشـــی برای اثبات وجود خدا به عمل نیاورد. دئیست‌ها هرگز منکر این فرض مسلّم نبودند. باتلر با عقل هم مخالفت نورزید، بلکه آن را نور طبیعی در وجود انسان دانست. اما با تخصیص برترین جایگاه به آن مخالف بود. باتلر می‌گفت که عقل منبع معرفت کامل نیست، و در زندگی عادی فقط می‌تواند ما را از احتمالات آگاه کند.

بدین‌گونه، باتلر قلعهٔ دئیســـم، یعنی اطمینان راســـخ آن را به عقل، از بنیاد ســـست کرد. او اظهار داشـــت طبیعت قلمروی نیســـت که عقل در آن برترین جایگاه را داشته باشد، زیرا مملو از ابهامات و رازهای ناگشـــوده است. ما در هر قدم از راه با پیچیدگی‌های تازه روبه‌رو می‌شـــویم. اگر در طبیعت با معضلاتی از این دست روبه‌رو می‌شویم، آیا تعجبی دارد که در دین هم با مشکلاتی روبه‌رو شویم؟

اما بیایید یک گام جلوتر برویم. ما از جریان معمول طبیعت به این سبب آگاهیم که از راه تجربه بر ما آشکار شـــده است، تجربه‌ای که شامل معضلات و سردرگمی‌های ما نیز هست. اگر حقایق دینی هم با مشکلاتی مشـــابه روبه‌رو باشند، آیا منطقی نیست تصور کنیم که این نوع معرفت هم به اندازهٔ قبلی معتبر است؟ ما به‌طور معمول بر پایهٔ احتمالات عمل می‌کنیم. چرا در دین چنین نکنیم؟

با این‌همه، در پایان، دئیسم به‌سبب ضعف خودش فروریخت، زیرا بر پایهٔ خوشبینی کاذبی قرار داشـــت. دئیسم توضیحی برای شـــرور و مصائب زندگی نداشت. نظر به وضوح و تغییرناپذیری قوانین طبیعت، فرض دئیســـت‌ها این بود که تصمیم‌های اخلاقی انسان نیز که برگرفته از طبیعتند، ســـاده و تغییرناپذیرند. اگر از دئیست می‌پرسیدی: «چرا حقایق دینی را همواره نمی‌توان به‌روشـــنی در طبیعت دید؟»، فقط در جواب می‌گفت: «این از دروغ‌های کشیش‌هاست.» اما این پاسخ سطحی جز عده‌ای انگشت‌شمار را نمی‌توانست قانع کند.

با این‌همه، هنگامی که دئیســـم به‌طور نهایی رد شـــد، مسیحیت به جایگاهی محوری در فرهنگ غرب بازنگشـــت. کار منفی عصر خرد ادامه یافـــت. فرهنگ مدرن – در زمینهٔ هنر، آموزش، و سیاســـت – از تأثیر مسیحیت رســـمی رهایی یافته بود. انسان در تلاشی آگاهانه می‌خواســـت تمدنی خنثی از نظر دینی ایجاد کند؛ و این بدان معنا بود که ایمان می‌بایست در قلمروهای خصوصیِ محدود به کلیســـا، خانه، و قلب شخص عمل کند. این درست چیزی است که امروزه در جوامع سکولار می‌یابیم.

این امر، مســـیحیان روزگار مدرن را در برابر مسئله‌ای اساسی قرار می‌دهد: مسیحیان در مقام شـــهروند تا کجا می‌توانند در اصرار به دولتمردان خود بـــرای تحمیل معیارهای رفتار مسیحی پیش بروند؟ یا اگر مسیحیان از موضوع تحمیل رفتار مسیحی دست کشیدند، در مقام شهروند، عموم جامعه را به رفتار مطابق چه هنجاری می‌توانند موظف کنند؟

پیشنهادهایی برای مطالعهٔ بیشتر

Brinton, Crane. *The Shaping of the Modern Mind.* New York: The New American Library, 1953.
Cragg, Gerald R. *The Church and the Age of Reason: 1648-1789.* Middlesex: Penguin Books, 1960.
Gay, Peter. *Age of Enlightenment.* New York: Time-Life Books, 1966.
---------. *The Enlightenment: An Interpretation: The Rise of Modern Paganism.* New York: Alfred A. Knopf, 1966.
McGrath, Alister. *Science and Religion: A New Introduction,* 2nd edition. Malden MA: Blackwell, 2010.
Pearse, Meic. *The Age of Reason: From the Wars of Religion to the French Revolution, AD 1570-1789, Baker History of the Church.* Vol. 5. Grand Rapids: Baker, 2006.

فصل سی‌وسوم

دل و دلایل آن

پاسکال و پارسامنشان[1]

با متعلقات شخصیِ عزیز درگذشته چه باید کرد؟ این مسئله تقریباً جهانی است.

چند روزی پس از مرگ بلز پاسکال، یکی از خدمتگزاران منزل به‌طور اتفاقی متوجهٔ برآمدگی عجیبی در کُت این دانشمند بزرگ شد. آستر را که باز کرد، پوست‌نوشته‌ای تاشده به خط پاسکال یافت. داخل پوست‌نوشته، روی یک تکه کاغذ، عین مطالب آن قلم‌انداز نوشته شده بود:

سال ۱۶۵۴ میلادی.
دوشنبه، ۲۳ نوامبر. از تقریباً ده و سی دقیقهٔ شامگاه تا حدود سی دقیقهٔ بامداد.
خدای ابراهیم، خدای اسحاق، خدای یعقوب،
نه خدای فیلسوفان و دانشمندان.
اطمینان، اطمینان، احساس، شور، آرامش.
خدای عیسای مسیح ...
من خود را از او جدا کرده‌ام، از او گریخته‌ام،
او را انکار کرده و به صلیب کشیده‌ام.

1. Pietists

باشد که هرگز از او جدا نشوم ...
روگردانی از جهان، کامل و شیرین.

این کلمات شـــرح تنویر عرفانی پاسکال است، آن دو ساعتی که در حضور خدا گذراند! پاسکال هشت سال تمام این نوشته را داخل آستر کُتش پنهان کرده و به اقتضای ضرورت آن را درآورده و دوباره سرجایش گذاشته و آستر را دوخته بود. این راز شخصی‌اش بود، یادگار روزی که فیض خدا را در روح خود یافت.

حتی در عصر خرد نیز نمی‌شـــد تشنگی جان را نادیده گرفت. نهضت جدید مهمی که به نام پیه‌تیسم یا پارسامنشی پا گرفت یادآور همین واقعیت بود.

بلز پاسکال که کاتولیک رومی بود و پارسامنشانِ نخستین که اغلب لوتری‌مذهب بودند، به‌نظر نمی‌رسید به جریان واحدی از تاریخ مسیحیت متعلق باشند. با توجه به خصومت شایع با ایمان در سده‌های هفدهم و هجدهم، برچسب‌های مذهبی روز به روز بیشتر رنگ می‌باخت. نقدهای قدرتمند پاسکال بر روشنگری نشان داد که متفکران روشنگری نمی‌توانستند بدون مفروضات عمده یا جهش‌های ایمان، به‌طور منســـجم از درک فنی محدود خود از عقل دفاع کنند. شهادت مهم پاســـکال بر تصویری اغراق‌آمیز از همه‌دانی و خودبسندگی عقل استوار نبود، بلکه بر پایهٔ حکمتی ژرف‌تر قرار داشت که میان عقل و دل پیوند برقرار می‌کرد. پاسکال و پارسامنشان بر نقش اساسی قلب در شناختن خدا اذعان می‌داشتند. اینان چگونه توانستند در عصر خرد، حیات جان را زنده نگاه دارند؟

توسل به «فیض ارزان»

کلیسای کاتولیکِ قرن هفدهم، در اروپا و سرزمین‌های جدید آسیا، آفریقا و آمریکا قهرمان ایمان کم نداشت. با این‌همه، در فرانسه پیوندهای قدرتمند سنتی‌اش را سفت‌وسخت حفظ می‌کرد. روحانیون عالی‌مقام کلیســـا به اهمیت خود در نظام سیاسی آگاه بودند. آنها با اشراف و شاهان در مداخل کشور و شکوه دربار سهیم بودند.

غالباً آموزگاران ثروتمندان و کســـانی که به اعترافـــات قدرتمندان گوش می‌دادند، یعنی ژزوئیت‌ها، چنان آموزش دیده بودند که در دنیای شهریِ مقامات سلطنتی عمل کنند. نقش آنها همچون رهبران روحانی اشراف و شاهان موجب شد پیروان لویولا در روانشناسی تخصص یابند. آنها آموختند که غرش سینا را خاموش سازند و روان‌رنجوری ناشی از احساس ندامت را شـــفا دهند. برای این منظور مهارت‌هایی در زمینهٔ Casuistry یا تصمیم اخلاقیِ وابســـته به مورد شکل دادند که علم تشخیص درست و نادرست برای وجدان مسیحی بود.

از کشیشـــان کاتولیک که به اعترافات گوش می‌دادند انتظار می‌رفت بدانند چه چیز گناه مهلک اســـت، چه چیز گناه بخشودنی اســـت و چه چیزی اصلاً گناه نیست. آنها می‌بایست این دانـــش را در مورد تجربهٔ خاص هر فرد توبه‌کار بـــه‌کار می‌بردند و عمل ندامت‌جویانهٔ

مناسب را برای او تعیین می‌کردند. سؤال این بود که در چه مواردی به‌جای لفظ قانون الاهی می‌بایست به روح آن توجه کرد؟ یک مسیحی چه‌وقت مجاز بود به‌خاطر هدفی والاتر، به دروغگویی، دزدی یا قتل متوسل شود؟

برخی از متخصصانِ این علمِ اخلاق وابسته به مورد، مفسران سفت‌وسخت قانون اخلاقی بودند؛ برخی دیگر نیز آسان‌گیر بودند. ژزوئیت‌ها به دستهٔ دوم تعلق داشتند و در واقع زیادی آسان‌گیر بودند! آنها استدلال می‌کردند که اگر هدف والایی در کار بود شاید بتوان دروغی سرهم کرد یا از طریق «مبهم‌گویی یا توریه»[1] از بیان حقیقت خودداری کرد. آنها بقدری در مورد ذات گناه‌آلود انسان اغماض می‌کردند که بسیاری از مسیحیان صادق و صمیمی به آنچه در نظر آنها «فیض ارزان» بود، یعنی بخشایش بدون احساس ندامت، معترض شدند.

مبهم‌گویی (توریه) و احتمال‌گرایی

مبهم‌گویی یا توریهٔ *مبسوط* موجب می‌شود که ابهام در سخن گوینده باعث فریب شنوندگان شود. هنگامی که سربازان رومی در تعقیب آتاناسیوس بودند، دوستش به سربازان گفت که آتاناسیوس «زیاد دور نیست»، درحالی‌که اسقف در قایقش مخفی شده بود. سربازان به شنیدن این پاسخ، با شتاب تمام راه خود را در پیش گرفتند تا قبل از اینکه دیر شود به قایق آتاناسیوس برسند. مبهم‌گویی یا توریهٔ *محدود* به گوینده امکان می‌دهد که شنونده را با توجه به ویژگی مهمی که در نظر داشته، گمراه سازد. گوینده ممکن است چنین استدلال کند: «نمی‌توانم بپذیرم که دروغ گفته‌ام، چون دلیل بسیار شریفی برای بیان آن داشتم.» ژزوئیت‌ها استدلال می‌کردند که پاسخ فرد تحت این شرایط، دروغ یا گناه به‌شمار نمی‌آید.

ژزوئیت‌ها همچنین نظریهٔ احتمال‌گرایی را مطرح می‌کردند. این نظریه در مقام توجیه رفتار، استدلال می‌کرد که حتی احتمال بعیدی وجود دارد که چنین رفتاری از نظر اخلاقی پذیرفتنی باشد.

سرسخت‌ترین مخالفان ژزوئیت‌ها پیروان نهضت یانْسِن[2] بودند. کُرنِلیوس یانْسِن[3] (۱۵۸۵–۱۶۳۸) فردی هلندی بود که در دانشگاه لووَن[4] مطابق دیدگاه‌های آگوستین دربارهٔ گناه و فیض تدریس می‌کرد. او به این باور رسیده بود که بهترین راه برای دفاع از کاتولیسیسم در برابر دیدگاه‌های کالون، بازگشت به آموزه‌های الاهیدان کبیر آفریقایی [آگوستین] و تعیین ضوابط اخلاقیِ سفت‌وسخت برای کشیشان کاتولیک به منظور مبارزه با آسان‌گیری‌های ژزوئیت‌ها در امور اخلاقی است.

---

۱. Mental Reservation در علم منطق به این رهیافت «توریه» گفته می‌شود که جزو مغالطات منطقی است و مراد از آن اراده‌کردن معنای بعید لفظ است درحالی‌که معنای قریب یعنی نزدیک لفظ را بیان می‌کنیم. (مترجم)

2. Jansenism; 3. Cornelius Jansen; 4. Louvain

یانسن به‌عنوان استاد درس کتاب‌مقدس در لووَن و بعدها در مقام اسقفِ ییرس[1] به پیکار خود با ژزوئیت‌ها ادامه داد. او در زمان مرگش در ۱۶۳۸ رسالهٔ برجستهٔ ناتمامی به نام «آگوستینوس» از خود باقی گذاشت که کوتاه‌زمانی پس از انتشار در ۱۶۴۰ به مواضع‌نامهٔ[2] یانسنیسم در فرانسه تبدیل شد.

یانسن برای اصلاح خطاهای مذهب کاتولیک در روزگار خود، به آرای آگوستین بازگشت و استدلال کرد که خدا پیش از بنیاد عالم، مردان و زنانی را که باید نجات پیدا کنند انتخاب کرده است. کارهای نیک انسان‌ها هرگز نمی‌تواند بدون یاری فیض الاهی باعث کسب نجات شود، زیرا ارادهٔ انسان آزاد نیست و ذات او به‌اندازه‌ای فاسد است که او نمی‌تواند کاری برای نجات خود انجام دهد. فقط فیض خدا که مرگ مسیح دسترسی انسان را به آن فراهم کرده، می‌تواند باعث نجات او شود.

کلیسای کاتولیک هیچ‌گاه به‌طور صریح این آموزه‌های آگوستین را نفی نکرده بود، اما آنها را به حاشیهٔ تعلیمات خود رانده بود. پس از شورای ترنت، دفاع ژزوئیت‌ها از ارادهٔ آزاد (اختیار) انسان، با تأکید بیش از حد بر لزوم اعمال نیک، کار نجات‌بخش مسیح را کمرنگ ساخت، - لااقل به‌نظر یانسن که چنین بود. او می‌گفت ژزوئیت‌ها در مقابل نقش بزرگی که برای عقل انسان قائل شدند، حرف چندانی از ایمان و اعتمادِ بی‌چون‌وچرا به خدا نزدند.

یانسنیسم در پورت رویال

دوست صمیمی یانسن، ژان دوورژیه[3] سرپرست صومعهٔ سَنْت‌سیران[4] پیام یانسنیست‌ها را در سال ۱۶۳۳ به فرانسه برد، آنگاه که به‌عنوان اقرارنیوش (شنوندهٔ اعتراف) در یک دیر متعلق به سیسترشن‌ها[5] به نام پورت رویال[6] در شانزده مایلی پاریس، منصوب شد. مادر روحانی سرپرست صومعه، بانویی پرنشاط به نام ژاکلین آرنو[7] گله‌اش را به‌طور کامل ولی با فروتنی، در راه‌های مسیح هدایت کرده بود. شهرت این صومعه نه فقط زنان، بلکه گروهی از مردان دیندار عادی را که «گوشه‌گزین»[8] خوانده می‌شدند جذب کرد. گوشه‌گزینان در درهٔ باتلاقی پست اطراف پورت رویال در پی پاکی و تقدس بودند.

یکی از دوستان برجستهٔ صومعه، برادرِ ژاکلین بود که آنتوئان آرنوی دوم[9] نام داشت و از اعضای سوربون، دانشکدهٔ الاهیات دانشگاه پاریس بود. پس از مرگ یانسن در ۱۶۳۸، آرنو رهبری آرمان پیروان یانسن را بر عهده گرفت و در ۱۶۴۳ سلاح الاهیاتی خود را به سمت ژزوئیت‌ها نشانه رفت. او بی‌آنکه نامی از آنها ببرد، انتقاد تندی از این دیدگاه به‌عمل آورد که با اعتراف‌های مکرر می‌توان ارتکاب مکرر گناه را جبران کرد.

---

1. Ypres; 2. Platform; 3. Jean DuVergier; 4. Saint-Cyran

۵. Cistercian از فرقه‌های رهبانی که از فرقهٔ دومینیکی منشعب شد. (مترجم)

6. Port-Royal; 7. Jacqueline Arnauld; 8. Solitaries; 9. Antoine Arnauld II

ژزوئیت‌ها به‌هیچ‌وجه نمی‌توانستند از این اتهام شانه خالی کنند. آنها به حضور پاپ رفتند و به او دربارهٔ خطرات نهضت یانسن هشدار دادند. آنها می‌گفتند که این نهضت همان کالونیسم است منتها در لباس کاتولیکی. در ۱۶۵۳ پاپ پنج قضیه را که ادعا می‌شد برگرفته از آرای آگوستین است، محکوم کرد.

با این‌همه، آرنو حملات خود را به ژزوئیت‌ها ادامه داد. او «دو نامه به یک دوک و همتا» را منتشر ساخت و در آن به چیزی که می‌پنداشت رویکرد ژزوئیت‌ها به موضوع اعتراف است، حمله کرد. در این دم، سوربون به فکر اخراج او از دانشکده بود.

آرنو به مدافع نیاز داشت. این بود که به سراغ دوست جدید پورت رویال رفت. این شخص دانشمندی جوان و استاد نثر فرانسه بود و بلز پاسکال (۱۶۲۳-۱۶۶۲) نام داشت. پاسکال از وقتی خود را شناخته بود، با مشکلات دست‌وپنجه نرم می‌کرد.

در سه‌سالگی مادرش را از دست داده و پدرش، استفان پاسکال[1] آموزش سه فرزندش، یعنی ژیلبرت[2] بلز، و ژاکلین[3] را بر عهده گرفته بود. گهگاه، استفان پسرش را با خود به جلسات آکادمی علوم می‌برد و دیری نگذشت که کنجکاوی علمی پسرک برانگیخته شد.

پیش از رسیدن به بیست‌وهفت سالگی، پاسکال تحسین ریاضیدانان پاریس را برانگیخته بود، برای پدرش که مأمور پرمشغلهٔ مالیات بود، ماشین حساب اختراع کرده و اصول بنیادین فشار اتمسفری و هیدرولیک را کشف کرده بود. او به عصر بزرگان علم تعلق داشت.

اولین تماس بلز با پیروان یانسن نتیجهٔ سانحه‌ای بود که برای پدرش رخ داد. روزی در ژانویهٔ ۱۶۴۶ که زمین یخ زده بود، استفان شتابان از خانه بیرون زد تا جلوی یک دوئل را بگیرد، اما روی زمین یخ‌بسته افتاد و مفصل رانش در رفت. دو طبیبی که درمان او را انجام می‌دادند از پیروان سرسپردهٔ یانسن بودند. آنها نه فقط موفق به درمان بیمار خود شدند، قلب پسرش را نیز جذب تعلیمات خود کردند.

آنها به پاسکال تعلیم دادند که رنج‌های جسمانی، مصداقی از این حقیقت دینیِ بنیادین هستند که انسان به‌تنهایی موجودی ناتوان و نگون‌بخت است. برای بلز کمتر پیش می‌آمد روزی را بدون درد بگذراند. او می‌دانست که طبیبان تا چه حد ممکن است احساس ناتوانی کنند. از همین‌رو، این استدلال، سخت در او مؤثر افتاد و به او احساسی عمیق‌تر از رمز و راز تراژیک زندگی بخشید.

بلز همچنین از طبیبان یانسنی آموخت که کتاب‌مقدس به‌طور عمیق با وضعیت انسان سخن می‌گوید. چنین بود که او شاگرد پرشور کتاب‌مقدس شد و در صفحات آن به‌همان‌گونه تعمق می‌کرد که دربارهٔ فشار اتمسفری. پاسکال کتاب‌مقدس را راه دگرگونی قلب می‌دانست.

با این‌همه، در سال ۱۶۵۱ مصائب شخصی پاسکال با مرگ پدرش عمیق‌تر شد. مرگ پدر، زندگی بلز را دچار بحران کرد. خواهرش، ژاکلین، با ورود به پورت رویال تارک دنیا شد، و بلز در پاریس تنها ماند.

پاسکال مدتی به کامجویی‌های دنیوی پرداخت. در خانه‌ای مجلل با خدم و حشم سکنی گزید و در شهر کالسکهٔ چهار اسبه می‌راند. او از شیوه‌های «جامعهٔ خوش‌رفتار» پیروی

1. Stephen Pascal; 2. Gilberte; 3. Jacqueline

می‌کرد، درست به‌همان‌سان که زمانی هندسه می‌آموخت. اما پس از یک سال که به کامجویی گذشت، تنها چیزی که نصیبش شد «بیزاری شدید از جهان» بود، و چنین، هر روز زندگی او در «پوچی و بی‌معنایی» می‌گذشت. پاسکال احساس می‌کرد خدا او را ترک گفته است.

اطمینان، شادی، آرامش

بلز تک‌وتنها در تاریکی روحش، دوباره به سراغ کتاب‌مقدس رفت و باب هفدهم انجیل یوحنا را خواند، جایی که عیسی برای قربانی خود بر صلیب آماده می‌شود. ناگهان «آتش» نمودار شد؛ چنان‌که او در یادداشت خود تند تند نوشت: «اطمینان، اطمینان، احساس، شادی، آرامش.»

ایمان جدید پاسکال مانند نیروی مغناطیس، او را به مدار پورت رویال جذب کرد، چنان‌که در اواخر سال ۱۶۵۴ همچون عضو جدید این جماعت، به خواهرش ژاکلین پیوست. در اینجا بود که آرنو درست زمانی او را یافت که مدافعی برای خود در برابر ژزوئیت‌ها می‌جست.

پاسخ پاسکال درخشان بود. او در هجده «نامهٔ استانی»[1] خود، به نثری شیوا و آمیخته با طنز، به بازنمودن الاهیات و مناسک ژزوئیت‌ها پرداخت. مردم هر نامه را به محض انتشار، در هوا می‌قاپیدند. این نامه‌ها بلافاصله پرفروش می‌شدند. به برکت آنها، پورت رویال دیگر صومعه‌ای گمنام نبود، بلکه در کانون توجه عموم قرار گرفت. البته، همان‌گونه که پیش‌بینی می‌شد، پاپ انتشار این نامه‌ها را محکوم کرد، اما همهٔ فرانسویان تحصیلکرده، و نسل‌های بعدی تا دو قرن، آنها را خواندند.

پس از نوشتن آخرین نامه در ماه مارس ۱۶۵۷، پاسکال می‌خواست کتابی دربارهٔ دلایل درستی مسیحیت بنویسد. البته، هرگز موفق به تکمیل این کتاب نشد. در ژوئن ۱۶۶۲ پاسکال دچار بیماری سختی شد، و پس از دو ماه تحمل بیماری، در ۱۹ اوت، زمانی‌که سی‌ونه ساله بود چشم از جهان فروبست.

دوستانش بخش‌هایی از نوشتهٔ او را دربارهٔ ایمان و عقل پیدا کردند و هشت سال پس از مرگش، این یادداشت‌ها را تحت عنوان «اندیشه‌ها» Pensées منتشر ساختند. در این اندیشه‌ها، پاسکال نابغهٔ دینداری است که از آموزه می‌گذرد و به قلب معضل اخلاقی انسان نفوذ می‌کند. او با شوری که برای حقیقت دارد، به عقل توسل می‌جوید و با توصیف بی‌پردهٔ مصائب انسانِ بی‌خدا، احساسات خواننده را برمی‌انگیزد.

در عصر خرد، پاسکال تأکید داشت که طبیعت سرنخ مطمئنی برای رسیدن به خدا نیست. او می‌گوید:

---

۱. Provincial Letters یا به فرانسه Lettres provinciales را پاسکال با نام مستعار و در قالب نامه‌های یک پاریسی به دوستی در یک استان نوشته است؛ هم ازاین‌رو «نامه‌های استانی» نامیده می‌شود. (مترجم)

به هر سو نگاه می‌کنم، فقط ابهام است و بس ... اگر نشانه‌های وجود خدا را نمی‌دیدم، او را انکار می‌کردم. اگر نشانه‌های خالق را در همه‌جا می‌دیدم، با خیال راحت آغوش بر ایمان می‌گشودم. اما گرفتار عجب مصیبتی شده‌ام، چون از یک طرف دیده‌هایم بیش از آن چیزیست که بتوانم او را انکار کنم، و از طرف دیگر، کمتر از آن است که صد در صد اطمینان یابم. صد مرتبه آرزو داشتم اگر خدایی هست که طبیعت را برپا می‌دارد، طبیعت بی‌ابهام او را آشکار سازد.

انسان که در این کائنات مبهم گیر افتاده، خود بزرگترین راز است. او بخشی فرشته و بخشی حیوان درنده‌خوست. انسان پاسکال را به یاد خیمرا[1] می‌اندازد که در اساطیر یونان، بز ماده‌ای است با سر شیر و دم مار: «عجب خیمرایی است انسان! عجب پدیده‌ای، چه هیولایی، چه پریشان، چه ناساز، چه شگفت! جلال و تفالۀ عالم. چه کسی این آشفتگی را چاره خواهد کرد؟»

حتی عقل نیز رهنمای مطمئنی نیست. اگر فقط به عقل اعتماد کنیم، به هر چیزی جز درد و مرگ تردید خواهیم کرد. اما قلبمان به ما می‌گوید که این نمی‌تواند درست باشد. چه کفری بالاتر از این که فکر کنیم زندگی و عالم معنایی ندارند. خدا و معنای زندگی را باید با دل و نه عقل احساس کرد: «دل دلایل خود را دارد که عقل از آنها بی‌اطلاع است.»

پاسکال وضعیت انسان را چنان عمیق و چنان روشن دید که هنوز هم با گذشت سه قرن، مرد و زن، از او برای سلوک روحانی رازآمیز خود، بینش کسب می‌کنند.

پس از مرگ پاسکال، جبهۀ مشترک کلیسای کاتولیک و شاه لوئی چهاردهم، پیروان یانسن را به ترک فرانسه واداشت. پورت رویال ویران شد و پیروان نهضت به هلند پناهنده شدند.

با این‌همه، در قرن هفدهم، فقط فرانسۀ کاتولیک رومی نبود که باید به قلب خود توجه می‌کرد. هر دینی که به دین اکثریت تبدیل شود و رفته رفته در شمار عادات اجتماعی مردم قرار گیرد، ممکن است ملالت‌آور و یکنواخت شود، هرچه هم در آغاز پرشور بوده باشد. در بسیاری از نواحی لوتری‌مذهب آلمان نیز این اتفاق افتاد.

مکتب مَدرسی پروتستان

در صد سالی که از تعلیمات لوتر و کالون می‌گذشت، تغییری عمده در نهضت پروتستان حادث شد. خصلت پویای دورۀ آغازین این نهضت، دعوت از مسیحیان برای سپردن خود به دست رحمت دگرگون‌کنندۀ خدا بود، اما گفتگوها بر سر مسائل تعلیمی که انتزاعی و بی‌روح می‌نمود، بر این دعوت سایه انداخت. لوتر کتاب‌مقدس را خوانده بود تا شهادت حیات‌بخش آن را بر عیسی تشخیص بدهد. در مقابل، پروتستان‌های مَدرسی

---

1. Chimera

استدلال‌های ملال‌آوری مطرح می‌کردند که به‌جای کتاب‌مقدس، متکی بر منطق ارسطو بود (یعنی همان کسی که لوتر محکومش کرد). پروتستان‌های پسین، تفسیری چنان انتزاعی از نوشته‌های کتاب‌مقدس داشتند که گویی این نوشته‌ها اجزای مستقل یک استدلال منطقی هستند و نه بخشی از جریان کلان تاریخیِ روایت خدا. کتاب‌مقدس به چشم آنها، اثری خودبسنده و مستقل بود و نه کتابی که بر اثر شهادت روح خدا، زنده می‌شود. توجه به خدا در چارچوبی که کمتر شخصی بود، نگاه به کتاب‌مقدس را هم تغییر می‌داد، به‌طوری که کتاب‌مقدس یک منبع دانسته می‌شد، نه شهادتی که تغییردهندهٔ زندگی فرد است. الاهیات نیز بیشتر توسط مدرسه‌ها شکل می‌گرفت تا کلیسا. به‌مرور، موعظه‌ها هم بیشتر به سخنرانی یا ژرف‌اندیشی‌های نظری شباهت یافتند. آنچه لوتر و کالون گفته بودند، اهمیتی کمتر از آن‌چیزی یافت که ممکن بود آنها در برخورد با موضوعات نظریِ پروتستان‌های مدرسی بگویند. متأسفانه، این رویهٔ الاهیاتی، پروتستان‌های مدرسی را از بی‌ایمانان یا حتی کاتولیک‌ها متمایز نمی‌ساخت، بلکه فقط مایهٔ تفاوت آنها با یکدیگر می‌شد. اقرارنامه‌ها و اعتقادنامه‌ها جدایی‌ها را در کلیسا بیشتر می‌کردند.

در پی نهضتی پرشور و خلّاق که اصلاحات نام داشت، بی‌درنگ دورهٔ حزم و احتیاط آغاز شد که می‌توان از آن به مکتب مَدْرسه‌گرایی (اسکولاستیسیزم) یا اقرارگرایی[1] پروتستان یاد کرد. از اعماق تجربهٔ خود، لوتر آموزه‌ای قوی دربارهٔ ایمانی که انسان را پارسا می‌سازد، ارائه داد. با این‌همه، در قرن هفدهم، پیروان سرسپردهٔ او، مسحور از بحث عقلانیت، ایمان را به تمرینی ذهنی تبدیل کردند. بدین‌ترتیب، ایمان دیگر تسلیم‌شدن به رحمت خدا که در مسیح آشکار شده نبود، بلکه مبدل شده بود به اذعان ظاهری به حقایق آموزه‌هایی که عالمان الاهیات بیان می‌داشتند.

زندگی مسیحی بیش از آنکه رابطهٔ شخصی با مسیح باشد، به معنی عضویت در کلیسای دولتی بود. بدین‌گونه، حضور وفادارانه در عبادت عمومی و شرکت در آیین‌های کلیسایی که به‌دست خادمان درست‌باور اجرا می‌شد، نشانه‌های اساسی مسیحی خوب شمرده می‌شد.

جنبش پیه‌تیسم یا پارسامنشی واکنش به این جمود در اصلاحات بود. همان‌گونه که نهضت یانسن با فیض ارزانی[2] که ژزوئیت‌های فرانسه عرضه می‌کردند به مخالفت برخاست، پارسامنشان نیز ایمان اسمیِ لوتری‌مذهبان آلمانی را به مبارزه خواندند.

پارسامنشان دو هدف را دنبال می‌کردند. نخست، آنها بر اهمیت ایمان شخصی تأکید داشتند. آنها تمام رویاهای مربوط به جهان مسیحیت کاتولیک‌ها یا جوامع همسود پیوریتن‌ها

---

1. Confessionalism

۲. منظور از این اصطلاح سخن‌گفتن از بخشایش و اعلام آن بدون توبه و بازگشت واقعی است. از اصطلاحات معروف دیتریش بونهفر، الاهیدان شهید مسیحی در اوایل قرن بیستم است. (مترجم)

را کنار گذاشتند. پارسامنشان ایمان داشتند که مسیحیت با فرد آغاز می‌شود. بنابراین، برای نخستین بار در تاریخ مسیحیت، موضوع دگرگونی روحانیِ مسیحیان تعمیدیافته (و همچنین بی‌دینان) در اولویت قرار گرفت. پارسامنشان می‌گفتند که ذات و جوهرهٔ ایمان عبارت از این است که ایماندار فیض خدا را در قلب خود تجربه کند.

دوم، پارسامنشان می‌خواستند کانون زندگی مسیحی از کلیسای دولتی، که فرد به‌واسطهٔ ولادت در آن عضویت داشت و رشد می‌یافت، به مشارکت‌های صمیمی کسانی انتقال یابد که ایمانی زنده به خدا داشتند. افرادی که زندگی روحانی‌شان در این کانون‌ها جانی دوباره یافته بود می‌بایست کلام خدا را بین انسان‌ها از هر رده و طبقه گسترش می‌دادند.

سه مرد - فیلیپ ژاکوب اسپِنِر[1] آگوست هِرمان فرانکه[2] و کُنت نیکولائوس فُن زینزِندورف[3] - نقشی برجسته در تاریخ نهضت پارسامنشی داشته‌اند.

یافتن حیات جدید

فیلیپ اسپنر (۱۶۳۵-۱۷۰۵) تحت تأثیر عوامل نیرومند روحانی رشد یافت، از جمله نوشته‌های عارف آلمانی، یوهان آرنت[4] و پیوریتن‌های انگلیسی. بعدها، در دانشگاه استراسبورگ، با استادانی ملاقات کرد که او را با لوتر آشنا کردند. برای اسپنر، پارساشمردگی از راه ایمان، نه فقط یک آموزه، بلکه تولد جدید روحانی بود.

پس از سه سال شبانی در استراسبورگ، اسپنر دعوت برای خدمت شبانی در شهرِ لوتری‌مذهب مهم فرانکفورت را قبول کرد. او از دیدن وضعیت شهر یکّه خورد. این بود که متون تعیین‌شده برای موعظه را کنار گذاشت و شروع به موعظهٔ کل کتاب‌مقدس کرد. چند سالی اتفاق خاصی نیفتاد. سپس، در ۱۶۶۹ هنگامی که اسپنر از متن مربوط به موعظهٔ بالای کوه وعظ می‌کرد، با واکنش ناگهانی و شگفت مخاطبان مواجه شد. مردم تحول روحانی عظیمی در خود و زندگی خانوادگی‌شان تجربه می‌کردند.

اسپنر هفته‌ای دو مرتبه، جماعت اندکی از مسیحیان سرسپرده را در خانه‌اش جمع می‌کرد تا با هم کتاب‌مقدس بخوانند و دربارهٔ امور مذهبی گفتگو کنند. دیری نگذشت که این جلسات را مردم از روی تمسخر، «جلسات پارسایان» خواندند، و چنین بود که نهضت پیه‌تیسم یا پارسامنشان پا گرفت.

همچنان‌که علاقه به نوشته‌های روحانی رشد می‌کرد، موعظه‌های یوهان آرنت منتشر شد و اسپنر مقدمه‌ای بر آنها نوشت و نام کتاب را «خواسته‌های پاک» گذاشت. توصیه‌های او در این کتاب عبارت بودند از: شکل‌گرفتن گروه‌های مطالعهٔ کتاب‌مقدس برای رشد روحانی؛ جدیت ولی نه ریاضت در زندگی مسیحی؛ توجه بیشتر به شخصیت مسیحیِ دانشجویان الاهیات؛ و تهیهٔ موعظه‌های ساده‌تر ولی روحانی‌تر. نظر اسپنر این بود که در هر جماعت کلیسایی گروهی از مسیحیان اهل عمل باید حضور یابند تا اعضا از زندگی مسیحی جدی‌تر

1. Philip Jacob Spener; 2. August Hermann Francke; 3. Count Nikolaus Von Zinzendorf; 4. Johann Arndt

و گرمتری برخوردار شـــوند. او امیدوار بود که این خمیرمایه کل کلیسا را متأثر سازد. وی بر این باور بود که فقط کسانی مناسب این کار هستند یا می‌توانند در خدمت خداوند باشند که بر اثر یک تجربهٔ آگاهانهٔ مســیحی از نو متولد شده باشند، به عبارتی تحول اساسی روحانی (conversion)[1] در آنها رخ داده باشد.

در سال ۱۶۸۶ اســپنر دعوتی را که از او به‌عمل آمده بود تا در درسدن واعظ دربار شود پذیرفت. اما از آنجا که در موعظه‌های خود با کســی تعارف نداشت، اغلب با مقامات درگیر می‌شــد. در ۱۶۹۲ به‌دعوت الکتور یا گزینندهٔ براندنبِرگ[2] راهی برلین شــد. در همان سال، فردریک، پادشاه آیندهٔ پروس را مجاب کرد آگوست هِرمان فرانکه[3] (۱۶۶۳-۱۷۲۷) را برای تدریس در دانشگاه جدید هاله[4] دعوت کند. در این کار، اسپنر حکمت و فروتنی بسیاری از خود نشـــان داد. دیری نپایید که فرانکه رهبر نهضت پارسامنشان شد، هرچند اسپنر تا زمان مرگش در فوریهٔ ۱۷۰۵ به نوشتن و موعظه ادامه داد.

فرانکه پیش از آمدن به هاله، چند ســالی را در دانشــگاه لایپزیگ گذرانده بود. در آنجا تأکیدات روحانی او موجب شده بود با همکارانش در هیئت علمی سرشاخ شود.

> او این غیرت خود را نتیجهٔ تغییر عمیق روحانی می‌دانست که پس از دو سال شک و کشــمکش باطنی پدید آمد. هنگامی که فرانکه موعظه‌ای دربارهٔ یوحنا ۳۱:۲۰ تهیه می‌کرد ترســی عظیم وجــودش را فراگرفته و او را به زانــو درآورده بود. می‌گفت: «به خدایی که هنوز او را نمی‌شناختم و باور نداشتم، التماس می‌کردم که اگر به‌راستی خدایی هست، مرا از این وضعیت فلاکت‌بار نجات دهد.» خدا دعای فرانکه را شنید! اندوه از قلب او دور شد «و ناگهان موجی از شادی او را در خود غرق کرد.» هنگامی که برخاست، می‌دانســت نجات یافته است و از آن زمان به بعد «راحت‌تر می‌توانست در این جهان زندگی شاد و پرهیزکارانه‌ای داشته باشد.»

در هالــه، فرانکه مجموعه‌ای از خدمــات روحانی و اجتماعی را آغــاز کرد، به‌گونه‌ای که دانشــگاه به قطبِ انبوهی از خدمات پارسامنشــان تبدیل شد. دلسوزی فرانکه نسبت به قشر فراموش‌شــدهٔ جامعه موجب شد مدرسه‌ای برای افراد بی‌بضاعت باز کند. او همچنین، پرورشگاهی دایر کرد و میخانه و زمین مجاور را خرید تا در آن بیمارستان بسازد. او همچنین مدرسه‌ای برای تدریس لاتین به پسران بااستعداد، خانه‌ای برای زنان بیوه، خانه‌ای برای زنان بی‌سرپرســت، یک درمانگاه، کتابفروشــی، یک چاپخانه، و یک خانهٔ کتاب‌مقدس ساخت. هنگامی که فردریک چهارم، شاه دانمارک بر آن شد یکی از نخستین مراکز میسیون پروتستان را به سال ۱۷۰۵ در هندوستان راه‌اندازی کند، نخستین میسیونرهای خود را از میان شاگردان فرانکه در هاله یافت.

---

۱. معادل‌هایی که برای این اصطلاح در زبان فارسی به‌کار رفته‌اند، چندان بسنده نیستند. این بود که آن را به فراخور متن، به ترکیباتی همچون تحول عظیم یا اساسی روحانی، یافتن حیات تازه، و غیره برگردانده‌ام. (مترجم)

2. Brandenburg; 3. August Hermann Francke; 4. Halle

نجّار و کُنت

شخصیت غالب در مرحلهٔ بعدی نهضت پارسامنشی، کُنت فن زینزِندورف (۱۷۰۰-۱۷۶۰) بود، مردی پرشور و عاطفی که باور داشت نشانهٔ مسیحیت حقیقی، ایمانی ساده و کودک‌وار به خون عیسی است. سروده‌هایش دربارهٔ رابطهٔ نَفْس با مسیح، تصاویری زنده و جاندار و تقریباً اروتیک در بر داشت.

زینزِندورف نوهٔ نجیب‌زاده‌ای بود که اتریش را به‌سبب باورهای دینی خود ترک کرده بود. هنگامی که پدرِ نیکولائوس جوان دیده از جهان فروبست و مادرش دوباره ازدواج کرد، آموزش او بر عهدهٔ مادربزرگ بسیار دیندارش قرار گرفت که از ستایش‌کنندگان پارسامنشان دانشگاه هاله بود. نیکولائوس سه سال را در دانشگاه ویتنبرگ به فراگیری حقوق گذراند، اما خدمت مسیحی همچنان دغدغهٔ روح او بود.

فرصت برای خدمت مسیحی به‌گونه‌ای غیرمنتظره در تعاملات او با بازماندگان نهضت قدیمی هوس، یعنی برادران بوهمی *(Unitas Fratrum)*، فراهم شد. نهضت برادران در زمان اصلاحات در بوهم و موراویا شکوفا، ولی در زمان جنگ‌های سی‌ساله تقریباً در هم کوبیده شده و سخت مورد جفا بود. تحت رهبری یک نجّار موراویایی به نام کریستیان دیوید[1]، نهضت برادران طلیعهٔ بیداری روحانی را تجربه کرده و در جستجوی پناهگاهی در سرزمین‌های پروتستان بود. این مکان، در املاک زینزِندورف برای آنها فراهم شد، و در ۱۷۲۲ دیوید جماعتی موسوم به هِرن‌هات یعنی «دیده‌بانی خداوند» را پایه‌گذاری کرد. زینزِندورف وارد این جماعت شد و دیری نپایید که مسیحیان متعبد از زمینه‌های گوناگون راهی هرن‌هات شدند. موراویی‌ها در اندیشهٔ ساختن شهری بودند که فقط مسیحیان در آن سکونت داشته باشند، شهری جدای از جهان و به معنای واقعی کلمه «مشارکت مقدسین». این نوعی رهبانیت آزاد و اجتماعی، بدون اختیار تجرّد، بود. اما درست مانند رهبانیت، آنها می‌خواستند در شرایطی به‌طور خاص مطبوع و دور از وسوسه‌های بزرگ، زندگی مسیحی خود را داشته باشند.

از سال ۱۷۲۷ زینزِندورف نقش پررنگی در رهبری هرن‌هات داشت، و ده سال بعد، رسماً در کلیسای موراویایی، یا «برادران متحد» چنان‌که ایمانداران خوش داشتند آن را بخوانند، دستگذاری شد. انگیزه‌های زینزِندورف همواره شدیداً میسیونری بود. در نتیجه، مسیحیان موراوی به نخستین نیروی گستردهٔ میسیونری پروتستان در تاریخ تبدیل شدند.

زینزِندورف که برای تاجگذاری شاه کریستیان ششم در سال ۱۷۳۱، به کپنهاگ پایتخت دانمارک رفته بود، با مردی سیاهپوست از جزایر هند غربی مستعمرهٔ دانمارک روبه‌رو شد و از شنیدن نیازهای بردگان سخت متأثر گردید. در نتیجه، در ۱۷۳۲، نخستین نفرات از فوجِ مبشران موراوی، یعنی لئونارت دوبِر[2] و دیوید نیچمان[3] از هِرن‌هات راهی سن توما شدند. استقرارِ میسیون‌های دیگر نیز به‌سرعت در پی آمد: گرینلند، لاپلند، سرخپوستان آمریکا در جورجیا، ساحل گینه در آفریقا، قبیلهٔ هوتنتات در آفریقای جنوبی، گوئینای آمریکای جنوبی، سیلان، و الجزایر.

1. Christian David; 2. Leonhard Dober; 3. David Nitschmann

شخصیت زینزِندورف، همانند اکثر انسان‌ها، نقاط تاریک و روشن خود را داشت. او گرایش به شکلی احساسی از مذهب داشت. با این حال، برخی از سروده‌های روحانیِ پراحساس او مانند «عیسیٰ هادی‌مان، تا رسیم به آرام جان» به عبادت بسیاری از کلیساها راه یافته‌اند. کمتر کسانی تا به این درجه در زندگی دلسپردهٔ مسیح بوده‌اند. او سنگ‌بنای حقیقی شخصیتش را زمانی رو کرد که خطاب به جماعت هِرن‌هات اعلام داشت: «من فقط اشتیاق یک چیز را در زندگی دارم. او، و جز او، هیچ.»

نمای منعکس در آینهٔ جلو

پارسامنشی خدمت عظیمی نه تنها به مردم آلمان که به مسیحیان در سراسر جهان انجام داد، زیرا در کلیساهای قرن هجدهم، تأکید را از مناقشهٔ پرحرارت متوجهٔ مواظبت از جان‌ها کرد. همچنین، موعظه و ملاقات شبانی را به دغدغه‌های بسیار مهم خدمت پروتستان تبدیل نمود. به موسیقی مسیحی غنا بخشید، و بر اهمیت وجود اعضای روحانی عادی برای بیداری روحانی کلیسا تأکید ورزید. شاید بزرگترین میراث آن، تأکید بر گروه‌های کوچک و خواندن کتاب‌مقدس برای تقویت زندگی روحانی بود. جلسات عبادتی کلیسا موجب آشنایی نظام‌مند اعضا با کتاب‌مقدس نمی‌شد، درحالی‌که گروه‌های کوچک برای رفع این کاستی، مطالعهٔ شخصی کتاب‌مقدس و عبادت دسته‌جمعی را تشویق می‌کردند. در این دوره، بیش از هر زمان دیگری در تاریخ، کتاب‌مقدس در اختیار مسیحیان قرار داشت و ارتباط شخصی با آن در کانون شاگردی قرار گرفت. این گروه‌های کوچک، کلام یا اندیشه‌ای را از کتاب‌مقدس مورد تأکید قرار می‌دادند. تعمق روزانه دربارهٔ کتاب‌مقدس با سرودی روحانی که به‌دقت انتخاب شده بود، تقویت می‌شد.

آنچه از تمام این تأکیدها پشتیبانی می‌کرد، مهمترین موضوع در نهضت پارسامنشی، یعنی تولد دوباره بود که پارسامنشان آن را نه صرفاً آموزه‌ای الاهیاتی، بلکه بخشی جدایی‌ناپذیر از تجربهٔ مسیحی می‌دانستند. آنها باور داشتند که این تولد دوبارهٔ روحانی، تحقق اصلاحات پروتستان به معنی واقعی کلمه است. به این ترتیب، آموزهٔ مسیحی در قلب، به واقعیت مسیحی تبدیل می‌شد.

توصیف پارسامنشان از تولد روحانی به‌اندازه‌ای بر جنبهٔ شخصی آن تأکید داشت که اغلب مسیحیت را به پیکاری در عرصهٔ روح انسان تبدیل می‌کرد. بدین‌گونه، قلب انسان صحنهٔ نبردی سخت میان دو نیروی نیکی و شرارت تصویر می‌شد.

به این معنا، پارسامنشی سرچشمهٔ تمام بیداری‌های روحانی در دورهٔ جدید است. این نهضت، تجربهٔ زندگی جدید در مسیح را در کانون پیام مسیحی و خدمت مسیحی قرار داد. از همین‌رو، نمی‌توان به مسیحیت اِوانجلیکال امروز اندیشید و به تأثیر این نهضت بر آن توجه نکرد.

مســـیحیان اِوانجلیکال دو ویژگی مهم را از پارسامنشـــی به میراث بردند. نخست اینکه، احساسات نقشی چنان گسترده در حیات دینی پارسامنشان داشت که جایگاه عقل را به خطر می‌انداخت. از آنجا که ذهن انســـان نمی‌تواند رازهای سرنوشـــت بشری را درک کند، حمل معنای ایمان به احساسات واگذار شد. در نتیجه، پارسامنشی دربارهٔ جایگاه خدا در طبیعت یا تاریخ انسان، سخن چندانی برای گفتن نداشت. از این گذشته، در برابر گسترش سکولاریسم، کار زیادی از دستش برنیامد. اِوانجلیکال‌ها هم اغلب دچار همین کاستی بودند.

دوم، پارسامنشی نهاد کلیسا را قبول داشت و به آن مستقیماً حمله نمی‌کرد، لیکن موضوع اساســـی در مسیحیت - یعنی تولد جدید و زندگی روحانی - را از کلیساهای سنتی کشور به مشارکت‌های صمیمانهٔ گروه یا انجمن‌های داوطلبانهٔ ایمانداران انتقال داد. در ایالات متحده که هرگز هیچ کلیســـایی در آن کلیسای رسمی کشور شـــناخته نشد، مسیحیان اِوانجلیکال با مفهومی فرقه‌ای از کلیســـا، اتحادی با یکدیگر تشـــکیل دادند و نهضت‌های مذهبی را که بر بشارت یا جنبه‌ای از زندگی مسیحی تأکید داشتند تکثیر کردند.

بنابراین، آشکارا، پارسامنشـــی نه فقط در فرقهٔ موراوی، بلکه به‌میزانی گسترده‌تر در کل مســـیحیت اِوانجلیکال به موجودیت خـــود ادامه می‌دهد، یعنی در فرزنـــدان روحانیِ جان وسلی[1] و جرج وایتفلید.[2]

پیشنهادهایی برای مطالعهٔ بیشتر

Brown, Dale. *Understanding Pietism.* Revised Edition. Nappanee, IN: Evangel Publishing House, 1996.

Cailliet, Emile. *Pascal: The Emergence of Genius.* New York: Harper & Brothers, 1961.

Groothuis, Douglas. *On Pascal.* Melbourne: Thomson/Wadsworth, 2003.

*Hammond, James. *The Cambridge Companion to Pascal.* Cambridge: New York, 2003.

McGiffert, A. C. *Protestant Thought Before Kant.* New York: Harper & Brothers, 1961.

McNeill, John T. *Modern Christian Movements.* New York: Harper & Row, 1954.

*O'Connell, Marvin. *Blaise Pascal: Reasons of the Heart.* Grand Rapids: Eerdmans, 1997.

*Shantz, Douglas H. *An Introduction to German Pietism: Protestant Renewal at the Dawn of Modern Europe.* Baltimore, MD: John Hopkins, 2013.

Stoeffler, F. Ernest. *The Rise of Evangelical Pietism.* Leiden: E. J. Brill, 1965.

1. John Wesley; 2. George Whitefield

فصل سی‌وچهارم

چوبی نیم‌سوز، برگرفته از میان آتش

وسلی و مِتُدیسم

در اواخر ژانویهٔ ۱۷۳۶، کشتی موسوم به سیموندز[1] که راهی ساوَنا[2] در ایالت جورجیا بود، به یک رشته توفان‌های شدید در اقیانوس اطلس برخورد. باد زوزه می‌کشید؛ کشتی شکافته می‌شد و تکان‌تکان می‌خورد؛ امواج بر عرشه تازیانه می‌زدند.

خادم روحانی جوان و تکیده‌ای وابسته به کلیسای اَنگلیکن، روی عرشه از ترس خشک شده بود. این شخص که جان وِسلی نام داشت، انجیل نجات ابدی را به دیگران موعظه کرده بود، اما اکنون از مرگ می‌ترسید. با این‌همه، رفتاری که از جماعتی از «برادران موراوی» اهل هرن‌هات دید، او را به شگفت آورد. درحالی‌که آب دریا عرشه را فراگرفته و بادبان را تکّه‌پاره کرده بود مسیحیان موراوی در کمال آرامش سرودی از مزامیر برای خدا می‌خواندند.

هنگامی که وسلی از یکی از این آلمانی‌ها پرسید آیا نمی‌ترسد، پاسخ شنید: «به‌هیچ‌وجه!» وسلی دوباره پرسید: «زنان و کودکانتان چطور؟ آنها هم نمی‌ترسند؟»

مسیحی موراوی جواب داد: «نه، زنان و کودکان ما ترسی از مردن ندارند.»

به این ترتیب، وسلی در «خاطراتش» نوشت: «این باشکوه‌ترین روز زندگی‌ام بود.»

---

1. Simmonds; 2. Savannah

اما در آن لحظهٔ باشکوه، از ذهن کسی نمی‌گذشت که به رهبری همین وسلی، بیداری روحانی بزرگی ایجاد می‌شد که انگلستان را هم تا لنگرگاه‌هایش می‌لرزانید. در او شکل خاصی از دینداری وجود داشت که هنوز قدرتش را کشف نکرده بود.

بیداری اِوانجلیکال

عصر خرد شاهد تجدید حیات روحانی دراماتیکی در مسیحیت غرب شد که به بیداری اِوانجلیکال[1] موسوم است. این جنبش توسط پیوندهای شخصی رهبرانش، انسجام یافته بود لیکن در سه جا تغییرات چشمگیری پدید آمد: آلمان با برآمدن نهضت پارسامنشی، جزایر بریتانیا با موعظهٔ مِتُدیست‌ها، و مستعمرات آمریکا که تحت تأثیر بیداری بزرگ قرار گرفته بودند.

بیداری روحانی متدیست‌ها در انگلستان نه فقط سرچشمهٔ فرقهٔ متدیست را تبیین می‌کند (که امروزه عدهٔ آنها به بیست میلیون نفر در جهان بالغ شده است)، بلکه موجب درک بهتر جنبشی می‌شود که آن را امروزه مسیحیت اِوانجلیکال می‌خوانیم. اما این اِوانجلیکال‌ها چه کسانی بودند؟ و چگونه در تاریخ مسیحیت چنین اهمیتی یافتند؟

مسیحیان موراویِ سرودخوانی که همراه وسلی به جورجیا سفر می‌کردند، نمایندهٔ شاخهٔ مهمی از مسیحیت اِوانجلیکال هستند. همان‌گونه که می‌دانیم، آنها پیه‌تیست یا پارسامنش بودند. با این‌همه، بدنهٔ اصلی مسیحیت اِوانجلیکال از بریتانیای کبیر و مستعمراتش سرچشمه گرفت.

در دههٔ ۱۷۳۰ آمریکا، اسکاتلند، ولز، و انگلستان شاهد انفجار ناگهانی دغدغه‌ای چون دغدغهٔ رسولان برای موعظهٔ انجیل به بی‌ایمانان بود. جاناتان اِدواردز[2] در نورتَمپتن، واقع در ایالت ماساچوست، اِبنیزر[3] و رالف اِرسکین[4] در اسکاتلند، هاوئل هَریس[5] در ولز، و جُرج وایتفیلد در انگلستان، همگی جلوتر از جان وسلی در بیداری روحانی اِوانجلیکال نقش داشتند.

بخش اعظم باورهای بنیادی اِوانجلیکال‌ها را می‌توان در اعتقادات پیوریتن‌ها یافت: گناهکاربودن انسان، مرگ کفّاره‌کنندهٔ مسیح، فیض خدا که ما شایستهٔ دریافت آن نیستیم، و نجات ایمانداران حقیقی. اما پیوریتن‌ها بیشتر دلمشغول سیاست بودند، زیرا عزم آن داشتند در انگلستان و آمریکا، جامعهٔ همسود مقدس، جماعت حقیقی پیرو کتاب‌مقدس را، پایه‌گذاری کنند.

مسیحیان اِوانجلیکال به‌اندازهٔ پارسامنشان از دنیای سیاست فاصله نداشتند، اما مهمترین چیزی که در پی تحقق آن بودند نجات گمشدگان بود. آنها کمتر به فکر اصلاح کلیساها و بیشتر در پی موعظهٔ انجیل به همگان بودند: به مسیحیان اسمی، تمسخرکنندگان ایمان، و بت‌پرستان. جان وسلی در جورجیا این شور و اشتیاق را نداشت، اما زمانی که آن را یافت، همهٔ انگلستان باخبر شد.

1. Evangelical Awakening; 2. Jonathan Edwards; 3. Ebenezer; 4. Ralf Erskine; 5. Howel Harris

در نخستین دهه‌های قرن هجدهم، کسی نمی‌توانســـت تصور کند در انگلستان بیداری روحانی در سطح ملی ایجاد شود. روشنگری کاری کرده بود که ایمان در زندگی ثروتمندان و تحصیلکردگان، از مرکز به حاشیه رانده شود.

در کلیســـای تثبیت‌شـــده، یعنی کلیســـای آنگلیکن، و در فرقه‌های ناهمنواگرایی[۱] مانند باپتیست‌ها و جماعت‌گرایان، چنین می‌نمود که غیرت دینی پیوریتن‌ها به گذشته تعلق دارد. انگلستان در گذشته تا می‌توانست به دنبال آرمان‌های مقدس رفته بود. اکنون، زمانهٔ میانه‌روی در همه‌چیز بود.

ولتر می‌گفت: «موعظهٔ انگلیســـی، محکم و مستدل است ولی گاه به رسالهٔ علمی خشکی شباهت می‌یابد که واعظ موقع خواندن آن برای جماعت، نه از حرکات دست استفاده می‌کند نه صدایش را بالا و پایین می‌برد.» خادمان با خونسردی آموزهٔ سنتی مربوط به گناهکاربودن انســـان را رد می‌کردند. به‌جای آن، انســـان با احســـاس ملایم هیبت و سُرور به خدا نزدیک می‌شد. ســـرود روحانی معروف ژوزف آدیسون[۲] که در نشریه‌اش، تماشاگر[۳] به چاپ رسید نمونه‌ای از این نگرش بود:

در بالا، پهنهٔ فلک که می‌رود تا دورها
غنوده در برش، اثیری و نیلگون، آسمان‌ها
در قابی درخشان، مزین به هزار هزار نقطهٔ رخشان
خبر می‌دهد ما را زِ کار و کِردِ جهان
که خورشیدِ بی‌وقفه‌تابانِ عالم‌افروز، هر روزه روز
قدرت کردگارش می‌کند عیان
و در جای‌جای این جهان
خبر می‌دهد زِ کار دستی پرتوان[۴]

نشانه‌های تأثیر خاموش‌کنندهٔ عقل بر کلیســـاها، در گروهی بزرگ در کلیسای انگلستان موســـوم به روشن‌اندیشان[۵] ظاهر شد. جان تیلُتسون[۶] اسقف اعظم کانتربری (۱۶۹۱-۱۶۹۴) که بیانی شیوا داشت، یکی از این افراد بود. او با تمام قوا چیزی را که «شور و هیجان» مذهبی می‌نامید مردود می‌شمرد، و این شامل ابراز هرگونه احساساتی بود که واعظان پرشور مشوق آن بودند. به‌جای این واکنش‌های احساســـی، او و همفکرانِ روشن‌اندیشش بر رفتار شایسته تأکید داشـــتند. انسان‌ها باید رفتار خود را اصلاح کنند؛ باید سخاوتمند، خوش‌قلب و روادار باشند، و از تعصب‌ورزی و خشک‌مغزی دوری کنند.

---

۱. Nonconformist عموماً این اصطلاح به مســـیحیانی اطلاق می‌شود که با کلیســـای رسمی و مستقر همنوایی ندارند. به‌طور خاص اشاره به ناهمنوایی با کلیسای آنگلیکن، یعنی کلیسای انگلستان، است. (مترجم)

2. Joseph Addison; 3. The Spectator

۴. با توجه به قافیه‌داربودن این شعر در زبان انگلیسی، در ترجمهٔ آن بیشتر به اقتضائات زبان شاعرانه توجه شد. (مترجم)

5. Latitudinarians; 6. John Tillotson

غول کوچک

جان وِسلی (۱۷۰۳-۱۷۹۱) در خانواده‌ای پرورش یافت که نظم و نزاکت را سرلوحه قرار داده و خصلت آنگلیکن را با پرهیزکاری به شیوهٔ مسیحیان ناهمنواگرا درآمیخته بود. پدرش، جناب کشیش ساموئل وسلی[1] روحانی فاضل و متدین و معتقد به رعایت کامل آداب و رسوم کلیسایی بود، که در شهر اِپ‌ورت[2] واقع در لینکن‌شایر[3] خدمت می‌کرد. مادرِ جان، سوزانا[4] دختر یک روحانیِ ناهمنواگرا در لندن بود، زنی فوق‌العاده که نوزده فرزند به دنیا آورد و جان پانزدهمین آنها بود. مادر به فرزندانش یاد داد «از چوب تنبیه بترسند و آرام گریه کنند». او هر هفته وقت می‌گذاشت و به بچه‌هایش یکی یکی تعلیم دینی می‌داد. البته، برای این منظور می‌بایست روشمند باشد، به‌عبارتی از روی «مِتُد» عمل کند! جان تا روزی که مادر چشم از جهان فروبست، از او راهنمایی می‌خواست.

هنگامی که جان شش‌ساله بود سرای کشیش در اِپ‌ورت طعمهٔ آتش شد. او در میان شعله‌های آتش تنها ماند، اما خود را به پشت پنجرهٔ طبقهٔ دوم رساند و از آنجا یکی از همسایگان که روی شانه‌های یکی دیگر ایستاده بود، نجاتش داد. بعدها، جان خود را «چوبی نیمسوز که از میان آتش بیرون کشیده شده»[5] می‌خواند. او هرگز تردیدی در این باره نداشت که دست خدا در زندگی‌اش عمل می‌کند.

در هفده‌سالگی راهی آکسفورد شد و در آنجا ابتدا در دانشکدهٔ «کرایست چرچ»[6] و سپس در «لینکلن کالج»[7] تحصیل کرد. در آکسفورد او چندان چیزی که اندیشه یا قلبش را برانگیزد نیافت، اما مطالعات گسترده‌ای کرد و به‌خصوص از خواندن نوشته‌های پدران کلیسا در قرن‌های نخست و آثار بزرگ کلاسیک مسیحی متأثر شد. پدران یونانی سده‌های نخست به او آموختند که هدف زندگی مسیحی رسیدن به کمال است، یعنی انسان از ابتدا در یک وضعیت روحانی کامل قرار نمی‌گیرد، بلکه به‌طور مستمر و منضبط باید در محبت خدا زندگی کند.

وسلی با خواندن «زندگی مقدس» از جرِمی تِیلور[8] «اقتدا به مسیح» از توماس آکِمپیس[9] و «دعوت جدی به داشتن زندگی مقدس» از ویلیام لو[10] دریافت که زندگی مسیحی عبارت از تخصیص‌یافتن کل وجود انسان به خدا در محبت به او و همسایه است. وسلی می‌گفت

---

1. Samuel Wesley; 2. Epworth; 3. Lincolnshire; 4. Susanna

۵. اشاره‌ای است به زکریا ۳:۲ که می‌گوید: «آیا این مرد چوبِ نیمسوزی نیست که از میان آتش برگرفته شده است؟» (از ترجمهٔ هزارهٔ نو)

6. Christ Church; 7. Lincoln College; 8. Jeremy Taylor, Holy Living

۹. Thomas a` Kempis, Imitation of Christ تا جایی که مترجم اطلاع دارد، از این کتاب چندین ترجمه به فارسی موجود است. به جز ترجمه‌ای که در سالیان بسیار دور از آن صورت گرفته، دو ترجمه از متن کامل آن تحت عنوان «اقتدا به مسیح» و «تشبه به مسیح» وجود دارد که به ترتیب توسط سعید عدالت‌نژاد و سایه میثمی صورت گرفته است؛ ترجمه‌ای نیز از متن خلاصه‌شدهٔ آن به نام «سرمشق‌گیری از مسیح» وجود دارد. (مترجم)

10. William Law, Serious Call To A Holy Life

که این مردان «مرا قانع کردند که نیمه‌مسیحی‌بودن ابداً ممکن نیست. عزم کردم، به یاری فیض خدا، به‌طور کامل خود را وقف او سازم.» بدین‌گونه، او فهرستی از ضعف‌های خود و دستورهایی برای پیروزی بر آنها تهیه کرد.

در ۱۷۲۶ وسلی برای همکاری علمی در دانشکدهٔ لینکلن دعوت شد. این امر نه فقط جایگاهی علمی در دانشگاه به او بخشید، بلکه درآمد ثابتی نیز نصیب او کرد. دو سال بعد هم برای خدمت در کلیسای اَنگلیکن دستگذاری شد و به اپ‌ورت بازگشت تا مدتی دستیار پدر در خدمت روحانی باشد.

هنگامی که وسلی وظایف خود را در آکسفورد از سر گرفت، دریافت که برادرش، چارلز، نگران از گسترش دئیسم در دانشگاه، گروه کوچکی از دانشجویان را گرد آورده بود که عزم داشتند دین خود را جدی بگیرند. جان ثابت کرد همان رهبری است که آنها نیاز داشتند. تحت رهبری او، آنها برنامه‌ای برای مطالعه و مقرراتی برای زندگی تنظیم کردند که بر دعا، خواندن کتاب‌مقدس، و حضور مکرر در مراسم عشای ربانی تأکید داشت.

این گروه کوچک، دیری نپایید که مورد توجه قرار گرفت و برخی از دانشجویانِ بی‌قیدوبند آنها را دست انداختند. «شور و هیجان»، آن‌هم در آکسفورد؟ به آنها می‌گفتند «باشگاه مقدس»، «کرم کتاب‌مقدس»، مِتُدیست، و باشگاه اصلاحگر. از این میان، عنوان متدیست یا روش‌گرایان برای آنها باقی ماند.

اعضای این انجمن کوچک، پرشور ولی بی‌آرام و قرار بودند. آنچه شور و هیجان تازه‌ای به آنها می‌بخشید پیوستن یکی از مردم شهر یا دانشجویی جدید به جمع‌شان بود، همانند موقعی که دانشجویی تیزهوش و جسور از پِمبروک کالج[1] به آنها پیوست. این شخص جرج وایتفیلد نام داشت. آنها پیوسته در جستجوی راه‌هایی برای انطباق‌دادن زندگی خود با آداب مسیحیان اولیه بودند. از این‌رو، به فقیران کمک می‌کردند و به دیدن زندانیان می‌رفتند. امّا جان بی‌معطلی اعتراف کرد که از آرامش درونی مسیحی حقیقی برخوردار نیست. لابد خدا چیز بیشتری در نظر داشت.

سپس، موضوع دعوت به جورجیا به میان آمد. یکی از دوستان به نام دکتر جان برتون[2] پیشنهاد کرد که جان و چارلز وسلی برای خدمت خدا به این مستعمرهٔ جدید بیایند که ادارهٔ آن را ژنرال جیمز اوگلتورپ[3] بر عهده داشت. چارلز می‌توانست منشی ژنرال باشد و جان هم کشیش مستعمره. جان از فرصتی که برای موعظه به بومیان آمریکا نصیبش شده بود استقبال کرد و چنین بود که دو برادر با آرمانگرایی جوانانه و غیرتشان برای بشارت، در ماه اکتبر و در بی‌خبریِ کامل از توفان‌هایی که قرار بود دریا و جانشان را بیاشوبد، سوار کشتی سیموندز شدند.

کل داستان جورجیا یک ناکامی مفتضح از آب درآمد. جان دریافت که وحشیان اصیل آمریکا یک مشت «شکمباره و دزد و دروغگو و قاتل هستند.» مستعمره‌نشینان سفیدپوست هم از او دلخور بودند، چون در مورد آداب کلیسایی مته به خشخاش می‌گذاشت و حاضر

1. Pembroke College; 2. Dr. John Burton; 3. General James Oglethorpe

نشده بود مراسم خاکسپاری یک ناهمنواگرا را انجام دهد. در ضمن، از ورود بانوان به کلیسا با لباس‌های مجلل و طلا و جواهرات هم جلوگیری می‌کرد.

آنچه سرخوردگی جان را دو چندان کرد، عشق نافرجام او به سوفی هاپکی[1] برادرزادهٔ هجده‌سالهٔ رئیس دادگاه ساوَنا بود. وسلی به اندازه‌ای از نظر احساسی و روحانی به‌هم ریخته بود که نمی‌توانست تصمیم خود را بگیرد. سوفی سرانجام به این رابطهٔ عاشقانه پایان داد و با رقیب جان روی هم ریخت. عاشقِ رهاشده هم او را از شرکت در عشای ربانی محروم کرد و شوهر خشمگین سوفی، وسلی را به اتهام بازی با آبروی همسرش به دادگاه کشاند. محاکمه به طول انجامید و پس از شش ماه تحمل آزار و اذیت، وسلی با بیزاری مستعمره را ترک گفت.

در راه وطن، فرصتی داشت تا به تعمق دربارهٔ این تجربهٔ خود بپردازد. دراین‌باره نوشته است: «من به آمریکا رفتم تا سرخپوستان را به حیات تازه دعوت کنم، اما، چه کسی مرا به حیات تازه دعوت خواهد کرد؟»

گرمایی مقدس در قلب

جان در اول فوریهٔ ۱۷۳۸ به انگلستان بازگشت، به‌طور تأسف‌برانگیزی بدنام و به‌گونه‌ای دردناک نامطمئن از ایمان و آینده‌اش. دوازده سال آزگار در راه رسیدن به کمال رنج کشیده و به بهترین شیوه‌هایی که می‌دانست برای نیل به سعادت راستین تقلا کرده بود، اما مأموریت جورجیا فقط پرده از ورشکستگی روحانی‌اش برداشت و بس.

تنها تجربهٔ مثبتی که از رفتن به جورجیا داشت، تماس با مسیحیان موراوی بود. عزم داشت راز قدرت روحانی آنها را دریابد. در لندن با پیتر بولر[2] ملاقات کرد. او واعظ موراوی جوانی بود که به وسلی نشان داد به تولد دوباره نیاز دارد، یعنی ایمان شخصی قوی به مسیح که او را قادر می‌ساخت بر گناه پیروز شود و به قدوسیت حقیقی دست یابد. بولر به او گفت که پارساشمردگی از راه ایمان، فقط یکی از آموزه‌های مسیحی نیست، بلکه تجربهٔ شخصی فرد از بخشایش خداست. هنگامی که وسلی این را شنید، از او پرسید چگونه ممکن است ایمان در یک لحظه به فرد داده شود؟

خود او در ۲۴ مِه ۱۷۳۸ به پاسخ این پرسش رسید. دراین‌باره نوشته است:

> عصر با بی‌میلی به جلسه‌ای در آلدِرزگِیت استریت رفتم. یک نفر داشت مقدمهٔ لوتر را بر *نامهٔ پولس به رومیان می‌خواند*. نزدیک یک‌ربع به نُه، وقتی این فرد از تغییری سخن می‌گفت که خدا بر اثر ایمان به مسیح در قلب انسان ایجاد می‌کند، گرمای عجیبی در قلبم احساس کردم. در آن لحظه، به مسیح، و فقط به مسیح، برای نجات خود توکل کردم؛ و به من این اطمینان داده شد که او گناهان «مرا»، بله حتی «مرا»، برداشته و از شریعت گناه و مرگ آزادم کرده است.

---

1. Sophy Hopkey; 2. Peter Bohler

یادداشت‌های روزانهٔ وسلی پس از آنچه در آلدرزگیت بر او گذشت عدم امنیت مستمری را بازتاب می‌دهند. این احساس زمانی از میان رفت که خدا از موعظه‌های بشارتی خود وسلی استفاده کرد و تأثیرات عظیمی ایجاد نمود.

بدین‌گونه، وسلی اطمینانی را که نداشت، یافت. زندگی او از هدفی برخوردار شده بود که برای نیم‌قرن نیرویی بی‌سابقه به او بخشید. وسلی پیام زندگی‌اش را کشف کرده بود، اکنون می‌بایست متد و روش خود را پیدا کند.

چندی بعد در تابستان، وسلی برای دیدن موراویی‌ها به میهن ساکسونی‌شان رفت. می‌خواست از نزدیک شاهد قدرت پارسایی‌شان باشد، همان که بر عرشهٔ کشتی و در جورجیا دیده بود. لیکن تأثیرات هرن‌هات بر او متضاد بود. از یک‌سو، با اشخاص فوق‌العادهٔ بسیاری روبه‌رو شد که نمونهٔ «یقینی ایمان مسیحی» بودند. از سوی دیگر، بسیار سریع با نشانه‌های خودپسندی در بین آنها روبه‌رو شد. آنچه به‌خصوص مایهٔ انزجار او شد این بود که می‌دید رهبر این جماعت، کنت زینزندورف، بیش‌ازحد در کانون توجه و علاقهٔ آنها قرار گرفته بود و همین او را به این پرسش برمی‌انگیخت: «آیا جناب کنت کل در کل نشده‌اند؟»[1]

به این ترتیب، دیری نپایید راه وسلی از موراویان جدا شد. او دِین زیادی به آنها داشت، به‌خصوص که پیام پارساشمردگی از راه ایمان را از آنها شنیده و در ضمن آموخته بود رشد روحانی در گروه‌های کوچک بهتر صورت می‌گیرد. با همهٔ اینها وسلی نمی‌خواست از موراوی‌ها باشد.

وسلی به لندن بازگشت و موعظه در کلیساها را از سر گرفت. چیزی از غیرت روحانی او کم نشده بود، اما نتایج کارهایش رضایت‌بخش‌تر از گذشته نبود. هنوز احساسی باطنی از حقیقت نداشت و از تأثیر بیرونی آن محروم بود. روزی، به‌طور تقریباً اتفاقی، درحالی‌که از لندن به آکسفورد می‌رفت شروع کرد به خواندن شرح جاناتان ادواردز از توبه‌های اخیر در نورتَمپتن در ایالت ماساچوست. خواندن این نوشته‌ها تأثیر ژرفی بر وسلی گذاشت. در این مورد، بیداری بزرگ در نیوانگلند تأثیر مستقیم بر بیداری‌های روحانیِ مرتبط با وسلی در وطن داشت. در عرض چند هفته، وسلی با جنبشی مشابه از سوی روح‌القدس روبه‌رو شد. این اتفاق زمانی آغاز شد که یکی از اعضای «باشگاه مقدس» به‌طور عجیبی از او دعوت به‌عمل آورد.

جرج وایتفیلد که نه سال کوچک‌تر از وسلی بود در ۱۷۳۸ با او به جورجیا رفته ولی در پاییز همان سال برای دستگذاری به کشور بازگشته بود. وایتفیلد از فرصت‌هایی که به او داده می‌شد تا از پشت منبر کلیساها موعظه کند ناخرسند بود و از سویی اشتیاق داشت پیام خود را به گوش توده‌های مردم برساند. این بود که در فوریهٔ ۱۷۳۹ در زمین‌های بازِ کنار بریستول شروع به موعظه برای کارگران معدن زغال‌سنگ کرد که به‌ندرت میل داشتند یا جرئت می‌کردند پا به کلیسا بگذارند. صدای او رسا و قوی بود و خطابه‌های پرشور او چنان

---

۱. احتمالاً اشارهٔ طنزآمیزی است به اول قرنتیان ۱۵:۲۸. (مترجم)

این مردان سرسخت و خسته را تکان می‌داد که بر گونه‌های سیاه‌شده‌شان از کار در دل معدن «اشک‌ها ردی روشن بر جا می‌گذاشتند.»

موعظه‌های وایتفلید در ذهن ماندگار می‌شد. او با ترسیم تصاویر تکان‌دهنده در ذهن مخاطبان، کاری می‌کرد که درد گناه و وحشت جهنم را احساس کنند. آنگاه با صدای بغض‌آلود به توصیف محبت مسیح می‌پرداخت تا اینکه جماعت با او همراه می‌شد و برای کسب بخشایش استغاثه می‌کرد. بازیگری به نام دیوید گَریک[1] می‌گفت: «حاضر بودم صد گینی[2] بدهم تا مثل آقای وایتفیلد بتوانم آه بکشم.»

هنگامی که این جماعت کثیر از معدنچیانِ سرسخت از خدا طلب رحمت کردند، وایتفیلد وسلی را ترغیب کرد که به‌شیوهٔ او در فضای باز برای مردم موعظه کند. جان می‌دانست که در سخنوری به پای وایتفیلد نمی‌رسد. وسلی با لحن دانشوران آکسفورد و سنگین‌ورنگین سخن می‌گفت. اما دلیل خودداری او بیشتر این بود که هرگز نخواسته بود زیر سقف آسمان موعظه کند. دراین‌باره نوشته است: «پس از یک عمر رعایت سفت‌وسخت نظم و آداب، اگر نجات جان‌ها زیر سقف کلیسا صورت نمی‌گرفت، می‌بایست آن را گناه می‌دانستم.»

پیش به سوی دشت‌ها، پیش به سوی جهان

جان با وجود مخالفت برادرش، چارلز، با اکراه تصمیم گرفت راهی بریستول شود، البته بیشتر مانند یک شهید تا پیام‌آوری شاد و خوشحال. از قرار معلوم، این برای «چوب نیمسوزِ برگرفته از میان آتش» به منزلهٔ آغاز رسالت حقیقی‌اش در زندگی بود. او برای بیش از سه هزار نفر در فضای آزاد موعظه کرد و واکنش این افراد عامی شگفت‌آور بود. اینجا هم مردم درست مانند نیوانگلند توبه می‌کردند. بیداری روحانی متدیستی آغاز شده بود.

آثار این امر بر وسلی نیز به‌همین‌اندازه چشمگیر بود. تا پیش از این، او پر از احساس اضطراب، ناامنی و بیهودگی بود، اما پس از رفتن به بریستول، به چوبی فروزان برای خدا تبدیل شده بود.

پیتر بولر به او توصیه کرده بود که «دربارهٔ ایمان آن‌قدر موعظه کن تا از آن برخوردار شوی. بعد هم، موعظه خواهی کرد چون ایمان داری.» وسلی در آلدرزگیت از ایمان مجازی به ایمان واقعی رسیده بود، از امیدِ داشتن، به داشتن. ادواردز و وایتفیلد به او نشان داده بودند که اگر کلام خدا به‌درستی موعظه شود، ثمری مشهود به‌بار می‌آورد. حال، به چشم خود شاهد برداشت این محصول بود. او آن‌قدر دربارهٔ ایمان موعظه کرده بود که مردم از آن برخوردار شده بودند، و حال ایمان خودش توسط ایمان آنها تحکیم می‌شد!

---

1. David Garrick

۲. گینی اصطلاحی که برای پول استفاده می‌شد و از لحاظ رتبهٔ اجتماعی بالاتر از پوند بود. مثلاً دستمزد کارگر به پوند بیان می‌شد، ولی دستمزد هنرمند به گینی. (مترجم)

پس از بهار ۱۷۳۹ در بریستول، وسلی عزم کرد در هر جا که رغبتی می‌بیند، انجیل را به بینوایان برساند. در ژوئن چنین نوشت: «همهٔ دنیا کلیسایی است که در آن خدمت می‌کنم. وظیفهٔ مسلم خود می‌دانم که به تمام علاقه‌مندان، خبر خوش نجات را اعلام کنم.»

او در زندان‌ها برای زندانیان، در مسافرخانه‌ها برای مسافران، و در کشتی‌های عازم ایرلند موعظه می‌کرد. در آمفی‌تئاترِ کورنوال که در محیطی طبیعی قرار داشت در یک جلسه برای سی هزار نفر موعظه کرد، و هنگامی که او را به کلیسای اِپ‌ورت راه ندادند، در حیاط کلیسا بر سنگِ مزار پدرش ایستاد و برای صدها نفر موعظه کرد. وسلی در یادداشت خود به تاریخ ۲۸ ژوئن ۱۷۷۴ ادعا می‌کند که سالانه به‌طور متوسط ۴۵۰۰ مایل پیموده است. با این حساب، او باید ۲۵۰/۰۰۰ مایل در طول زندگی خود پیموده باشد، به‌عبارتی ده‌مرتبه دور دنیا! وسلی بیشتر سوار بر اسب سفر می‌کرد و دیری نپایید که آموخت افسار اسب را مدت مدیدی رها کند. به این ترتیب می‌توانست تا رسیدن به شهر بعدی، کتاب بخواند و موعظه تهیه کند.

در سال‌های نخست که وسلی برای موعظه از این‌جا به آن‌جا می‌رفت، مردم همیشه هم با او مهربان نبودند. گاه به طرفش سنگ و کلوخ و چیزهای دیگر پرتاب می‌کردند. گاه نیز دسته‌های اراذل و اوباش به تحریک یک شخص یا یک ارباب به او حمله می‌کردند و کتکش می‌زدند. اما وسلی از آدم‌ها نمی‌ترسید. در شخصیت او جاذبهٔ شگفتی وجود داشت که جماعت غوغاگر را مهار می‌کرد و خشونت را فرو می‌نشاند. پیش از مرگ وسلی، به‌خاطر تقاضایی که از سوی مردم وجود داشت، تندیسه‌ها و یادگارهایی شبیه او به تعداد زیاد تولید شد.

در ۱۷۵۱ وسلی با مالی وازیل[1] بیوهٔ یک تاجر لندنی، ازدواج کرد. مالی پس از آنکه وسلی روی یخ زمین خورد، تا وقتی سلامتش را دوباره به‌دست آورد از او پرستاری کرد. زندگی مشترک با وسلی آسان نبود. مالی برای دو سال سعی کرد وسلی را در سفرهای فراوانش همراهی کند، اما جسم و روانش تاب نیاورد و او را ترک گفت. در ۱۷۷۷ وسلی دنبال راهی برای آشتی بود، اما وقتی مالی در ۱۷۸۱ از دنیا رفت، وسلی از مرگ او خبردار نشد و در مراسم شرکت نکرد. مالی همسر مردی شده بود که در واقع با خدمت بشارتی‌اش ازدواج کرده بود.

وسلی که به‌طور خستگی‌ناپذیری موعظه می‌کرد، بر اعتقاداتی تأکید داشت که به تعبیر ما *آرمینیوسی‌اند*.[2] وسلی یگانه رهبر برجستهٔ بیداری روحانی بود که چنین تأکیدی داشت. عنوان این دیدگاه برگرفته از نام یک استاد دانشگاه هلندی به نام یاکوپ آرمینیوس[3] (۱۵۶۰-۱۶۰۹) است که کوشید اعتقادات کالونیستی روزگار خود را تعدیل کند. وسلی هیچ ارادت خاصی به آرمینیوس نداشت، اما سرسختانه با تعلیم کالون در مورد گزینش ازلی مخالف بود، چون به باور او، این عقیده موجب می‌شد فکر کنیم کارهای خدا دلبخواهی است. وسلی تأکید داشت که خدا نجات «همهٔ» انسان‌ها را اراده کرده و انسان می‌تواند فیض الاهی را بپذیرد یا نپذیرد.

این عقیده نزدیک بود به دوستی او با وایتفیلد پایان دهد. وایتفیلد از آموزهٔ گزینش ازلی دفاع می‌کرد، زیرا بر حاکمیت و اقتدار مطلق خدا تأکید داشت. او بر این باور بود که دیدگاه

1. Molly Vazeille; 2. Arminian; 3. Jacob Arminius

به‌اصطلاح «آرمینیوسی» وسلی موضوع بسیار مهم گناه را کمرنگ می‌کند و به مفهوم حیاتیِ خدای قادر مطلق لطمه می‌زند.

هر دوی آنها می‌خواستند کار بیداری روحانی را پیش ببرند. بنابراین، توافق کردند که در عین اختلاف‌نظر، احترام یکدیگر را حفظ کنند. در مراسم خاکسپاری وایتفیلد به‌سال ۱۷۷۰، وسلی در خطابه‌اش اشاره کرد که وایتفیلد «در دوستی، بزرگوار و مهربان بود.» با این حال، بر اثر مناقشهٔ آنها متدیست‌ها به دو گروه تقسیم شدند: جماعت‌های آرمینیوسیِ پیرو وسلی و جماعت‌های کالونیستِ پیرو وایتفیلد.

ساختار متدیسم

وایتفیلد علاقه‌ای به موضوع سازمان و سازماندهی نداشت، اما وسلی در این امور نابغه بود. جماعت‌های متدیستی که از او پیروی می‌کردند در سراسر انگلستان، ایرلند و ولز پدیدار شدند. اینها هنوز جماعت‌های کلیسایی یعنی Congregation به معنایی که ما از این لفظ مراد می‌کنیم، نبودند. اکثر این مسیحیان به کلیسای انگلستان تعلق داشتند، و وسلی آنها را ترغیب می‌کرد برای عبادت و شرکت در مراسم عشا به کلیساهای خودشان بروند. او هنوز هم همان کشیش متعهد اِپ‌ورت بود؛ اما کسانی که بر اثر خدمات او حیات تازهٔ روحانی یافته بودند، کانون تجربهٔ مسیحی خود را در جماعت‌های متدیست می‌یافتند، جایی‌که به گناهان خود نزد یکدیگر اعتراف می‌کردند، به مقررات تعیین‌شده از سوی رهبرانشان تن می‌دادند، و با یکدیگر دعا می‌کردند و سرود می‌خواندند.

چارلز وسلی که سه روز پیش از جان، فیض بخشایندهٔ خدا را تجربه کرده بود، بیش از هفت هزار سرود روحانی و اِوانجلیکال برای جلسات عبادتی متدیست‌ها نوشت. احتمالاً محبوب‌ترین سرود او «عیسی دوستدار جانم» است. این سرود را همهٔ متدیست‌های بریتانیا و آمریکا در جلسات خود می‌خواندند. برخی از مورخان بر این باورند که سرودهای روحانی چارلز وسلی بزرگترین میراث دورهٔ بیداری‌های روحانی است.

جان به پیروی از الگوی موراوی‌ها، انجمن‌ها یا جماعت‌های خود را به گروه‌های کوچک‌تری که شامل دوازده نفر یا در همین حدود بود تقسیم می‌کرد که به آنها Classes می‌گفتند. البته این کلمه برگرفته از واژهٔ Classis در زبان لاتین بود که به معنی انشعاب است و هیچ ربطی به کلاس و مدرسه ندارد. وسلی از این گروه‌های کوچک‌تر در اصل برای تشویق هدیه‌دادن برای کار خدا استفاده می‌کرد که عبارت از هفته‌ای یک پنی برای پیشبرد کار خدمت بود. اما در اندک‌زمانی او دریافت کسی که مسئول جمع‌آوری این مبالغ است می‌تواند به هدایت روحانی گروه نیز بپردازد و اعضای این گروه‌های کوچک‌تر می‌توانند یکدیگر را در زندگی مسیحی‌شان تشویق کنند. نتیجهٔ این امر «جمع‌شدن اعضای گروه» برای شنیدن شهادت‌های یکدیگر، دعا، و تشویق روحانی بود، چیزهایی که موفق‌ترین خصلت بیداری متدیستی را تشکیل می‌داد.

با گسترش کار، وسلی تصمیم گرفت برخی از اعضای عادی این جماعت‌ها و گروه‌های کوچک‌تر را به‌عنوان واعظ و دستیار شخصی خود دعوت به همکاری کند. او دقت زیادی به خرج می‌داد که هیچ‌یک از این افراد را خادم و روحانی رسمی نخواند و به آنها اجازهٔ اجرای آیین‌های مقدس کلیسایی را نمی‌داد. وسلی آنها را دستیاران شخصی خود می‌خواند که در کار خدمت مستقیماً به او پاسخگو بودند، درست همان‌گونه که او نیز به کلیسای اَنگلیکن پاسخگو بود.

در سال ۱۷۴۴ وسلی دریافت که ارتباط شخصی با تمام این واعظان ممکن نیست. چنین بود که با چند نفر از همکاران دستگذاری‌شدهٔ خود و جمعی به‌مراتب اندک‌تر از واعظان دستگذاری‌نشده، «همایش سالانه»[1] را پایه‌گذاری کرد. این گردهم‌آیی به شکل‌گیریِ سیاست و آموزه‌های این نهضت یاری رساند؛ هرچند، همیشه، آن‌طور که وسلی می‌خواست.

او دستیارانش را درست همانند نیرویی نظامی به‌کار می‌گرفت و اغلب مأموریت‌های مختلف به آنها می‌داد، لیکن بر وظیفهٔ مشترکشان تأکید داشت که عبارت بود از بشارت‌دادن و تغذیهٔ روحانی مسیحیان. به آنها می‌گفت: «ما خود را بانی و سردستهٔ حزب یا دار و دستهٔ خاصی نمی‌دانیم - چنین چیزی از ذهن ما بسیار دور است - بلکه ما پیام‌آوران خدا هستیم برای آنانی که اسماً مسیحی ولی قلباً و در زندگی خود، بت‌پرست هستند. آمده‌ایم آنها را به بازگشت به جایگاهی بخوانیم که از آن فروافتاده‌اند، یعنی به مسیحیت واقعی و اصیل و حقیقی.»

بنابراین، در ۱۷۴۸ «کسانی که خود را متدیست می‌خواندند» مانند پارسامنشان در آلمان، تبدیل به کلیسایی در کلیسا شده بودند. تا چهل سال، وسلی در برابر تمام فشارها از جانب پیروانش و همچنین تمام اتهامات از سوی اسقفان کلیسای انگلستان مبنی بر جدایی او از این کلیسا، مقاومت کرد. وسلی می‌گفت: «من در زندگی و مرگ عضو کلیسای انگلستان باقی خواهم ماند.»

با این‌همه، در واپسین سال‌های زندگی، نیازهای متدیست‌های آمریکا او را به‌سوی گام‌هایی مهم در جهت جدایی سوق داد. سال‌ها پیش از آنکه آمریکاییان فریاد «آزادی» سر بدهند، وسلی فرانسیس آزبِری[2] را به مستعمره‌های آنجا فرستاده و کار خدمت گسترش یافته بود. در ۱۷۷۳ نخستین همایش متدیست‌های آمریکا در فیلادلفیا برگزار شد، با این حال جماعت‌های متدیست به رهبران دستگذاری‌شده نیاز داشتند. هنگامی که اسقف لندن به درخواست‌های مکرر وسلی در این خصوص پاسخ نداد، او شخصاً در این مورد اقدام کرد.

وسلی تصمیم گرفت دو نفر از واعظان دستگذاری‌نشدهٔ خود، یعنی ریچارد واتکاست[3] و توماس واسی[4] را برای خدمت در آمریکا تعیین کند و دکتر تامس کوک[5] را به مقام سرپرستی متدیست‌های آمریکا بگمارد. این کار به معنی نقض آشکار سیاست کلیسای اَنگلیکن بود. «همایش کریسمس» که در ۱۷۸۴ در بالتیمور برگزار شد، کوک و فرانسیس آزبِری را به‌عنوان سرپرست انتخاب کرد، و به این ترتیب، کلیسای متدیست در آمریکا به فرقه‌ای جدید و مستقل تبدیل شد.

1. Annual Conference; 2. Francis Asbury; 3. Richard Whatcost; 4. Thomas Vasey; 5. Dr. Thomas Coke

وسلی تقریباً تا آخر عمر به موعظه ادامه داد. او در دوم مارس ۱۷۹۱ در لندن چشم از جهان فروبست. در این زمان تقریباً هشتادوهشت ساله بود. هنگامی که سرانجام چوب نیسموز خاموش شد، هفتادونه هزار پیرو در انگلستان و چهل هزار پیرو در آمریکای شمالی داشت. اگر ملاک بزرگی یک نفر تأثیرگذاری او باشد، وسلی از بزرگان روزگار خود بود.

پس از مرگ او، متدیست‌های انگلستان به پیروی از برادران آمریکایی خود، از کلیسای آنگلیکن جدا شدند. اما تأثیر وسلی و بیداری روحانی از نوعی که او نمایندهٔ آن بود، از کلیسای متدیست بسیار فراتر رفت و حیات دینی انگلستان و مستعمراتش را نو ساخت. همچنین موجب بهبود زندگی فقیران شد. افزون بر اینها، انگیزه‌ای شد تا در ماورای بَحّار[1] فعالیت‌های میسیونری صورت بگیرد و مسیحیان اِوانجلیکال در قرون نوزدهم و بیستم دغدغهٔ مسائل اجتماعی داشته باشند.

پیشنهادهایی برای مطالعهٔ بیشتر

*Collins, Kenneth J. *The Theology of John Wesley: Holy Love and the Shape of Grace.* Nashville, TN: Abingdon, 2007.

Edwards, Maldwyn. *John Wesley and the Eighteenth Century.* London: Epworth, 1955.

Green, V. H. H. *John Wesley.* London: Nelson, 1964.

Outler, Albert C., ed. *John Wesley.* New York: Oxford, 1964.

Pudney, John. *John Wesley and His World.* New York: Scribner, 1978.

*Rack, Henry D. *Reasonable Enthusiast: John Wesley and the Rise of Methodism.* 3rd ed. London: Epworth Press, 2002.

Tomkins, Stephen. *John Wesley: A Biography.* Grand Rapids: Eerdmans, 2003.

Wood, A. Skevington. *The Inextinguishable Blaze.* Grand Rapids: Eerdmans, 1960.

۱. منظور فعالیت‌های مسیحی برون‌مرزی در سرزمین‌های دیگر است. (مترجم)

فصل سی‌وپنجم

نظم نوین اعصار

بیداری بزرگ

در چهارم ژوئیه (جولای) ۱۷۷۶ بنجامین فرانکلین[1] جان آدامز[2] و توماس جفرسون[3] به‌عنوان اعضای کمیته‌ای برای تهیهٔ مُهر ایالات متحدهٔ آمریکا تعیین شدند.

پیشنهادهای مختلفی ارائه شد. فرانکلین طرحی با تصویر موسی می‌خواست که در زمینه‌اش، لشکریان فرعون در دریای سرخ غرق می‌شدند و پیام آن در این کلمات نقش شده بود: «تمرد علیه زورگویان، اطاعت از خداست.» جفرسون پیشنهاد می‌کرد که مهر شامل تصویری از فرزندان بنی‌اسرائیل در بیابان باشد که «ابر در روز و ستون آتش در شب هدایتشان می‌کرد.»

در طرح نهایی این مهر، این اشارات از کتاب‌مقدس تقریباً محو شد، اما نکتهٔ مهم اینکه این میهن‌پرستان آمریکایی، هرچند خود از میراث یهودی-مسیحی‌شان فاصله داشتند، در کتاب‌مقدس نمادهایی یافتند که تجربهٔ مردم کشورشان را وحدت می‌بخشید و تفسیر می‌کرد. این مهر شامل عبارتی به زبان لاتین است که امروزه روی پول آمریکا می‌بینیم:

E PLURIBUS UNUM - ANNUIT COEPTIS - MDCCLXXVI-NOVUS ORDO SECLORUM

---

1. Benjamin Franklin; 2. John Adams; 3. Thomas Jefferson

ترجمهٔ این عبارت چیزی شبیه این است:

> یکی از میان بسیار - (خدا) بر تعهدات ما لبخند زده است - ۱۷۷۶ - نظمی نوین از (یا برای) اعصار

کسی به‌طور کامل نمی‌داند منظور این میهن‌پرستان از عبارت «نظمی نوین از اعصار» چه بود. این عبارت در قالب نوعی فن بیان به انقلاب اشاره دارد. اما به‌طور یقین کلیساهای مسیحی در ملت نوظهور آمریکا، با مأموریت میسیونری جدید و بسیار متفاوتی روبه‌رو شدند. بارزترین نمودِ آغاز این نظم نوین برای مسیحیت، انفجار مذهبی خاصی بود که ما به آن می‌گوییم «بیداری بزرگ»، نخستین بیداری در تاریخچهٔ طولانی بیداری‌های روحانی در آمریکا. اما بیداری بزرگ چه بود و چرا نقشی چنین مهم در توسعهٔ مسیحیت در این کشور داشت؟

نظم نوین برای کلیساها

سی نسل از مسیحیان در سایهٔ باور به موضوع جهان مسیحیت، به جایگاه خود زیر آسمان خدا معنا و مفهوم بخشیده بودند. این عقیده را کسی به‌طور جدی نقد نکرده بود. نسل‌های متمادی از مسیحیان در جامعه‌ای مسیحی متولد شده و تعمید یافته بودند. در این جامعه، کلیسا و دولت راهی یافته بودند تا برای صلاح همه، هماهنگ شوند. کلیسا با تعلیم و آیین‌های مقدس خود ترتیبی می‌داد که فیض نجات‌بخش به مردم برسد تا برای زندگی پس از مرگ آماده شوند. دولت نیز قوانین مسیحی را به اجرا درمی‌آورد و نظم سیاسی را حفظ می‌کرد تا شهروندان در این جهان از رفاه برخوردار باشند.

نهضت اصلاحات کلیسا ناخواسته دیدگاه سنتی جهان مسیحیت را بر باد داد. آن‌قدر برای ایمان حقیقی جنگید و دعا و موعظه کرد که دیگر هیچ کلیسای واحدی نماند. آنچه ماند چیزی است که امروزه فرقه‌های مسیحی یا Denomination می‌خوانیم. اما به‌جای «دنیای مسیحیت»، امیران مقتدر ملی برخاستند که بر آن بودند تا به ائتلاف کلیسا و حاکمیت در قلمروهای خود تداوم بخشند، زیرا تصور می‌شد این کار به صلاح مردم است. کلیساهایی که بدین‌گونه توسط قانون ایجاد و حمایت می‌شدند، مدام بین دو قطبِ سرکوب و آزادی در نوسان بودند.

«نظم نوین» برای مسیحیت در مستعمرات آمریکا کلیساها را وارد عرصهٔ جدیدی کرد. پس از نخستین نسلی که در مستعمرات اسکان یافت، تنوع گستردهٔ ملیت‌ها و مذاهب، امکانِ داشتن کلیسایی تثبیت‌شده را جز در چند مستعمره منتفی کرد. برای مثال، در سال ۱۶۴۶ فقط از کرانهٔ رودخانهٔ هادسون هجده زبان شنیده می‌شد. شاید تمام گروه‌های مسیحی در یک چیز اشتراک داشتند: هریک خواستار آزادی برای بیان دیدگاه خود بودند. با این‌همه، به‌مرور آشکار شد که هر گروهی فقط یک راه برای رسیدن به آزادی مذهبی دارد و آن دادن

عین این آزادی به گروه‌های دیگر است. آنها به آمریکا آمده بودند تا دولتی تشکیل دهند که مردم مقدس پدید می‌آورد. اما در نهایت می‌بایست با انواع مردم برای تحقق رویایی بازبینی‌شده همکاری می‌کردند. اینان تصمیم به زندگی در جامعه‌ای گرفته بودند که مردم همچنان می‌توانستند برای داشتن زندگی مقدس بکوشند.

بنابراین، کلیساها مجبور شدند به‌تنهایی بار بشارت‌دادن به بی‌ایمانان و تغذیهٔ روحانی ایمانداران را بر عهده بگیرند: بدون هیچ کمک یا حمایتی از جانب دولت. مسیحیت باید روی پای خود می‌ایستاد.

به این وضعیت می‌گوییم *داوطلب‌گرایی* زیرا کلیساها که بهره‌ای از حمایت دولت نداشتند، مجبور بودند خدمت خود را در زمینهٔ موعظه و تعلیم به‌کمک نیروهای داوطلب پیش ببرند. مخاطبان نیز در پذیرش یا رد انجیل آزاد بودند. دولت کاری به این موضوع نداشت. فرقه‌های مسیحی در جذب اعضای جدید و تأمین بودجهٔ خود کمکی از دولت دریافت نمی‌کردند.

بیداری بزرگ نقشی بسیار مهم در این نظم نوین داشت، زیرا عدهٔ کثیری از مسیحیان را در مورد مؤثربودن داوطلب‌گرایی قانع کرد. پس از نخستین امواج کار روح‌القدس که با شور و جَذبه تؤام بود، بسیاری از ایمانداران، بیداری‌های روحانی را عطیهٔ خدا برای خلق آمریکای مسیحی دانستند. جاناتان ادواردز حتی موعظه می‌کرد که آمریکا صحنهٔ سلطنت هزارسالهٔ مسیح خواهد بود.

البته، این اتفاق به‌آسانی نیفتاد. بیداری روحانی، به‌خصوص در نیوانگلندِ پیوریتن با مقاومت روبه‌رو شد. البته این امر دلایل روشنی داشت. پیوریتَنیسم که به‌دست قانون استقرار یافته بود، نمایانگر نظم پیشین بود، یعنی ائتلاف مسیحیت با حکومت. با این حال، حتی در بین پیوریتن‌ها نیز بذرهای بیداری روحانی به‌فراوانی پراکنده شده بود.

دیدگاه پیوریتن‌ها دربارهٔ کلیسا بر پایهٔ درک آنها از پیمان فیض استوار بود. نخستین ساکنان نیوانگلند دریافتند که کلیسای مرئی هرگز نمی‌تواند رونوشت برابر با اصلِ برگزیدگان حقیقی باشد، لیکن خدا چنین اراده کرده که کلیسا تا جای ممکن کلیسای مقدسین مرئی باشد. از همین‌رو، نسل نخست آنها تأکید داشت که اول فرد باید توبه کند و زندگی‌اش تغییر یابد و سپس به عضویت کلیسا درآید؛ همین تأکید در سال ۱۶۴۸ با پذیرش اساسنامهٔ کمبریج[1] مورد تأیید مجدد قرار گرفت.

آنها می‌گفتند: «خدا چنین اراده نکرده که درهای کلیساهای مسیح چنان بر همه، از نیک و بد، گشوده باشد که آزادانه و به‌دلخواه خود وارد شوند.» پیوریتن‌ها اعلام داشتند: «کسانی که خواهان عضویتند نخست باید بررسی و آزموده شوند» تا مشخص شود که آیا مهمتر از هرچیز «از گناه توبه کرده و به عیسای مسیح ایمان دارند» یا نه. این معمولاً بدین معنا بود که اعضای بالقوه «اعترافی شخصی و جمعی انجام می‌دادند» و «کاری را که خدا در قلب آنها کرده بود» به‌تفصیل باز می‌گفتند.

1. Cambridge Platform

ارادۀ خدا در اجتماع

با این همه، مستعمرۀ ماساچوست چیزی بیش از رشته‌ای از جماعت‌های مسیحی اطراف لنگرگاه بوستون بود. پیوریتن‌ها نیز همچون مهاجران که پیمان موسوم به مِی‌فلاور[1] را تنظیم کردند، قصد داشتند کل اجتماع را مطابق طرح و برنامۀ الاهی با یکدیگر متحد سازند. هدف از پیمان مدنی همین بود. یک ملت مسیحی اگر خواهان برخورداری از برکات مشترکی است که فقط خدا می‌تواند ببخشد، باید در طریق‌های او گام بردارد و به فرمان‌های او عمل کند، حتی در حکومت مدنی خود.

چنین تصور می‌شد که ارادۀ خدا در «قوانین درست و سودمند» تبلور یافته است. پیوریتن‌ها بر این باور بودند که قانون بدون بنیاد اخلاقی اصلاً قانون نیست. از آنجا که «گناهان آدمیان همچون دریا(ها)ی متلاطم است که اگر آنها را کرانه‌ای نباشد همه‌چیز را در خود غرق می‌کند»، پیوریتن وجود قوانین را برای لگام‌زدن بر شهوات انسان و بازداشتن تجلیات خارجی تباهی او، ضروری می‌شمرد. منبع این قوانین عبارت بود از کتاب‌مقدس یا طبیعت و عقل سلیم. با این‌همه، هر قانونی باید به این محک سنجیده می‌شد که آیا به «مصالح عمومی»، یا به بیان دیگر به «تحقق ارادۀ خدا برای جامعه» کمک می‌کند یا نه. پیوریتن‌ها از آنجا که اجازۀ اقامت در نیوانگلند را کسب کرده بودند، در موقعیتی قرار داشتند که می‌توانستند بگویند چه قوانینی به سود عموم است. بنابراین، در مستعمرۀ خود در ماساچوست اختیار این را داشتند که فقط افراد آزاد را مجاز به شرکت در انتخابات برای تعیین فرماندار و قضات دادگاه بدانند و تأکید کنند که افراد آزاد باید عضو کلیسا باشند. بدین‌گونه، انتخابات و اخلاق عمومی در کنترل کلیساها بود.

یکی از دلایل بیزاری مردم آمریکا از پیوریتن‌ها در نسل‌های بعد، همین تلاش برای استفاده از اهرم قانون در امور اخلاقی بود. بسیاری از آمریکاییان قرن بیستم ارزش آزادی شخصی خود را بالاتر از سرشت جامعه‌ای می‌دانستند که در آن زندگی می‌کردند. «تجربۀ مقدس» پیوریتن‌ها یعنی آمیزۀ اعتقاد به ضرورت تولد جدید تمام اعضای کلیسا و ایدۀ دولت مسیحی، تقریباً از همان آغاز محکوم به شکست بود. مادام که فقط خدا می‌داند اعضای حقیقی کلیسا کیستند، ادارۀ هر کلیسایی بر زمین با مشکلاتی همراه خواهد بود. در ماساچوست یا کانِتیکات همه نمی‌توانستند با دلیری اعلام کنند فیض الاهی را تجربه کرده‌اند. با فروکش‌کردن آتش تند بنیان‌گذاران نیوانگلند، مردان و زنان کمتری به کاری که خدا در قلب آنها انجام داده بود در حضور عموم شهادت می‌دادند. برای جلوگیری از افت شدید در تعداد اعضا، بسیاری از کلیساها در سال ۱۶۶۲ به راه‌حل موسوم به پیمان نیمه‌راه[2] رضایت دادند. این سیاست به «بیدارنشده‌ها» امکان می‌داد که تا حدودی از امتیاز عضویت در کلیسا برخوردار شوند، فرزندانشان را تعمید دهند و در فعالیت‌های جماعت مسیحی شرکت کنند، اما اجازۀ شرکت در عشای ربانی را نداشتند. برای اکثر مقاصد سیاسی

1. Mayflower Compact; 2. Half-Way Covenant

و اجتماعی، این اندازه از حضور در کلیسا کافی بود، به‌گونه‌ای که رفته‌رفته از «مقدسین» [کنایه از پیوریتن‌هاست] جز اقلیتی معدود باقی نماند. هنگامی که آیین‌نامه‌ای جدید در سال ۱۶۹۱ حق رأی را به‌جای عضویت در کلیسا منوط به داشتن اموال کرد، نیوانگلند از نظر روحانی به یک تقاطع رسیده بود.

کوتاه‌زمانی پس از آغاز قرن هجدهم، وارثان مسیحیت پیوریتن به دو دسته تقسیم شده بودند. میراث مذهبی این جنبش نصیب فرزندان دورهٔ بیداری بزرگ روحانی شد. دیری نپایید که در سراسر جلگهٔ رود کِنَتیکِت تا در موعظه‌های جاناتان ادواردز، مردم دعوت می‌شدند که برای عضویت در کلیسا اول توبه کنند و از حیات جدید روحانی برخوردار شوند.

«پیوریتن‌های دنیامدار» نیز همچنان به مفهوم مسئولیت مدنی و حکومت مشروع از نظر پیوریتن‌ها، پایبند بودند. این مستعمره‌نشینان حتی زمانی که ترسشان از زیستن در برابر خداوند مهیب تاریخ ریخته بود، هنوز باور داشتند که ظهور و سقوط امپراتوری‌ها بسته به اطاعت مردم از مقاصد مربوط به مشیت خداست. مثلاً عقیده داشتند که خدا به تلاش برای آزادی لبخند می‌زند.

بیداری بزرگ هم با اخم خدا آشنا بود و هم با لبخند او. این بیداری توانست اشک‌های توبه و شادی نجات را به مسیحیت مستعمرات بازگرداند.

به‌مدت بیست سال (۱۷۲۰–۱۷۴۰) بیداری روحانی همچون نسیم‌های پی‌درپی بود که در یک منطقهٔ خاص می‌وزید. به‌گفتهٔ جرج وایتفیلد، «آغازکنندهٔ کار بزرگ»، تئودور فریلینگهایزن[1] نام داشت که کشیش کلیسای اصلاح‌شدهٔ هلندی در نیوجرسی بود. کوتاه‌زمانی پس از رسیدن به مستعمرات، او با موعظه‌های شورانگیزش، احساسات روستاییان سرسختِ محل خدمت خود را که ساکن دشت رود رِریتَن[2] بودند، به غلیان درآورد و با کمال خوشی شاهد «پیوستن بسیاری اعضای جدید به کلیسا» شد.

این نسیم کم‌کم به پرزبیتری‌های اسکاتلندی-ایرلندیِ منطقه رسید. در مدرسه‌ای کوچک که روحانیون کتابخوان‌تر آن را «کالج چوبین» یا لاگ کالج[3] نام داده بودند، واعظی اهل پنسیلوانیا به نام ویلیام تِنِنت[4] خادمانی پرورش داد که شور بسیاری برای بشارت داشتند. خادمانی که از زیر دست او بیرون آمده بودند طولی نکشید بادهای بیداری روحانی را در شماری از کلیساها، خاصه در نیوجرسی، به جریان درآوردند. دیری نپایید مناقشه‌ای بر سر تقسیم خادمان به دو دستهٔ «تحصیلکرده» و «برخوردار از حیات تازه» درگرفت. در این مناقشه، کل کلیسای مشایخی از نظر طرفداری از بیداری روحانی یا مخالفت با آن به دو گروه تقسیم شد. گروه اول را «طرف جدید» و گروه دوم را «طرف قدیمی» می‌خواندند.

نیروهای طرفدار بیداری روحانی که نظر مخالفان خللی در ارادهٔ آنها ایجاد نکرده بود، مبشرانی به جنوب کشور یا ساوت‌لند[5] اعزام کردند. تحت رهبری کشیش ساموئل دِیویس[6] جماعت‌های مشایخی که طرفدار بیداری روحانی بودند در ویرجینیا پا گرفتند. ناگفته نماند

1. Theodore J. Frelinghuysen; 2. Raritan; 3. Log College; 4. William Tennent; 5. Southland; 6. Reverend Samuel Davies

باپتیست‌ها بر اثر خدمات واعظان فاقد تحصیلات اما غیور که توسط شوبل اِسترنز[1] هدایت می‌شدند، در ویرجینیا و کارولینا در حال رشد بودند.

در نیوانگلند این نسیم‌ها از غرب می‌وزید، از شهری کوچک در ماساچوست به نام نورتمپتن، جایی که جاناتان ادواردز مسئولیت روحانی دویست خانواده را بر عهده داشت که به «رخوت مذهبی عجیبی» دچار بودند. ادواردز از «هرزگی ... شبگردی، تردد در میخانه‌ها، و بی‌بندوباری» شکایت داشت. بااین‌همه، در دسامبر ۱۷۳۴ «روح‌القدس به‌گونه‌ای خارق‌العاده وارد عمل شد.» «دغدغه‌ای بزرگ و جدی برای امور مهم دنیای ابدی» شهر را فراگرفت. ادواردز در این باره می‌نویسد: «در تمام شهر از پیر و جوان به‌ندرت کسی پیدا می‌شد که به امور مهم دنیای ابدی توجه نکند ... زندگی مردم به‌طرز شگفت‌انگیزی تغییر می‌یافت؛ مردم گروه گروه به‌سوی عیسای مسیح می‌آمدند.»

واعظ بزرگ بیداری روحانی

نیوجرسی. ویرجینیا. ماساچوست. بادهای بیداری روحانی همچنان قدرتمند، هرچند منطقه‌ای، باقی ماندند تا اینکه امواج اقیانوس اطلس پدر شیوهٔ نوین بشارت دسته‌جمعی یعنی جرج وایتفیلد را با خود به آمریکا آورد. در سال ۱۷۳۹دوست برادران وسلی صدای قوی و سبک گیرای خود را به مستعمرات آورد و از جورجیا گرفته تا کارولینا، ویرجینیا، مریلند، پنسیلوانیا، و نیویورک به موعظه پرداخت.

در فیلادلفیا او در مکان‌های باز موعظه می‌کرد. حتی بنجامین فرانکلین هم که فردی حکیم در راه‌های دنیا بود تحت تأثیر قرار گرفت، خاصه هنگامی که مخاطبان «وایتفیلد را می‌ستودند و به او احترام می‌گذاشتند، حتی با وجودی که به آنها می‌گفت در ذات خود *نیمی درنده و نیمی اهریمن‌اند.*» برای فرانکلینی که گرایش دئیستی داشت شگفتی‌آور بود که وقتی در خیابان‌های شهرش راه می‌رفت صدای خواندن مزامیر را خانه به خانه می‌شنید.

وایتفیلد راهی شمال شد و بیداری روحانی نیوانگلند را با بیداری روحانی در مستعمرات میانه و جنوب پیوند داد. شماری از خادمان بوستون او را به شهرشان دعوت کردند و ناخواسته این کار آنها به روال تبدیل شد. در سال‌های بعد، تمام واعظان بسیار موفق بیداری روحانی سر از شهرهای بزرگ درمی‌آوردند. وایتفیلد در خود بوستون و در هاروارد سخن گفت و سرانجام نیز راهی نورتمپتن شد تا در چهار نوبت برای جماعت ادواردز موعظه کند. سپس راهی شهرهای کِنَتیکِت شد، جایی که جمعیتی چنان انبوه «همچون جویباری از اسبان و سوارانشان» از مزارع اطراف به شنیدن موعظهٔ او می‌آمدند.

یک ماه بعد که وایتفیلد نیوانگلند را ترک کرد، بیداری‌های روحانی از نسیمی روح‌بخش در منطقه به تندبادی قدرتمند به نام بیداری بزرگ تبدیل شده بودند.

1. Shubael Stearns

ادواردز و سـایر خادمان برای موعظهٔ بیداری روحانی راهی شهرهای اطراف شدند. هنگامی که ادواردز در اِنفیلد[1] واقع در کِنَتیکِت خطابهٔ خود، «گناهکاران در دستان خدای خشمگین» را ایراد نمود، به مخاطبانش رحم نکرد. در توصیف خود از خدا گفت او گناهکاران را طوری بر شعله‌های آتش می‌گیرد که کسی عنکبوت چندش‌آوری را بر شعلهٔ شمع گرفته باشد. آنگاه از عذاب الیم سوختن گفت که تا ابد دامن آنها را رها نمی‌کند و اینکه زمین زیر پایشان، سقفی پوسیده فراز مغاکی از آتش است، هر دم در خطر فروریختن.

این موعظه برای مردان و زنانی که شعله‌های آتش جهنم را کاملاً واقعی می‌دانستند، بسیار قدرتمند بود. هق‌هق گریه‌ها و ناله‌ها گاه ادواردز را مجبور می‌کرد کلام خود را قطع کند و صدایش دیگر درنمی‌آمد. موعظه رُس او را می‌کشید. نسل‌های بعدی مردم آمریکا تقریباً از یاد بردند که جاناتان ادواردز روانشناسی هوشمند، الاهیدانی برجسته، و سومین رئیس دانشگاه پرینستون بود. آنها به‌نادرست او را همچون یکی دیگر از واعظانی به‌یاد داشتند که با آب‌وتاب از آتش و گوگرد جهنم سخن می‌گفت.

با فرارسیدن سال ۱۷۴۱ تمام عوامل بیداری روحانی در کار بودند: واعظان مهمان پشت تریبون‌ها، تهدیدهای هلاکت ابدی، سخنوران سیّار با کلام گیرا، جلسات دعا، و هجوم اعضا – و همچنین مناقشه‌ها و جدایی‌ها در کلیسا.

نمونهٔ مشهود تغییرات چشمگیری که بیداری بزرگ برای نیوانگلند پیوریتن به ارمغان آورد، تجربهٔ پسرکی کشاورز از کِنَتیکِت بود. در مدرسه‌ای که ساختمان آن فقط یک کلاس درس داشت، ایزاک باکوس[2] آموخت که آنچه نظام خوب جامعهٔ کِنَتیکِت را حفظ می‌کند، آموزش‌های دینی کلیساها و قوانین مستعمره است.

با این‌همه، بیداری بزرگ روحانی، شهر آرام نورویچ را در ۱۷۴۱ درنوردید و مادرِ ایزاک هفده‌ساله حیات جدید یافت. دیری نپایید ایزاک متوجه شد «زمان موعود» برای توبهٔ او فرارسیده. هنگامی که به‌تنهایی مشغول درو بود از «تولد جدید» برخوردار شد بی‌آنکه دستخوش هیجانات و جذبهٔ معمول در این مواقع شود. او دراین‌باره گفت: «نور الاهی چشمانم را باز کرد تا عدالت کامل مسیح و آزادی و غنای فیض او را با چنان وضوحی ببینم که جانم جذب او شد تا برای نجات بر وی توکل کنم.»

این «نور جدید» یا «شهادت درونی» کلید بیداری روحانی در نیوانگلند بود. واعظان بیداری روحانی به این مطلب اشاره می‌کردند که پدران آنها درست به این دلیل انگلستان را ترک گفته و راهی آمریکا شده بودند که باور داشتند عضویت بی‌ایمانان در کلیسا مخالف کلام خداست. آنها بر این باور بودند که بیداری روحانی دعوتی از سوی خدا برای آغاز «اصلاحات جدید» در نیوانگلند بود.

بدین‌گونه «نورهای جدید» بنای جدایی از کلیساهای محلی خود را گذاشتند و با استفاده از شیوه‌های پدران بنیان‌گذار نیوانگلند، جماعت‌های خود را سازماندهی کردند. آنها به

1. Enfield; 2. Isaac Backus

شـــهادت توبهٔ افراد گوش می‌دادنـــد و عهدی با آنها امضا می‌کردند دایـــر بر اینکه همچون کلیسای مقدسین مرئی با یکدیگر در راه‌های خداوند گام بزنند.

کوتاه‌زمانی پس از توبه‌اش، ایزاک باکوس احساس کرد خدا او را می‌خواند تا به صفوف واعظان بیداری روحانی ملحق شود. بدین‌ترتیب، در شهرهای جنوب‌شرقی نیوانگلند مبشر ســیّار شد. تنویری دیگر او را به باورهای باپتیستی ســوق داد و بدین‌گونه به‌همراه چند نفر دیگر، نخستین کلیسای باپتیست را در میدلبارو[1] واقع در ماساچوست بنیان گذاشت.

مدافع آزادی دینی

بدین‌گونه صحنه مهیا شـــد تا باکوس نقش مهم خـــود را در تاریخ آمریکا همچون مدافع آزادی دینـــی ایفا کند. بیش از هر کس دیگر او موضع اِوانجلیکال کلیســـا و دولت را که در نهایت در سراسر آمریکا غالب می‌شد، صورتبندی و به عموم معرفی کرد.

در ۱۷۶۹ باپتیست‌ها انجمن وارِن[2] در نیوانگلند را برای پیشبرد آرمان خود شکل دادند. دو ســال بعد، این انجمن کمیته‌ای برای رسیدگی به شکایات تشــکیل داد و وظیفهٔ دفاع از آزادی دینی در سراسر نیوانگلند را بر عهدهٔ آن گذاشت. باکوس یکی از اعضای کلیدی این کمیته شد. او اعلامیه و ده‌ها درخواســت نوشــت، در مورد آزار و اذیت‌های دینی شــواهد عینی به‌دســت آورد، به‌عنوان شاهد در جلسات دادگاه شــرکت کرد، در کمیته‌های مختلف برای تنظیم سیاست‌ها شرکت جســت، و در روزنامه‌ها، مناظرات عمومی، و مکاتبات خصوصی به جدال لفظی مســتمر پرداخت. حبس مادر، برادر، و عمویش در کِنَتیکِت و باورهای ژرف پارسامنشانهٔ خودش او را به مخالفت تمام قد با نظام مستقر برانگیخت.

باور بنیادین در موضع باپتیست‌ها این بود که تمام ارتباطات مستقیم میان دستگاه حکومت و دینِ نهادینه‌شـــده باید پایان یابند تا آمریکا به کشوری حقیقتاً مسیحی تبدیل شود. باکوس نیز همچون جفرسون و مدیسون[3] باور داشت «حقیقت بزرگ است و پیروز خواهد شد.» او برخلاف به‌اصطلاح «همکاران تنویریافته‌اش» حقیقت را آموزه‌های کتاب‌مقدس می‌دانست که از طریق مکاشفه آشکار شـــده‌اند. فرض بنیادین او این بود که «خدا دو گونه حکومت یا دولت در جهان تعیین کرده اســـت که در ذات متفاوتند و نباید آنها را با هم آمیخت.» یکی از آنها مدنی و دیگری کلیسایی است.

باکوس می‌گفت «مجمع قانون‌گذاران ما به‌عنوان نمایندهٔ ما در امور دینی عمل نمی‌کند.» آنها به‌عنوان نماینده در امور مدنی یا عرفی انتخاب شـــده‌اند و ورود آنها به امور کلیســـایی به منزلهٔ اقدام به مداخلاتی اســـت که گزینندگان آنها اجازهٔ این مداخلات را نداده‌اند. از این گذشته، درست نیست از قدرت قانون برای ترویج ایمان استفاده شود. «دین به معنی اطاعت داوطلبانه از خداست که قدرت نمی‌تواند آن را ترویج کند.»

---

1. Middleborough; 2. Warren Association

۳. Madison سیاستمدار آمریکایی و چهارمین رئیس جمهور آمریکا. (مترجم)

مقابلهٔ واعظان بیداری روحانی با کلیساهای مستقر هرگز به این معنی نبود که از رویای آمریکای مسیحی دست برداشته‌اند. آنها در بیداری بزرگ روحانی، پاسخ نیازهای خود را یافته بودند. پادشاهی خدا در صورتی به آمریکا می‌آمد که اکثر شهروندان قانع می‌شدند به‌طور داوطلبانه به قوانین الاهی گردن بگذارند. بیداری‌های روحانی وسیلهٔ خدا برای نیل به این مقصود بود.

در سال ۱۷۶۰ این امر چیزی بیش از رویایی خشک‌وخالی بود. از ۱۷۴۰ تا ۱۷۴۲ بیداری روحانی ۲۵/۰۰۰ تا ۵۰/۰۰۰ نفر را فقط در کلیساهای نیوانگلند تحت تأثیر قرار داده بود. بین ۱۷۵۰ و ۱۷۶۰، رشد مستمر باپتیست‌ها به کنار، ۱۵۰ مجموعهٔ جماعت‌گرای جدید شکل گرفت.

با این‌همه، توجه به پیام واعظان بیداری روحانی، سرنخی برای پی‌بردن به عمق فاصله‌ای است که بیداری روحانی از گذشته گرفت. تمرکز آنها بر نیاز شخص به نجات موجب می‌شد به تأکیدی که پیوریتن‌ها بر استلزامات سیاسی و اجتماعی انجیل داشتند، توجه نکنند. با «عهد مبتنی بر فیض» که به اشخاص محدود می‌شد، یعنی به مردان و زنانی که تولد دوباره یافته‌اند، مصداق «قوم عهدی» خیلی راحت تغییر کرد و از کلیسا به کل مردم آمریکا تبدیل شد. در نتیجه، رسالت «قوم برگزیده» به‌طور نامحسوس، از ایجاد «جامعهٔ مقدس همسود» پیوریتن‌ها، به تلاش مردم آمریکا در راه «آزادی» تبدیل گردید.

البته، واعظان بیداری روحانی یگانه مستعمره‌نشینانی نبودند که از داوطلب‌گرایی حمایت می‌کردند. در قرن هجدهم خطوط فکری دیگری نیز وجود داشت که رضایت آزادانه و غیرتحمیلی و فردیِ اشخاص را یگانه اساس مناسب برای سازمان‌های مدنی و کلیسایی انسان می‌دانست.

بسیاری از «فرزندان آزادی» با روح روشنگری آلوده شده بودند. این میهن‌پرستان - یعنی جفرسون، فرانکلین و مدیسون - همانند استادان فرانسوی و انگلیسی‌شان فرض را بر این گذاشته بودند که انسان می‌تواند با استفاده از عقل خود به درکی معقول یا «طبیعی» از خود و جهان برسد.

این میهن‌پرستان تنویریافته بر این باور بودند که آنچه فرد را هدایت می‌کند و به حرکت وامی‌دارد، سنگینی کفهٔ دلایل در ذهنش است. جفرسون چنین می‌اندیشید که تحمیل عقیده توسط حکومت به نام همشکلی و اتحاد، یگانه نتیجه‌ای که در پی دارد «تبدیل نصف مردم جهان به احمق و نصف دیگر به ریاکار است.»

در این نکته «اصحاب عقل» و «هواداران بیداری روحانی» توافق داشتند. اولی خط مشی خود را از روشنگری می‌گرفت و دومی از بیداری بزرگ. بیداری روحانی همچنین موضوع آزادی را پرورش داد، منتها آزادی فرد زیر نظارت روح‌القدس قرار داشت که خدمت خاص خود را در این مورد از طریق مکاشفهٔ عینی کتاب‌مقدس انجام می‌داد. تجربهٔ شخصی فرد از فیض خدا به او آزادی روحانی می‌بخشید - البته نه آزادی از عقل، بلکه آزادی «در مسیح».

بنابراین، همان‌گونه که سیدنی مید[1] گفته است برای توجیه یک وحدت تحمیلی که تحت یک نظام دینی مستقر صورت می‌گرفت، دیگر نه واعظ بیداری روحانی «انگیزهٔ قلبی لازم را داشت» و نه «عقلگرا از انگیزهٔ عقلی لازم برخوردار بود.» از همین‌رو، طی قرن هجدهم، طرفداران عقل و هواداران بیداری روحانی، در کنار یکدیگر قرار گرفتند تا از وجوه عملی و قانونی آزادی مذهبی در برابر کسانی که مدافع تشکیلات رسمی مذهبی بودند دفاع کنند.

ائتلاف موقت آنها نتیجه داد. با تولد ایالات متحده متمم اول قانون اساسی آمریکا به تصویب رسید که طبق آن «کنگره حق وضع قانون برای استقرار یک مذهب خاص یا جلوگیری از عمل به آن را ندارد.»

یک قرن پس از انقلاب آمریکا[2] لُرد جیمز برایس[3] ناظر تیزبین مردم این کشور، کتاب «جامعهٔ همسود آمریکا» را که شامل نگاهی ژرف‌کاوانه بود به نگارش درآورد. در این کتاب او مفروضاتی را که برای آمریکاییان بدیهی بود مورد تأکید قرار داد. برایس می‌گوید که نگاه مردم آمریکا به کلیسا و حکومت ریشه در «این تصور دارد که کلیسا بدنی روحانی برای مقاصد روحانی و حرکت در مسیر امور روحانی است»؛ در نتیجه هرگز از فکر «یک شهروند عادی آمریکا نمی‌گذرد که چیزی به اسم کلیسای رسمی دولتی باید وجود داشته باشد ... اساساً هر نوع توسل به زور و اجبار، به تصور آمریکاییان منافی ماهیت کلیساست ... این نوع کلیسا چشم به کمک حکومت ندارد ... طالب امتیازات انحصاری هم نیست.»

باید گفت در نظم نوین اعصار، هیچ اندیشه‌ای به این اندازه نوین نبود!

پیشنهادهایی برای مطالعهٔ بیشتر

*Kidd, Thomas S. *The Great Awakening: A Brief History with Documents.* New York: St. Martins, 2007.

--------. *The Great Awakening: The Roots of Evangelical Christianity in Colonial America.* New Haven, CT: Yale, 2007.

Marsden, George. *Jonathan Edwards: A life.* New Haven, CT: Yale University Press, 2003.

Marty, Martin E. *Religion, Awakening and Revolution.* Wilmington: McGrath 1977.

McLoughlin, William G. *Isaac Backus and the American Pietistic Tradition.* Boston: Little, Brown and Co., 1967.

Parrish, Archie. *The Spirit of Revival: Discovering the Wisdom of Jonathan Edwards.* Wheaton, IL: Crossway, 2000.

Stearns, Monroe. *The Great Awakening 1720-1760.* New York: Franklin Watts, 1970.

Stott, Harry S. *The Divine Dramatist: George Whitefield and the Rise of Modern Evangelicalism.* Grand Rapids: Eerdmans, 1991.

---

1. Sidney Mead

۲. منظور مجموعه رخدادهایی است که در نهایت سبب شد سیزده ایالت آمریکا از بریتانیا استقلال یابند و ایالات متحدهٔ آمریکا تشکیل شود. (مترجم)

3. Lord James Bryce

عصر پیشرفت

۱۷۸۹-۱۹۱۴

مسـیحیان ناآرامیِ اجتماعی جدید را که به معضلات عقلی افزوده شـده بود از چشم علوم جدید می‌دیدند. انقلاب فرانسه امیدها و انتظارات تازه‌ای برای مردم معمولی رقم زد، به‌گونه‌ای که توده‌ها دسترسـی به قدرت را ممکن می‌دانستند. مسـیحیان چگونه باید پاسخگوی نیازهای توده‌های شـهری باشند؟ آیا انسان صرفاً محصول نیروهای تکاملی اسـت؟ دربارهٔ شیوهٔ پاسخگویی به این مسائل، بین مسـیحیان اختلافات جدی افتاد. حال که برخلاف سابق حمایتی از جانب حکومت وجود نداشت، بسـیاری از پروتسـتان‌ها برای خدمت به مستمندان و سـتمدیدگان و همچنین رسـاندن پیام انجیل به سـرزمین‌های بیگانه، سراغ انجمن‌های داوطلب رفتند.

عصر پیشرفت

ویلیام ویلبرفورث
ف. شلایرماخر
نخستین عبادت صحرایی
ج. ه. نیومَن
آ. ریچل
پاپ پیوس نهم
سقوط ایالت‌های
خطاناپذیری پاپ
د. ل. مودی
و. بوت
۱۸۰۰
۱۸۵۰
۱۹۰۰
انقلاب فرانسه
کارل مارکس
چارلز داروین
انجیل اجتماع
جنگ جهانی اول

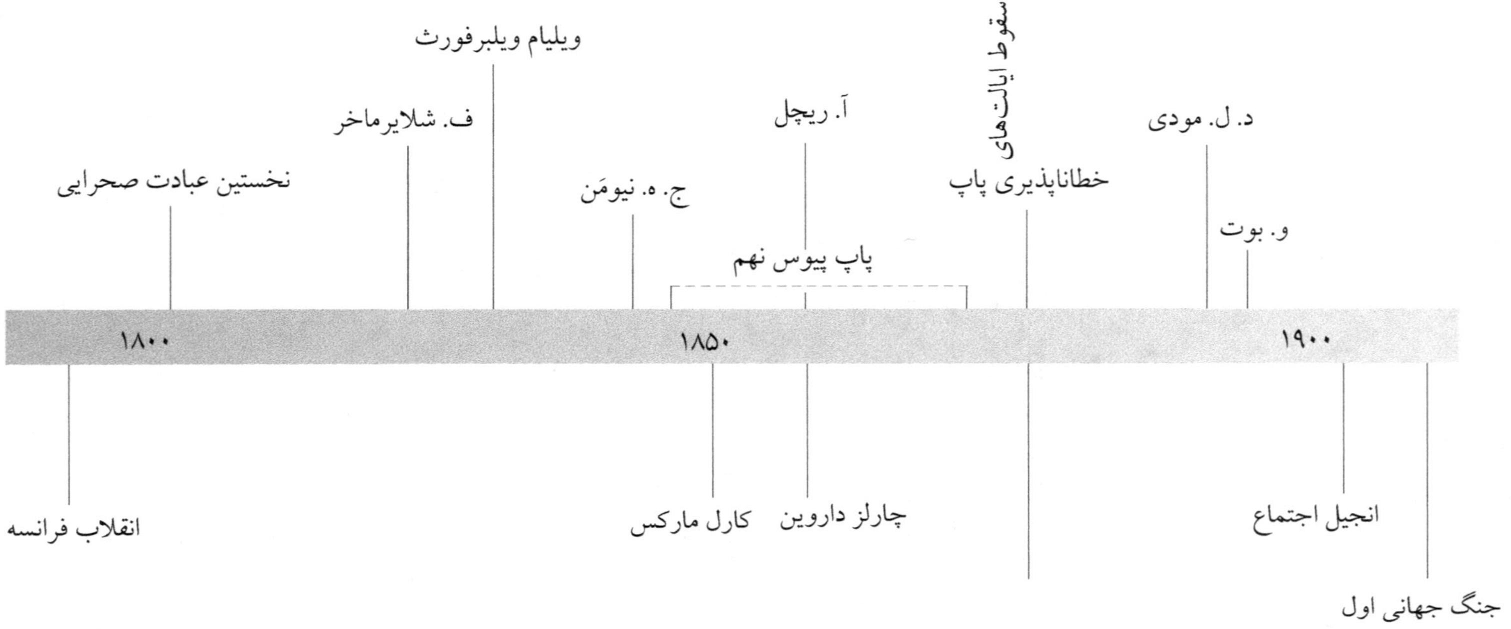

فصل سی‌وششم

بازسازی دژها

کلیسای کاتولیک در عصر پیشرفت

در حاشیهٔ شرقی پاریس دژی کهن از دورهٔ فئودال‌ها، دیرزمانی به‌مثابهٔ زندان به‌کار می‌رفت. تبلیغات عامه‌پسند آن را به نماد استبداد سلطنتی تبدیل کرده بود و چنین تصور می‌شد که در سیاه‌چال‌های آن مدافعان پاک‌دامن مردم ستمدیده زجر می‌کشند. فرماندار که دُلونه[1] نام داشت از باستیل با گروهانی متشکل از ۱۱۰ سرباز محافظت می‌کرد.
صبح زود در ۱۴ ژوئیهٔ ۱۷۸۹ جماعتی روبه‌روی دروازهٔ بیرونی زندان در میدانگاه گرد آمد. به‌تدریج بر عدهٔ آنها افزوده شد و هیجاناتشان اوج گرفت. مردم به دروازهٔ بزرگ فشار آوردند. برخی از میهن‌پرستان ماجراجو از آن بالا رفتند و زنجیرهای پل متحرک را قطع کردند تا دسترسی مهاجمان به محوطهٔ بیرونی زندان فراهم شود.
دُلونه که وخامت اوضاع را دید، با تسلیم دژ موافقت کرد منتها به شرطی که به او و افرادش امان داده شود. اما همین‌که دروازه‌های محوطهٔ درونی زندان گشوده شد، مهاجمان به داخل یورش بردند و دُلونه را گرفتند و کارش را ساختند.
از سیاه‌چال‌ها هفت قربانی استبداد بیرون آورده شدند که پنج نفرشان مجرمان معمولی و دو نفرشان هم دیوانه بودند! هیچ میهن‌پرست فهیمی در این جمع حضور نداشت! اتفاقات

[1] Governor De Launay

زشت و ناگواری که در ۱۴ ژوئیهٔ ۱۷۸۹ رخ داد، به‌سرعت در اذهان عموم به اعمال قهرمانانهٔ انقلاب فرانسه تبدیل شد.

تولد عصری نو

مورخـان این رویداد سرنوشت‌سـاز را تولد عصـری جدید یعنی «عصر پیشـرفت» (۱۷۸۹-۱۹۱۴) می‌دانند. زندان باسـتیل نماد رژیم قدیم[1] محسـوب می‌شد که عبارت بود از حکومت مطلق فرمانروایان و جامعهٔ فئودال سـنتی متشکل از کلیسای کاتولیک، اشراف توانگر، و عوام که دستشـان از همه‌جا کوتاه بود. این جماعت برآشـفته نمودی بود از عصر جدید، قرن نوزدهم، با حقوقی که برای انسان‌های عادی قائل بود.

در این عصر نو، اسـاس اسـتوار باور عمومی را آموزهٔ پیشـرفت انسان تشکیل می‌داد. شورش و خونریزی در پی سـقوط باستیل، شاید پرسش‌هایی دربارهٔ شرایط مسیر پیشرفت مطرح ساخت، اما کمتر کسانی شک داشتند که تاریخ بی‌وقفه به جلو جریان دارد. بدین‌گونه، تصور می‌شد که نژاد انسان روز به روز بهتر و خوشبخت‌تر می‌شود. به هرروی، این اعتقادنامهٔ جدید انسان بود.

مسیحیت راه خود را در این دورهٔ پرتلاطم گشود، اما در شرایطی ناسازگار. قرن نوزدهم پر از موج‌هایی بود که از پی هم و از روبه‌رو می‌آمد و مسیحیان گاه به‌دشواری می‌توانستند راه درست را بیابند. پروتستان‌ها تأثیرات این شرایط را احساس می‌کردند، اما کلیسای کاتولیک رومی به‌سـبب ارتباط دیرپای خود با نظام قدیم، دریافت که تندبادهای دنیای مدرن بسیاری از گنجینه‌های کهن آن را بی هیچ ترحمی رُفته و برده است.

انجیل دموکراتیک یا مردم‌سالارانهٔ انقلاب فرانسه بیشتر مبتنی بر تجلیل انسان بود تا خدا. کلیسـای رُم این نکته را تشخیص داد و به روال همیشـگی خود، ضربه‌ای متقابل بر بدعت فرود آورد. این کلیسـا بهتر از اکثر کلیسـاهای پروتستان دریافت که شیطان، هرگاه منافعش اقتضا کند، دموکراتیک است.

دروغ را اگر ده هزار نفر هم تکرار کنند به حقیقت تبدیل نمی‌شود. این درسی مهم از عصر پیشـرفت برای مسیحیان تمام نسل‌هاسـت. حق رأی و فرصت برای آموختن، ضامن ظهور آرمان‌شهر نیست. ایمان مسـیحی همواره تأکید داشته است که فساد ذاتی انسان بنیادی‌تر از هرگونه عیب و نقص در نهادهای سیاسی و اجتماعی انسان است.

آلکسـی دو توکویل[2] کـه در قرن نوزدهـم از آمریکا بازدید کرد، در کتاب پژوهشـی کلاسیکش، «دموکراسی در آمریکا»، هشـدار خود را بیان کرده است. او می‌گوید در آمریکا نه آریستوکراسی یعنی حکومت اشـرافی وجود دارد و نه استبداد شهریاران. بااین‌حال، این پرسش مطرح اسـت که آیا خود همین «تساوی بی‌سابقهٔ شرایط»، دربرگیرندهٔ تهدیدی مهم یعنی «اسـتبداد اکثریت» نیست؟ دو توکویل چنین هشـدار می‌دهد که در فرایند حکمرانی،

1. Old Regime; 2. Alexis De Tocqueville

سلطهٔ اکثریت می‌تواند به معنی ظلم بر اقلیت باشد، زیرا به‌جای اینکه رهبری بر اساس مبانی عقلی صورت بگیرد، افسار به‌دست خواسته‌های هردم متغیر عموم می‌افتد.

متأسفانه، کلیسای رُم در مخالفت خود با پیام این تحول سیاسی، کوشید زمان را به عقب برگرداند. بدین‌ترتیب، دژی قرون وسطایی در مسیر پیشرفت برپا داشت و انبوه مردان و زنان سکولار یا به‌عبارتی دنیامدار از سمت دیگر جاده به راه خود ادامه دادند. پرسش این است که چرا؟ به چه سبب کلیسای کاتولیک چنین واهمه‌ای از جنبش‌های مردم‌پسند روزگار خود داشت؟

بادهای عصر جدید پیشاپیش از ندای بلند انقلاب فرانسه خبر می‌داد: «آزادی، برابری، و برادری.»

منظور از آزادی همان آزادی‌های فردی در عرصه‌های سیاسی و اقتصادی بود. کلمه‌های Liberty که به معنی حُریت و آزادی است و لیبرالیسم Liberalism که به معنی آزاداندیشی است، کاربردهای متنوع و گیج‌کننده‌ای دارند. آزادی در معنای اجتماعی‌اش می‌تواند مواضع رونالد ریگان و تِد کِندی را شامل شود، زیرا هر دو کوشیدند تا آزادی فردی را به حداکثر برسانند و آن را بسط دهند (و احزاب مربوط به آنها هنوز به تلاش در این زمینه ادامه می‌دهند.) البته، بین آنها دربارهٔ اینکه آزادی شبیه چیست و چگونه باید به آن دست یافت، اختلاف وجود دارد، ولی به‌هرحال هدف، رسیدن به آزادی است. ضمناً باید به معنای خاص این کلمات در حوزهٔ الاهیات و سیاست دقت شود.

لیبرال‌ها در سیاست‌های اوایل قرن نوزدهم صدای طبقهٔ متوسط بودند. آنها خواهان حق رأی و کنترل حکومت‌های انتخابی[1] بودند. در امور مالی نیز خواهان آزادی برای احداث کارخانه و اندوختن ثروت بدون دخالت دولت‌ها یا به‌اصطلاح *Laissez Faire* بودند یعنی اقتصاد آزاد.

کلمهٔ دوم، برابری، به حقوقی اشاره دارد که انسان‌ها صرف‌نظر از زمینهٔ خانوادگی یا مالی خود از آن برخوردارند. طی قرن نوزدهم روستاییان و کارکنان شهری در صدد برآمدند تا به تساوی سیاسی با طبقهٔ متوسط برسند، از این‌رو از فیلسوفان اجتماعی حمایت کردند، زیرا این فیلسوفان مدافع حقوق آنها بودند. اما درحالی‌که طبقهٔ متوسط، یعنی مالکان، و تاجران سرشناس از آموزهٔ اقتصاد آزاد حمایت می‌کردند، طبقهٔ کارگر بر مبنای فلسفه‌ای رقیب که سوسیالیسم یا نظام اشتراکی خوانده می‌شد، خواهان برابری بود. امتیازات این طبقه به دو شیوه می‌توانست حاصل شود، یا از راه تکامل در قالب نظامی دموکراتیک یا از راه انقلاب مطابق الگوی مارکسیستی.

برادری، سومین رُکن، ناظر بر معنایی قوی از اخوت بین انسان‌ها در قرن نوزدهم بود. آرزویی که شورشیان مهاجم به باستیل را با هم متحد می‌ساخت این بود که اختیار قلمرو خود را به‌دست گیرند و هویت ملّی خود را رقم زنند. در یک کلام، آنها از ناسیونالیسم (ملّی‌گرایی) انگیزه می‌یافتند که جریان آن نه فقط اروپای قرن نوزدهم را در بر گرفت، بلکه در قرن بیستم نیز ادامه یافت و آسیا و آفریقا را در نوردید.

1. Representative Governments

کلیساهای عصر پیشرفت از هر ســو در احاطهٔ این امواج و جریانات دیگر بودند، لیکن ضربهٔ ویرانگر این امواج را بر کلیسای سنتی رُم، کسی در آن زمان نمی‌توانست پیش‌بینی کند.
در آستانهٔ انقلاب فرانسه، کلیسای کاتولیک رُم هنوز در شکوه و جلال نظام قدیم آرمیده بود. این کلیسا به‌مدت هزار سال به ساختارهای اروپای فئودال تقدس بخشیده و به حاکمیت پادشــاهان و وصلت نجیب‌زادگان تبرک داده و خود نیز همانند این فرمان‌فرمایان و اشراف، چندان فکری به حال روســتاییان و طبقهٔ متوسط در حال رشد نکرده بود. در جامعهٔ اروپایی قــرن هجدهم، ولادت در خانوادهٔ نجبا و احراز مقامات کلیســایی مؤثرتر از هوشــمندی و دســتاورد یا اندوختن ثروت بود. در جمعیت بیست‌وپنج میلیونی فرانسه فقط دویست‌هزار نفر به طبقات ممتاز تعلق داشتند، یعنی یا جزو نجیب‌زادگان بودند یا روحانیون. این دو گروه تقریباً نیمی از زمین‌های کشور و بهترین مناصب حکومتی را در اختیار داشتند. روستاییان که هشــتاد درصد جمعیت را تشکیل می‌دادند در زیر بارهای تحمل‌ناپذیری که شامل پرداخت مالیات به کلیســا و دولت بود، توان از کف داده بودند. طبقهٔ متوسط ثروت داشت اما بی‌هیچ مســئولیتی، هوش و ذکاوت داشت اما از اقتدار برخوردار نبود، و توانایی داشت بی‌آنکه این توانایی بازشناخته شود. وقوع تغییرات بنیادین حتمی بود – و این اتفاق بسیار زودتر از آنچه مردم فکر می‌کردند افتاد.

تب‌وتاب انقلاب

عصر روشــنگری مایهٔ لازم را برای تغییر ایجاد کرد، اما بخش اعظم آن در قالب کلمات ظهور یافت تا اعمال. در دههٔ ۱۷۶۰ تب ناآرامی سیاســی، کشــورها را یکی پس از دیگری فرامی‌گرفت. در کشــورهای کوچکــی مانند ژنو و کشــورهای بزرگتر مانند انگلســتان، سیاســتمداران تندرو نظام مستقر را به چالش گرفتند. خواســته‌های اساسی آنها در همه‌جا یکسان بود: حق شرکت در امور سیاسی، حق رأی، و حق آزادی بیان بیشتر.
انقلاب آمریکا در دههٔ ۱۷۷۰ الهام‌بخش این تندروها در اروپا شد و درسی بزرگی به آنها داد که می‌توانستند درباره‌اش تعمق کنند یا حتی از آن تقلید نمایند. ناظران اروپایی، مهاجران آمریکایی را اصحاب حقیقی روشــنگری می‌دانستند، زیرا اهل عقل و منطق و در همان حال شــورمندانه در پی برابری بودند، آنها صلح‌طلب و در همان حال آمــاده بودند برای آزادی خود بجنگند. مستعمره‌نشــینان برای رسیدن به استقلال، با امپراتوری قدرقدرتی در افتاده و بدین‌گونه درســتی اندیشه‌های روشنگری را ثابت کرده بودند. آنها سخت‌ترین آزمایش را با موفقیت پشت سر گذاشته بودند، همان که روشنگری مایل بود تمام اندیشه‌هایش را در بوتهٔ آزمون آن بگذارد، یعنی تجربه.
در فرانسه، پرجمعیت‌ترین کشور اروپا، شواهد ورشکستگی سیاسی و اقتصادی در حال افزایــش بود. دولت مبالغ کلانی از بانک‌های اروپایی قرض می‌کرد و در گزارش‌ها دســت می‌برد تا حقیقت را در مورد وضعیت مالی خــود پنهان کند. افزون بر این، زندگی پرتجمل

مقامات کلیسایی و مجموعه‌ای از برداشت‌های بد محصول شراب که صنعت استراتژیک فرانسه بود، به فضایی از ناآرامی دامن زد.

شاه لوئی شانزدهم در صدد اصلاح این وضع برآمد. در ۱۷۸۹ او مجلس عمومی طبقاتی یا اِتا ژِنرو[1] را تشکیل داد. این مجمع ملی نمایانگر تقسیمات سه‌گانهٔ سنتی جامعهٔ فرانسه یا به‌اصطلاح «طبقات» آن بود که عبارت بودند از: روحانیون، نجبا، و عوام.

بلافاصله بر سر اینکه مجمع چگونه باید فعالیت کند مناقشه در گرفت. از آخرین جلسهٔ آن، ۱۷۵ سال می‌گذشت و اختیارات آن هرگز به‌روشنی تعریف نشده بود. همان‌گونه که پیتر گای[2] می‌گوید:

> اشراف و روحانیون که خواهان حفظ امتیازات خود بودند می‌خواستند رأی هر طبقه به‌مثابهٔ یک واحد محسوب شود. این امر سبب می‌شد که طبقات بالاتر اختیار مجمع را به‌دست گیرند. مردم عادی یا عوام که طبقهٔ سوم را تشکیل می‌دادند، می‌خواستند هرکس رأی مستقل خود را داشته باشد. از آنجا که در آن روزها عدهٔ آنها در مجمع به ۵۰ درصد کل اعضا رسیده بود، و از طرفی امید بسیاری به حمایت لیبرال‌ها در دو طبقهٔ دیگر داشتند، این روش از لحاظ تعداد به آنها برتری می‌بخشید.
>
> برانگیختگی عمومی روی این موضوع حادتر شد، و احساسات انقلابی گسترش یافت. هنگامی که شاه به مطالبات طبقهٔ سوم احترام نگذاشت، عوام مجلس عمومی را ترک کردند و برای خود مجمع ملی را تشکیل دادند.

در ۱۴ ژوئیهٔ ۱۷۸۹جماعت خشمگین پاریسی به باستیل حمله‌ور شد: کنترل اوضاع از دست شاه خارج شده بود؛ از آن پس تودهٔ مردم فرانسه می‌بایست قدرت سیاسی به حساب می‌آمد. در پایان ماه اوت همان سال، بخش اعظم امتیازات فئودالی سنتی اشراف فرانسه لغو شده و اعلامیهٔ دلیرانه‌ای تحت عنوان «اعلامیهٔ حقوق بشر و شهروند»[3] به تصویب رسیده بود.

در این اعلامیه اکثر مطالبات روشنگری مدّون شده بود، زیرا اعلام می‌داشت که حقوق طبیعی بشر، یعنی «آزادی، حق مالکیت، امنیت، و مقاومت در برابر ستم» مقدس و سلب‌نشدنی است؛ این اعلامیه حق افراد را برای بیان آزادانهٔ دیدگاه‌های خود به‌رسمیت می‌شناخت و توقیف دلبخواهی افراد را ممنوع اعلام می‌داشت و حقوق متهمان را محفوظ می‌شمرد. همچنین اعلام می‌داشت که فرانسه ملک خصوصی فرمانروایانش نیست، بلکه کشوری است مستقل و متعلق به همهٔ مردم آن!

فقط در طی ده سال پیش از پایان قرن، فرانسه اقدام به تشکیل جمهوری کرده، شاه را گردن زده، رژیم انقلابی کارآمد هرچند زیر سلطهٔ احزاب تشکیل داده، و در این مدت، دوره‌ای از سرگشتگی را پشت سر نهاده بود که با کودتا و رسیدن ژنرال ناپلئون بناپارت به قدرت به پایان رسید. در تمام این اتفاقات، ملت فرانسه پیوسته با بقیهٔ اروپا درگیر بود.

1. Estates General; 2. Peter Gay; 3. Declaration Of The Rights Of Man And Of The Citizen

کلیسای رُم بخشی از نظام قدیم بود، چندان که انقلابیون به‌طور خاص آن را آماج خشم خود ساختند. در اوایل دههٔ ۱۷۹۰ مجمع ملی انقلابی[1] در صدد برآمد کلیسا را با توجه به آرمان‌های روشنگری اصلاح کند. درآمد آبرومندانه‌ای برای روحانیون در نظر گرفت و مرزهای حوزه‌های اسقفی را دوباره ترسیم کرد، و همهٔ این کارها را از روی مصلحت‌اندیشی انجام داد. اما هنگامی که مجمع دست پاپ را به‌کل از کلیسای فرانسه کوتاه کرد و از مقامات کلیسایی خواست تا سوگند وفاداری یاد کنند، کلیسا را بی‌تعارف دوپاره کرد. به این ترتیب، تقریباً در تمام شهرها و روستاهای فرانسه دو جناح کاتولیک در برابر یکدیگر قرار گرفتند: روحانیون ملتزم به قانون اساسی که سوگند وفاداری یاد کرده بودند و جناح غیر ملتزم به قانون اساسی که تن به این کار نداده بودند.

دیری نپایید که رهبران انقلاب سی تا چهل هزار کشیش را از شهر زادگاه خود به جایی دیگر تبعید کردند یا متواری ساختند، و این تازه آغاز کار بود. بدین‌گونه، انقلاب کم‌کم خصیصه‌ای دینی مختصِ خود می‌یافت. تقویم جدیدی نوشته شد که تمام آثار مسیحیت را حذف کرده بود و کیش عقل را توسعه می‌داد. دیری نپایید کلیساهای مناطق به معابد عقل تبدیل شد، و در کلیسای جامع نوتردام انقلابیون یک هنرپیشهٔ زن را همچون نماد الاههٔ عقل بر مذبح اصلی کلیسا نشاندند. این الگویی برای سایر استان‌های کشور شد. به این ترتیب، دختران جوان به‌صورت الاههٔ عقل، آزادی یا طبیعت لباس می‌پوشیدند و پیشاپیشِ دسته در خیابان‌های شهر راه می‌افتادند تا به مذبحی که برای مذهب جدید انقلاب برپا شده بود برسند.

در سال ۱۷۹۴ تاریخ مصرف این رونوشت جعلی مسیحیت به سر رسید و در اوایل سال بعد طی فرمانی، در فرانسه آزادی مذهب اعلام شد. به این ترتیب، تمام کاتولیک‌های سراسر کشور به مذابح کلیساهای خود بازگشتند. با این‌همه، کلیسای رُم هرگز فراموش نکرد که آزادی به معنی پرستش الاههٔ عقل تعبیر می‌شود!

هنگامی که ناپلئون به قدرت رسید، تصمیم درستی گرفت و حاصل توافق او با پاپ، معاهدهٔ ۱۸۰۱ بود که کلیسای رُم را به جایگاه خاص آن در فرانسه بازگرداند. بدین‌گونه، مذهب کاتولیک «مذهب اکثریت قاطع فرانسویان» خوانده شد، اما کلیسا برای همیشه موضع قدرت خود را از دست داده بود. فرانسه و مابقی کشورهای اروپا دیگر نمی‌توانستند جامعه‌ای داشته باشند که عامل اتحاد در آن، همبستگی دربار و کلیسا بود. از سویی، کلیسای رُم هیچ‌گاه علاقه‌ای به لیبرالیسم نشان نداد، و البته دلایل این امر روشن است.

کاتولیسیسم در برابر لیبرالیسم

عیسای مسیح خداوند و رسولانش در سخنان خود چندان به آزادی و استقلال فردی و حق انسان برای ابراز عقاید خود نپرداخته‌اند. در قرون وسطیٰ و دورهٔ اصلاحات، این اصل

---

1. The Revolutionary National Assembly

آگوســتین که فیض پدیدآورندهٔ آزادی است و نه برعکس، در بُن سازماندهی و کاربرد ایمان مسیحی قرار داشت. انســان زمانی می‌تواند به‌نحو مناسبی آزاد باشد که از نجات برخوردار باشــد، بنابراین در سراسر این قرون، مســیحیان چندان شور و هیجانی برای موضوع آزادی غیرمناسب انسان - یعنی آزادی سیاسی - نداشتند.

با این‌همه، طی قرن نوزدهم، این فکر که همهٔ انســان‌ها باید تا جای ممکن آزاد باشــند، عمومیت داشت. اما دامنهٔ این آزادی تا کجا بود؟

آزادی به معنای کهن کلمه

در ایام کهن، آزادی در بســیاری از موارد معنایی عمیق‌تر از این داشت که یک نفر عمل به روش خاصی را انتخاب کند. آزادی نوعاً وابســته به ذات دانسته می‌شد. انسان دارای ماهیت یا ذات اســت. در نتیجه، به اقتضای همین ماهیت، مثلاً، از توانمندی بسیار برای اســتدلال و تفکر برخوردار اســت. از این‌رو، آزادی به این معنی بود که انسان می‌تواند بر حســب ذاتش و در جهت تحقق ذاتش، زندگی کند. بدین‌ترتیب، نمی‌شــد کسی را که داخل لجن چهاردســت‌وپا راه می‌رود بر این اساس ستود که برخی انسان‌ها تصمیم گرفته‌اند مانند خوک رفتار کنند. آزادی از این جهت شریف و مهم انگاشته می‌شد که به انســان امکان می‌داد بر حسب ذات یا استعداد بالقوهٔ خود زندگی کند. از این‌رو، موانعی که پیشرفت انسان را در این مســیر محدود می‌کرد، در صورت امکان باید رفع می‌شد. مــردم امروزه غالبــاً آزادی را جدای از ارتباط آن با ذات و ماهیت بشــر درک می‌کنند. علت علاقهٔ آنها به آزادی این نیســت که می‌توانند به (اقتضای ذات خود) به فردی بهتر تبدیل شــوند؛ از نظر آنها آزادی به این معنی است که خود تصمیم بگیرند چه باشند. بر همین قیاس، تعابیر روزگاران کهن از شــکوفایی یا سعادت انسان، با خوب‌بودن ارتباط داشــت و نه فقط احساس خوب داشــتن. مثلاً، ارسطو ســر در نمی‌آورد که چطور ما امروزیان می‌توانیم تصور کنیم کسی خوب نباشد ولی احساس خوبی داشته باشد. اینجا هم، زندگی فرد مطابق ذات خود، نقشــی بنیادین برای آزادی و سعادت داشت. پدران بنیان‌گذار آمریکا هنگامی که دربارهٔ زندگی، آزادی، و ســعادت ســخن می‌گفتند همین مفهوم قدیمی از ذات انســان را در نظر داشتند. در مقایسه با این تعبیر، مفاهیم معاصر از آزادی اغلب کم‌مایه‌اند.

جان استوارت میل[1] نوشته است: «آزادیِ هرکس را آزادیِ مشابه دیگران محدود می‌کند.» ایــن تعریف حدود آزادی را مشــخص می‌کــرد. آزادی به این معنی بود که انســان بتواند دیدگاه‌های خود را داشــته باشــد، دیدگاه‌هایش را ترویج کند، مطابق دیدگاه‌های خود عمل کند، و تابع همان آزادی باشــد که برای افراد دیگر جامعه وجود دارد. در عمل، این به معنای

1. John Stuart Mill

فصل سی‌وششم | ۱۵۶

حکومتی دارای قانون اساسی بود که آزادی‌های مدنی همهٔ افراد جامعه را تضمین می‌کرد، از جمله آزادیِ فرد برای عبادت و پرستش مطابق باور خود. این فکر هیچ به مذاق پاپ‌ها خوش نمی‌آمد.

هنگامی که امپراتوری ناپلئون در ۱۸۱۵ فروپاشید و او به جزیره‌ای دورافتاده در اقیانوس اطلس تبعید شد، شاهان مستبد در تلاش برآمدند امتیازات ازدست‌رفتهٔ خود را بازگردانند. اما بازگشت به سلطنت مطلقه در سراسر اروپا با مقاومت لیبرال‌ها روبه‌رو شد.

نخستین طغیان لیبرال‌ها در اسپانیا و ایتالیا به‌آسانی سرکوب شد. اما کامیابی لیبرال‌ها در سرنگون‌کردن شاهانی که در فرانسه به تاج‌وتخت بازگشته بودند (۱۸۳۰) وعدهٔ تغییر را به‌همراه داشت. ۱۸۴۸ تاریخ مهمی بود؛ زیرا در این زمان، انقلاب لیبرال‌ها به‌طور موقت تقریباً در همهٔ پایتخت‌های اروپا پیروز شد.

در تمام آن سال‌ها، پاپ‌ها - لئوی دوازدهم، پیوس هشتم، و گرگوری شانزدهم - افراد بدی نبودند، بلکه فقط از همگامی با فضای فکری قرن نوزدهم ابا داشتند. آنها به دفاع از گذشته ادامه دادند و ارتباط خود را با حرکت‌های روزگارشان از دست دادند. هیچ‌یک از آنها درک درستی از دنیای جدیدی که انقلاب فرانسه معرف آن بود، نداشت. هرگز نیز راه مبارزه با این دنیا و تبدیل‌کردن آن را درنیافتند.

لیبرالیسم در نظر داشت شُروری را که مایهٔ رنج و عذاب انسان بود از میان بردارد، و در این نبرد نه فقط از کلیسای کاتولیک رومی کمک نگرفت که اصرار داشت کلیسا حق اظهارنظر دربارهٔ اخلاق عمومی جامعه ندارد. سیاست مستقل از اخلاق مسیحی است. مسیحیان کاتولیک رومی نیز شهروندان معمولی هستند با تمام حقوق مربوط به شهروندان معمولی، اما در همین حد نه بیشتر.

آشکارترین نماد پیوستگی پاپ با گذشته، ایالات پاپی در ایتالیا بود، زیرا در این ایالات پاپ نه فقط رهبر روحانی، بلکه فرمانروای زمینی محسوب می‌شد. برای قرن‌های متمادی ایتالیا فقط یک نمود جغرافیایی بود، زیرا متشکل از هفت دولت ایتالیایی بود به‌علاوهٔ قلمروهای پاپ که از رُم به سمت شمال شرقی و از این‌سوی شبه‌جزیره به‌سوی دیگر آن امتداد داشت.

با این‌همه، در میانهٔ قرن نوزدهم، جنبشی برای وحدت ایتالیا در ساردینیا[1] پا گرفت که ریزورجیمنتو[2] خوانده می‌شد، یعنی تولد دوباره. هدف آن، براندازی تمامی قدرت‌های بیگانه در ایتالیا و ایجاد وحدت در کل شبه‌جزیره از راه تشکیل ملت جدید ایتالیا بود. ادامهٔ موجودیت ایالات پاپی، این دولت قرون وسطایی در قلب ایتالیا که توسط اصول سفت‌وسخت استبدادی اداره می‌شد، برای این فضای انقلابی تحمل‌ناپذیر بود. پس از سال ۱۸۴۹ مردم چنان نفرتی از ایالات پاپی به دل داشتند که فقط با سرنیزه‌های فرانسویان می‌شد از این قلمرو دفاع کرد.

لیبرال‌ها در آغاز از پاپ پیوس نهم (۱۸۴۶–۱۸۷۸) استقبال کردند. او مردی خونگرم، مهربان، و با حسن‌نیت بود. هنگامی که در ۱۴ مارس ۱۸۴۸ پیوس قانونی برای ایالات پاپی

---

1. Sardinia; 2. risorgimento

نوشـــت که تا حدودی به مردم اجازه می‌داد در تعیین دولت خود نقش داشته باشند، لیبرال‌ها گمان بردند که او اصلاحگری واقعی اســـت. برخی نیز آرزوی تشکیل فدراسیونی ایتالیایی زیر زعامت پاپ داشـــتند. اما پیوس ناگهان دربارهٔ ایالات پاپی تغییر عقیده داد. علت این امر، ترور اولین نخســـت‌وزیر پاپ، جناب کُنت پلّگرینو روسّـــی[1] بود. انقلاب در رُم آغاز شد و پیوس مجبور به فرار گردید. پاپ به کمک ارتش فرانســـه، رُم و ایالات پاپی را بازپس گرفت اما این‌بار خواهان بازگشت به همان روش استبدادی سابق بود.

مخالفان ســـخت به خشم آمدند و نهضت وحدت ملّی به سرکردگی شاه ویکتور امانوئل دوم از ساردینیا (۱۸۴۹–۱۸۷۸) به بهمنی تبدیل شد که راه بر آن نمی‌شد بست. طی سال‌های ۱۸۵۹–۱۸۶۰ بخش‌هـــای وســـیعی از ایالات پاپی به‌دســـت ملی‌گرایان افتـــاد و در مارس سال ۱۸۶۱ در فلورانس، ویکتور امانوئل، شاه ایتالیا اعلام شد.

از خود رُم هنوز سربازان فرانسوی محافظت می‌کردند، اما با آغاز جنگ فرانسه و پروس، لشکریان فرانسوی به وطن بازگشـــتند، و ملی‌گرایان ایتالیایی بدون فوت وقت به رُم یورش بردند. پس از گلوله‌بارانی کوتاه در ۲۰ ســـپتامبر ۱۸۷۰ شهر تسلیم شد و پس از بیش از یک هزاره، به موضوع ایالات پاپی پایان داده شد.

پیوس نهم به واتیکان عقب نشست. در ژوئن ۱۸۷۱ ویکتور امانوئل با نادیده‌گرفتن همهٔ اعتراضـــات و تکفیرهای پـــاپ، محل اقامت خود را به رُم انتقـــال داد. دولت جدید به پاپ پیشنهاد دریافت یارانه‌ای سالانه همراه با آزادی کامل برای عمل به وظایف روحانی‌اش داد. اما پیوس با خشم و خروش این پیشنهاد را رد کرد و به‌عنوان «زندانی واتیکان» به اعتراضاتش ادامه داد. ضمناً کاتولیک‌های ایتالیا را از شرکت در انتخابات سیاسی منع کرد. اما این اقدامات فقط میدان را در اختیار تندروها گذاشـــت. نتیجه، پاگرفتن جریانِ فزایندهٔ روحانی‌ستیزی در حکومت ایتالیا بود. این شـــرایط نامطبوع، یعنی «مسئلهٔ رُم» حل‌ناشده باقی ماند تا اینکه بِنیتو موســـولینی در فوریهٔ ۱۹۲۹ پیمان لاتران را منعقد کرد. طبـــق این پیمان، پاپ تمام ادعاهای خود را دربارهٔ ایالات پاپی ســـابق کنار گذاشت و در مقابل، حکومت کشور کوچک واتیکان دربست به او داده شد.

خطاناپذیری پاپ

با این‌همه، در ســـال ۱۸۷۰ نه فقط حکومت زمینی پاپ به پایان رسید، بلکه اقتدار مطلق اســـقف رُم و آموزهٔ خطاناپذیری پاپ اعلام شـــد و این چیزی بیـــش از اقدامی نمادین بود. شورای اول واتیکان نقطهٔ اوج جنبشـــی بود که ماورای کوهستان یا آلترامونتانیسم[2] خوانده می‌شد. این اصطلاح، یعنی «آن‌سوی کوه‌ها(ی آلپ)» و به معنی سرسپردگی به رُم است.

پس از انقلاب فرانسه، در آن کشور آشـــوب‌زده، وفاداری خاصی به دستگاه پاپ شکل گرفته بود. پس از سال‌های آشـــفتهٔ انقلاب و حکومت ناپلئون، برخی از کاتولیک‌ها پاپ را

1. Count Pellegrino Rossi; 2. Ultramontanism

همچون یگانه منبع استقرار نظم و اخلاق در کشور می‌ستودند. آنها ادعا داشتند که نظم و سامان‌دادن به جامعهٔ به‌هم‌ریختهٔ بشری فقط از مقام پاپ برمی‌آید و تنها فردِ برخوردار از منزلت و قدرت لازم برای محافظت از آزادی روحانی در برابر جباریّت قدرت سیاسی، روحانی مستقلی است که با حکومت زد و بند ندارد و با همهٔ وجود گوش‌به‌فرمان پاپ، سرور بی‌چون‌وچرای کلیساست.

بنابراین، چنین می‌نمود که اعتقاد به خطاناپذیری پاپ پیش‌شرط اجتناب‌ناپذیر، ضروری و آشکار برای عملکرد مؤثر او بود. کلیسا باید نوعی مونارکی یا حکومت تک‌سالارانه مطابق ارادهٔ خدا باشد. بدین‌گونه، خطاناپذیری برای پاپ درست همان حکمی را داشت که حاکمیت مطلق برای پادشاهان دنیوی. در واقع خطاناپذیری به معنای حاکمیت مطلق در قلمرو روح و کلیسا بود. بدین‌سان، طرفداران تک‌سالاری می‌توانستند تصور خود را از اقتدار سیاسی به کلیسا و دستگاه پاپ انتقال دهند.

در میانهٔ قرن، بسیاری از کاتولیک‌ها پیرو این خط فکری شدند. پاپ نیز حمایت همه‌جانبه از آن داشت. در یکی از مطالبی که ژزوئیت‌ها منتشر کرده بودند آمده بود هنگامی که پاپ به تأمل می‌پردازد، خداست که در او فکر می‌کند. چنین می‌نمود که سرودهای روحانی نه خطاب به خدا، که خطاب به پیوس نهم سروده می‌شد؛ برخی نیز کار را یکسره کرده بودند و می‌گفتند پدر مقدس همانا «نایب خدا برای انسان‌ها» است.

در هشتم دسامبر ۱۸۵۴، پیوس نهم این اعتقاد سنتی را که مریم بدون آلایش به گناه اولیه باردار شد، تعلیم رسمی کلیسای کاتولیک اعلام کرد. وی اظهار داشت: «این حقیقت الاهیِ آشکارشده برای ایمان است که مریم در نخستین لحظهٔ بارداری‌اش، به‌واسطهٔ فیض خدا و با توجه به شایستگی‌های مسیح، از آلودگی گناه نخستین آزاد شد.» خود این موضوع تازه نبود، بلکه شیوهٔ اعلام آن تازگی داشت. این نه تصمیمی از سوی شورا، بلکه تبیینی از جانب پاپ بر پایهٔ *Ex Cathedra* بود. این اصطلاح به معنی «از سریر یا مسند»[1] است، یعنی از سوی مقامی که مسئول تعلیم رسمی کلیساست.

پرسش‌ها از هر سو مطرح شد. آیا پاپ به‌تنهایی، بدون تشکیل شورا، می‌تواند دگما یعنی تعلیم رسمی کلیسا را تعیین و اعلام کند؟ به این ترتیب، بزرگترین موضوع شورای اول واتیکان در برابر کلیسا قرار داشت. در اعلام رسمی لقاح مطهر مریم ۵۴ کاردینال و ۱۴۰ اسقف حضور داشتند، اما تصمیم‌گیرنده در این مورد فقط پاپ بود.

ده سال بعد در دسامبر ۱۸۶۴، درحالی‌که ملی‌گرایان ایتالیایی حلقه را به دور گردن ایالات پاپی تنگ‌تر می‌کردند، پاپ پیوس نهم نامه‌ای سرگشاده خطاب به تمام اسقفان کلیسا نوشت. این نوع نامه اصطلاحاً *encyclical* یعنی نامه یا رسالهٔ پاپ خوانده می‌شود.

پاپ «فهرست خطاها» را ضمیمهٔ این نامه کرد که هشتاد مورد از شُرور جامعهٔ مدرن را شامل می‌شد و اعلان جنگ علنی پاپ بود با سوسیالیسم، راسیونالیسم (عقل‌گرایی)،

---

۱. From The Chair یعنی حکم یا فرمانی که از تخت فرمانروایی صادر می‌شود. نزدیکترین معادل این معنا در فارسی، فتواست. (مترجم)

آزادی مطبوعات، آزادی مذهب، مدارس عمومی، انجمن‌های کتاب‌مقدس، جدایی کلیسا از حکومت، و خلاصه لشکری از این اهریمنان عصر پیشرفت. او نامه را با این عبارات به پایان برد که «اسقف رُم نه می‌تواند و نه مجبور است خود را با پیشرفت، لیبرالیسم و تمدن جدید سازگار سازد یا با آن به توافق برسد.»

پیوس نهم نمی‌خواست از راه گفتگو با دنیای مدرن به صلح برسد. کلیسا می‌بایست نیروهایش را به دور رهبر خطاناپذیرش گرد می‌آورد و خود را مهیای کشمکشی بلندمدت می‌کرد.

پیوس به منظور تقویت دستان جانشین مسیح، برای تشکیل شورای عمومی کلیسا برنامه‌ریزی کرد. مجمعی مقدماتی متشکل از کاردینال‌ها تشکیل داد (۹ مارس ۱۸۶۵) و اسقفان بیشتری را به حلقهٔ معتمدان خود افزود، و، به مناسبت هزار و هشتصدمین سالگرد شهادت پطرس و پولس (۱۸۶۷) برنامهٔ خود را برای تشکیل شورا به اطلاع بیش از پانصد اسقف دیگر رساند. این شورا در هشتم دسامبر ۱۸۶۹ در رُم تشکیل شد.

موضوع تعریف خطاناپذیری پاپ نیز وجود داشت، هرچند خود موضوع مشکل چندانی ایجاد نمی‌کرد. کاتولیک‌ها تقریباً شک نداشتند که پاپ به‌عنوان جانشین پطرس از اقتدار خاصی در زمینهٔ تعلیم برخوردار است. سؤال فقط این بود که مرز این اقتدار کجاست، آیا مستقل از شوراها و مجمع اسقفان می‌تواند اِعمال شود، و چه پیش‌شرط‌های خاصی در این مورد وجود دارد.

در شورا، اسقف هِفِلِه[1] از روتنبرگ، نویسندهٔ فرهیختهٔ کتاب معروف «تاریخچهٔ شوراها» و جناب اسقف اشتروسمایر[2] از دیاکووار در بوسنی، هدایت گروه مخالف با تعریف موجود را بر عهده داشتند. آنها از حمایت بسیاری از کاردینال‌ها و اسقفان، از جمله اکثر آلمانی‌ها، برخوردار بودند.

در نخستین رأی‌گیری در ۱۳ ژوئیه (جولای) ۱۸۷۰، ۴۵۱ نفر از پدران شورا به نفع تعریفی که از خطاناپذیری وجود داشت رأی دادند، ۸۸ نفر با آن مخالفت کردند، و ۶۲ نفر نیز با برخی ملاحظات آن را پذیرفتند. بسیاری از مخالفان صرفاً زمان را برای طرح این موضوع مناسب نمی‌دانستند.

پس از گفتگوهای بیشتر، شمار آرای موافق هنوز قطعی نبود، اما به‌جای جار و جنجال، ۵۵ نفر از اسقفان با رخصت پاپ، رُم را قبل از صدور رأی نهایی ترک کردند. به این ترتیب، ۵۳۳ رأی در تاریخ ۸ ژوئیه برای آموزهٔ خطاناپذیری ثبت شد که فقط دو مورد از آنها مخالف بود.

بدین‌گونه، شورا دو حقیقت بنیادین را به‌رسمیت شناخت: تقدم پاپ و خطاناپذیری پاپ.

نکتهٔ نخست اینکه، پاپ در مقام جانشین پطرس، نایب مسیح، و رأس کلیسا، اقتدار کامل و مستقیم خود را بر کل کلیسا و تک‌تک اسقفان اِعمال می‌کند. این اقتدار مسائل مربوط به ایمان و اخلاق را در بر می‌گیرد، همچنین نیز امور انضباطی و اداری کلیسا را. بنابراین، هریک

1. Bishop Hefele Of Rottenburg; 2. Bishop Strossmayer Of Djakovar

از اسقفان باید نسبت به پاپ مطیع باشد و این اطاعت «نه فقط در مسائل مربوط به ایمان و اخلاق، بلکه همچنین در عادات و امور اجرایی کلیساست.»

نکتهٔ دوم، هنگامی که پاپ در مقام رسمی خود *(ex cathedra)* تصمیمی نهایی برای کل کلیسا در امور مربوط به ایمان و اخلاق می‌گیرد، این تصمیم به‌خودی‌خود خطاناپذیر و تغییرناپذیر است و نیاز به رضایت قبلی کلیسا ندارد.

بلافاصله پس از رأی‌گیری دربارهٔ خطاناپذیری پاپ، شورا مجبور شد به کار خود پایان دهد. آغاز جنگ فرانسه و پروس (۱۹ ژوئیهٔ ۱۸۷۰) بسیاری از پدران شورا را ناگزیر به بازگشت به خانه کرد و بعداً که رُم در ۲۰ دسامبر ۱۸۷۰ به‌دست ملی‌گرایان ایتالیایی افتاد، دیگر هیچ امیدی به ادامهٔ جلسات شورا وجود نداشت. البته این مسئله چندان مهم نبود، چون کار اصلی انجام شده بود. به این ترتیب، شورا توانسته بود، به‌اصطلاح باستیل را دوباره برگرداند.

کل برنامهٔ ماورای کوهستان که پیوس نهم هدایت آن را بر عهده داشت، زندگی مسیحیان کاتولیک رومی را برای نسل‌های آتی شکل داد. رُم که در احاطهٔ نیروهای متخاصم لیبرالیسم، سوسیالیسم، و ناسیونالیسم قرار داشت، بر آن شد تا پشت دیوارهای پاپِ اَرتقایافته و خطاناپذیر خود پناه بگیرد.

متأسفانه دژها یک نقطه ضعف مسلم دارند و آن این است که بر فضای داخل آنها رفته‌رفته تصلب و جمود فکری حاکم می‌شود و پس از یک‌چند، انسان کم‌کم به این فکر می‌افتد که یگانه دنیای واجد اهمیت، بیرون از دیوارهای آنها قرار دارد.

پیشنهادهایی برای مطالعهٔ بیشتر

Bokenkotter, Thomas. *A Concise History of the Catholic Church.* New York: Doubleday, 1977.
Hughes, Philip. *A Popular History of the Catholic Church.* New York: MacMillan, 1957.
*Jadock, Darrell. *Catholicism Contending with Modernity.* Cambridge: Cambridge University Press, 2000.
Johnson, Paul. *A History of Christianity.* New York: Atheneum, 1983.
Vidler, Alec R. *The Church in an Age of Revolution: 1789 to the Present Day.* New York: Penguin Books Inc., 1961.

فصل سی‌وهفتم

مرز جدید اجتماعی

انگلستان در قرن نوزدهم

هادی باش مرا ای نور مهربان، در این اندوهی که گرفته ما را در میان،
هادی باش مرا!
شب دیجور است و من ز خانه بس دور!
هادی باش مرا!

این ابیات، سرودهٔ جان هنری نیومن[1] در ۱۸۳۳ آنگاه که از جزیرهٔ سیسیل رهسپار خانه‌اش در انگلستان بود، امروزه کلمات سرودی است که میلیون‌ها نفر در سراسر جهان می‌خوانند. لحن اندوهناک این ابیات یادآور زندگی سخت بسیاری از مردم انگلستان در قرن نوزدهم است. یک دهه پس از تاریخ یادشده، نیومن به دامان کلیسای رُم گریخت تا در امان باشد، اما همین احساس نزدیک‌بودن روزهای تاریک را در سرود روحانی «نزد من بمان» نیز از شاعر معروف اِوانجلیکال، هنری فرانسیس لیت[2] می‌توان دید:

---

1. John Henry Newman; 2. Henry Francis Lyte

روز کوتاه زندگی چه زود می‌رسد به پایان
می‌رود شادی از رخ جهان، می‌رود شکوهش شتابان
در همه‌سو تغییر است و تباهی
ای که تغییر نمی‌یابی، نزد من بمان!

هیچ‌کس در انگلستان قرن نوزدهم نمی‌توانست منکر شتاب تغییر در این کشور باشد. اما دو نهضت برجستهٔ مسیحی واقعاً به میلیون‌ها نفر از همباوران خود کمک کردند تا خود را با «روز کوتاه زندگی» تطبیق دهند و بدین‌گونه در حافظهٔ مسیحیت جایگاهی والا یافتند.

منظور من در اینجا فرقهٔ اِوانجلیکالِ کْلَپ‌هم[1] و نهضت آکسفورد است که دومی متشکل از اَنگلیکن‌های بسیار وابسته به آداب و رسوم و تشریفات کلیسای انگلستان بود.[2] در آغاز هیچ‌یک از آنها از نظر تعداد پرشمار نبود. این نکته ما را به یاد مشاهدهٔ پروفسور گیلبرت مورای[3] می‌اندازد. او می‌گوید: «اعتلای آدمی نتیجهٔ کار انسان‌های گزیدهٔ کم‌شمار بوده است.» با این حال، تا امروز مسیحیان اِوانجلیکال، گروه کْلَپ‌هم را الگویی از دغدغهٔ اجتماعی مسیحیان می‌دانند و اَنگلیکن‌های «های‌چرچ» در نگاه به گذشته، نهضت آکسفورد را سرچشمهٔ تعهد و سرسپردگی به کلیسای انگلستان می‌انگارند.

با مقایسهٔ این دو جنبش به بینش‌هایی جالب در خصوص پرسش‌هایی می‌رسیم که به‌طور مستمر دربارهٔ جایگاه مسیحیت در جامعه مطرح‌اند. از همهٔ اینها گذشته، مسیحیت چه دیدگاهی به جهان باید داشته باشد؟

مسیحیان اِوانجلیکال در جهان

ما می‌دانیم که کلیسا از مأموریتی دوگانه در جهان برخوردار است: خدا قوم خود را «به جهان» فرستاده تا نجات را اعلام و به نیازمندان خدمت کنند. اما در همان حال نیز متعلقان خود را «از جهان» فراخوانده تا او را عبادت کنند و از او تعلیم یابند. میسیون یا مأموریت کلیسا اگر تؤام با عبادت خدا نباشد، ممکن است به خدمتی بی‌مایه منتهی شود، درست همان‌گونه که عبادت اگر تؤام با میسیون یا عمل به مأموریت کلیسا نباشد، به شکلی از دینداری منتهی می‌گردد که در آن توجهی به نیازهای مردم نمی‌شود. بنابراین، حیات کلیسا در جهان شامل گفتگویی مستمر است: یک‌جا باید بگوید بله، یک‌جا نه. پروتستان‌ها در انگلستان قرن نوزدهم متوجه شدند که جامعه با چنان شتابی در حال تغییر است که دیگر مطمئن نبودند با دوست سخن می‌گویند یا با دشمن.

---

1. Clapham

۲. این عبارت را در ترجمهٔ Anglican High-churchmen آورده‌ام. از این پس در این کتاب مفهوم اخیر را با ترکیب های‌چرچ بیان خواهیم کرد. (مترجم)

3. Professor Gilbert Murray

اِوانجلیکال‌ها

توصیف‌های معاصر از اِوانجلیکال‌ها اغلب متکی بر چهار خصوصیتی است که دیوید بِبینگتون[1] برشمرده و عبارتند از: تأکید بر گفتگو، تأکید بر کنش، تأکید بر کتاب‌مقدس (اطمینان به اینکه کتاب‌مقدس منشأ عبادت، هدایت، و الاهیات است)، و تأکید بر محوریت صلیب (یعنی تأکید بر ماهیت فداکارانهٔ صلیب). توماس کید[2] تأکید بر روح‌القدس را هم به این فهرست می‌افزاید، زیرا حضور او را در بیداری‌های روحانی، ریزش‌های روح‌القدس، و ملاقات‌های دگرگون‌کنندهٔ افراد با محبت خدا می‌توان دید.

از بسیاری جهات، قرن نوزدهم به بریتانیا تعلق داشت. انگلستان گهوارهٔ انقلاب صنعتی بود. در این قرن، لندن به بزرگترین شهر و مرکز اقتصادی جهان تبدیل شد. تجارت بریتانیا دنیا را دور زد، و نیروی دریایی بریتانیا بر دریاها مسلط بود. با فرارسیدن سال ۱۹۱۴ بریتانیا از نظر گستردگی و جمعیت، صاحب بزرگترین امپراتوری تاریخ بود.

با این‌همه، این رشد صنعتی و تجاری، بسیاری از مردم بریتانیا را از نفس انداخت. چنین می‌نمود که هر نهادی که قداستی داشت بنیادهایش شکاف برداشته بود. برخی که روزهای هولناک انقلاب فرانسه را به یاد داشتند از آینده هراسان بودند. برخی دیگر تغییر را می‌ستودند و آن را پیشرفت می‌خواندند. برای اینان، انگلستان نویددهندهٔ طلوع ایام رفاه و آزادی برای جهانیان بود. بدین‌گونه، بیم و امید به‌نحوی غریب درهم تنیده بود.

با طلوع عصر پیشرفت، پروتستان‌های انگلستان یا عضو کلیسای رسمی و تثبیت‌شدهٔ کشور، یعنی کلیسای آنگلیکن بودند یا به فرقه‌های ناهمنواگرا تعلق داشتند: یعنی متدیست‌ها، باپتیست‌ها، جماعت‌گرایان، و تعدادی جماعت‌های کوچک‌تر. با این‌همه، جنبش‌های حیرت‌انگیز قرن نوزدهم در چارچوب فرقه‌های سنتی مسیحی اتفاق نیفتاد. آزادی‌های فزایندهٔ عصر به مسیحیان رخصت داد تا انبوهی از انجمن‌های دینی برای خدمت حیاتی به زندگی مردم انگلستان یا رساندن پیام انجیل به ماورای بحّار پدید آورند. این انجمن‌ها به‌معنای سنتی کلمه کلیسا نبودند، یعنی در آنها خبری از آیین‌های مقدس، اعتقادنامه‌های مسیحی، و خادمان دستگذاری‌شده نبود. آنها گروه‌هایی متشکل از مسیحیان منفرد بودند که برای رسیدن به هدفی مشخص تلاش می‌کردند: مثلاً توزیع کتاب‌مقدس، یا کمک به نیازمندان.

در آغاز عصر پیشرفت، بزرگترین قدرت در حیات دینی انگلستان، نهضت اِوانجلیکال بود که به‌دست جان وسلی و جرج وایتفیلد آغاز شد و گسترش یافت. مهمترین نشانه‌های این نهضت عبارت بودند از تقدس سفت‌وسخت در زندگی شخصی که معمولاً از تجربهٔ توبه و حیات جدید سرچشمه می‌گرفت و تلاش جدی برای خدمت مسیحی در جهان.

1. David Bebbington; 2. Thomas Kidd

آنچه این دو وجه را تقویت می‌کرد دلسپردگی به کتاب‌مقدس بود؛ هر دو را نیز موضوعات محوری بیداری روحانی در قرن هجدهم هدایت می‌کرد. این موضوعات عبارت بودند از: محبت آشکارشدهٔ خدا در مسیح، ضرورت نجات از طریق ایمان، و تجربهٔ تولد تازه که روح‌القدس می‌بخشد. این پیام اِوانجلیکال، از برخی منبرهای مهم کلیسای انگلستان و از اکثر منبرهای فرقه‌های ناهمنواگرا به‌گوش می‌رسید.

اِوانجلیکال‌های کلیسای انگلستان کاملاً به کلیسای خود وفادار بودند و روش اسقفی ادارهٔ آن را تأیید می‌کردند. اما برای همکاری با خادمان و کلیساهای ناهمنواگرا نیز آمادگی داشتند، زیرا موضوع اصلی مورد علاقهٔ آنها کلیسا و مراسمش نبود. آنها موعظهٔ انجیل را مهمتر از اجرای آیین‌های مقدس یا نحوهٔ اجرای مراسم کلیسایی می‌دانستند. از این موضع که چندان در قید مراسم و تشریفات کلیسایی نبود به «لو چرچ» Low Church تعبیر می‌شد.

اِوانجلیکال‌ها متأثر از شور و حرارت بیداری روحانیِ متدیست‌ها، معضلات اجتماعی جامعهٔ انگلیس را دعوتی به خدمتِ وقف‌شده می‌دانستند. آنها خود را وقف آرمان‌های اصلاحات برای محرومان و ستمدیدگان کردند.

جماعت کْلَپ‌هم

ستاد کل نهضت‌های اِوانجلیکال در آن زمان در دهکده‌ای به نام کْلَپ‌هم واقع بود که سه مایل با لندن فاصله داشت. این روستا اقامتگاه بیرونِ شهر گروهی از مسیحیان اِوانجلیکال توانگر و دوآتشه بود که معنی «تقدس در زندگی روزانه» و زیستن با نگاه به ابدیت را می‌دانستند. برخی از آنها در خانه‌های باشکوه خود در روستا زندگی می‌کردند، درحالی‌که دیگر اعضای گروه اغلب به بازدید کْلَپ‌هم می‌رفتند و با همکاران خود زندگی می‌کردند. مورخان از آنها به‌عنوان «فرقهٔ کْلَپ‌هم»[۱] یاد می‌کنند، اما آنها فرقه نبودند، بلکه بیشتر به خانواده‌ای با روابط نزدیک شباهت داشتند.

هدایت روحانی این گروه را جان وِن[۲] خادم کلیسای محلی، بر عهده داشت که مردی بافرهنگ، صاحب درایت و پاک بود. آنها اغلب برای مطالعهٔ کتاب‌مقدس، گفتگو و دعا در کتابخانهٔ بیضی‌شکلِ بانکدار توانگری به نام هنری تورنتون[۳] جمع می‌شدند.

رهبر بلامنازع این فرقه، ویلیام ویلبرفورث[۴] (۱۷۵۹–۱۸۳۳)، دولتمرد عضو مجلس بود. اما ویلبرفورث در حلقهٔ دوستانش، کهکشانی از استعدادهای گوناگون برای پیشبرد آرمان‌های مسیحیان اِوانجلیکال یافت: جان شور[۵] (لُرد تینمت)، فرماندار هند؛ چارلز گرَنت[۶] رئیس کمپانی هند شرقی؛ جیمز استیونز[۷] معاون وزیر در امور مستعمرات؛ زاکاری مکولی[۸] ویراستار مجلهٔ «ناظر مسیحی»[۹]؛ و توماس کلارکسون[۱۰] از رهبران الغای برده‌داری، و دیگران.

1. Clapham Sect; 2. John Venn; 3. Henry Thornton; 4. William Wilberforce; 5. John Shore (Lord Teignmouth); 6. Charles Grant; 7. James Stephens Sr;.81. Zachary Macauley; 9. Christian Observer; 10. Thomas Clarkson

ویلبرفورث در بیست‌وپنج سالگی پس از خواندن اثر فیلیپ دادریج[1] به نام «ظهور و پیشرفت دین در جان آدمی» به‌نحو حیرت‌انگیزی از تجربهٔ حیات جدید برخوردار شده بود، اما به‌طور طبیعی نیز از مجموعه امتیازاتی برخوردار بود که او را مستعد می‌ساخت تا رهبری برجسته باشد. اینها عبارت بودند از: ثروت هنگفت، آموزش در زمینهٔ علوم انسانی، و استعدادهای شگفت. نخست‌وزیر وقت، ویلیام پیت[2] می‌گفت هرگز کسی را ندیده که مانند ویلبرفورث به‌طور طبیعی کلامی چنین شیوا داشته باشد. برخی او را «بلبل خوش‌سخنِ مجلس عوام» می‌خواندند. بسیاری نیز بر توانمندی سرشار او برای دوستی و اصول عالی اخلاقی‌اش شهادت می‌دادند. به بسیاری دلایل چنین می‌نمود که خدا از پیش او را برای چنین وظیفه و زمانی آماده کرده بود.

ویلبرفورث یک بار چنین گفت: «معاشرت و مصاحبت با انسان‌ها در ذات من است، به‌طوری که یا باید با مردم درآمیزم یا نقشی را که ظاهراً مشیّت الاهی برای من تعیین کرده کنار بگذارم.»

تحت رهبری ویلبرفورث، به‌تدریج میان دوستان کْلَپ‌هم روابطی نزدیک بر پایهٔ صمیمیت و همبستگی پدید آمد. در عمارت‌های کْلَپ‌هم، آنها جلساتی تشکیل می‌دادند که به‌گفتهٔ خودشان «جلسات کابینه» بود و در آنها به گفتگو دربارهٔ خطاها و بی‌عدالتی‌های کشور و راه‌های مبارزه برای برقراری عدالت می‌پرداختند. سپس، در مجلس و بیرون از آن، همچون یک بدن عمل می‌کردند و به هر یک از اعضا کاری مطابق استعدادش برای تحقق هدف‌های مشترک گروه، می‌سپردند.

رجینالد کوپلند[3] نویسندهٔ زندگینامهٔ ویلبرفورث می‌گوید: «پیوند برادری آنها شگفت‌انگیز بود، به‌طوری که تا امروز نظیر آن در زندگی همگانی بریتانیا وجود نداشته است.»

اِوانجلیکال‌ها و موضوعات اجتماعی

انبوهی از حرکت‌های اِوانجلیکال از کْلَپ‌هَمِ کوچکِ آرام سرچشمه می‌یافت: انجمن میسیونری کلیسا (۱۷۹۹)، انجمن کتاب‌مقدس بریتانیا و خارج (۱۸۰۴)، انجمن کمک به بهبود وضعیت نیازمندان (۱۷۹۶)، انجمن اصلاح برنامهٔ تأدیب زندان، و بسیاری دیگر از این دست.

با این‌همه، بزرگترین حرکت بر کمپین مبارزه با برده‌داری متمرکز بود. نخستین مبارزه با هدف پایان‌بخشیدن به تجارت برده صورت گرفت. عوامل این تجارت به سراغ سیاهپوستان آفریقا می‌رفتند و آنها را در هند غربی به فروش می‌رساندند.

انگلیس در ۱۵۶۲ وارد این تجارت شده بود. در این تاریخ، سِر جان هاوکینز[4] محمولهٔ خود را که شامل بردگانی از سیرالئون بود در سانتو دومنیگو به فروش رساند. پس از احیای سلطنت در ۱۶۶۰، شاه چارلز دوم به شرکتی که سالانه سه هزار برده به هند غربی می‌فرستاد،

1. Philip Doddridge; 2. William Pitt; 3. Reginald Coupland; 4. Sir John Hawkins

اجازه‌نامــه داد. از آن زمان، این تجارت رشــد عظیمی کرد، به‌گونه‌ای که در ســال ۱۷۷۰ از مجموع یکصدهزار برده‌ای که هر ســاله از غرب آفریقا به‌دســت می‌آمد، بیش از نصفشان را کشــتی‌های انگلیسی حمل می‌کردند. بســیاری از مردم انگلستان ارتباطی ناگسستنی بین تجارت برده با امور بازرگانی و امنیت ملّی بریتانیای کبیر قائل بودند.

در سال ۱۷۸۹ ویلبرفورث نخستین سخنرانی خود را در مجلس عوام دربارهٔ خریدوفروش برده ایراد کرد. او بلافاصله دریافت که شیوایی سخن به‌تنهایی نمی‌تواند جلوی کسانی را که از فروش انســان پول هنگفتی به جیب می‌زدند بگیرد. او به اطلاعات معتبر نیاز داشت. این بود که از همکاران کُلَپ‌همی خود یاری خواست.

دو سال بعد، پس از تمهیدات فراوان، یک بار دیگر ویلبرفورث در مجلس عوام سخنرانی کرد و در صدد تقدیم لایحه‌ای برای جلوگیری از صدور برده‌های بیشتر به هند غربی برآمد. می‌گفت: «ما تا روزی که این لکهٔ ننگ را از نام مســیحیت پاک نکرده‌ایم، از این بار ســنگین گناه خلاص نشده‌ایم، و به این تجارت خونین کاملاً پایان نداده‌ایم، از پای نخواهیم نشست، هرگز، هرگز.»

باز هم ســخنرانی کافی نبود، اما حمایت از ویلبرفورث بیشــتر می‌شــد. فعالان الغای برده‌داری دریافتند که برای رســیدن به پیروزی نه فقط به مجلس، بلکه باید به مردم انگلیس متوســل شوند. ویلبرفورث می‌گفت: «باید به احساســات مردم تکیه کنیم. پس بیایید بر این آتش بدمیم.»

اعضای فرقهٔ کُلَپ‌هم قدم به قدم، دو رکن فعالیت سیاسی در نظام دموکراتیک را فراگرفتند: جلب افکار عمومی به یک موضوع و سپس دولت را تحت فشار افکار عمومی قرار دادن.

مســیحیان اِوانجلیکال شروع به تنظیم درخواست‌های کتبی کردند و نوشته‌های پرمغزی دربارهٔ الغای برده‌داری انتشــار دادند. همچنین به ســخنرانی در مجامع عمومی و استفاده از بیلبورد برای اشــاعهٔ دیدگاه‌های خود پرداختند. به این ترتیــب، از تمام امکانات روز برای رساندن پیام خود به گوش مردم اســتفاده کردند. مسیحیان ناهمنواگرا نیز در حمایت از آنها راهپیمایی کردند و برای نخســتین بار در تاریخ، زنان در اعتراضات سیاسی شرکت جستند. اِوانجلیکال‌ها بر این آتش دمیدند تا خوب شعله‌ور شد، سپس آن را به مجلس بردند، جایی که ویلبرفورث و چهــار تن از همکارانش از کُلَپ‌هم – معروف به «قدیســان» مجلس عوام – تلاش داشتند رهبران خودبین را مجاب کنند که به تجارت غیرانسانی برده پایان دهند.

پایان تجارت بردگان

ســرانجام، تلاش‌های آنها قرین پیروزی شــد. در ۲۳ فوریــهٔ ۱۸۰۷ مقاومت مخالفان درهم‌شکست. احساسات در مجلس با ســخنرانی‌های پرشورِ حامیان الغای برده‌داری اوج گرفت. هنگامی که یکی از اعضا به تضاد درخشــانی بین ویلبرفورث و ناپلئون اشــاره کرد، اعضای ســنگین‌ورنگین مجلس ســنت دیرینه‌شان را زیر پا گذاشــته، به پا خاستند و غریو

تشویق‌ها و تحسین‌هایشان چنان در فضا طنین‌انداز شد که کمتر در گذشته سابقه داشت. ویلبرفورث، دستخوش احساسات، در صندلی‌اش به جلو خم شد، سر خود را در میان دستانش گرفت، و قطره‌های اشک بر چهره‌اش روان شد.

بدین‌گونه، مشروعیت قانونی تجارت انسان لغو شد، اما بردگان همچنان در زنجیرهای اسارت باقی ماندند. ویلبرفورث آن‌قدر به مبارزه برای الغای کامل برده‌داری ادامه داد تا آنکه کهولت و بیماری او را به ترک مجلس واداشت. بااین‌حال، ویلبرفورث با توجه به توانمندی‌های یک جوان اِوانجلیکال به نام توماس فاوئل باکستون[1]، او را برای رهبری به‌اصطلاح «مساعی مقدس» در نظر گرفت. باکستون گزینهٔ مناسبی بود. لایحهٔ الغای برده‌داری که به‌موجب آن بردگان در سراسر امپراتوری پهناور بریتانیا آزاد اعلام می‌شدند در ۲۵ ژوئیه ۱۸۳۳، درست چهار روز پیش از مرگ ویلبرفورث، به تصویب رسید.

اهمیت این اقدام پیش از آنکه قدرت‌های استعمارگر اروپایی آفریقا را بین خود تقسیم کنند، عظیم بود. تأثیر این اقدام را هیچ‌کس بهتر از پروفسور تریویلیَن[2] در کتاب «تاریخ بریتانیای قرن نوزدهم» توضیح نداده است:

> در واپسین شب اسارت، سیاه‌پوستان در جزایر هند غربیِ ما به فراز تپه‌ها رفتند تا شاهد برآمدن خورشید باشند که با تاباندن نخستین پرتوهایش بر آب، آزادی را ارمغانِ آنان می‌کرد. اما در جنگل‌های دوردستِ آفریقای مرکزی، در قلب ظلمتی که هنوز ناشناخته است، برآمدن این روز برای هیچ‌کس معنا یا ارزشی نداشت. بااین‌حال، قارّهٔ تاریک بیش از هر جای دیگری تحت تأثیر قرار گرفته بود. پیش از آنکه اروپا استعمار آن را آغاز کند، نیرومندترین کشور روی زمین که قرار بود سرنوشت این قارّه را به دست گیرد، تصمیم گرفته بود رابطهٔ سیاه‌پوستان با سفیدپوستان در قالب بردگی نباشد.

از همین‌رو، فرقهٔ کْلَپ‌هم مصداقی درخشان از این واقعیت است که عده‌ای معدود، اما توانمند و دلسپرده، می‌توانند یک جامعه و بلکه جهان را متأثر سازند.

نهضت آکسفورد

یک نهضت مسیحی دیگر، یعنی نهضت آکسفورد، نمایانگر واکنشی متضاد به بحران اجتماعی انگلستان قرن نوزدهم است. این نهضت همچون سلف خود، یعنی نهضت اِوانجلیکال، بیشتر بر قلب تمرکز داشت تا عقل. اما برخلاف گروه کْلَپ‌هم، مردان آکسفورد عمیقاً از مسیری که جامعهٔ انگلستان می‌پیمود در عذاب بودند. به دیدهٔ آنها، اصلاحات دولت، حمله به تقدس کلیسای انگلستان بود، و بر آن شدند تا در برابر دخالت‌های دنیا ایستادگی کنند. جان هنری نیومن به مادرش در مارس ۱۸۲۹ چنین نوشت: «ما در دوره‌ای جدید زندگی

---

1. Thomas Fowell Buxton; 2. Professor G. M. Trevelyan

می‌کنیم.» «مردم تا امروز متکی به دیگران بودند، به‌خصوص به روحانیون برای حقایق دینی، اما امروز هرکس تلاش می‌کند خود دربارهٔ امور قضاوت کند ... راه و رسم امروز بر ضد کلیساست.»

برای نسل‌های متمادی، قدرت کلیسای انگلستان متکی بر آریستوکرات‌های زمیندار بود که در مجلس قدرت داشتند. انقلاب صنعتی شهرهای صنعتی پدید آورد که به‌سرعت در حال رشد بودند، مانند منچستر و بیرمنگام، اما این شهرها نماینده‌ای در مجلس نداشتند. بدین‌گونه، فریادها برای انجام اصلاحات اوج گرفت.

قانون اصلاحات مصوب سال ۱۸۳۲ قدرت را از اشراف گرفت و آن را به طبقهٔ متوسط داد و حساسیت جدیدی نسبت به نیروهای دموکراتیک پدید آورد. این عمل سبب شد بسیاری از اعضای جدید مجلس، هرچند عضو کلیسای انگلستان نبودند، نفوذ بسیاری بر کلیسای انگلستان پیدا کنند و همین مایهٔ هراس برخی از مقامات سرسپردهٔ کلیسایی شد. سیاستمداران فاسد را چه به دخالت در امور مقدس خدا؟

گروهی از مردان بااستعداد و بسیار مذهبی در دانشگاه آکسفورد به این مسئله معترض شدند. جان کیبِل[1]، مدرس دانشکدهٔ اوریئل، در ۱۴ ژوئیهٔ ۱۸۳۳ از منبر دانشگاه موعظه‌ای با عنوان «ارتداد ملی» ایراد کرد. وی اظهار داشت ملتی که به جانشینان رسولان، یعنی اسقفان کلیسا، بی‌احترامی روا می‌دارد و بنا به رأی عموم یا مصلحت فقط به عقل استناد می‌کند، محکوم به انکار خداست.

یکی از حامیان پروپاقرص کیبل، جان هنری نیومن (۱۸۰۱–۱۸۹۰)، کشیش کلیسای دانشگاه و فردی معتبر در جامعهٔ علمی بود. دیری نپایید مردی مسن‌تر به آنها محلق شد که ادوارد پوسی[2] نام داشت و استاد درس زبان عبری بود. این سه مرد بانفوذ با موعظه‌ها و نوشته‌هایشان، اعتراض خود را تبدیل به نهضت کردند.

مردان آکسفورد بر آن بودند که کلیسای انگلستان باید تأکید کند که منشأ اقتدار آن حکومت نیست و آنچه به اسقفان کلیسا قدرت می‌دهد نه جایگاه اجتماعی آنها، بلکه مأموریت رسولی آنهاست. بنابراین، حتی در صورت جدایی کامل کلیسا از حکومت، باز هم کلیسای انگلستان می‌توانست از مردم انگلستان انتظار همراهی داشته باشد، زیرا بر اقتدار الاهی تکیه داشت.

مردان آکسفورد برای اشاعهٔ دیدگاه‌های خود، در ۱۸۳۳ اقدام به انتشار مجموعه‌ای از نوشته‌ها با نام «نوشتارهایی برای زمانهٔ ما» کردند. همین جنبش سبب شد به آنها لقب «مطلب‌نویسان» را بدهند. در این نوشته‌ها، رهبران آکسفورد اعتقادات خود را دربارهٔ فقط یکی از بندهای اعتقادنامهٔ رسولان منتشر ساختند، یعنی اعتقاد به «کلیسای مقدسِ واحد جامع و رسولی». آنها تأکید داشتند که اگر توالی اسقفان را در تاریخ دنبال کنیم به رسولان می‌رسیم و خدا به کلیسا اقتدار بخشیده است تا حقیقت را تعلیم دهد و زندگی انسان‌ها را هدایت کند. ضمناً جایگاه والایی برای آیین‌های کلیسایی قائل شدند زیرا آنها را برخوردار از

1. John Keble; 2. Edward Pusey

قدرت نجات می‌دانستند. اصحاب آکسفورد، کلیسای پنج قرن نخست مسیحیت را نمونه‌ای آرمانی برای کلیســای انگلستان می‌دانســتند و می‌گفتند که در آن زمان کلیسای مسیح دچار شقاق نشده و حقیقتاً جامع و کاتولیک بود.

با آنکه برخی از این نظرهای تاریخی خیالی بود، مطلب‌نویســان با شــور و حرارت به آنها باور داشــتند. آنها بر اساس همصدایی خود با مسیحیت کاتولیک اولیه، خود را کاتولیک می‌خواندند و از عنوان پروتستان حذر داشتند، زیرا یادآور شقاق در کلیسا بود.

عبادت عمومی برای مردان آکســفورد بســیار مهم بود. آنها عمیقاً به ارزش دینی اعمال نمادیــن در عبادت مانند رو کردن به مذبح، زانو زدن، و بالا بردن صلیب باور داشــتند. آنها می‌گفتند که عبادت خدا مقتضی پاســخ کامل انسان است؛ بنابراین مراسم کلیسایی باید تمام حواس انســان را درگیر کند: لباس‌های پرزرق‌وبرق روحانیون، سوزاندن بخور بر مذبح، و اجرای ماهرانهٔ موسیقی کلیسایی این منظور را برآورده می‌کرد. خلاصهٔ کلام آنکه مسیحیت مورد نظر مطلب‌نویسان نسخه‌ای از مسیحیتِ های‌چرچ بود که آتش تندتری داشت.

مردان آکسفورد داشتند گام به گام به کلیسای رُم نزدیک می‌شدند که صاعقه فرود آمد. در ۱۸۴۱ جان هنری نیومن «نوشــتار ۹۰» را نوشت و اظهار داشت که مواد سی‌ونه‌گانهٔ کلیسای انگلســتان الزاماً پروتستان نیستند و می‌توان آنها را با توجه به حال و هوای کلیسای کاتولیک تفســیر کرد. ولی آیا واقعاً نیومن باور داشــت که فرد می‌تواند کاتولیک رومی باشــد و در کلیسای انگلستان بماند؟

در پی این بیانات، توفانی از اعتراض بر جنبش آکســفورد فرود آمد. اسقف آکسفورد به نیومن اجازهٔ انتشــار نوشــته‌های دیگرش را نداد و او به این نتیجه رسید که فقط با ورود به کلیســای کاتولیک رومی می‌تواند حقیقتاً کاتولیک باشد. به این ترتیب، نیومن در سال ۱۸۴۵ به کلیســای کاتولیک پیوست، و تا شش سال، صدها روحانی اَنگلیکن راه او را دنبال کردند. پس از چندی، نیومن کشــیش دانشــگاه جدید کاتولیک در دوبلین شد، و در ۱۸۷۷ به مقام کاردینالی در کلیسای رُم رسید.

با این‌همه، عدهٔ کثیری از مطلب‌نویســان در کلیسای انگلستان ماندند و شاهد این شدند که شــمار روزافزونی از روحانیــون، دیدگاه‌های های‌چرچ آنها را دنبال می‌کنند. بســیاری معتقد بودند که مذهب متمرکز بر مراســم، کشیشــان، و آیین‌های مقدس کلیســایی است. بدین‌گونه، توجه به زیبایی موجب ارتقای معماری، موسیقی، و هنر در کلیساها شد. به‌تدریج نام‌های «نهضت آکســفورد» و «مطلب‌نویســان» جا به عنوان «آنگلو-کاتولیک» سپرد که به معنی مســیحیان اَنگلیکنی بود که اتحاد خود را با ســنت مسیحیت جهانی چه در مسیحیت ارتودوکس شرقی و چه در مسیحیت کاتولیک رومی ارج می‌نهادند، اما قائل به تقدم و برتری پاتریارک یا پاپ نبودند.

دیدگاه‌های اِوانجلیکال و آنگلو-کاتولیک دربارهٔ نقش مسیحیت در جامعه، در روزگار ما زنده‌اند، هرچند همیشــه هم در وضعیت مطلوبی نیستند. کمتر نسلی می‌تواند مدعی داشتن ویلبرفورث یا نیومن شود. با این‌همه، اعتقادات آنها پابرجا مانده، زیرا بحث مأموریت کلیسا

و عبادت، در هر نسل جایگاهی بنیادین در مسیحیت دارد. مسیحیان اولیه باور داشتند که خداوندشان عیسای مسیح درحالی‌که تاریکی به دور او حلقه زده بود، برای شاگردانش چنین دعا کرد: «ای پدر، ... درخواست من این نیست که آنها را از این دنیا ببری، بلکه می‌خواهم از آن شَرور حفظشان کنی. آنها به این دنیا تعلّق ندارند، چنان‌که من نیز تعلّق ندارم. آنان را در حقیقت تقدیس کن؛ کلام تو حقیقت است. همان‌گونه که تو مرا به جهان فرستادی، من نیز آنان را به جهان فرستاده‌ام» (یوحنا ۱۷:۱۱–۱۸ از ترجمهٔ هزاره نو).

پیشنهادهایی برای مطالعهٔ بیشتر

Church, R. W. *The Oxford Movement.* Chicago: University of Chicago Press, 1970.
Coupland, Reginald. *Wilberforce: A Narrative.* Oxford: Clarendon Press, 1923.
Howse, Ernest Marshall. *Saints in Politics.* London: George Allen, 1960.
Johnson, Paul. *A History of Christianity.* New York: Atheneum, 1983.
Ollard, S. L. *A Short History of the Oxford Movement.* London: Faith Press, 1963.
Symondson, Anthony, ed. *The Victorian Crisis of Faith.* London: S.P.C.K., 1970.
*Tomkins, Stephen. *William Wilberforce: A Biography.* Grand Rapids: Eerdmans, 2007.

فصل سی‌وهشتم

به‌سوی مردم مناطق دوردست جهان

مأموریت‌های میسیونری[1] کلیسای پروتستان

در روستایی انگلیسی در اواخر قرن هجدهم، کارگاه محقری واقع بود که بر تابلوی سردر آن نوشـــته بود: «خرید و فروش کفش دســـت‌دوم». داخل مغازه، کفّاش که ویلیام کَری[2] نام داشـــت، چکمهٔ همسایه را تعمیر می‌کرد و سرش که خلوت می‌شد، یادگیری لاتین و یونانی را از ســـر می‌گرفت. بالای میز کار، نقشهٔ ساده‌ای از جهان آویخته بود. روی آن کَری مطالبی یادداشـــت کرده بود که منبع آنها سفرنامه‌های کاپیتان جیمز کوک[3] و برخی جهانگردان دیگر بود. یکی از دوســـتان کری که توماس اسکات[4] نام داشت، نام مغازهٔ او را گذاشته بود: «کالج کری».

---

۱. کلمهٔ Mission را در این متن عیناً به میســـیون برگردانده‌ام، زیرا میســـیون اعم از تبشـــیر و بشارت است، ولی منحصر به این معنا نیســـت. در مقاطعی از تاریخ به میسیون‌ها و میســـیونرهایی برمی‌خوریم که اصولاً تلاش خود را به خدمات انسان‌دوســـتانهٔ ملهم از ایمان مســـیحی معطوف کرده و چندان در فکر تغییردادن باورهای دینی مخاطبان خود نبوده‌اند. تبشیر و بشارت بیش از آنکه معادل دقیقی برای میسیون باشد، برگردان دقیق و درستی برای Evangelism است. خوانندهٔ محترم در جریان مطالعهٔ این فصل و فصل‌های مشابه، خود به این تفاوت ظریف پی خواهد برد. (مترجم)

2. William Carey; 3. James Cook; 4. Thomas Scott

میز کار کَری و نقشهٔ بالای آن نمادهای مناسبی از علاقهٔ خاصی هستند که در عصر پیشرفت نسبت به مردم سرزمین‌های دوردست و راه‌های رساندن پیام انجیل به آنها، ایجاد شده بود. در آغاز قرن نوزدهم، مسیحیت پروتستان حضور چندانی در بیرون از اروپا و آمریکا نداشت. پیام انجیل تقریباً به آسیا نرسیده بود به‌جز برخی مناطق در هندوستان و در هند شرقی که هلندی‌ها آن را از دست پرتغالی‌ها خارج کرده بودند. آفریقا به استثنای قبطی‌های کهن در مصر و حبشه «قارهٔ تاریک» بود. بدین‌گونه، پس از گذشت هجده قرن مسیحیت هنوز دینی جهانی نبود.

البته، داستان امروز فرق می‌کند. امروزه صفحهٔ اول هر روزنامهٔ مهمی را که نگاه کنیم، شامل اخباری روزانه از رخدادهایی است که ارتباطی مهمی با مسیحیت در نقطه‌ای از عالم دارند.

عصر بزرگ گسترش مسیحیت، قرن نوزدهم بود. «سابقه ندارد که مجموعه‌ای از عقاید، خواه دینی خواه غیردینی، در پهنه‌ای چنین گسترده توسط این‌همه افراد حرفه‌ای که از حمایت مالی بی‌دریغ میلیون‌ها تن برخوردار بوده‌اند، ترویج شده باشد.» این قضاوت آگاهانهٔ کِنِت اسکات لاتورِت[1] مورخ تراز اول دورهٔ گسترش مسیحیت است. باید گفت که از لحاظ گستردگی، میسیون مسیحی در قرن نوزدهم در تاریخ بشر بی‌سابقه است.

چگونه می‌توان این جوشش ناگهانی انرژی مسیحیت پروتستان را به جهت فتح جهان برای مسیح، توضیح داد؟

پیشگام میسیون‌های جدید

تا یک قرن پس از ظهور مسیحیت پروتستان، اسپانیا و پرتغال که کشورهای کاتولیک رومی بودند، نقش اصلی را در گسترش فعالیت‌های تجاری و امپراتوری اروپاییان ایفا می‌کردند. مبشران نامدار در این دوره عبارت بودند از خاویر، لا کاساس، و ریتچی. فقط پس از شکست نیروی دریایی (آرمادای) اسپانیا در ۱۵۸۸ به‌دست انگلیسیان و ظهور بریتانیا و هلند به‌عنوان قدرت‌های جدید استعماری بود که میسیونرهای پروتستان امکان حضور در قارّه‌های جدید و تماس با مردمشان را پیدا کردند.

نخستین پروتستان‌هایی که برای رساندن پیام انجیل به ساکنان نقاط دوردست جهان تلاش به‌عمل آوردند، پارسامنشان بودند. در مقابل، مسیحیان موراوی تلاش‌های خود را بر ساکنان برخی از مستعمره‌های اروپایی متمرکز کرده بودند که بدون شناخت مسیح هلاک می‌شدند. بدین‌گونه، گروه‌های مسیحی که پارسامنشان ایجاد کردند، جزیره‌هایی کوچک در احاطهٔ دریای «شرک و بت‌پرستی» بودند.

ویلیام کری مسیحیان را با میسیون در مقیاسی بزرگتر آشنا کرد. او در اندیشهٔ بشارت‌دادن به تمام کشورها بود و به این فکر می‌کرد که اگر ملت‌ها مسیحی شوند چه اتفاقی می‌افتد. او بر این باور بود که مبشر خارجی هرگز جز اندکی نمی‌تواند کاری را که لازم است انجام دهد،

1. Kenneth Scott Latourette

و بنابراین توسعهٔ خدمت مسیحی بومی، نخستین و مهمترین موضوعی است که باید در صدر ملاحظات میسیونری قرار گیرد. از همه مهمتر، او عقیده داشت مسیحیت باید در فرهنگ و سنت‌های سرزمینی که به آن وارد شده، ریشه‌های عمیق بدواند. به‌همین دلیل و دلایل دیگر، کری را «پدر میسیون‌های نو» نام داده‌اند.

از ظواهر برنمی‌آمد که این پینه‌دوز انگلیسی به چنین نام و شهرتی برسد. او با دختری تنگدست و تحصیل‌نکرده ازدواج کرده بود و با درآمدی که از محل کسب خود داشت اغلب حتی نمی‌توانست شکمش را سیر کند. اما بزرگی این مرد به باطنش بود نه به شرایطش. او ولع شدیدی برای دانستن داشت و حاضر بود از پول خورد و خوراکش بزند و کتاب بخرد. کُلمب و کاپیتان جیمز کوک قهرمانان بزرگ او بودند.

کری در ۱۷۷۹ پیام نجات را از همکار کفّاش خود شنید و به مسیح ایمان آورد و در ۱۷۸۳ به‌عنوان ایماندار تعمید یافت. پس از آنکه قدری در موعظه تجربه کسب کرد، کشیش کلیسای باپتیست مولتون[1] شد و از محل تدریس و تعمیرات کفش گذران خانواده‌اش را تأمین می‌کرد.

کری در مجامع باپتیست‌ها با شبان دیگری به نام آندرو فولِر[2] آشنا شد. فولر که سفت‌وسخت کالونیست بود راهش را از برخی همباوران کالونیست خود جدا کرد، زیرا آنها مجاهدت در بشارت و دعوت مردم را به توبه با این دیدگاه کالونیستی که خدا برخی را برای نجات برگزیده است، ناسازگار می‌دانستند. فولر سعی داشت هم به اعتقاد خود به قرائت کالونیستی از برگزیدگی پایبند بماند و هم به فرمان پیروی از عیسی و رسولان در امر بشارت.

او گلایه خود را چنین ابراز داشت: «ما طوری با وضعیت افرادی که هنوز توبه نکرده‌اند کنار آمده‌ایم که تقریباً غیرت واعظان نسل‌های پیشین را از دست داده‌ایم و همین هم باعث شده انواع و اقسام گناهکاران در مکان‌های عبادت ما، سال به سال راحت بگیرند بنشینند.»

نتیجهٔ مشخصی که کری از این تعلیم فولر گرفت این بود که اگر همهٔ انسان‌ها وظیفه دارند توبه کنند و به پیام انجیل ایمان آورند، همچنان‌که فولر استدلال می‌کرد، پس وظیفهٔ تمام کسانی هم که انجیل به آنها سپرده شده، رساندن پیام آن به گوش تمام جهانیان است.»

در ۱۷۹۲ کری کتابچه‌ای منتشر کرد به نام «تحقیقی در وظیفهٔ مسیحیان برای استفاده از ابزار لازم جهت توبهٔ مشرکان». این اثر، دوران‌ساز بود و در آن کری به نقد پنج ایرادی پرداخت که مردم از اقدام به بشارت در سرزمین‌های مشرکان می‌گرفتند. این ایرادات عبارت بودند از دوری، توحش، پیامدهای خطرناک، دشواربودن حمایت، و زبان‌های ناشناخته. او به یکایک این ایرادات پاسخ داد. عین این موانع برای تاجران هم وجود داشت اما سبب نشده بود که آنها رهسپار سواحل دوردست نشوند. کری دراین‌باره نوشت: «کافی است همان اندازه که تاجران به سود حاصل از خریدوفروش مقداری پوست سمور اشتیاق دارند، مشتاق نجات روح همنوعان خود باشیم که مانند ما گناهکارند. آنگاه خواهیم دید همهٔ این مشکلات

1. Moulton Baptist Chapel; 2. Andrew Fuller

مرتفع می‌شوند.» او دعوت خود را با طرح پیشنهادهای عملی برای موعظهٔ انجیل در سراسر جهان به پایان می‌برد.

کری و فولر با تشویق یکدیگر توانستند خود را از بند الاهیات محدودکنندهٔ روزگارشان خلاص سازند. آنها به عهدجدید رجوع کردند، خصوصاً به فرمان عیسی در مورد لزوم موعظهٔ انجیل به تمام جهانیان؛ همچنین به آنچه پولس رسول دربارهٔ مقصود خدا اعلام داشته توجه کردند: «تا به نام عیسی هر زانویی خم شود، در آسمان، بر زمین و در زیر زمین، و هر زبانی اقرار کند که عیسی مسیحْ "خداوند" است، برای جلال خدای پدر» (فیلیپیان ۲:۱۰ و ۱۱). آنها این متون را طوری می‌خواندند که خود را مخاطب مستقیم آنها می‌دانستند، چنان‌که گویی روی کلام عیسی نه فقط با شاگردانش در زمان‌های دور، بلکه با خود آنها بود.

در نتیجه در اکتبر ۱۷۹۲، کری، فولر، و یازده تن از همکاران باپتیست‌شان «انجمن میسیونری باپتیست» را پایه‌گذاری کردند و هنوز به سال نکشیده، کری و خانواده‌اش رهسپار هندوستان شدند. دوروتی، همسر کری، ابتدا نمی‌خواست برود، اما تصمیم خود را تغییر داد و به آخرین درخواست شوهرش برای همراهی با او پاسخ مثبت داد. با این حال، تقریباً بلافاصله از تصمیم خود پشیمان شد و در نهایت، روزهای واپسین زندگی را در اتاقش، به تلخی و شاید هم در وضعیت عدم تعادل روحی گذراند.

کمپانی هند شرقی بریتانیا که از سال ۱۷۶۳ غیرمستقیم بر هندوستان فرمان می‌راند، در آن زمان با تمام قدرت میدان‌داری می‌کرد و البته چندان علاقه‌ای به بحث بشارت و این چیزها نداشت؛ فقط به منافعش می‌اندیشید و بس. بسیاری از نمایندگان که در آزادی و آسودگی زندگی می‌کردند و از احساس برتری نژادی خود کمال لذت را می‌بردند، «گسیل مبشران را به مستعمرات انگلیسی در شرق، جنون‌آمیزترین، گزافترین، هزینه‌سازترین، و دفاع‌ناپذیرترین پروژه‌ای می‌دانستند که تا به آن دم، توسط یک متعصب پریشان‌حال پیشنهاد شده بود. چنین طرحی، مهلک، بی‌فکرانه، بی‌نتیجه، زیان‌آور، خطرناک، بی‌فایده، و غیرعملی است.»

کمپانی به کری اجازهٔ سکونت در کلکته را نداد. این بود که او در شهر سرامپور، زیر پرچم دانمارک سکونت گزید و سرکارگر کارخانهٔ رنگ نیل در بنگال شد. این شغل مستلزم فقط سه ماه کار در سال بود و وقت کافی در اختیار او قرار می‌داد تا به زبان‌های شرقی تسلط یابد. در سال ۱۷۹۹ دو همکار باپتیست به نام‌های جاشوا مارشمَن[1] و ویلیام واژد[2] در سرامپور به کری ملحق شدند. برای ربع قرن این سه مرد در کنار یکدیگر کار کردند تا توانستند شبکه‌ای بالنده از پایگاه‌های میسیون در بنگال و ماورای آن سازماندهی کنند.

کری و همکارانش شجاعانه به مطالعه در تمام ظرایف اندیشهٔ هندویی پرداختند. آنها این مطالعات را به‌هیچ‌وجه انحراف از کار میسیونری خود نمی‌دانستند. برعکس، درک کامل اندیشهٔ هندویی را بخشی ضروری از کسب آمادگی‌های لازم می‌شمردند؛ زیرا واعظ انجیل اگر بدون توجه به مخاطب فقط معلومات خودش را بیان کند منظور او را درست نمی‌فهمند. از این گذشته، آنها دریافته بودند که نه فقط روح و جسم انسان‌ها نیازمند رهایی است، جهان

1. Joshua Marshman; 2. William Ward

فکریِ ملل بی‌ایمان نیز از آن قلمروهایی است که باید اسیر و مطیعِ مسیح شود.[۱] در سال ۱۸۲۴ کری بر شش ترجمهٔ کامل و بیست‌وچهار ترجمهٔ جزئی کتاب‌مقدس نظارت کرده و چندین دستور زبان، لغتنامه، و ترجمه‌هایی از کتاب‌های شرقی منتشر ساخته بود.

سرایت‌پذیریِ خدمت میسیونری

خدمت گروه سه‌نفرهٔ سرامپور، سرایت‌پذیر از کار درآمد. سال‌های آغازین قرن نوزدهم شاهد شکل‌گیری عزمی نو و فراگیر در مسیحیان پروتستان برای رساندن پیام انجیل به تمام انسان‌ها بود. در گذشته نگرش غالب بر کلیساهای عمده این بود که خدمات میسیونری، غیرضروری و بی‌فایده‌اند. اکنون صداهایی از همه‌سو اعلام می‌داشتند که تمام مسیحیان وظیفه دارند به کل مردم جهان در رسیدن به حیات جدید کمک کنند و انجیل فقط متعلق به مردم اروپا نیست.

اگر بخواهیم از پیشگامان خدمات میسیونری نام ببریم، به بیش از صدها نام باید اشاره کنیم: هنری مارتین[۲] در هندوستان، رابرت موریسون[۳] در چین، جان ویلیامز[۴] در دریاهای جنوبی، آدونیرام جادسون[۵] در برمه، آلکساندر داف[۶] در هندوستان، آلن گاردنر[۷] در تیرا دل فوئگو[۸] رابرت مووات[۹] در آفریقای جنوبی، و بسیاری دیگر. بسیاری از مبشران و همسرانشان مدت‌هاست به فراموشی سپرده شده‌اند، زیرا طی چند ماه در منطقه‌ای گرمسیری که در آن مالاریا شیوع داشت جان باختند یا به دست قبیله‌ای وحشی کشته شدند.

بخش عمده‌ای از این شور و اشتیاق جدید برای موعظهٔ انجیل به ملت‌ها، از آن بخش‌های پروتستانتیسم سرچشمه می‌یافت که از بیداری‌های اِوانجلیکالِ قرن هجدهم در انگلستان و آمریکا تأثیر ژرفی پذیرفته بود. در سه دههٔ نخست فعالیت‌های جدید میسیونری، این فعالیت‌ها منحصراً به‌دست مسیحیانِ اِوانجلیکال صورت می‌گرفت.

البته جای تعجب هم نداشت، زیرا بیداری‌های اِوانجلیکال سبب تحول در موعظه و هدف‌های آن شده بود. مقامات سنتی کلیسایی نقش خادم را محدود کرده بودند به پرورش بذر ایمان که در زمان تعمید تقریباً در همهٔ اعضای کلیسا کاشته شده بود. چنین کسانی نمی‌توانستند موعظهٔ انجیل را در جامعه‌ای قبیله‌ای متصور شوند. در همان حال، مسیحیانی که سفت‌وسخت به آموزهٔ گزینش ازلی اعتقاد داشتند، ظاهراً هرگز نگران نجات برگزیدگان در مثلاً هندوستان یا چین نبودند. با این‌همه، از نظرِ اِوانجلیکال‌هایی مانند کری، موعظه عبارت بود از دعوت گناهکاران به‌سوی خدا از راه ایمان به مسیح. آنها مسئولیتی شخصی در این زمینه احساس می‌کردند، و در اصل تفاوتی میان «بی‌ایمانانِ تعمیدیافته» در بریتانیا و اقوام بی‌ایمان در ماورای بحّار نمی‌دیدند.

---

۱. اشاره به دوم قرنتیان ۱۰:۵ است. (مترجم)

2. Henry Martyn; 3. Robert Morrison; 4. John Williams; 5. Adoniram Judson; 6. Alexander Duff; 7. Allen Gardiner; 8. Tierra del Fuego; 9. Robert MoVat

از دهۀ ۱۸۲۰ و ۱۸۳۰ بود که علاقه به فعالیت‌های میسیونری در ماورای بحّار به خصوصیتی عام در حیات کلیسای بریتانیا تبدیل شد. این امر بخشی به‌سبب توفیق مسیحیانِ اِوانجلیکال در اثرگذاری بر جوامع انگلیس و اسکاتلند بود، به‌گونه‌ای که بسیاری از ارزش‌های آنها پیروانی بیرون از محافل خودشان یافت. اندیشه‌ای که به‌طور خاص پا گرفت عبارت بود از بریتانیا همچون ملتی مسیحی با وظایفی مسیحی در قبال ممالکی که در آن‌سوی دریاها قرار دارند.

دورنمای این وظیفۀ میسیونری در هزاران موعظه و صدها سرود روحانی آن زمان نمود یافته است. برای نمونه می‌توان به سرودۀ بسیار معروف زیر با نام «از کوهستان یخزدۀ گرینلند» از رِجینالد هِبِر، اسقف کلکته، اشاره کرد که زندگی خود را فدای هندوستان کرد:

چگونه ما، که روحمان منور شده
به حکمت ز بالا
توانیم دریغ بداریم
ز ظلمت‌نشینان، نور حیات را؟
آوایی شاد، بانگ می‌کشد:
نجات، نجات!
تا روزی که در دوردست‌ها، مردم شنیده باشند
نام مسیحا را

این رویای جدید جهانی برای پروتستان‌ها از دو تأکید ناشی شد. اولی، همان‌گونه که کری و فولر مصادیق آن بودند، ماهیت اِوانجلیکال داشت. کتاب‌مقدس تعلیم می‌دهد که انسان بدون ایمان به مسیح هلاک می‌شود، و خداوند به ایمانداران در تمام اعصار فرمان داده است تا پیام نجات را در سراسر جهان اعلام کنند.

تأکید دوم، ماهیت نبوتی داشت. بسیاری از مسیحیانِ قرن نوزدهم پیرو این عقیدۀ جاناتان ادواردز بودند که شناخت خدا همچنان‌که آب‌ها دریاها را می‌پوشانند، زمین را پر می‌سازد[1] و ترویج انجیل تمهیدی است برای آمدن پادشاهی مسیح بر زمین. این عقیده به فرمانروایی آتی مسیح، هزاره‌باوری[2] خوانده می‌شود.

رویای پروتستان‌ها برای بشارت‌دادن در سراسر جهان، خواب و خیال نبود. وقف‌شدگی خاصی که در جنبش میسیونری وجود داشت با خوش‌بینی عصر پیشرفت ترکیب شد تا دسترسی به هدف کاملاً ممکن جلوه کند. بدین‌گونه، «جنبش دانشجویانِ داوطلب برای بشارت در کشورهای خارجی» این شعار را برای خود انتخاب کرد: «بشارت به جهان در همین نسل.»

این رویا با رسیدن اخبار جدید از آفریقا یا نواحی جنوب اقیانوس آرام، به‌طور مستمر جان تازه می‌گرفت. البته، هیچ‌یک از این اخبار الهام‌بخش‌تر از گزارش‌هایی نبود که دیوید

---

۱. اشاره است به حبقوق ۲:۱۴. (مترجم)

2. Millennialism

لیوینگستون (۱۸۱۳-۱۸۷۳) از تاریکی روحانیِ آفریقا یا داستان‌های هولناک تجارت بردگان توسط اعراب، به وطن ارسال می‌کرد.

این کاوشگر بزرگ قارهٔ تاریک به طایفه‌ای سرسخت از مردم اسکاتلند تعلق داشت. نوزده‌ساله بود که عزم کرد زندگی‌اش را وقف «تسکین تیره‌روزی‌های بشر» کند. او برای کسب آمادگی به منظور خدمت میسیونری، به تحصیل پزشکی پرداخت و چون جذب شهرت رابرت مووات در آفریقای جنوبی شده بود، برای کمک رهسپار آفریقا شد.

لیوینگستون در آفریقا

لیوینگستون که در ۱۸۴۱ به مقصد رسید، برای ده سال به‌شیوهٔ معمول مبشران به فعالیت پرداخت. اما او کسی نبود که برای مدت طولانی در یک جا بماند. لیوینگستون از ذهن و انگیزهٔ کاوشگران برخوردار بود، و به‌گفتهٔ خودش، آنچه همواره وی را به حرکت وامی‌داشت دیدن «دودی بود که از هزاران روستا به هوا برمی‌خاست»، روستاهایی که هرگز مبشری به خود ندیده بودند.

او در نخستین سفر مهمی که نامش را بر سر زبان‌ها انداخت، از راه جنگل به ساحل غربی در آنگولا رفت، و از آنجا، به علت امتناع از ترک باربران آفریقایی که او را همراهی کرده بودند، از این‌سوی قاره به‌سوی دیگر آن، به کلیمنه[1] در ساحل شرقی رفت. در این سفر، او تمام خصوصیات یک کاوشگر بزرگ را از خود به نمایش گذاشت. چنان به‌صبوری با آفریقائیان رفتار می‌کرد که هرگز به خشونت روی نیاورد. مشاهدات علمی و جغرافیایی‌اش نیز بسیار دقیق بوده‌اند. همین سفر به‌تنهایی قلب آفریقا را به روی عصر مدرن گشود.

اما لیوینگستون همواره فراتر از یک کاوشگر بود. آرمان او رساندن پیام انجیل بود. یادداشت‌های روزانه‌اش پر از مطالبی است که حال‌وهوای تقریباً عرفانیِ سرسپردگی او را نشان می‌دهد. لیوینگستون اندک‌زمانی پیش از آغاز سفر بزرگ خود نوشته است: «داشته‌های فعلی یا آیندهٔ من هیچ ارزشی ندارند، مگر زمانی که در ارتباط با پادشاهی مسیح قرار گیرند.»

چیزی که بیش از همه او را متأثر می‌کرد، به گفتهٔ خودش «زخم باز عالم» بود، یعنی تجارت وحشتناک بردگان در آفریقای مرکزی. او در سخنانش خطاب به دانشجویان کمبریج در ۱۸۵۷ چنین گفت: «من به آفریقا برمی‌گردم تا راهی برای تجارت و مسیحیت باز کنم: نهایت تلاش خود را برای ادامهٔ کاری که من آغاز کرده‌ام انجام دهید. این کار را به شما می‌سپارم.»

تجارت و مسیحیت؟ آیا لیوینگستون صرفاً پیشگام استعمارگرانی بود که زندگی را در بسیاری از بخش‌های آفریقا به جهنم تبدیل کرده بودند؟ نه، به‌هیچ‌وجه. لیوینگستون دریافت که آنچه تجارت برده را ممکن می‌ساخت مشارکت خود آفریقائیان در آن بود. آنها با اسیرکردن بردگان می‌توانستند به پول برسند؛ بنابراین، همواره در وسوسهٔ پیوستن به مهاجمان برای

---

۱. Quilimane منطقه‌ای مسکونی در موزامبیک. (مترجم)

حمله به قبایل ضعیف‌تر نواحی اطراف قرار داشتند و همین زندگی را بر کام مردم بی‌دفاع تلخ می‌کرد. این تجارت پلید و ویرانگر تنها در صورتی پایان می‌یافت که آفریقائیان مجاب می‌شدند با شرکت در تجارت مشروع، محصولات خود را از زمین و جنگل‌هایشان با اجناس مطلوبی که مردان سفیدپوست با خود همراه می‌آوردند، معاوضه کنند. در هر حال، این اعتقاد راسخ لیوینگستون، بخشی بسیار مهم از رویای او برای آفریقا بود.

این رویای میسیونری چگونه جامهٔ عمل پوشید؟ مجراهای فوران این انرژی روحانی چه بود؟ فرقه‌های سنتی مسیحی یکی از این سه روش را برای ادارهٔ کلیسا داشتند: اسقفی، پرزبیتری و یا جماعت‌گرا. هواداران هر شیوه، مدعی پیروی از کتاب‌مقدس بودند، و استدلال‌های اصلی هر کدام معروف بود. مردم به‌خاطر این روش‌ها رنج کشیده و برخی جان در راه آنها نهاده بودند.

اما همچنان‌که مسیحیان انگلیسی و آمریکایی به مسئولیت خود در قبال ترویج انجیل در سراسر جهان پی بردند، آشکار شد که هیچ‌یک از شیوه‌های یادشده نمی‌تواند کلیسا را برای بشارت‌دادن انجیل در سراسر جهان تجهیز کند. چنین بود که هوادارن خدمت میسیونری در سراسر جهان، ناگزیر به یافتن شیوهٔ دیگری برای جلب همکاری شدند که عبارت بود از تشکیل انجمن داوطلبان.

پدیدآمدن انجمن داوطلبان

در این مورد نیز کری پیشگام بود. هنگامی که او کتاب خود «تحقیقی در ...» را نوشت، این پرسش را مطرح کرد که اگر به‌جای ما یک شرکت تجاری بود، چه می‌کرد؟ بر این اساس او پیشنهاد تشکیل انجمنی از مسیحیان جدی، اعم از خادمان رسمی مسیحی و افراد عادی را داد. این گروه می‌بایست کمیته‌ای داشته باشد و اطلاعات را غربال کند و منابع مالی لازم و مبشران مناسب برای گسیل به سرزمین‌های بیگانه را بیابد.

انجمن داوطلبان که انجمن میسیونری یکی از صورت‌های اولیهٔ آن بود، مسیحیت قرن نوزدهم را متحول کرد. این انجمن بیشتر در پاسخ به یک نیاز به‌وجود آمد تا به دلایل الاهیاتی، اما در عمل شیوه‌های تثبیت‌شدهٔ ادارهٔ کلیسا را تضعیف کرد. باید افزود که این انجمن فعالیت میان‌فرقه‌ای را ممکن ساخت، به‌طوری که مسیحیان آنگلیکن، باپتیست، جماعت‌گرا، و متدیست می‌توانستند برای رسیدن به اهداف تعیین‌شده، با یکدیگر همکاری کنند بی‌آنکه درگیر پرسش‌های دردسرساز دربارهٔ ساختار کلیسا شوند. از این گذشته، انجمن با میدان‌دادن به غیرروحانیون برای رهبری خدمت، پایگاه قدرت را در کلیسا تغییر داد، چنان‌که مردان مسیحی معمولی، و بعدها زنان، در جایگاه‌های کلیدیِ انجمن‌های مهم قرار گرفتند، چیزی که بیرون از این انجمن‌ها، در کلیسا متصور نبود.

این ویژگی‌ها در اوایل تاریخ انجمن‌های میسیونری نمایان شد. انجمن میسیونری لندن اصل بنیادین خود را در ۱۷۹۵ چنین بیان داشت: «هدف ما تبلیغ روش پرزبیتری، مستقل،

اسقفی یا هر روش دیگری برای ادارهٔ کلیسا نیست ... بلکه می‌خواهیم انجیل خدای مبارک را به ملت‌ها برسانیم.» یکی از بنیان‌گذاران این انجمن اعلام داشت که باید «تعصب را به خاک سپرد».

به برکت تشکیل این انجمن‌ها، فردی که هوادار خدمات میسیونری بود و می‌توانست هفته‌ای یک پِنی از اعضای انجمن محلی کمک به خدمات میسیونری جمع کند و در توزیع مجلّهٔ انجمن مشارکت جوید، کاملاً شریک خدمات میسیون می‌بود. بر اثر مساعی این اشخاص، داوطلبان خدمات میسیونری اغلب پا پیش می‌گذاشتند. میسیونر آمریکایی، روفوس آندرسون[1] در سال ۱۸۳۴ چنین نوشت: «کلیساهای اِوانجلیکال دنیای مسیحیت تا پیش از قرن حاضر هرگز واقعاً با این دید که سراسر جهان را به‌سوی حیات جدید هدایت کنند، سازماندهی نشده بودند.» این سازماندهی از طریق انجمن داوطلبان صورت گرفت.

در آمریکا نخستین انجمنی که با هدف انجام خدمات میسیونری برون‌مرزی تشکیل شد عبارت بود از هیئت مبشران میسیون‌های برون‌مرزی آمریکا (۱۸۱۰). این هیئت به ابتکار گروهی از دانشجویانِ دانشکدهٔ الاهیات آندوور[2] تشکیل شد. این دانشکدهٔ تازه‌تأسیس وابسته به جماعت‌گرایان بود. رهبر این گروه ساموئل میلز[3] نام داشت که در زمان حضور خود در کالج ویلیامز[4] انجمن کوچکی را پایه‌گذاری کرده بود که اعضای آن متعهد می‌شدند زندگی خود را وقف خدمت میسیونری کنند. در آندوور، در میان اعضای انجمن، آدونیرام جادسون حضور داشت که بعدها مبشر معروف برمه شد. دانشجویان در آن زمان و بارها در سالیان بعد حرکاتی بشارتی ترتیب دادند؛ این یکی برای ملت جوان آمریکا بود.

طی چند سال، باپتیست‌ها، پرزبیتری‌ها، و سایر فرقه‌های عمدهٔ مسیحی از الگوی جماعت‌گرایان در ایجاد نمایندگی‌های میسیونری پیروی کردند. هدایت ملت‌ها به زندگی جدید روحانی، به یکی از مهمترین دغدغه‌های جماعت‌های محلی در هر شهر و شهرکی از کشور تبدیل شد. آنچه برای این امر انگیزه ایجاد می‌کرد عبارت بود از فعالیت مستمرِ انجمن‌های محلی و سازمان‌های زنان، «روز آشنایی کودکان با میسیون‌های برون‌مرزی»، بازدیدهای گاه‌به‌گاه میسیونرهایی که در مرخصی به‌سر می‌بردند، کمپین‌های ادواری برای جمع‌آوری کمک‌های مالی، و بعدها، تخصیص بودجه‌ای کلان به میسیون‌های برون‌مرزی در برنامه‌ریزی مالی کلیساها.

در پایان قرن نوزدهم، کمابیش تمام نهادهای مسیحی، از کلیسای ارتودوکس روسی گرفته تا ارتش نجات، و تقریباً هر کشوری، و از کلیسای لوتری فنلاند و کلیسای والدنسی ایتالیا گرفته تا جدیدترین فرقهٔ مسیحی در ایالات متحده، سهم خود را در فعالیت‌های میسیونری ماورای بحّار داشتند.

بیشتر اوقات این مبشران اولیه به تنش‌هایی که انجیل در فرهنگ‌های دیگر پدید می‌آورد واقف نبودند. برای بیشتر آنها مسیحیت فقط به‌شکل غربی آن متصور بود. بنابراین، دعوت

1. Rufus Anderson; 2. Andover Theological Seminary; 3. Samuel J. Mills; 4. Williams College

یک سرخپوست یا مالزیایی را به مسیحیت همسنگ تبدیل او به مثلاً یک شهروند هلندی یا پرتغالی می‌دانستند.

امروزه به‌آسانی می‌توان این نگرش را محکوم کرد. با این‌همه، هر جامعهٔ مسیحی و هر فرد مسیحی بخش زیادی از سنت فرهنگی خود را با ایمان مسیحی‌اش ترکیب می‌کند. این مشکل از آغاز با فعالیت‌های میسیونری همراه بوده است. بااین‌حال، ورود این عناصر بیگانه می‌تواند نتایجی ویرانگر برای پیشرفت انجیل داشته باشد. مسئله این است که اگر مسیحیت در قالب عادت‌های غربی خاصی پدیدار شود که برای مردم جوامع دیگر قابل‌هضم نیست، مانند خوردن گوشت یا معاشرت بین مرد و زن بیش از آنچه در جوامع شرقی مجاز شمرده می‌شود، آنگاه ایمان مسیحی حتی پیش از آنکه مورد بررسی قرار گیرد، کنار گذاشته خواهد شد.

از سوی دیگر، جامعهٔ مسیحی دارای وجه تمایزی است که از تمایز خود انجیل ناشی می‌شود. انجیل قدرتی انقلابی است و هر تلاشی برای پنهان‌کردن این واقعیت ممکن است به تبدیل ایمان مسیحی به چیزی که نیست بینجامد.

نشانه‌های مسیحیت مدرن

با این‌همه، جنبش میسیونری پروتستان همچنان گسترش یافت و در این اثنا، شماری از خصلت‌های مسیحیت مدرن را به نمایش گذاشت که عبارتند از:

یک، گسترش جهانی مسیحیت به‌طور معمول نتیجهٔ پذیرش داوطلبانه است نه زور و اجبار. از زمان کنستانتین، ترویج ایمان مسیحی با حمایت فعالانهٔ فرمانروایان کشورهای مسیحی صورت می‌گرفت و اغلب به ورود دسته‌جمعی مردم به مسیحیت می‌انجامید. با این‌همه، میسیونرهای مسیحی در قرن نوزدهم، جز چند استثنا، بدون حمایت یا خط‌دهی دولت راهی می‌شدند. آنها کار خود را فقط با توسل به قدرت اقناع پیش می‌بردند. بنابراین، مسیحیان راهی برای پرداختن به فعالیت‌های میسیونری در عین حفظ آزادی مذهبی یافتند.

دوم، این جنبش میسیونری برای پیشبرد کار خود به ثروت و استعدادهای مسیحیان عادی پروتستان اتکا داشت. برخلاف فعالیت‌های میسیونری پیشین که بر عهدهٔ راهبان و اسقفان بود، این انجمن‌های جدید تا جای ممکن از مسیحیان معمولی بهره می‌گرفتند. بنابراین، وظیفهٔ اولیهٔ کلیساها، یعنی موعظهٔ پیام انجیل، بر عهدهٔ اعضای این کلیساها گذاشته شد.

سوم، طیف وسیعی از خدمات مسیحی انسان‌دوستانه با موعظهٔ فراگیر انجیل همراه شد. نمایندگی‌های میسیونری اقدام به تأسیس مدرسه، بیمارستان، و مراکز تربیت پرستار و پزشک کردند. آنها زبان‌ها و گویش‌های بسیاری را به زبان نوشتاری تبدیل نمودند و نه فقط کتاب‌مقدس، بلکه سایر آثار غربی را به این زبان‌ها برگرداندند. همچنین اصول بهداشت عمومی و فنون کارآمدتر کشاورزی را آموزش دادند. در برخی موارد، این اقدامات رابطه‌ای تنگاتنگ با هدایت مردم جامعه به‌سوی زندگی جدید روحانی داشت، اما در بسیاری

موارد نیز صرفاً پاســـخی بود به نیازهای اجتماعی و مادّی جامعه که هیچ مسیحی باوجدانی نمی‌توانست آنها را نادیده بگیرد.

بنابراین، از بسیاری جهات، جنبش میســـیونری توانست انجیل را به جایگاه محوری آن در مسیحیت بازگرداند، و در این معنای مهم، عنصری را که در مفهوم کلیسای مقدس جامع (کاتولیـــک) بر اثر تجزیهٔ رخ‌داده در نهضت اصلاحـــات رنگ باخته بود، احیا کرد. خصلت جهانی و فراگیر مسیحیت که به کری انگیزه داده بود روی نقشهٔ بالای میزش مطالبی بنویسد، موجب شد پیام انجیل به گوش افرادی جدید در بسیاری سرزمین‌های جدید برسد.

پیشنهادهایی برای مطالعهٔ بیشتر

Drewery, Mary. *William Carey: Shoemaker and Missionary*. London: Hodder and Stoughton, 1978.
George, Timothy. *Faithful Witness: The Life and Mission of William Carey*. Birmingham, AL: New Hope, 1991.
Gascoigne, Bamber. *The Christians*. New York: William Morrow, 1977.
Huxley, Elspeth. *Livingstone and His African Journeys*. New York: Saturday Review Press, 1974.
Neill, Stephen. *A History of Christian Missions*. Edited by Owen Chadwick. Middlesex: Penguin Books, 1986.
Northcott, Cecil. *David Livingstone: His Triumph, Decline and Fall*. Philadelphia: Westminster, 1973.

فصل سی‌ونهم

سرنوشت یک ملت

آمریکای مسیحی

«آیا سرزمینی در یک روز متولد می‌شود؟ و ملتی در یک لحظه به دنیا می‌آید؟» این پرسش اشعیا تناسب عجیبی با ملت جوان آمریکا داشت. در سال ۱۸۳۵، لایمن بیچر[1]، کشیش پرزبیتری و جماعت‌گرا در نیوانگلند، موعظه‌ای بر اساس اشعیا ۸:۶۶ با عنوان «استدعای عاجزانه از غرب» ایراد کرد.

بیچر اعتقاد راسخ داشت که امپراتوری پهناور جدیدی در سرزمین‌های بکر آمریکا در حال ظهور است. اینجا، مسئلهٔ کل یک فرهنگ در میان بود. او می‌گفت که مسیحیان باید قدر این فرصت را بدانند و «سرنوشت مذهبی و سیاسی این ملت را تعیین کنند.»

و اما پیشنهاد او چه بود؟ می‌گفت برای رسیدن به این هدف باید اقدام به موعظهٔ انجیل، توزیع کتاب‌مقدس، ایجاد کلیسا، تأسیس مدرسه، و اصلاح اخلاق مردم آمریکا کرد. بیچر چون پیوریتن بود می‌دانست که جامعهٔ آزاد به قوانین عادلانه نیاز دارد، و در نظام دموکراسی، مسیحیت باید عموم مردم را برای حمایت از قوانین عادلانه آماده کند.

آنچه بیچر می‌گفت سخن انبوهی از مسیحیان اِوانجلیکال بود یعنی باپتیست‌ها، متدیست‌ها، جماعت‌گرایان، پرزبیتری‌ها، و اسقفی‌ها. در واقع، دیدگاه‌های او به‌اندازه‌ای

1. Lyman Beecher

عمومیت داشـــت که مورخان از این دوره به عصر «امپراتوری پارسایان» یاد می‌کنند. رویای آمریکای مســـیحی از موضوعات غالب در مسیحیت پروتستان آمریکا در قرن نوزدهم است. می‌توانیم ظهور، بحران عمده، و عناصر افول آن را دنبال کنیم. بدون مختصری آشنایی با این قرن، مسیحیان امروز غرب تقریباً نخواهند توانست شناخت درستی از نیروهای اجتماعی و شخصیت‌های دینی روزگار خود داشته باشند.

چالشِ غرب آمریکایی

کمپین اِوانجلیکال برای شـــکل‌دادن به سرنوشـــت ملت جوان آمریکا چیز تازه‌ای نبود. همانند رویایی که اینوسِـــنْت ســـوم برای اروپای قرون وســـطیٰ و کالون برای ژنوِ مسیحی داشـــت، رویای مســـیحیان اِوانجلیکال برای آمریکا تجلی دغدغهٔ مسیحی برای جامعه بود. غربِ آمریکایی بزرگترین فرصت تاریخ را در اختیار مسیحیت اِوانجلیکال گذاشت تا کل یک ملت را با مطالبات انجیل روبه‌رو کند.

اگر این رویا در روزگار ما رنگ باخته – که به‌راســـتی نیز چنین شده – انگیزهٔ اصلی هنوز باقی است، زیرا این بخشی از هدف خداوند برای قوم خود است: «شما نور جهان هستید ... شما نمک جهان هستید.» چگونه ممکن است مسیحیان نگران دنیای اطراف خود نباشند؟

واقعیت بـــزرگ دنیای قرن نوزدهم در آمریکا عبارت از «غرب» بود، مرزی پیوســـته در حال جابه‌جایی. نخستین بازدیدکنندگانِ فراسوی کوه‌های آلگنی[1] زبان به ستایش این منطقه گشودند. در ۱۷۵۱ کریستوفر گیست[2] در وصف آن گفت: «این سرزمین از نهرها و جوی‌های بســـیار مشروب می‌شود، و پر از مرغزارهای زیبای طبیعی است، پوشیده از چاودار خودرو، چمن آبی، و شبدر.»

پس از جنگ انقلاب آمریکا، بسیاری از آمریکاییان طوری به این منطقه هجوم آوردند که گویی کل قاره به‌سوی اقیانوس آرام متمایل شد. بین ۱۷۹۲ و ۱۸۲۱ نُه ایالت جدید به سیزده ایالت اصلی افزوده شـــد. در اواســـط قرن، نیمی از مردم آمریکا در غرب رشته‌کوه آپالاش[3] سکونت داشتند.

این جابه‌جایی خشـــونت‌بار بود. مرزنشینان که از یک‌ســـو سرخپوستان بومی آمریکا را بیرون می‌راندند و از ســـوی دیگر زمین‌های بکر را به انقیاد درمی‌آوردند، همچنان‌که به این کارهای ســـخت مشغول بودند، به داشتن سبکی وحشی و بی‌قانون در زندگی شهرت یافتند. توحش این افراد همواره اروپاییانی را که گهگاه به آن‌سوی کوه‌ها می‌رفتند، شوکه می‌کرد.

فردی انگلیسی در بیان تجربیات خود چنین نوشت:

> این جنگلی‌ها ... سر هیچ‌وپوچ به جان هم می‌افتند. دست، زانو، سر، و پاهاشان اسلحه‌شان است، نه فقط با مشت‌هاشان به ســـروکله هم می‌کوبند، همدیگر را

---

۱. Allegheny Mountains این کوه‌ها در پنسیلوانیا واقع‌اند. (مترجم)

2. Christopher Gist; 3. Appalachians

می‌زنند و لت‌وپار می‌کنند، چنگول می‌کشند، گاز می‌گیرند، چشم همدیگر را با نهایت مهارت با شصت و انگشت درمی‌آورند و خلاصه هر طور توانستند کلک همدیگر را می‌کنند ...

هنگامی که ایالات متحدهٔ آمریکا در عرصهٔ تاریخ پدیدار شد، فرقه‌های مسیحی برای فرصت‌هایی که «غرب» در اختیارشان می‌گذاشت آمادگی لازم را نداشتند. نفوذ مسیحیان بر جامعه در پایین‌ترین حد قرار داشت، به‌گونه‌ای که فقط ۵ تا ۱۰ درصد مردم آمریکا در کلیسا عضویت داشتند. با این‌همه، به‌مرور زمان، جامعهٔ ناپرورده، آشفته و بی‌خدای «غرب» رام شد، و بیش از هر نیروی دیگری، مسیحیت اِوانجلیکال در این میان نقش داشت.

مسیحیان اِوانجلیکال در چالشِ پیش روی خود برای مجاب‌ساختن یک ملت به اطاعت از مسیح، دو وسیله در اختیار داشتند: انجمن داوطلبی و بیداری روحانی.

«منشور حقوق» با قید آزادی مذهبی برای همه، در واقع مفهوم فرقه‌ای کلیسا را به‌رسمیت شناخته و هرگونه نفوذ مستقیم کلیساها را بر دولت منتفی دانسته بود. بنابراین، فرقه‌ها آزاد بودند که ایمان و مناسک خود را تعریف کنند. اما مسئولیت مسیحی در مورد زندگی و اخلاق عمومی چه می‌شد؟ اینجا بود که نقش انجمن داوطلبی مطرح شد.

ویلیام کری و برخی دیگر از مسیحیان اِوانجلیکال انگلیسی انجمن داوطلبی را برای رساندن پیام انجیل به هندوستان و مبارزه با تجارت برده در هند غربی پایه‌گذاری کرده بودند. مسیحیان اِوانجلیکال آمریکایی از این فکر برای مقاصد خود بهره گرفتند. چنین می‌نمود که برای جامعهٔ آزاد آمریکا، این بهترین ابزار برای تأثیرگذاری بر افکار عمومی، حمایت از فعالیت‌های گستردهٔ میسیونری و آموزشی، و همچنین ترویج آرمان‌های اصلاحی در ملّت جوان این کشور بود. انجمن‌های داوطلبی به مسیحیانی که به فرقه‌های گوناگون تعلق داشتند امکان می‌داد تا در مورد برخی از نگرانی‌های مشترک، مثلاً پرهیز از مصرف مسکرات یا نگهداشتن روز شَبّات (شنبه) موضعی واحد اختیار کنند.

بنابراین، در اوایل قرن نوزدهم، انبوهی از انجمن‌ها ظهور یافتند که هریک تلاش داشت به جنبه‌ای از زندگی مردم آمریکا شکل دهد. این انجمن‌ها عبارت بودند از: انجمن کتاب‌مقدس آمریکا، انجمن تشکیل مستعمرات آمریکا، اتحادیهٔ مدرسهٔ روز یکشنبه (کانون شادی) آمریکا، انجمن آموزش و پرورش آمریکا، و انبوهی دیگر از این‌گونه انجمن‌ها و جماعت‌ها و غیره. بیچر در ۱۸۳۰ به این نکته اشاره کرد که «یک چیز روز به روز روشن‌تر می‌شود» و آن اینکه «تأثیر عظیم» کلیسا و پیروزی‌های چهل سال گذشته نتیجهٔ «فعالیت مشترک داوطلبانهٔ مسیحیان» بوده است.

دومین وسیله‌ای که مسیحیان اِوانجلیکال برای تسلط بر بیابان به‌کار گرفتند، بیداری روحانی بود. بیچر استدلال می‌کرد که بیداری روحانی از جهات گوناگون برای کلیسا مفید است: «هم برای اعضا و شبانان سودمند است، و هم از جهت قدرت تأثیرگذاری آن بر افکار عمومی که پشتوانه‌ای برای اجرای قوانین است، و موجب حمایت داوطلبانه از نهادهای مذهبی می‌شود.»

در سال ۱۷۹۰ مسیحیان اِوانجلیکال با چالشی دوگانه در زمینهٔ اهداف میسیونری روبه‌رو شدند: اینکه شرق را دوباره به‌دست آورند و غرب را فتح کنند. در شرق، به‌خصوص در شماری از دانشکده‌ها، پیش از سال ۱۸۰۰ شور و شوقی تازه برای حیات روح مشهود بود. این بیداری روحانی به «دومین بیداری بزرگ» شهرت یافت و نسل بعدی مسیحیان را از رهبرانی دارای مهارت لازم و وقف‌شده برای بشارت‌دادن در غرب، برخوردار کرد.

بیداری بزرگ مرزنشینان آمریکا در مناطقِ بین آلگنی و میسی‌سیپی که مردم به‌تازگی در آنجا سکونت گزیده بودند روی داد. مرکز این بیداری، کنتاکی و تنسی بود و خصلت‌های ساکنان این مناطق را یافت، چنان‌که زمخت و خشن و بی‌ظرافت بود.

تیموتی فلینت[1] که شناخت خوبی از منطقه داشت، تصویر جالبی از واعظ غربی ترسیم کرده است:

> ماه به ماه گذشتن از میان جنگل‌های تاریک ... خواهی‌نخواهی موجب می‌شود انسان فکر و بیانی محزون و رمانتیک داشته باشد ... بنابراین، موعظه محبوبیت بسیار دارد و نخستین هدف آن برانگیختن احساسات است ... در این سامان، شاهد نمایشی بی‌حدومرز از شیوایی و فصاحتی قوی، شورمندانه و ناآموخته هستیم؛ و بندرت ممکن است واعظی که بهره‌ای از این قدرت ندارد، تأثیری گسترده داشته یا سودمند باشد.

در جماعتی با نرخ بالای بی‌سوادی، این واعظ مرزنشین، چه سفیدپوست چه سیاهپوست، به مجرای اصلی اشاعهٔ مسیحیت تبدیل می‌شد. یکی از زمخت‌ترین افراد در میان این بیدارگران بی‌ظرافت غربی، واعظ پرزبیتریِ تکیدهٔ بلندبالایی بود با چشمانی مشکی و تیزبین و «رفتاری جسورانه و نرمی‌ناپذیر.» این شخص کشیش جیمز مَک‌گریدی[2] نام داشت.

جیمز مک‌گریدیِ آتشی‌مزاج

مک‌گریدی اهل پنسیلوانیا و از تباری اسکاتلندی-ایرلندی بود، اما نخستین آذرخش‌های خود را بر کارولینای شمالی فرو فرستاد. مَک‌گریدی با تأکید بر غضب خداوند بر گناهکاران سرسخت، بیداری روحانی‌ای را شعله‌ور کرد که بسیاری را به‌سوی توبه و حیات جدید سوق داد.

با این‌همه، او دریافت که در جماعت‌های کلیساییِ مرزنشین همیشه هم موعظه‌های آتشین کارگر نمی‌افتد. هنگامی که مَک‌گریدی ناگهان در ۱۷۹۸ به کنتاکی رخت کشید، داستانی بر سر زبان‌ها افتاد که پیشنهاد رفتنِ مَک‌گریدی به غرب در نامه‌ای مطرح شده بود بی‌نام‌ونشان و نوشته به خون!

---

1. Timothy Flint; 2. Reverend James McGready

در کنتاکی، مَک‌گریدیِ آتشـین‌مزاج به سه جماعت کوچک در رِد ریور[1] گَسپر ریور[2] و مادی ریور[3] موعظه کرد. هر سـه در گوشهٔ جنوب غربی شهرسـتان لوگان واقع‌اند. یکی از کشیشـان مرزنشین ناحیه، این منطقه را «بندرگاه اراذل» توصیف کرده بود که پر از اسب‌دزد و جنایتکار و قاتل اسـت. جالب اینکه خلافکارانِ نخراشـیدهٔ این منطقه با شور و اشتیاق به تصویر مَک‌گریدی از بهشت و دوزخ واکنش نشان دادند.

توصیف او از بهشت آسـمانی چنان زنده و جاندار بود که این جماعت سخت‌دل گویی شکوه آن را به چشـم می‌دید و دوست داشت آنجا باشد. سپس، تصویری چنان رعب‌آور و تأثیرگذار از جهنم ترسیم می‌کرد که گناهکاران از ترس بر خود می‌لرزیدند، زیرا در ذهن آنها دریاچه‌ای از آتش و گوگرد نقش می‌بست که برای فروبلعیدنشان دهان گشوده بود و غضب خدا به دوزخ فرو می‌افکندشان.

در ژوئیهٔ سـال ۱۸۰۰، مَک‌گریدی پنتیکاست خود را تجربه کرد و بدین‌گونه مسیر تاریخ آمریکا را تغییر داد. پس از یک بیداری اولیه در رِد ریور، او به اطلاع مردم رسـاند که جلسهٔ بعدی همراه با اجرای آیین مقدس در کلیسـای گَسـپر ریور برگزار خواهد شد. خبر که به گوش ساکنان آن مناطق رسید، بسیاری از پیشگامان، آماده برای کار روح‌القدس، با کالسکه، اسـب یا پای پیاده به‌سـوی گسـپر ریور به راه افتادند و بیش از ۱۶۰ کیلومتر راه پیمودند. خانواده‌های بسیاری با چادر و خوراکی - گوشت خوک سرد، برش‌های نان ذرت، و گوشت پرندهٔ کباب‌شـده - آمده و خود را مهیای چند روز اقامت کرده بودند تا وقتی دست خدا به حرکت درمی‌آید با همهٔ حواس خود آن را دریابند.

امروزه ما گسـپر ریور را محل نخستین «جلسـه در خیمه‌گاه»[4] می‌دانیم، یعنی، نخستین جلسـهٔ مذهبی که به‌مدت چند روز در فضای باز برای افرادی که از راه‌های دور آمده بودند تشکیل شد. علت نامگذاری فوق این است که مردم در محل تشکیل جلسه، خیمه زده بودند.

مَک‌گریدی پیشتاز بود. برای تقریباً دو سده، آمریکا به واعظ بیداری روحانی و برگزاری جلسـه در خیمه‌گاه عادت کرده بود. با این‌همه، گذشت زمان، کار خود را کرد و واعظان از تنگ‌وتا افتادند. البته این اجتناب‌ناپذیر بود. واقعیت این است که انسان نه محض آتش زیست می‌کند![5] تحت رهبری کسـانی چون چارلز فینی[6] مودی[7] و بیلی گراهام[8] جلسه در خیمه‌گاه از فضای آزاد به ساختمان منتقل شد و به فتوحات خود در عبادتگاه‌های روستاها و تالارهای سخنرانی شهرها ادامه داد.

البته، همه طرفدار بیداری روحانی نبودند. بسـیاری از مسیحیان لوتری و پرزبیتری عقیده داشـتند که این موضوع باعث تضعیف آموزهٔ صحیح می‌شود. مسـیحیان کاتولیک رومی و اسقفی‌ها نیز بیداری‌های روحانی را صرفاً فوران‌های احساسات می‌دانستند، نه عبادت حقیقی.

---

1. Red River; 2. Gasper River; 3. Muddy River

۴. Camp Meeting این ترکیب را همچنین می‌توان به جلسهٔ صحرایی یا عبادت صحرایی نیز برگرداند. (مترجم)

۵. تلمیحی است از پاسخ معروف عیسی به شیطان که انسان محض نان زیست نمی‌کند. (مترجم)

6. Charles Finney; 7. D. L. Moody; 8. Billy Graham

با این‌همه، این انتقادات عموماً نادیده انگاشته شد، و این اتفاق در حالی افتاد که واعظان پرشور بیداری و شمار فزاینده‌ای از میسیونرها راهی غرب می‌شدند و به موعظه، ایجاد کلیسا، و تأسیس کالج می‌پرداختند. با فرارسیدن دههٔ ۱۸۳۰، آلکسی د توکویل[1] که ناظری تیزبین از بیرون از کشور بود، به این نتیجه رسید که «در هیچ کشوری از جهان، دین مسیحیت چنین تأثیری بر روح و جان انسان‌ها ندارد.» بسیاری با این نظر موافق بودند.

بااین‌حال، «مسیحیت آمریکا» دچار سرطان مرگباری بود و آن اینکه چگونه یک نظام دموکراتیکِ متکی بر اصول مسیحیت می‌توانست اسیرکردن میلیون‌ها انسان را تأیید کند؟

برده‌داری در آمریکا از ۲۰ اوت ۱۶۱۹ آغاز شده بود، زمانی‌که در جیمزتاون در ایالت ویرجینیا، بیست بردهٔ سیاهپوست از ناوچه‌ای هلندی پیاده شدند.

با فرارسیدن سال ۱۸۳۰ شمار بردگان به نزدیک دو میلیون افزایش یافته بود. با گسترش جمعیت به سمت غرب، برده‌داری به مسئله تبدیل شد. هر بار که ایالت جدیدی به اتحادیه می‌پیوست، هر بار که مهاجران یا به‌عبارتی مستعمره‌نشینان به مناطق جدید می‌رفتند، موضوع داغ برده‌داری بیشتر بر وجدان عمومی سنگینی می‌کرد. آیا منطقهٔ جدید باید برده‌دار می‌بود یا آزاد؟ آیا برده‌داری را می‌بایست به‌طور نامحدود تمدید کرد؟ در اشتیاق برای حفظ آزادی و اتحاد، اگر قرار باشد دست به انتخاب بزنیم، اولویت با کدام است؟

ابعاد این کشمکش چنان برای هستی انسان اساسی و اولیه بود، و چنان خصلت دینی پررنگی داشت که تمام جناح‌ها، برای تفسیر تجربهٔ خود به کتاب‌مقدس متوسل شدند.

مسیحیت میان بردگان

برده در کتاب‌مقدس معنایی می‌جست تا خلاء درونی خود را پر سازد. تقریباً به‌حکم ضرورت این کار را انجام می‌داد، زیرا ارباب سفیدپوستش او را از همه‌چیز مگر خدایان آفریقایی‌اش محروم کرده بود.

ازریشه‌برکندن سیاهپوستان و انتقال آنها به سرزمینی بیگانه، تأثیری خردکننده بر زندگی‌شان داشت. برده‌داری با نابودکردن فرهنگ آفریقایی سیاهان و ازهم‌گسیختنِ سازمان زندگی اجتماعی‌شان، آنها را از احساس داشتنِ جایگاهی در جهان محروم کرده بود.

برخی از سیاهپوستان هنگام «گذر میانی»، یعنی عبور از اقیانوس اطلس، به زندگی خود پایان می‌دادند و برخی در سرزمین جدید، برای فرار از اسارت تلاش می‌کردند. اما، بیشترشان تسلیم سرنوشت می‌شدند، و در سرگشتگی و حیرانی از این همه، برای هستی خود معنایی در دنیای سفیدپوستان می‌جستند.

مسیحیت کانونی جدید به زندگی جدید بردگان در سرزمین جدید بخشید. در آغاز، برخی از برده‌داران سخت مخالف آموزش کتاب‌مقدس به سیاهان بودند، چون می‌ترسیدند آنها در کتاب‌مقدس مطالبی دربارهٔ برابری انسان‌ها بیابند که فکر شورش به سرشان بیندازد.

1. Alexis de Tocqueville

اما آنچه از مخالفت‌ها کاست این بود که اربابان مجاب شدند که خود عهدجدید شامل استدلال‌هایی در حمایت از برده‌داری است. حتی برای برخی از اربابان یقین حاصل شد که بهترین بردگان – یعنی همان‌هایی که زیر یوغ اربابان سفیدپوست می‌روند- بهتر از دیگران کتاب‌مقدس را می‌شناسند.

به‌این‌ترتیب، کتاب‌مقدس مایهٔ آشنایی بردگان با خدای سفیدپوستان و طرز رفتار او با انسان‌ها شد. از آنجا که داشتن هرگونه زندگی اجتماعیِ سازمان‌یافته بر سیاهان قدغن شده بود، واعظ سیاهپوست به شخصیتی مهم در «نهاد نامرئی»، یعنی کلیسای بردگان، تبدیل شد. واعظ سیاهپوست اظهار می‌داشت برای خدمت فعلی خود «خوانده‌شده» است، و این انعکاسی از حال‌وهوای بیداری روحانی نزد مرزنشینان بود. این خوانده‌شدگی تقریباً همیشه از طریق تجربه‌ای بود که نشان می‌داد خدا واعظ را برای رهبری روحانی برگزیده است. این قبیل خوانده‌شدگی‌های دراماتیک، کشیش سیاهپوست را از نفوذ بی‌سابقه‌ای برخوردار می‌کرد. به‌مرور، این واعظان یاد گرفتند که داستان‌های کتاب‌مقدس را برای سیاهپوستان به‌شکل نمایش دربیاورند و بسیاری از شخصیت‌ها و رخدادهای کتاب‌مقدس را در قالب تجربیات بردگان تفسیر کنند.

همان‌گونه که دین ویلارد اسپری[1] توضیح داده است، مهمترین رخدادی که واعظان انگشت بر آن می‌گذاشتند «خروج» و نخستین شخصیتی که در کتاب‌مقدس به او می‌پرداختند، عیسی بود. اسیرشدن قوم خدا به‌دست مصریان، رهایی از مصر، گذشتن از دریای سرخ، نابودی لشکریان فرعون در دریا، سال‌های آوارگی در بیابان و سرانجام، گذشتن از رود اردن برای ورود به سرزمین موعود: اینها تمثیلاتی از زندگی بود که به‌طور مستمر در موعظات و سرودهای روحانی بردگان به آنها اشاره می‌شد. در روزهای اسارت، امید چندانی به رهایی در این جهان وجود نداشت. چنین بود که آزادی و رهایی با مرگ گره خورد، یعنی زمانی که عیسی غل‌وزنجیرهای اسارت را از برده می‌گشود تا او را با خود به دنیای دیگر و پرسعادت‌تری ببرد.

اکنون که به گذشته می‌نگریم، درک این مسئله دشوار است که چگونه یک مسیحی می‌توانست از برده‌داری دفاع کند. بسیاری تا دههٔ ۱۸۳۰ چنین نکردند. البته، گاه فراموش می‌کنیم که طی سه دههٔ نخست قرن نوزدهم، نهضت ضدبرده‌داری در جنوب قوی‌تر از شمال بود. با این‌همه، مجموعه‌ای از دلایل سبب افول این نهضت و دفاع از برده‌داری در جنوب شد. این را هم باید افزود که استدلال از کتاب‌مقدس در دفاع از برده‌داری، از خرابکاری‌های خادمان مسیحی ایالات جنوبی بود.

ادعایی که بر پایهٔ آن، جنوبی‌ها از برده‌داری دفاع می‌کردند این بود که در کتاب‌مقدس، هم به حق برده‌داری تصریح شده و هم نمونهٔ آن وجود دارد. ریچارد فُرمَن[2] روحانی برجستهٔ باپتیستِ کارولینای جنوبی، چنین استدلال می‌کرد که به اسرائیلی‌ها در عهدعتیق گفته شده بود که برده بخرند و برده‌های خریداری‌شده «تا ابد» بردهٔ آنها خواهند بود (لاویان ۲۵:۴۶).

1. Dean Willard Sperry; 2. Richard Furman

فُرمَن استدلال می‌کرد که در عهدجدید نیز، رسولان مسیح که از الهام روح‌القدس برخوردار بودند، هرگز خواهان آزادی بردگان نشدند، بلکه فقط از اربابان خواسته شد با بردگان «به عدل و انصاف رفتار کنند و از تهدید آنها بپرهیزند...»[۱]

در سال‌های موسوم به «پادشاهی پنبه»، ربط و پیوندهای مذهب اِوانجلیکال و نژاد به یکی از خصلت‌های متمایزِ شیوهٔ زندگی جنوبی‌ها تبدیل شد. بدین‌گونه، جنوب نه فقط از شمال که از بخش عمدهٔ دنیای غرب که بیانات تندی علیه برده‌داری ابراز می‌کرد، منزوی شد. کار این انزوا به حالت تدافعی کشید. گویی سنت برده‌داری در ذهن و ضمیر مردم جنوب نقش شده بود. هَریِت مارتینو[۲] بازدیدکننده‌ای از خارج در دههٔ ۱۸۳۰، مشاهدهٔ خود را چنین بیان کرد: «گویی حلقه‌ای جادویی به گرد کسانی که در فضای برده‌داری زندگی می‌کنند کشیده شده و به آنچه آنها دربارهٔ این موضوع می‌اندیشند یا انجام می‌دهند، خصلتی دایره‌وار می‌بخشد. فقط انگشت‌شماری از کسانی که در این حلقه می‌اندیشند، می‌توانند چیزی بیرون از آن ببینند.» تنها چیزی که جنوبی‌ها بیرون از «حلقهٔ جادویی» خود می‌دیدند، تهدیدها و حمله‌ها بود.

یکی از سرچشمه‌های اولیه و اساسیِ احساسات ضد برده‌داری در شمال نتیجهٔ موعظه‌های چارلز فینی[۳] برای بیداری روحانی بود. به‌سبب تأثیر گستردهٔ فینی، احساسات ضد برده‌داری شدیدی در غرب میانه، به‌خصوص در محیط کالج اُبرلین[۴] که فینی ریاست آن را بر عهده داشت، شکل گرفت. در خط مقدم این پیکار یکی از شاگردان فینی به نام تئودور وِلد قرار داشت. نوشته‌های محکم و مستدل او، «کتاب‌مقدس علیه برده‌داری» (۱۸۳۷) و «سیمای واقعی برده‌داری»، در الغای برده‌داری نقش کاتالیزور داشت.

دختر لایمن بیچر، یعنی هریت به‌طور خاص از کتاب «سیمای واقعی برده‌داری» متأثر شده بود. به‌گفتهٔ همسر ولد، یعنی آنجلینا گریمک ولد[۵] هریت بیچرِ اِستو شب و روز با کتاب «سیمای واقعی برده‌داری» زندگی می‌کرد تا اینکه واقعیت‌های آن در رمان ضدبرده‌داری معروف او به نام «کلبهٔ عمو تام»[۶] تبلور یافت. استو در این کتاب با استدعا می‌گوید: «ای مسیحیان! هر بار که برای آمدن پادشاهی مسیح دعا می‌کنید، چگونه از یاد می‌برید که نبوت الاهی، در تقارنی هولناک، روز انتقام را با سال فدیه‌شدگان مرتبط می‌سازد؟»[۷] در اینجا هریت به سرنگونی فجیع شرارت، بابل، اشاره داشت که در آخرین کتاب از کتاب‌مقدس پیشگویی شده است. مطابق تفسیر هزاره‌باورانهٔ کتاب مکاشفه که هواداران بسیاری دارد، نابودی بابل که با نهضت اصلاحات پروتستان آغاز شد، با «تشنج» در ملت‌ها رقم خواهد خورد.

بنابراین، به باور این افراد، ملت آمریکا که مقدر است نقشی کلیدی در برنامهٔ الاهی ایفا کند، باید در مسیر خود به‌سوی نقطهٔ اوج تاریخ بشر، از خطاها و جرائمش پاک شود. گناه

---

۱. اشاره‌ای است به افسسیان ۶:۹. (مترجم)

2. Harriet Martineau; 3. Charles G. Finney; 4. Oberlin College; 5. Angelina Grimke Weld

۶. این رمان بسیار تأثیرگذار در حدود چند دههٔ پیش با ترجمهٔ خانم منیر جزنی (مهران) به فارسی انتشار یافت و مورد استقبال خوانندگان قرار گرفت. گواه ماندگاری این کتاب ترجمه‌های متعدد فارسی است که به‌خصوص در سالیان اخیر از آن صورت پذیرفته. (مترجم)

۷. تلمیحی است از اشعیا ۴:۶۳. (مترجم)

برده‌داری فقط بر ذمهٔ جنوبیان نیست. تمام ملت در این گناه سهیم‌اند؛ و تمام ملت باید از آن پاک شوند. بنابراین، خانم بیچر استو در رمان «کلبهٔ عموم تام» وجدان ملی را هدف قرار داده بود به این امید که پالایش روح ملت از نزول غضب خدا بر کل جامعه جلوگیری کند.

بنابراین، تمام طرف‌های درگیر از نمادهای واحدی استفاده می‌کردند: کتاب‌مقدس، بهشت، دوزخ، عیسای مسیح، و راه نجات، اما این نمادها برای مقاصد متضادی به‌کار گرفته می‌شد. چگونه ممکن بود خدا، خدای جنوب علیه شمال و همزمان خدای شمال علیه جنوب باشد؟

هیچ‌کس به اندازهٔ پرزیدنت آبراهام لینکلن[1] که بار مصالحه را بر دوش می‌کشید، به این پرسش‌ها آگاه نبود. با آنکه لینکلن در فرهنگ مسیحیت اِوانجلیکال بالیده بود، هرگز به هیچ کلیسایی نپیوست و به اعتقادنامهٔ خاصی هم علاقه نداشت. با این‌همه، زبان و اندیشهٔ او را کتاب‌مقدس شکل داده و او از کتاب‌مقدس آموخته بود که هیچ‌کس به‌طور دقیق نمی‌تواند ارادهٔ خدا را برای ملت تفسیر کند.

لایمن بیچر (۱۷۷۵-۱۸۶۳)، مسیحی پیوریتنی که سخت به رویای آمریکا مسیحی پایبند بود.

یک‌بار لینکلن اظهار داشت: «در مناقشه‌های بزرگ، هریک از طرفین مدعی است طبق ارادهٔ خدا عمل می‌کند. اگر نه هر دو، که یکی‌شان حتماً برخطاست.» یک بار دیگر نیز، در دومین سخنرانی مراسم تحلیف خود، لینکلن مشاهده‌اش را چنین بیان داشت: «هم اتحادیه [یعنی ایالات شمالی] و هم مؤتلفه [یعنی ایالات جنوبی] یک کتاب‌مقدس را می‌خوانند و به یک خدا دعا می‌کنند، و هریک نیز از خدا علیه دیگری کمک می‌طلبد ... دعاهای هر دو نمی‌تواند مستجاب شود ... قادر مطلق هدف‌های خود را دارد.» لینکلن می‌دانست که انسان‌ها باید برای عمل به ارادهٔ خدا تلاش کنند و هم اینکه می‌توانند تشخیصی از ارادهٔ او برای خود داشته باشند، اما خدای قادر مطلق اهداف خود را دارد که فراتر از نقشه‌های انسان است.

1. President Abraham Lincoln

سیر وقایع این را ثابت کرد. جنگ و خونریزی شد و بدبختی دامن ملت را گرفت. رویای آمریکای مسیحی نیز به قوت خود باقی ماند، اما آن هم مانند ملت، بی‌رمق شد. تعداد کثیری کلیسای سیاهپوستان پدید آمد. این نمود اولیهٔ آزادی طبق قانون اساسی بود و در همان حال، نقطهٔ کوری را که در رویای آمریکای مسیحی وجود داشت یادآوری می‌کرد.

ضربه‌های فرهنگی برای آمریکای اِوانجلیکال

خیابان‌های آتلانتا هنوز از آوار جنگ تخلیه نشده بود که مجموعه‌ای از ضربه‌های فرهنگی، پرسش‌های گسترده‌ای دربارهٔ حقیقت یا موضوعیت اعتقادات سنتی اِوانجلیکال پدید آورد.

اولین ضربه از قلم چارلز داروین فرود آمد. در سال ۱۸۵۹ او کتاب «منشأ انواع» [یا خاستگاه گونه‌ها][1] را منتشر کرد که شاید مهمترین کتاب قرن بود. نظریهٔ تکامل داروین مسیحیان اِوانجلیکال را با مشکل بزرگی روبه‌رو کرد. داروین در این کتاب استدلال کرده بود که تکامل از راه مکانیسمی به نام گزینش طبیعی صورت می‌گیرد. گونه‌های مختلف برای بقا تلاش می‌کنند. گونه‌های نیرومندتر که توانایی سازگاری با محیط را دارند، باقی می‌مانند، اما گونه‌های ضعیف‌تر که فاقد این توانایی هستند، از بین می‌روند. بسیاری از مسیحیان از پیش می‌دانستند که کار این نظریه به کجا خواهد کشید. آیا نظریهٔ تکامل جایی برای اعتقاد به خدای خالق یا حافظ موجودات باقی می‌گذارد؟ با توجه به آن، چه تعبیری از روایت آفرینش در کتاب‌مقدس می‌توان داشت؟

دومین ضربه به ایمان سنتی نتیجهٔ صنعتی‌سازیِ فزایندهٔ جامعهٔ آمریکا و هجوم مردم به شهرها بود. شهرهای کوچک یک‌شبه به شهرهای بزرگ تبدیل شدند. مردم نه فقط از پس‌کرانه‌های آمریکا بلکه از آلمان، نروژ، ایتالیا، و سایر کشورهای اروپایی می‌آمدند. بسیاری از مهاجران جدید، دیدگاه‌های مذهبی خود را داشتند که با نگرش سنتی پروتستان‌های آمریکا به کشورشان و کتاب‌مقدس فرق داشت.

سومین و مستقیم‌ترین حمله به اعتبار کتاب‌مقدس از ناحیهٔ نقد فراتر کتاب‌مقدس صورت گرفت. هرچه تعداد بیشتری از استادان الاهیات دانشکده‌ها و کالج‌های الاهیات در دانشگاه‌های معتبر اروپایی تحصیلات تکمیلی انجام می‌دادند، دیدگاه‌های نقادانه تسلط بیشتری بر تحصیلات عالی در آمریکا و در نهایت بر بسیاری از فرقه‌های عمدهٔ مسیحی می‌یافت. تصور کنید با مطرح‌شدن دیدگاه‌هایی نظیر اینکه نویسندهٔ پنج کتاب اول کتاب‌مقدس موسیٰ نیست، و عیسی نه پسر خدا در جسم بلکه رویاپرداز سرگشته‌ای بیش نبود، چه شوکی به کلیساها وارد شد.[2]

---

۱. The Origin Of Species این کتاب با ترجمهٔ دکتر نورالدین فرهیخته به فارسی منتشر شده است. (مترجم)

۲. اینها نمونه‌هایی از دیدگاه‌های الاهیات لیبرالی دربارهٔ شکل‌گیری متن کتاب‌مقدس و شخصیت حقیقی عیسی در تاریخ است. آلبرت شوایتزر معتقد بود که عیسی تفکّر آخرزمانی نادرستی داشت و در نهایت با کشته‌شدن او بر صلیب آنچه پیش‌بینی کرده بود به‌وقوع نپیوست. (مترجم)

مجموعهٔ این ضربه‌ها بخشی از تغییر کلی فرهنگ غرب بود که در آن اَشکال مسیحی اندیشه و رفتار جای خود را به اَشکال غیردینی در این امور داد. مسیحیان نیز دربارهٔ اقدامات لازم در مقابل این چالش‌ها توافق نداشتند.

در میان فرقه‌های سنتی اِوانجلیکال دو حزب مجزا شکل گرفت. یکی تصمیم گرفت این تغییرات را همچون برکاتی از سوی خدا پذیرا شود. اما گروه دیگر چون این تغییرات را تهدیدی برای پیام کتاب‌مقدس می‌دانست، راه مقاومت در برابر آنها را برگزید.

مهمترین واعظ بیداری روحانی در نسل بعد از جنگ داخلی که اهل شهر بود، دوایت مودی[1] نام داشت. مودی و انبوهی از واعظانی که شهرت کمتری داشتند بر این باور بودند که وظیفهٔ اصلی و اولیهٔ آنها فتح جان‌ها برای مسیح و آماده‌کردن مردان و زنان نجات‌یافته برای بازگشت دوبارهٔ مسیح است.

بااین‌همه، رویای بیچر برای آمریکای مسیحی آشکارا رنگ می‌باخت. آنچه سبب نابودی امیدهای هزاره‌باوران شد عبارت از این موارد بود: نفرتی که ایالات شمالی و جنوبی را به کام جنگ کشید، ضربهٔ روانی ناشی از اعتصابات و وحشت مردم از مشکلات مالی در دههٔ ۱۸۷۰ و ۱۸۸۰، و همچنین شکل‌گیری دنیای شهرنشینی که به تمام ارزش‌های مسیحیت پشت کرده بود. شمار فزاینده‌ای از اِوانجلیکال‌ها، به‌خصوص در ایالات شمالی که مردم شهرنشین بودند، دربارهٔ آینده و پرورش زندگی باطنی به تأمل و نظرپردازی پرداختند.

خصلت تعیین‌کنندهٔ نیم‌قرنی که بین جنگ داخلی و جنگ جهانی اول فاصله انداخت در دو سخنی مشهود است که یکی در آغاز این دوره و دیگری در پایان آن گفته شد.

کشیش تئودور وولزی[2] رئیس بازنشستهٔ دانشگاه ییل، در سخنرانی سال ۱۸۷۳ خود برای اتحادیهٔ اِوانجلیکال، این پرسش را مطرح کرد: «این کشور را به چه معنا می‌توان مسیحی دانست؟» آنگاه پاسخ داد: «به‌طور قطع به این معنا که اکثر مردم این کشور به مسیح و انجیل ایمان دارند، به این معنا که تأثیرگذاری مسیحیت جهانی است و تمدن و فرهنگ عقلی ما بر همین بنیاد استوار است ...»

پنجاه سال بعد در ۱۹۲۴، منکین[3] منتقد معروف روش‌های آمریکا، چنین ابراز نظر کرد: «دنیای مسیحیت را می‌توان به‌طور خلاصه آن بخشی از جهان تعریف کرد که در آن، اگر کسی در حضور عموم ایستاد و به‌طور جدی سوگند یاد کرد مسیحی است، همهٔ حاضران خواهند خندید.»

بیچر اگر بود نمی‌توانست این را باور کند.

پیشنهادهایی برای مطالعهٔ بیشتر

Frazier, E. Franklin. *The Negro Church in America*. New York: Schocken, Books, 1963.
George, Timothy, ed. *Mr Moody and the Evangelical Tradition*. New York: T & T Clark International, 2004.

---

1. Dwight L. Moody; 2. Reverend Theodore Woolsey; 3. H. L. Mencken

Handy, Robert T. *A Christian America*. New York: Oxford University Press, 1971.
Marty, Martin E. *Righteous Empire: The Protestant Experience in America*. New York: Dial Press, 1970.
McLoughlin, William O. *The American Evangelicals: 1800-1900*. New York: Harper & Row Publishers, 1968.
Noll, Mark A. *A History of Christianity in the United States and Canada*. Grand Rapids: Eerdmans, 1992.

فصل چهلم

پلی برای مُدرنیست‌های[1] خردباور

لیبرالیسم پروتستان

در هشـــتادوپنجمین زادروز خود در ۱۹۲۰، لایمَن اَبوت، یکی از تأثیرگذارترین خادمان مســیحیِ دههٔ ۱۸۹۰، هنگامی که به تربیت سفت‌وسخت پیوریتنی خود در سه ربع قرن پیش می‌اندیشـــید، به یاد دیـــدگاه جوانی‌اش دربارهٔ خدا افتاد کـــه او را همچون «مجری هولناک عدالت می‌انگاشت که در همه‌جا حاضر اســـت» و خود را «متهم هراسیده‌ای می‌دانست که لایق مجازات اســـت، ولی دقیقاً نمی‌داند چرا.» با این‌همه، ســـال‌ها پیش از ۱۹۲۰، ابوت نیز همراه با بسیاری از آمریکاییان و اروپاییان، دیگر خدا را «مأموری که در همه‌جا حاضر و ناظر است» و انسان را «متهمی هراسیده» نمی‌دانست. دنیای غرب در ربع آخر قرن نوزدهم، هزار و یک تغییر کرده و بسیاری دیدگاه‌های جدید را پذیرفته بود.

---

۱. واژهٔ Modern و ترکیب‌هـــای آن را در بحـــث این فصل ترجیح دادم به همان صورت اصلـــی‌اش بیاورم، زیرا اصولاً معادل‌هـــای نوگرایی و تجدد و غیره با اینکه به‌مرور در زبان فارســـی رواج یافته و خوش‌آهنگند، از آنجا که تنها به یک وجه از مدرنیسم که نوگرایی و نوجویی و نوطلبی است اشاره دارند چندان رسا نیستند. نمی‌توان مدرنیسم را که پدیده‌ای چندوجهی و عمیق و پیچیده اســـت در جستن «نو» و باورداشـــتن به «نو» خلاصه کرد؛ از سوی دیگر، شاید اگر زیاد بر نوجویی تأکید کنیم، خواه‌ناخواه این مفهوم به ذهن برسد که مدرنیست هر اندیشه یا امر نو را فقط به‌سبب نوبودنش ارج می‌گذارد و باور دارد و این البته، نادرست است. با تمام این توضیحات، در متن کتاب به فراخور بحث، از معادل‌های نو و جدید هم گاه استفاده کرده‌ام. (مترجم)

ابوت نمونه‌ای از بسیاری از کشیشان آمریکایی بود که هرچند در یک خانوادهٔ مذهبی پروتستان بار آمده بودند، در آلمان یا در یکی از دانشکده‌های الاهیات آمریکا که گرایش به الاهیدانان قارّه‌ای[1] داشت تحصیل کرده و به نگرش‌های «لیبرالی» در زمینهٔ باورهای دینی خود گرایش یافته بودند.

اتفاقات قرن بیستم مؤید اعتقادات لیبرالی نبود. با این حال، تأثیر الاهیات لیبرالی را همچنان در فرقه‌های عمدهٔ پروتستان می‌توان دید. به‌دشواری می‌توان با استدلال پروفسور سیدنی آلستروم[2] مخالفت کرد که می‌گوید لیبرال‌ها «مسبب بنیادی‌ترین مناقشه‌ای هستند که از عصر اصلاحات تا امروز کلیساها را به‌هم ریخته است.» این نتیجهٔ هدف بلندپروازانهٔ آنها بود، زیرا می‌خواستند کلیساهای پروتستان را به دنیای جدید علوم مدرن، فلسفهٔ مدرن، و تاریخ مدرن هدایت کنند. هَری اِمرسون فازدیک[3] کشیش کلیسای بانفوذ ریورسایدِ نیویورک، در «زندگی این روزها» که زندگینامهٔ اوست، این مطلب را به‌خوبی چنین بیان داشته: هدف محوری الاهیات لیبرالی این بود که کاری کند انسان «هم مدرنیست خردباور باشد و هم مسیحی جدی.»

اهداف لیبرالیسم پروتستان

بنابراین، لیبرالیسم پروتستان به مسئله‌ای به قدمت مسیحیت پرداخت: چگونه مسیحیان می‌توانند بدون تحریف یا تخریب پیام انجیل، ایمان خود را برای دنیای جدیدِ اندیشه، واجد معنا سازند؟ پولس رسول تلاش خود را در این زمینه کرد و موفق شد. برخلاف او، تلاش مسیحیان گنوسی اولیه نتیجه نداشت. دربارهٔ لیبرالیسم نمی‌توان نظر قطعی داد، اما افکار عمومی مسیحی عمدتاً آن را ناکام می‌داند. هیچ‌کس به‌خوبی ریچارد نیبور[4] نتوانسته آیرونی یعنی ماهیت طنزآمیز لیبرالیسم الاهیاتی را چنین بیان کند: «خدایی که غضبناک نیست، انسانی را که گناهکار نیست، به ملکوتی که در آن داوری نیست وارد می‌سازد و این کار را از طریق خدمات عیسای مسیحی انجام می‌دهد که اهل صلیب نیست.»

اگر هدف روشن لیبرالیسم دینی را کنار بگذاریم، تعاریف لیبرالیسم دینی به‌همان اندازه متنوع است که لیبرالیسم سیاسی. بسیاری لیبرالیسم پروتستان را الاهیات نمی‌دانند، بلکه ترجیح می‌دهند آن را «چشم‌انداز»، «رویکرد» یا «نوعی نگرش» بخوانند. به‌این‌ترتیب، هنری اِسلون کافین[5] از دانشکدهٔ الاهیات یونیون در نیویورک یک بار چنین گفت که لیبرالیسم آن طرزفکری است که بی‌نهایت برای حقیقت احترام قائل است و بدین‌گونه، برای گفتگو دربارهٔ آنچه باور دارد حقیقت است و انتشاردادن و دنبال‌کردنش، با شور و شوق جویای آزادی است.

---

۱. منظور عبارت از قارّهٔ اروپا منهای کشور انگلستان است. اصطلاح فلسفهٔ قارّه‌ای هم به همین مفهوم اطلاق می‌شود. (مترجم)

2. Sydney E. Ahlstrom; 3. Harry Emerson Fosdick; 4. H. Richard Niebuhr; 5. Henry Sloane Coffin

لیبرالیسم الاهیاتی

لیبرالیسم الاهیاتی در عین ترویج نوعی چشم‌انداز اخلاقی پیشرو که برگرفته از پیام مسیحیت است، درک سنتی مسیحیت از آموزه را نفی می‌کند. نمونهٔ اعلای لیبرالیسم الاهیاتی، آدولف فُن هارناک[1] (۱۸۵۱-۱۹۳۰) است. او خدمات پیشگامانه‌ای در زمینهٔ مطالعات عهدجدید، الاهیات، مباحث اخلاق، و الاهیات تاریخی (رشته‌ای که به‌دست او زیر و زبر شد) انجام داد. هارناک چنین استدلال می‌کرد که عیسی در بسیاری از منابع مسیحی، از جمله اناجیل، درست فهمیده و معرفی نشده است. او عیسی را نبی یهودی ساده‌ای می‌دانست که مردم را به بیداری اخلاقی دعوت می‌کرد. با این‌همه، اگر لایه‌های فاسد سنت را کنار بزنیم و پوست را از هسته‌ای که ارزش ابدی دارد جدا کنیم، به پیام عیسای واقعی خواهیم رسید.

از نظر هارناک، عیسی تعلیم می‌داد که پادشاهی خدا رویداد قریب‌الوقوعی که عالم را زیر و رو کند نیست، بلکه ماهیت اخلاقی دارد. موضوع تعلیم عیسی، پدربودن خدا و برادری انسان‌ها، و ارزش بی‌کران هر فرد بود. عیسی همچنین پیروانش را به درجهٔ بالاتری از پارسایی (فراتر از پارسایی فریسیان) دعوت می‌کرد که ریشه در فرمان خدا مبنی بر محبت به یکدیگر داشت.

بی‌تردید، این چشم‌انداز لیبرال‌هاست، ولی آیا قضیه به همین چشم‌انداز ختم می‌شود؟ آیا این نگرش به باورهای مشخصی نمی‌انجامد؟ به‌نظر من که می‌انجامد؛ و این نگرش و باورها به‌اتفاق لیبرالیسم پروتستان را شکل می‌دهند.

شاید مفید باشد که الاهیات لیبرالی را نوعی پل معلق بدانیم که یک پایه‌اش بر اندیشهٔ مدرن استوار است و پایهٔ دیگرش بر تجربهٔ مسیحی. متأسفانه، خاک اطراف پایه‌ها سست است و کسانی که روی پل می‌روند در مورد اینکه کدام سر آن ایمن‌تر است با هم اختلاف دارند. از همین‌روست که پروفسور کِنِت کائوتن[2] با اشاره به دو گونه لیبرالیسم بنیادین، یکی را «لیبرالیسم اِوانجلیکال» و دیگری را «لیبرالیسم مدرنیستی» می‌خواند.

کائوتن بر این نظر است که لیبرال‌های اِوانجلیکال، اگر بخواهیم از عبارت فازدیک استفاده کنیم، «مسیحیانی جدی» بودند در جستجوی الاهیاتی که بتواند به «مدرنیست‌های خردباور» خدمت کند. بنابراین، لیبرال‌های اِوانجلیکال پایهٔ متکی بر تجربهٔ مسیحی را ایمن‌تر می‌دانستند.

در سر دیگر پل، لیبرال‌های معتقد به اصول مدرنیته حضور داشتند، مدرنیست‌های خردباوری که امیدوار بودند به معنایی مسیحیان جدی دانسته شوند. آنها پایه‌ای را که بر اندیشهٔ مدرن استوار بود، مستحکم‌تر می‌دانستند.

بنابراین، شاید بهترین شیوه برای تفحص در لیبرالیسم الاهیاتی این باشد که نگاهی دقیق به «اندیشهٔ مدرن» و سپس «تجربهٔ مسیحی» بیندازیم.

---

1. Adolf Von Harnack; 2. Professor Kenneth Cauthen

لیبرال‌ها بر این باور بودند که الاهیات مسیحی اگر می‌خواهد از همراهی اصحاب عقل و اندیشهٔ روزگار خود برخوردار باشد، باید با علوم مدرن کنار بیاید. بنابراین، آنها حاضر نبودند اعتقادات دینی را صرفاً بر پایهٔ اقتدار و مرجعیت بپذیرند، بلکه تأکید داشتند که ایمان باید به محک عقل و تجربه آزموده شود. لیبرال‌ها باور داشتند که عقل انسان قادر به اندیشیدن افکار خداست[1] و بهترین سرنخ‌ها برای پی‌بردن به ذات خدا عبارت از شهود و عقل انسان است.

آنها می‌گفتند که مسیحی باید ذهن خود را برای پذیرش حقیقت از هر منبعی باز نگاه دارد. واقعیت‌های جدید ممکن است اعتبار باورهای سنتی را که بر چیزی جز آداب و رسوم و سابقه استوار نیستند متزلزل سازند، اما ایمانِ ناآزموده پشیزی نمی‌ارزد.

با تسلیم کامل به اندیشهٔ مدرن، لیبرال‌ها این فرض را پذیرفتند که عالم همانا ماشینی بزرگ و هماهنگ و یا ارگانیسمی بسیار پیچیده است. به‌این‌ترتیب، عالم چه به ساعت تشبیه شود چه به گیاه، مهمترین نکته دربارهٔ آن عبارت است از اتحاد، هماهنگی، و انسجام.

با این‌همه، شرح کتاب‌مقدس از آفرینش، عالم را متشکل از این مراتب می‌داند: مادهٔ بی‌جان، نباتات، حیوانات، انسان، و خدا. الاهیات لیبرالی مشکلی با این موضوع نداشت. تأکید آن بر یگانگی یا تداوم بود و کاری که کرد کمرنگ‌ساختن تمایزات میان مکاشفه و دین طبیعی، مسیحیت و سایر ادیان، نجات‌یافتگان و هلاک‌شوندگان، مسیح و سایر انسان‌ها، و انسان و خدا بود.

در این بحث دو اصطلاح بسیار مهم الاهیاتی عبارتند از: *درون‌باشندگی*[2] (حلول) و *فراباشندگی*[3] (تعالی). درون‌باشندگی یا حلول به این معنی است که خدا در جهان حضور دارد و از طریق طبیعت کار می‌کند. صورت افراطی یا حداکثریِ درون‌باشندگی را در پانته‌ایسم (وحدت وجود) می‌توان دید که قائم بر یکسان‌انگاری خدا و جهان است.[4] فراباشندگی به معنی جدایی خدا از جهان است. شکل افراطی فراباشندگی را در عقیدهٔ دئیست‌ها [معتقدان به دین طبیعی] می‌توان یافت که استقلال خدا را از جهان همانند مستقل‌بودن ساعت‌ساز از ساعتش می‌دانند.

لیبرال‌ها بر این باور بودند که دیدگاه مسیحی سنتیِ قدیمی دربارهٔ خدایی فراسوی عالم، برای انسان مدرن پذیرفتنی نیست. برخی از لیبرال‌ها منتقد این دیدگاه بودند که خدا دور و در ورای عالم انسانی است، هرچند این بیشتر با مواضع دئیست‌ها سازگاری داشت تا الاهیات اصیل مسیحی. لیبرال‌ها به‌جای اینکه خدا را موجودی دور از عالم انسان بینگارند، او را با خودآگاهی انسان مرتبط کردند و حیات جاری در طبیعت و انسان را خدا خواندند.

این دیدگاه درون‌باشنده‌گرا یا حلولی دربارهٔ خدا ظاهراً با یافته‌های علمی سازگار است، زیرا طبق آن، به‌جای اینکه خدا ناگهان از ابرها بیرون آمده و عالم را آفریده باشد، زمان‌های

---

۱. ظاهراً این جمله را نخستین بار کپلر گفته و به‌مرور میان دانشمندان مسیحی رواج یافته است. (مترجم)

2. Immanence; 3. Transcendence

۴. پانته‌ایسم تعاریف گوناگونی دارد. تعریف نویسنده در اینجا ناظر بر وحدت وجود و موجود است. (مترجم)

مدید از طریق قوانین طبیعی عمل کرده و به‌تدریج دنیایی را که امروز می‌شناسیم پدید آورده است. اکثر لیبرال‌ها با شاعری که گفته بود: «برخی آن را تکامل می‌خوانند و برخی هم خدا» موافق بودند.

تکامل یا فَرگشت نظریه‌ای است که می‌گوید تمام اَشکال پیچیدهٔ حیات از اشکال ساده‌تر به‌واسطهٔ عملکرد انتخاب طبیعی پدیده آمده‌اند. بنابراین، هیچ گونه‌ای ثابت و بی‌تغییر نیست. در سال ۱۷۸۵ جیمز هاتن[1] تکامل زمین را نتیجهٔ عوامل طبیعی دانسته بود تا فراطبیعی. اثر دوران‌ساز سِرْ چارلز لایل[2] به نام «اصول زمین‌شناسی» (۱۸۳۰) مؤید دیدگاه فوق بود. لایل نشان داد که سطح زمین بر اثر عملکرد عوامل طبیعی در یک دورهٔ زمانی طولانی شکل گرفته است. این دیدگاه در مورد سن زمین، برای هر نظریهٔ تکاملی که بنیاد آن تغییرات گونه‌ها طی هزاران سال بود، ضرورت داشت.

چارلز داروین وارد می‌شود

دانشمندی که نام او با تکامل گره خورد چارلز داروین (۱۸۰۹-۱۸۸۲) بود. پس از تحصیل پزشکی و کسب آمادگی در دانشگاه کمبریج برای ورود به خدمت، داروین طبیعت‌گرا شد. از ۱۸۳۱ تا ۱۸۳۶ او به بررسی گونه‌هایی پرداخت که در سفر اکتشافی‌اش همراه کشتی «بیگِل» در سواحل آمریکای جنوبی جمع‌آوری کرده بود.

در ۱۸۵۹ دیدگاه‌های داروین در کتابش «منشأ انواع» انتشار یافت. او مدعی شد که «انواع یا گونه‌ها طی زمانی طولانی دگرگونی یافته‌اند ... این امر عمدتاً از طریق انتخاب طبیعی گونه‌هایی صورت گرفته که پرشمار، متوالی، و مطلوب با تغییرات جزئی بوده‌اند.» کتاب «منشأ انواع» که مهمترین کتاب قرن بود، دیدگاه‌ها را دربارهٔ خاستگاه و تکامل زندگی بر کرهٔ زمین زیر و زبر کرد. داروین پس از اولین بمبی که با کتاب خود انداخت، بمب دوم را رها کرد. در سال ۱۸۷۱ کتاب او «تبار بشر» موضوع انتخاب طبیعی را به انسان اطلاق کرد و به این نتیجهٔ مناقشه‌برانگیز رسید که اجداد انسان احتمالاً حیواناتی شبیه میمون بوده‌اند.

این دیدگاه‌ها بسیاری از افراد مذهبی را در حالت تدافعی قرار داد و برخی سفت‌وسخت به تکذیب دیدگاه‌های جدید علمی پرداختند. اگر انسان مخلوق خاص خدا نبوده و چنین نیست که بر اثر گناه از او دور شده باشد، دراین‌صورت چه نیازی به نجاتی است که مسیح می‌بخشد؟ برخی دیگر نیز کوشیدند اعتقادات دینی‌شان را با تکامل آشتی دهند. با گذشت زمان، لیبرال‌ها به این باور رسیدند که نظریهٔ تکامل با اصول اساسی مسیحیت در تضاد نیست، بلکه مکمل آنهاست. آنها رشد و تکوین را راه خدا برای آشکارساختن خود بر انسان می‌دانستند. در ۱۸۹۲ لایمن اَبوت، که در آن زمان کشیش کلیسای پلیموت در بروکلین، نیویورک، بود کتاب «تکامل مسیحیت» را نوشت و کوشید نشان دهد که «در ساحت

1. James Hutton; 2. Sir Charles Lyell

روحانی، همچنین نیز در ســاحت مادّی، خدا راز و سرچشــمهٔ نور است.» بدین‌گونه، او از تکامل کتاب‌مقدس، کلیسا، و حتی نَفْس[۱] سخن گفت.

چالش علم هرچه هم برای مســیحیت جدی بود، در مقایسه با دیدگاه‌های جدید دربارهٔ تاریخ، آشــکارا در درجهٔ دوم اهمیت قرار داشت. علم فقط می‌توانست نقش خدا را در عالم مادّی به پرسش گیرد، اما نقادی تاریخی به‌طور مستقیم سراغ قلمرو ایمان مسیحی می‌رفت، یعنی مکاشفهٔ خدا در کتاب‌مقدس.

به اطلاق اصول تاریخ به کتاب‌مقدس اصطلاحاً *نقد کتاب‌مقدس* گفته می‌شود. کلمهٔ نقد تا اندازه‌ای گمراه‌کننده اســت. بی‌تردید، بســیاری از محققانی که در زمینهٔ نقد کتاب‌مقدس فعالیــت دارند به نتایجی رســیده‌اند که صحت و ارزش کتاب‌مقدس را به‌عنوان شــهادتی بر اهداف خدا زیر ســؤال می‌برد. اما این اصطلاح در اصل بــه معنی راهبردی خاص برای کسب شــناخت و یادگیری است. بنابراین، محقق نقاد به کســی می‌گویند که با کمال دقت (سنجشگری) به بررســی موضوع مورد تحقیق می‌پردازد. برای نمونه، محقق مدرن یا نقاد ممکن است به بررســی محتویات عهدجدید بپردازد تا مشخص کند که آیا شواهد تاریخی تعلیم کلیسا را در مورد خدابودن پســر تأیید می‌کند یا اینکه تعلیم فوق بر پایهٔ سنت استوار است. شاید باور آن در روزگار ما سخت باشد، اما نهضت یادشده بر این گمان استوار بود که خود از گزند سنت‌های تباه‌کننده در امان است.

نقــد کتاب‌مقدس به دو صورت انجام می‌شــد که گاه نقد فروتر[۲] [یــا نقد متن] و نقد فراتر[۳] [یا نقد تاریخی] خوانده شــده‌اند. نقد فروتر با بررسی نسخه‌های کهن بسیاری که از کتاب‌مقدس به‌جا مانده کوشش داشت جمله‌بندی دقیق متون اصلی را (که اینک در دسترس نیســتند) بازسازی کند. این نوع تحقیق و تفحص ممکن است در ابتدا مسیحیان محافظه‌کار را نگران کند، اما این مسیحیان خدمات ارزنده‌ای به تحقیقات فوق انجام داده‌اند، زیرا هرچه نباشد، علاقهٔ فراوانی به تشخیص و کشف کلمات دقیق متون اصلی دارند.

با این‌همه، نقد فراتر [یا تاریخــی] در پی اثبات نکتهٔ دیگری بود. منتقدی که به این نوع نقد اشــتغال دارد، در درجهٔ نخســت دغدغهٔ کلمات اصلی متن را ندارد، بلکه به معنی متن علاقه‌مند اســت. منتقد فوق متن را از لحاظ تاریخی مورد بررســی قرار می‌دهد تا مشخص ســازد که آیا آنچه متن می‌گوید واقعاً اتفاق افتاده اســت یا نه. برای این منظور، او به مطالعه دربارهٔ بســتر و زمینهٔ متن، نویســنده‌اش، و موقعیت تاریخی متن می‌پردازد. او باور دارد که فقط در صورتی می‌توان کتاب‌مقدس را درک کرد که آن را با توجه به بســتر و زمینه‌اش در نظر بگیریم. روش‌هــای نقد فراتر جدید نبود، اما قبلاً در مــورد آثاری غیر از کتاب‌مقدس به‌کار می‌رفت. در قرن نوزدهم این روش در مورد کتاب‌مقدس نیز به‌کار گرفته شد، چنان‌که

---

۱. Soul در برابر این کلمه رایج‌ترین معادل در متون فلســفی فارســی را به‌کار برده‌ام، هرچنــد آن را به جان و روان نیز برگردانده‌انــد. این نَفْس با معنای اغلب منفی این لفظ در ادبیات دینی که معمولاً با صفت «گناه‌آلود» همراه اســت، فرق دارد. (مترجم)

2. Lower Criticism; 3. Higher Criticism

گویی اعتبار کتاب‌مقدس نیز می‌بایست مانند هر کتاب کهن دیگری با استفاده از معیارهای نقد تاریخی تأیید شود. البته، در عمل، منتقدان از این روش به همان صورت که در مورد کتاب‌های دیگر استفاده می‌کردند در مورد کتاب‌مقدس استفاده نکردند. بسیاری بر این باور بودند که خدا نمی‌تواند در تاریخ به‌شیوه‌ای معجزه‌آسا و یا متعارف عمل کند. برخی نیز بر این بر این باور بودند که داستان و تعلیم کتاب‌مقدس فاقد صحت است مگر اینکه صحت آن به تأیید منبعی بیرون از کتاب‌مقدس برسد. این موضع نتایجی در پی داشت که درست‌باوری مسیحی را به لرزه درآورد.

نقد کتاب‌مقدس نتایجی در پی داشت که ایمانداران را برآشفت. منتقدان بر این باور بودند که کتاب‌های موسیٰ در واقع محصول چهار سنت ادبی مختلف هستند که طی قرن‌های متمادی در تاریخ بنی‌اسرائیل با هم ترکیب شده‌اند. برخی از منتقدان نیز عقیده داشتند که علت درست‌بودن برخی از پیشگویی‌ها این است که در واقع پس از وقوع اتفاقاتی که در آنها ذکر شده نوشته شده‌اند. برخی نیز در صحت اناجیل، به‌خصوص انجیل یوحنا، تردید کردند. یکی از مهمترین دغدغه‌های نقد فراتر عبارت از جستجو برای «عیسای تاریخی» بود. منتقدان بر این باور بودند که عیسی، چنان‌که به‌واقع در تاریخ زیسته است، آن عیسایی نیست که در اناجیل تصویر شده. به تصور آنها، کلیسای اولیه و نویسندگان اناجیل مطالب فراوانی بر شرح کتاب‌مقدس افزوده بودند، به‌طوری که اکنون می‌بایست سخنان و کارهای واقعی عیسی را از افزوده‌های پسین جدا کرد.

اشتراوس (۱۸۰۹-۱۸۷۴) تمام رویکردهای پیشین را نفی کرد. او بر این باور بود که دیگر نه می‌توان رویکردی بر اساس اعتقاد به رخدادهای مافوق‌طبیعی داشت و نه رویکردی عقل‌گرایانه که برای حفظ وجهه است. عقل‌گرایان بر این باور بودند که خوانندگان می‌توانند برای معجزات عیسی که مورد کج‌فهمی نویسندگان اناجیل قرار گرفته، توضیحات عقلی بیابند. برای مثال، عیسی نه بر آب، بلکه بر سازه‌ای چوبی راه رفت که از اسکله به سمت دریا امتداد یافته بود. نظر ناخوشایند دیگری که دربارۀ نویسندگان اناجیل ابراز شد این بود که آنها به‌عمد داستانی غیر واقعی دربارۀ عیسیٰ سر هم کرده بودند. در مقابل، اشتراوس استدلال می‌کرد که چهرۀ عیسی در اناجیل بازتاب دیدگاه اسطوره‌ای گذشتگان است.

مردم کهن برای درک انسان‌های بزرگ و رخدادهای مهم از اسطوره‌ها بهره می‌گرفتند. بنابراین، آگاهی از این جهان‌بینی اسطوره‌ای، نگرش لازم را به خوانندۀ امروزی می‌دهد تا ارزیابی درستی از اندیشه‌های مهم در داستان‌های اسطوره‌ای کهن داشته باشد.

تأثیر نقد کتاب‌مقدس

با این‌همه، مهمترین نتیجه‌ای که نقد کتاب‌مقدس در پی داشت، ایجاد تردید دربارۀ اعتبار کلی کتاب‌مقدس بود. لیبرال‌ها از نقد فراتر کتاب‌مقدس استقبال کردند، زیرا به ضرورت وجود دیدگاهی از اساس متفاوت دربارۀ کتاب‌مقدس برای خردباوران مدرن پی بردند. آنها

خود را ملزم به دفاع از کل کتاب‌مقدس به‌عنوان کلام خطاناپذیر خدا نمی‌دیدند. دیگر لزومی نداشت از خدایی دفاع کنند که به مردم اسرائیل دستور داد دشمنان خود را تا آخرین نفر تا آخرین زن و کودک نابود کنند یا خرس‌ها را فرستاد تا بچه‌هایی را که نبی خدا را دست انداخته بودند، از هم بدرند.

لیبرال‌ها می‌گفتند مطالعات در زمینهٔ نقد فراتر روشن می‌سازد که خدا خود را از طریق فرایندی تکاملی آشکار کرده است. این فرایند با اندیشه‌های ابتدایی و بسیار خشن دربارهٔ خدا آغاز شد و نشان‌دهندهٔ این است که یهودیان به‌تدریج به اندیشهٔ وجود خدایی عادل رسیدند که فقط کسی می‌تواند به او خدمت کند که انصاف را به‌جا می‌آورد، محبت را دوست دارد، و با فروتنی در حضور او سلوک می‌کند.[1] این مکاشفهٔ تکاملی خدا در عیسی به اوج رسید، که در او خدا همچون پدر پرمهر تمام انسان‌ها تصویر شده است.

هنگامی که لیبرال‌ها اعتقاد خود را به آموزه‌های سنتیِ درست‌باورانهٔ مسیحی به این دلیل از دست دادند که احساس می‌کردند علم و کاوش‌های تاریخی آنها را نابوده کرده‌اند، اطمینان مورد نیاز خود را در ستون دیگر پل یافتند، یعنی در تجربهٔ مسیحی.

در اوایل قرن نوزدهم، جنبش هنری و عقلی دیگری پا گرفت که رُمانتیسم نام داشت. با اینکه عموماً این جنبش را نوعی اعتراض به طرزفکر بیش‌ازحد عقل‌گرایانهٔ روشنگری دانسته‌اند، رمانتیسم جریان انرژی و یک نیروی پویا را در طبیعت تشخیص داد. این سرزندگی قوی دقیقاً غیرعقلی نبود، بلکه می‌توان گفت فراتر از عقل بود. نقاشی‌های رمانتیک اغلب این نیروی حیاتی را همچون توفانی سهمگین ترسیم کرده‌اند که برای بیننده، همزمان خطرناک و حیرت‌انگیز است. مردم می‌توانستند این را تشخیص بدهند و در نیروهای آفرینشگر و ذهنی آن غرق شوند. انسان از راه نوعی آگاهی یا حس شهودی و نه استنتاج منطقی، در این جریان حضور می‌یافت. بنابراین، چه لزومی داشت انسان خود را با اعتقادنامه‌های صوری و ظاهری به دردسر اندازد هنگامی که یقینی چنین صمیمانه و چنین انکارناپذیر بر جان هر انسانی حکمفرما بود؟ همان‌گونه که تِنیسون سروده است:

> تو با او سخن بگو، زیرا می‌شنود، و روح می‌آید –
> او از دستان و پاهایت، و از همهٔ نفس‌هایت، به تو نزدیک‌تر است.

هنگامی که از دکتر لوئیس استرنز[2] از دانشکدهٔ الاهیات بِنگور[3] در ایالت مِین خواسته شد تا وضعیت آمریکا را در برابر شورای بین‌المللی جماعت‌گرایان در لندن (۱۸۹۱) توصیف کند، چنین گفت:

> ما دریافته‌ایم که آنچه منشأ نیروی عظیم الاهیات ما در آینده خواهد بود، تشخیص واقعیت شکست‌ناپذیرِ مسیحیت روحانی است ... نقد ممکن است به

---

۱. اشاره است به میکاه ۶:۸. (مترجم)

2. Dr. Lewis F. Stearns; 3. Bangor Seminary

واقعیت‌های تاریخی مکاشفه حمله برد: عقل‌گرایی ممکن است آموزه‌های آن را به باد انتقاد گیرد؛ اما گذشتن از صخره‌های گرانیتی خردکننده، همان اندازه برای موج‌سواری در ساحل مِین ما آسان است که برآشفتن واقعیات مسیحی برای نقد و عقل‌گرایی، و این همان واقعیاتی است که اساسی استوار در تجربهٔ فرد مسیحی و کلیسا دارند.

سخنگویان بانفوذ لیبرالیسم

دو تن از بانفوذترین سخنگویان تجربهٔ مسیحی، فریدریش شلایرماخر[1] (۱۷۶۸-۱۸۳۴) و آلبرشت ریچل[2] (۱۸۲۲-۱۸۸۹) بودند. هر دو الاهیدانانی آلمانی بودند. شلایرماخر در دانشگاه تازه‌تأسیسِ برلین و ریچل در بُن و گوتینگِن تدریس می‌کرد.

طبق نظر پروفسور ویلیام هوردِرن، شلایرماخر چون می‌خواست دین را برای اندیشمندان زنده کند تأکید داشت که مناظرات مهم دربارهٔ وجود خدا و توصیف ایمان در قالب آموزه‌های انتزاعی، در بهترین حالت، بیانی درجه دو از دین است. در قلب دین، آگاهی از وابستگی مطلق و آسیب‌پذیری ما در برابر عظمت خدا قرار دارد. او به اندیشه‌وران فرهیخته حق داد که صورت‌های انتزاعی مسیحیت را که در فلسفهٔ مَدْرسی پروتستان دیده می‌شد، نفی کنند. در واقع، حساسیت‌های رمانتیک آنها ذاتاً دینی بود، و اگر مسیحیت به‌درستی درک شود، بیش از هر مذهبی مبین این تجربه است. پس از شلایرماخر، این دیدگاه مرسوم شد که ادیان مختلف تجلیات گوناگون تجربهٔ دینی واحدی هستند که بین تمام انسان‌ها مشترک است. شلایرماخر می‌گوید یگانگی مسیح به‌خاطر وجود آموزه‌ای خاص دربارهٔ او یا تولد معجزه‌آسای او از باکره نیست، بلکه «معجزهٔ اصلی خود عیسی است. در عیسی مردی را می‌یابیم که از بالاترین درجهٔ خدا-آگاهی برخوردار بود.» به‌جای معرفت جسته‌وگریختهٔ همهٔ ما از خدا، او معرفتی تام داشت. در مقابل اطاعت ناقص ما از خدا، اطاعت او کامل بود. عیسی همچون «مردی پر از خدا»، «پیشگام بزرگ ما» در قلمرو روحانیت و اخلاق بود.

از آنجا که عیسی از شناخت تمام و کامل خدا برخوردار است، می‌تواند آگاهی از خدا را به دیگران منتقل کند. از طریق عیسی می‌توانیم وارد رابطه‌ای زنده و پویا با خدا شویم. کلیسا شاهدی زنده بر این واقعیت است که برای قرن‌های متمادی، انسان‌ها بر اثر تماس با زندگی عیسی وارد خدآگاهیِ زنده‌ای شده‌اند. همین سبب می‌شود با همنوعانمان وارد اتحاد دوبارهٔ زنده‌ای شویم و با آنها زندگی برادرانه داشته باشیم.

شلایرماخر «پدر الاهیات مدرن است»، در درجهٔ نخست به این سبب که ایمان مسیحی را به‌جای کتاب‌مقدس بر «تجربهٔ دینی» استوار کرد. آلبرشت ریچل، بانفوذترین الاهیدان در اواخر قرن نوزدهم و معلم اصلی لیبرال‌های آمریکایی، تجربهٔ دینی را بر عیسای تاریخی متمرکز کرد.

1. Friedrich Schleiermacher; 2. Albrecht Ritschl

از نظر ریچل، دین باید عملی باشد. باید با این پرسش آغاز شود که چه کنم تا نجات یابم؟ اما اگر این پرسش به این معنی باشد که چگونه می‌توانم پس از مرگ به بهشت بروم؟ آنگاه تئوری و نظری خواهد بود. نجات‌یافتن به معنی داشتن زندگی جدید، رهایی از گناه، خودخواهی، ترس و جرم است.

طبق نظر هوردِرن، «مسیحیت در صورتی عملی است که بر واقعیت استوار باشد. به‌همین سبب، ریچل از جستجو برای عیسای تاریخی استقبال می‌کرد. واقعیت بزرگ مسیحی عبارت از تأثیری است که عیسی طی قرن‌ها بر کلیسا به‌جا نهاده است.» طبیعت نمی‌تواند خدا را به ما معرفی کند، زیرا به‌گونه‌ای مبهم دربارهٔ خدا سخن می‌گوید. «در مقابل، خدا را در تاریخ می‌یابیم که در آن نهضت‌هایی پا می‌گیرند که به ارزش‌های معنادهنده به زندگی وقف شده‌اند. وظیفهٔ الاهیات این است که انسان‌ها را دوباره به‌سوی مسیح باز گرداند و معنی پیروی از او را دوباره به آنها یادآوری کند.»

از نظر ریچل، دین بر ارزش‌های انسان استور است نه بر حقیقت علم. علم امور واقع را به ما می‌گوید، از چیزها آن‌گونه که هستند؛ اما دین امور واقع را سبک‌سنگین می‌کند و برخی را ارزنده‌تر از بقیه می‌داند. «حقیقت بزرگ دربارهٔ انسان این است که هرچند محصول طبیعت و تکامل است، ارزش‌ها را تشخیص می‌دهد.» توضیح این امر فقط زمانی میسر است که درک کنیم عالم نه فقط مولد اتم و ملکول، بلکه همچنین ارزش‌هاست. «فرض وجود خدا برای توضیح این حس تشخیص ارزش‌ها در انسان ضرورت دارد.»

هوردرن می‌گوید که بسیاری از مسیحیانِ اواخر قرن نوزدهم، رویکرد ریچل را سودمند می‌دانستند. به‌نظر می‌رسید که دیدگاه‌های او ایمان مسیحی را از تأثیر ویرانگر تاریخ و علم رهانیده است. این رویکرد به نقد کتاب‌مقدس اجازه می‌داد تا از روش علم پیروی کند، یعنی واقعیات مربوط به نویسندهٔ هر کتاب، تاریخ نگارش آن، و معنی کتاب‌های کتاب‌مقدس را تعیین کند. اما همچنین اذعان می‌داشت که دین فقط همین واقعیات نیست. علم نمی‌تواند ارزش واقعیات را تعیین کند، این کار دین است.

بنابراین، اگر نقد کتاب‌مقدس معجزات عیسی، تولدش از باکره و وجود ازلی‌اش را نفی کرد، از ارزش عیسی برای ما کاسته نخواهد شد. اعتقاد به الوهیت عیسی به هیچ‌یک از اینها وابسته نیست؛ بلکه فقط بر پایهٔ این واقعیت استوار است که او سرچشمهٔ نهضتی ارزش‌ساز و هادی انسان‌ها به‌سوی خدای ارزش‌هاست. مقصود اینکه، زندگی عیسی تجسم دستاوردها و آرمان‌های اخلاقی چنان والایی است که به ما الهام می‌بخشد تا همچون او زندگی کنیم. الوهیت عیسی به این معناست که او می‌تواند کار خدا را برای ما انجام دهد؛ یعنی آگاهانیدن ما از آنچه در زندگی والاترین است. بدین‌گونه، زندگی تأثیرگذار عیسی کلیسا را پدید آورد که اجتماعی ارزش‌ساز است: پیشگام در ساختن جامعه‌ای الهام‌یافته از محبت، پادشاهی خدا بر زمین.

تأثیر لیبرالیسم به هیچ فرقه یا کشور واحدی محدود نبود، بلکه تمام نهادهای درست‌باور مسیحی را در سراسر اروپا و آمریکای شمالی به چالش گرفت. اکنون می‌خواهیم از مسیحیان

جماعت‌گرای ایالات متحده همچون نمونه‌ای از بسیاری گروه‌های مسیحی یاد کنیم که از لیبرالیسم تأثیر پذیرفتند.

نمونه‌ای از چالش لیبرالیسم الاهیاتی

الاهیات لیبرالی با نام «الاهیات جدید» در کلیساهای نیوانگلند پدیدار شد. هوادارن برجستهٔ الاهیات جدید از بطن کالونیسم سنتی در نیوانگلند سربرآوردند. تئودور تورنتون مانگِر[1] کشیش کلیسای جماعت‌گرای یونایتد[2] (متحد) بود که در نیوهِیوِنِ کانِتیکات واقع است. نیومن اسمیت[3] همکار او در نیوهِیوِن، بیست‌وپنج سال در کلیسای جماعت‌گرای سِنْتِر[4] خدمت کرده بود. جُرج اَنجیئر گوردون[5] کشیش کلیسای تاریخیِ موسوم به اولد ساوت[6] در بوستون بود. واشینگتن گلَدِن[7] اوایل در نیوانگلند خدمت کرده، اما بزرگترین موفقیت خود را در نخستین کلیسای جماعت‌گرا[8] در کلمبوس مرکز ایالت اوهایو به‌دست آورده بود. جرج هَریس[9] استاد الاهیات در دانشکدهٔ الاهیات آندووِر[10] و، با حمایت همکارانش، سخنگوی الاهیات جدید در مجلهٔ «نقد و بررسی آندوور»[11] بود. در پایان به لایمن ابوت می‌رسیم که مروج بزرگ این نهضت بود و فوستر درباره‌اش گفته است: «احتمالاً او تنها کسی بود که موجی چنین نیرومند از الاهیات لیبرالی در آمریکا به راه انداخت.»

ده‌ها تن به گرد این رهبران نخستین جمع شدند - هِنری وارْد بیچِر[12] اِگبِرت اسمیت[13] ویلیام جوئت تاکِر[14] لوئیس فرنچ استرنز[15] ویلیام نیوتون کلارک[16] و دیگران - اما خصلت نهضت اساساً همان که بود باقی ماند. این اعتراضی به سود اندیشهٔ نو علیه «الاهیات قدیمی» متعلق به پیوریتن‌های اِوانجلیکال بود که معمولاً «الاهیات نیوانگلند» خوانده می‌شد.

در ۱۸۸۱ ادواردز آماسا پارک[17] که شاید واپسین سخنگوی بزرگ الاهیات نیوانگلند بود، از مقام تأثیرگذار استادی الاهیات در آندوور کناره گرفت. دو سال بعد، هَریس جانشین او شد. می‌توان این اتفاق را به منزلهٔ جدایی الاهیات جدید از قدیم تعبیر کرد.

پیش از سال ۱۸۸۰ اکثر خادمان مسیحی نیوانگلند به این موارد اعتقاد داشتند: حاکمیت مطلق خدا، فساد ذاتی انسان (که این مسئله را ناشی از گناه اولیه می‌دانستند)، کفّارهٔ عیسای مسیح که اساس و بنیاد بخشایش گناهان انسان است، ضرورت نقش روح‌القدس در تبدیل انسان، و جدایی ابدی نجات‌یافتگان و هلاک‌شوندگان در بهشت و دوزخ.

پس از ۱۸۸۰ هریک از این اعتقادات زیر آتش سنگینِ لیبرال‌ها قرار گرفت. معروف‌ترین مناقشه هم در دانشکدهٔ الاهیات آندوور در گرفت. این دانشکده در سال ۱۸۰۸ توسط جماعت‌گرایان نیوانگلند به هدف مقابله با گرایش‌های تثلیث‌ناباوران[18] در هاروارد، تأسیس

1. Theodore Thornton Munger; 2. The United Church; 3. Newman Smyth; 4. The Center Church; 5. George Angier Gordon; 6. Old South Church; 7. Washington Gladden; 8. The First Congregational Church; 9. George Harris; 10. Andover Theological Seminary; 11. The Andover Review; 12. Henry Ward Beecher; 13. Egbert Smyth; 14. William Jewett Tucker; 15. Lewis French Stearns; 16. William Newton Clarke; 17. Edwards Amasa Park; 18. Unitarians

شد. مؤسسان دانشکده در تلاش خود برای حفظ درست‌باوری آندوور، خواستار التزام هیئت علمی به اعتقادنامه‌ای شـــدند که میراث اعتقادات کالونی آنها را خلاصه‌ور بیان می‌داشـــت. لیکن با فرارسیدن ســـال ۱۸۸۰، اعضای هیئت علمی، تحت تأثیر لیبرالیسم الاهیاتی، تحقق این شـــرط را غیرممکن دانســـتند و به این مطلب اذعان کردند. جرقه‌ای که آتش مناقشه را برافروخت، مجموعه‌مقالاتی بود که در مجلهٔ «نقد و بررســـی آندوور» به چاپ رسید. اگبرت اســـمیت، ویلیام جوئت تاکر، و جرج هریس، از اعضای هیئت علمی، استدلال می‌کردند که مشرکانِ بی‌اطلاع از پیام انجیل، پس از مرگ فرصتی خواهند داشت تا پیش از داوری نهایی، پیـــام انجیل را قبول یا رد کنند. در گفتگوهایی که متعاقب این صورت گرفت، اعضای هیئت علمی قدم به قدم به مرحلهٔ دفاع علنی از الاهیات لیبرالی رسیدند.

هیئت بازرســـان، که یکی از هیئت‌های اداره‌کنندهٔ دانشکده بود، سرانجام اسمیت را متهم به غفلت از اعتقادنامه کرد: این روشی برای ارزیابی افراد بود. پس از سال‌ها کنش و واکنش، دادگاه عالی ماساچوســـت تصمیم هیئت بازرسان را دربارهٔ اخراج اسمیت ابطال کرد. در این زمان، تقریباً تمام فرقه‌های مسیحی آمریکا بدعت دلپسند خود را پیدا کرده بودند.

پیشنهادهایی برای مطالعهٔ بیشتر

Ahlstrom, Sydney E. *A Religious History of the American People.* New Haven, CT: Yale University Press, 1972.

Cauthen, Kenneth. *The Impact of American Religious Liberalism.* New York: Harper & Row, 1962.

Dorrien, Gary J. *The Making of American Liberal Theology, 1900-1950.* Louisville, KY: Westminster John Knox Press, 2003.

Hordern, William E. *A Layman's Guide to Protestant Theology.* New York: MacMillan, 1968.

Shriver, George H. *American Religious Heretics.* Nashville: Abingdon Press, 1966.

فصل چهل‌ویکم

چیزی برای ازدست‌دادن نیست، جز زنجیرها

بحران اجتماعی

چارلز دیکنز در یکی از رمان‌هایش به نام «روزگار سخت»[1] در توصیف نمونه‌ای از یک شهر صنعتی در انگلستان قرن نوزدهم چنین می‌گوید:

> شهری بود از آجر قرمز یا بهتر است بگوییم آجری که اگر دود و خاکستر می‌گذاشت، قرمز می‌بود. اما آن‌طور که به‌نظر می‌آمد، شهری به رنگ قرمز و سیاهِ غیرطبیعی بود، درست مانند صورت رنگ‌شدهٔ یکی از وحشیان. شهرِ دستگاه‌ها و دودکش‌های بلندی بود که از دلشان مارهایی تمام‌نشدنی از دود، مرتب بیرون می‌خزیدند و همین‌طور به خود می‌پیچیدند. از این شهر رودخانهٔ بنفش بویناکی می‌گذشت و در آن انبوهی از ساختمان‌ها با پنجره‌های متعدد وجود داشت که در تمام روز، از داخل‌شان صدای کارکردن دستگاه‌ها بلند بود ...

---

۱. این کتاب را در سالیان گذشته چندین نفر از جمله حسین اعرابی، که از قدیمی‌ترین مترجمان این کتاب است، با نام‌های مختلف به فارسی برگردانده‌اند. بنده چون به هیچ‌کدام از این ترجمه‌ها دسترسی نداشتم، خود اقدام به ترجمهٔ این متن کردم. (مترجم)

این صحنه توصیفی است از انقلاب صنعتی. مورخان از این اصطلاح برای اشاره به تغییرات سریع در جوامع اروپا و آمریکا در قرن نوزدهم استفاده می‌کنند. این تحول را به این سبب صنعتی می‌خوانند که اکثر تغییرات را می‌توان ناشی از روش‌های جدید تولید دانست. لازمهٔ وجود کارخانه، شهر بود و لازمهٔ وجود شهر، مردم، و جایی که مردم حضور داشته باشند انواع و اقسام مشکلات بروز می‌کند.

رشد ناگهانی شهرها و تکثیر دستگاه‌ها مسیحیت را با چالشی جدید و پیچیده روبه‌رو ساخت، چیزی شبیه قرینهٔ کشمکش مسیحیت با اندیشهٔ مدرن. مسیحیان چگونه به این بحران اجتماعی پاسخ دادند؟

بسیاری از منتقدان تا امروز تأکید دارند که مسیحیت هرگز به این بحران نپرداخته، بلکه فقط از آن فرار کرده است. در روزگار ما، سرزمین‌هایی وسیع که زمانی توسط ارزش‌های مسیحی شکل گرفته بود، اکنون به‌دست یک حکومت مارکسیستی اداره می‌شود. حتی در غربِ به‌اصطلاح مسیحی نیز، انگشت‌شماری از مردم ارتباطی بین مذهب و اشتغال خود می‌بینند. نور را با ظلمت چه کار؟ یا سالن جلسات اتحادیه را با محراب کلیسا چه کار؟

دنیای جدید کارخانه‌ها

شهر صنعتی برای بسیاری از ایمانداران یک معماست، زیرا عملکرد آن را درنمی‌یابند و از گناهان و جنایاتش بیمناکند. با این‌همه، مسیحیت در طی تاریخ خود، هم نیرویی محافظه‌کار و هم رادیکال بوده است. در بحران صنعتی نیز همین‌گونه بود.

در فرانسه انقلاب سیاسی و در آلمان انقلاب فکری رخ داده بود، اما انگلستان مهد انقلاب صنعتی بود. انگلستان که در امور تجاری و مالی حرف اول را می‌زد، از بازارها و منابع مالی لازم برای محصولات صنعتی‌اش برخوردار بود. در اواخر قرن هجدهم، صنایع گوناگون یکی از پی دیگری به دستاوردهایی در زمینهٔ تولید بالاتر رسید، اما هیچ‌یک از این دستاوردها به بزرگی استفاده از نیروی بخار نبود. جیمز وات[1] (۱۷۳۶–۱۸۱۹)، نابغهٔ اسکاتلندیِ دانشگاه گلاسکو، راهی برای حرکت‌دادن پیستون به عقب و جلو در یک سیلندر بسته یافت. دیری نپایید که از موتورهای بخار در صنایع نساجی و بعدها برای راندن لوکوموتیوها و کشتی‌ها استفاده شد.

بدین‌گونه، برای نخستین بار، منبعی از نیرو در اختیار تولیدکننده قرار داشت که وابسته به شرایط آب‌وهوایی یا فصلی برای به‌حرکت‌درآوردن آسیاب‌های بادی یا چرخ‌های آبی نبود. کارخانه به نماد نظام جدید صنعتی تبدیل شد. در اینجا، نیرو و دستگاه، تولید را ممکن می‌ساختند. بنابراین، افرادی را که متصدی این دستگاه‌ها بودند مجبور به ترک کلبه‌ها، چرخ‌های بافندگی و مزارعشان کردند تا به نیروی کار در کارخانه ملحق شوند.

---

1. James Watt

زندگی به‌ناگهان تغییر کرده و برای بسیاری، دورهٔ زندگی روستایی یا زندگی در شهری کوچک که در آن شتاب کار را روز و شب تعیین می‌کرد و دوزندگی و برداشت، به سر آمده و جا به دقت و انضباط دنیای کارخانه‌ها سپرده بود. خورشید خدا پشت دود پنهان شده و سوت کارخانه جایگزین آن شده بود: نماد زمان انسان به‌جای خدا.

انقلاب صنعتی بر ثروت انسان بسیار افزود، اما به قیمت نگونبختی‌های بسیار برای انبوه کارگران کارخانه‌هایی که در شهرهای اروپا و آمریکا قرار داشتند و پیوسته در حال گسترش بودند. اولین کارخانه‌ها فاقد ابتدایی‌ترین امکانات بهداشتی و ایمنی بودند. مرتب حوادث وحشتناک روی می‌داد و طبق قانون عرفی انگلستان اگر کارگری دچار سانحه می‌شد از بی‌مبالاتی خودش بود و کارفرما مسئولیتی در قبال آن نداشت. هیچ سازوکاری برای جبران خسارت کارگران یا بیمهٔ سلامت وجود نداشت. در نتیجه، اگر کارگری آسیب می‌دید او را با جیب خالی بیرون می‌انداختند و کارش را به یکی از هزاران نفری می‌دادند که برای یافتن شغل به شهرهای جدید هجوم آورده بودند.

زنان و کودکان دوشادوش مردان کار می‌کردند. بیشتر اوقات فقر زنان را وامی‌داشت که تا یک یا دو روز پیش از به‌دنیاآوردن فرزندشان کار کنند و مدت کوتاهی پس از تولد او دوباره سر کار بازگردند. بسیاری از کارخانه‌ها بچه‌هایی چهار یا پنج ساله را استخدام می‌کردند که روزانه مجبور بودند در ازای حداقل دستمزد، دوازده تا پانزده ساعت کار کنند.

کارگر و خانواده‌اش در یک اتاق کثیف اجاره‌ای زندگی می‌کردند و اگر بخت‌شان بلند بود، مجبور نمی‌شدند آن را با خانواده‌ای دیگر شریک شوند. خیابان‌های کثیف اطرافشان پر از زباله بود، و چون سیستم فاضلاب درستی وجود نداشت، بوی گند فضولات انسانی از همه جا بلند بود.

کشمکش قدیمی میان آریستوکرات‌ها و طبقهٔ متوسط طی نخستین سال‌های قرن نوزدهم در اروپای غربی، با پیروزی بورژوازی به پایان رسیده بود. با پیروزی آنها، فلسفهٔ اقتصادی خاصی پا گرفته بود که لِسه فِر *Laissez Faire* یعنی آزادگذاری اقتصادی خوانده می‌شد. طبق این نظریه، زیان‌های اجتماعی صنعتی‌شدن اصلاح‌پذیر نیست. هر کسی را باید آزاد گذاشت تا منافع خود را دنبال کند: آنگاه فرض بر این بود که همه‌چیز در خدمت سعادت اکثریت خواهد بود.

درسنامهٔ این مکتب فکری، یعنی کتابی که آدام اسمیت[1] با عنوان «ثروت ملل» نوشته بود، چنین استدلال می‌کرد که جامعه بیش از هر چیز از رقابت سود می‌برد و افراد کارآمدتر به پاداش‌های بزرگتری می‌رسند. با اینکه حکومت مسئول حفظ جان و اموال مردم است، در امور تجاری نباید دخالت داشته باشد و آنچه بهتر از هر چیز منافع جامعه را تأمین می‌کند، عملکرد آزاد قوانین عرضه و تقاضاست.

با این‌همه، نیروی کار شهری به منافع این رقابت دسترسی نداشت. آنها چون فاقد اموال بودند، اجازهٔ رأی‌دادن برای تغییر شرایط را نداشتند. تلاش و تقلای آنها در قرن نوزدهم برای دسترسی به حق رأی یا دیگر ابزار قدرت بود.

---

1. Adam Smith

نخستین حمله به فلسفهٔ آزادگذاری اقتصادِ سرمایه‌داری از ناحیهٔ دیدگاه جدیدی صورت گرفت که سوسیالیسم نامیده می‌شد. در این مرحله، هنوز این اصطلاح به نهضت کارگران میلیتانت یعنی رزمنده اطلاق نمی‌شد و بیشتر عبارت از نظریه‌ای بود که تمرکز ثروت را محکوم می‌کرد و خواستار عمومی‌سازی تجارت یا واگذاری آن به کارگران بود. از همه مهمتر، سوسیالیست‌ها تأکید داشتند که همکاری و هماهنگی و نه رقابت سنگدلانه، باید بر امور اقتصادی حاکم باشد.

این سوسیالیست‌های اولیه تفکری آرمانشهری داشتند، زیرا نظریه‌های آنها در خصوص جوامع نمونه بر پایهٔ این دیدگاه ساده‌باورانه قرار داشت که انسان‌ها به‌طور طبیعی یکدیگر را دوست دارند و می‌توانند به‌خوبی و خوشی با هم زندگی کنند. سوسیالیست‌ها می‌گفتند آنچه انسان‌ها را در برابر هم قرار می‌دهد، رقابت کاپیتالیستی (سرمایه‌داری) است.

بدین‌گونه، معضلات عدیدهٔ جامعهٔ صنعتی در نهایت بر یک مسئله متمرکز می‌شد: مالکیّت. آیا مالکیّت از حقوق طبیعی و مسلّم انسان است؟ کلیسا همواره قائل به چنین حقی شده بود، زیرا به‌نظر می‌رسید این حق در دهمین فرمان تبلور یافته است: «به خانهٔ همسایه‌ات طمع مورز ... یا غلام ... یا هیچ چیز دیگر او.» منکران این اصل بدعتکار شمرده شده بودند.

اما تا پیش از قرن نوزدهم هرگز این اتفاق نیفتاده بود که این‌همه دارایی در اختیار یک نفر قرار بگیرد یا فقط عده‌ای چنین انگشت‌شمار از آن برخوردار باشند. به‌جای هزاران نفر، میلیون‌ها تن از دارایی‌های خود محروم و بلکه کاملاً محروم شده بودند. رومیان باستان را می‌شد با نان و سیرک ساکت کرد، اما در این عصر جدید، نه نان بود نه سیرک. برای فقیران از بزم و بلغور[1] خبری نبود و فرودست‌ترین طبقات با گرسنگی دست‌به‌گریبان بودند. از آن طرف هم ناامنی به‌طور فزاینده میان طبقات متوسط گسترش می‌یافت.

کلیسا قدرتی نداشت تا بتواند موضعی در قبال این بحران‌ها اتخاذ کند. گرایش دورهٔ مدرن به جداانگاری کلیسا از حکومت، کلیسا را از حضور در عرصهٔ سیاست محروم کرده بود. قانون اساسی ایالات متحدهٔ آمریکا به دولت فدرال اجازه نمی‌داد کلیسای خاصی را به‌عنوان کلیسای رسمی کشور اعلام کند. اصلاحات انگلیس در دههٔ ۱۸۳۰ کلیسای انگلستان را از اکثر امتیازات سنتی آن محروم کرد. در کشورهایی نیز که مسیحیان کاتولیک رومی حضور پرشماری داشتند، به‌خصوص در فرانسه و ایتالیا، احساسات ضد روحانیون عرصه را بر مقامات کلیسایی تنگ کرده بود. خلاصهٔ کلام اینکه، کلیساها در تصمیم‌گیری‌های مهم بازی داده نمی‌شدند.

در داخل و خارج کلیسا دید محدودتری دربارهٔ مسیحیت شکل می‌گرفت و هر چیزی که مشخصاً جزو امور «روحانی» نبود، مورد نقد واقع نمی‌شد. بدین‌گونه، شمار فزاینده‌ای از کارگران صنایع، کلیسا و پیام مسیحیت را یا عمداً فاقد موضوعیت می‌دانستند یا پرداختن به دشواری‌های عصر ماشین را در دایرهٔ قدرت آنها نمی‌دیدند.

---

۱. در متن اصلی Corn And Carnival آمده است که برای حفظ لحن کلام، آن را به بزم و بلغور ترجمه کردیم. ترجمهٔ دقیق‌تر آن غله و کارناوال است. (مترجم)

مارکس، پیامبرِ عصر نو

با این‌همه، این عصر نیز صداهای خود را داشت. در سال ۱۸۴۸، تقریباً بی‌سروصدا، پیامبری به نام کارل مارکس[1] در عرصهٔ تاریخ ظاهر شد که شکل جدیدی از سوسیالیسم را موعظه می‌کرد. مارکس با انتقاد از مسیحیت ادعا می‌کرد که مسیحیت به آرمان خودش پایبند نیست، زیرا طرف ستمگران مایه‌ور را گرفته است و مانند عموم ادیان، ابزاری در دست ثروتمندان برای ظلم بر فقیران است. مسیحیت به فقیران موعظه می‌کند که در این زندگی متحمل بی‌عدالتی‌ها شوند تا در بهشت پاداش یابند. مسیحیت همچنین دربارهٔ اندیشه‌های شریف، سخنان گزاف و گمراه‌کننده می‌گوید. در مقابل، مارکس چنین استدلال می‌کرد که شرایط موجود نتیجهٔ تعارض بین طبقات اجتماعی است. او تعلیم می‌داد زمان آن رسیده که فقیران به پا خیزند و با مبارزهٔ خشونت‌آمیز، روند تاریخ را تغییر دهند.

کارل مارکس (۱۸۱۸-۱۸۸۳) در راینلند[2] واقع در تری‌یِر[3] از والدین آلمانیِ یهودی‌تباری متولد شد که به مسیحیت گرویده بودند. او پس از بررسی و مطالعهٔ اندیشه‌های فیلسوف نامی، گئورگ هگل[4] مدرک دکترای خود را دریافت کرد.

مارکس چون نتوانست به استخدام دانشگاه دربیاید و تدریس کند، ناگزیر از راه روزنامه‌نگاری که شغلی بی‌ثبات بود گذران می‌کرد. به پاریس رفت و به دیدگاه‌های سوسیالیستی علاقه‌مند شد، و در همان‌جا نیز، دوستی او با فریدریش اِنگِلْس[5] (۱۸۲۰-۱۸۹۵)، پسر یک کارخانه‌دار ثروتمند آلمانی، آغاز شد که در سراسر عمرش ادامه یافت. در سال ۱۸۴۵ مقامات فرانسه مارکس را از کشور اخراج کردند و او با انگلس برای زندگی به بروکسل رفت.

در ژانویهٔ ۱۸۴۸ مارکس و انگلس جزوهٔ معروف «مانیفست حزب کمونیست» را منتشر کردند. این سندِ برانگیزاننده عملاً شامل همهٔ عناصر چیزی بود که آنها سوسیالیسم «علمی» می‌خواندند. مانیفست با اعلانی شوم آغاز می‌شد: «شبحی در حال تسخیر اروپاست[6] - شبح کمونیسم.» مانیفست مخاطبان را به جنگی بی‌امان با بورژوازی فرامی‌خواند و ضمن اعلام وقوع حتمی انقلاب و پیروزی توده‌ها، با این هشدار جدی به پایان می‌رسید:

> کمونیست‌ها از پنهان‌داشتن دیدگاه‌ها و اهداف خود عار دارند. آنها علناً اعلام می‌دارند که تمامی اهدافشان فقط از راه سرنگونی قهریِ تمام وضعیت‌های اجتماعی موجود تحقق‌پذیر است. بگذارید طبقات حاکمه از انقلاب کمونیستی بر خود بلرزند. پرولترها چیزی برای ازدست‌دادن ندارند، به‌جز زنجیرهایشان. دنیایی برای فتح پیش روی آنهاست. ای کارگران تمام کشورها، متحد شوید!

---

1. Karl Marx; 2. Rhineland; 3. Trier; 4. Georg Hegel; 5. Friedrich Engels

۶. در برخی از ترجمه‌های فارسی مانیفست آمده است: شبحی در حال گشت و گذار در اروپاست! (مترجم)

پس از کوتاه‌زمانی در آلمان، مارکس مابقی زندگی خود را با درآمدی بخور و نمیر در لندن گذراند. مارکس که به حمایت مالی دوستانش، به‌خصوص انگلس، متکی بود هر روز به موزهٔ لندن می‌رفت و برای کتاب‌های گوناگونش، به‌خصوص *Das Kapital* یعنی سرمایه مطلب جمع می‌کرد.

فارغ از اینکه دربارهٔ سوسیالیسم مارکسیستی چه نظری داشته باشیم، بی‌تردید کتاب «سرمایه» (۱۸۶۷-۱۸۹۴) یکی از تأثیرگذارترین کتاب‌های روزگار جدید است. برای یک دوره در قرن بیستم، تقریباً نیمی از جهان به‌دست حکومت‌های مارکسیستی اداره می‌شد.

درست مانند مناقشه بر سر برده‌داری، جنبش‌های مسیحی در تمام سویه‌های بحران‌های اجتماعی حضور داشتند. بسیاری از اعضای کلیسا کاپیتالیست بودند، کارخانه داشتند و از چندین موقعیت بانفوذ در اجتماع برخوردار بودند. بسیاری اشتیاق داشتند از فلسفهٔ *لسه فر* یا آزادگذاری اقتصادی دفاع کنند.

با این‌همه، پس از نیمهٔ قرن نوزدهم، شماری فزاینده از مسیحیان، چه کاتولیک چه پروتستان، از جان و دل برای ارتقای شرایط زندگی کارگران تلاش کردند. چهار مسیر پیش پای آنها قرار داشت: (۱) می‌توانستند فلسفهٔ لسه فر را با توجه به اصول مسیحی به نقد بکشند؛ (۲) می‌توانستند نهادها و مؤسساتی مسیحی به‌هدف کاستن از رنج‌های فقیران و ناتوانان تأسیس کنند؛ (۳) می‌توانستند از تشکیل اتحادیه‌های کارگری حمایت کنند؛ و (۴) می‌توانستند از دولت خواستار وضع قوانینی به‌هدف ارتقای شرایط کار شوند.

از اوایل ۱۸۳۸، در محافل کاتولیک رومی، اسقفی آلمانی به نام ویلهلم کِتِلِر[1] (۱۸۱۱-۱۸۷۷) در موعظه‌ها و کتاب‌هایش به مشکلات کارگران کارخانه‌ها پرداخت. او راه‌حلی از منظر کلیسای کاتولیک ارائه داد که هم به خطرات رقابت نامحدود در نظام سرمایه‌داری اشاره داشت و هم به کنترل حکومتی شدید سوسیالیست‌ها. در برابر کاپیتالیست‌ها، وی از حق مداخلهٔ دولت دفاع کرد و در تقابل با گرایش‌های تمامیت‌خواهانهٔ سوسیالیست‌ها، به دفاع از حق مالکیت فردی برخاست. از همه مهمتر، از حق کارگران برای تشکیل انجمن‌های کارگری دفاع کرد، و خواهان مجموعهٔ کاملی از اصلاحات شد، از جمله در زمینهٔ تقسیم سود، ساعات معقول کار، روزهای کافی برای استراحت، بازرسی از کارخانه، و ساماندهی مسائل شغلی بانوان و کار کودکان.

در انگلستان، کارگران دوستی در میان کاتولیک‌های رومی یافتند به نام کاردینال هنری ادوارد منینگ[2] (درگذشت ۱۸۹۲) که قبلاً آنگلیکن اِوانجلیکال بود. در اوایل دسامبر ۱۸۷۲، منینگ در جلسه‌ای شرکت کرد که هدف از تشکیل آن ارتقای وضعیت معیشت کارگران مزارع بود. عمل او به این سبب شجاعانه محسوب می‌شد که برای نخستین بار در انگلستان اسقف عالی‌مقام کلیسای کاتولیک رومی علناً طرف کارگران را می‌گرفت. او در ادامهٔ این اقدام، به نخست‌وزیر یعنی گلادستون[3] نامه نوشت و خواستار دو چیز شد: ممنوعیت قانونیِ کار کودکانی که به سن تعیین‌شده نرسیده بودند، و ساماندهی اسکان کارگران.

1. Wilhelm Ketteler; 2. Henry Edward Cardinal Manning;; 3. Gladstone

در ۱۸۷۴ منینگ خطابه‌ای با عنوان «حقوق و منزلت کار» ایراد کرد و در آن دفاع محکمی از حق کارگر برای داشتن تشکل به‌عمل آورد و خواهان ساماندهی ساعات کار شد. همچنین، توجه مردم را به سوءاستفاده‌های وحشتناک از کودکان کارگر جلب کرد.

در ایـــالات متحدهٔ آمریکا، عضوی عادی از کلیســـای کاتولیک به نـــام تِرنس پاودرلی[۱] ریاست نخستین اتحادیهٔ به‌راســـتی اثرگذار کارگری را بر عهده داشت که «شوالیه‌های کار» نامیده می‌شـــد. ورود تمام آمریکاییان با هر دین و مذهبی به این اتحادیه آزاد بود، اما از همان آغاز، اکثر اعضای آن کاتولیک بودند.

با این‌همه، در قرن نوزدهم، مقامات کلیسای کاتولیک رومی از جمله پاپ، از اتحادیه‌های کارگری بیم داشتند. آنها کشمکش با «فراماسون‌های ایتالیایی» و نیروهای سیاسی فعال برای اتحاد ایتالیا را به یاد داشـــتند. «شـــوالیه‌های کار» در خطر محکومیت از سوی پاپ بودند و احتمالاً فقط یک چیز باعث رهایی آنها شد: اسقف اعظم بالتیمور که بعدها کاردینال گیبونز[۲] نام گرفت، به دفاع از آنها برخاست.

تا سال ۱۸۹۱ پاپ چیزی دربارهٔ بحران اجتماعی نگفت. لئوی سیزدهم (۱۸۷۸-۱۹۰۳) که پا به ســـن می‌گذاشت، رساله‌ای نوشـــت که بعدها به موضع اساسی کلیسای کاتولیک در خصوص رابطهٔ بین سرمایه و کار تبدیل شد. رسالهٔ پاپ تحت عنوان *Rerum Novarum* [تغییر انقلابی] پس از تذکر نتایج شومِ انقلاب صنعتی، سوسیالیسم را رد می‌کند و با اتخاذ موضعی محکم در حمایت از خانوادهٔ مسیحی، آن را ضروری‌ترین نهاد جامعه برمی‌شمارد.

با این‌همـــه، لئو تأکید دارد که ســـرمایه‌داران موظفند رفتار عادلانه‌ای با کارگران داشـــته باشـــند. او از حقوق کارگران کاتولیک برای تشکل و مذاکره[۳] با کارفرمایان خود، و همچنین حقِّ داشـــتن دســـتمزد مکفی و اوقات فراغت معقول دفاع می‌کند. بدین‌گونه، سرمایه‌داری انحصاری[۴] و برده‌داری صنعتی و آنچه پاپ سوسیالیسم می‌نامید، مورد انتقاد او قرار گرفت.

کارگران در انگلستان

در انگلســـتان که مردم عمدتاً پروتســـتان بودند، در درجهٔ اول فرقه‌هـــای ناهمنواگرا به حمایت از کارگران برخاســـتند. تا نیمهٔ قرن نوزدهم، تشـــکیل اتحادیه‌های کارگری در این کشور ممنوع بود، اما جنبش کارگران در میان ناهمنواگرایان، به‌خصوص متدیست‌های ناب[۵] از حمایتی قوی برخوردار شـــد. بسیاری از رهبران جنبش کارگری به‌عنوان واعظ غیررسمی متدیست آموزش دیده بودند. آنها غیرت، مهارت‌های سازماندهی، و تجربهٔ موعظه را که در عبادتگاه‌های متدیست کسب کرده بودند با خود به انجمن‌های کارگری می‌آوردند.

---

1. Terence Powderly; 2. Cardinal Gibbons; 3. Rights To Organize And Bargain; 4. Monopoly Capitalism

۵. Primitive Methodists منظور گروهی از متدیســـت‌های پیرو «نهضت تقدس» اســـت که از شاخهٔ اصلی متدیسم جدا شـــدند، و عنوان فرقهٔ آنها به معنی بازگشـــت به سرچشمه‌های ناب متدیسم و تعلیمات وسلی است. از این‌روست که از معادل «ناب» به‌جای نخستین و اولیه استفاده کردیم. (مترجم)

ناهمنواگرایان همچنین از رهبران جنبش منع استفاده از مشروبات الکلی و تأسیس یتیم‌خانه بودند. جرج مولر[1] که از کلیسای برادران پلیموت[2] بود، چارلز هادُن اِسپِرْجِن[3] واعظ برجستهٔ باپتیست در لندن، و اِستِفِنسن[4] که متدیست بود، همه نقشی بسیار مهم در تأسیس یتیم‌خانه‌های مسیحی داشتند.

به پیش ای سربازان مسیحی!

خدمات ویلیام بوث[5] (۱۸۲۹-۱۹۱۲)، اِوانجلیکال پارسامنش، یکی از برجسته‌ترین نمونه‌های خدمت به محرومان بود. او خدمت خود را در کلیسای متدیستی به نام «نیو کانِکشن»[6] آغاز کرد، اما دیری نپایید که برای خدمت به فقیران لندن از آن کناره گرفت. موعظهٔ او در منطقهٔ «ایست اِند» لندن با موفقیت چشمگیری روبه‌رو شد. ظرف یازده سال، وی سی‌ودو پایگاه برای بشارت و ارائهٔ خدمات اجتماعی به نیازمندان لندن ایجاد کرده بود. کارکنان بوث که مانند یک یگان نظامی سازماندهی شده بودند، طولی نکشید به «ارتش نجات» موسوم شدند. به این ترتیب، بوثِ مبشر به بوث ژنرال تبدیل شد.

تا سال ۱۸۸۸، ژنرال بوث ۱۰۰۰ رستهٔ بریتانیایی در اختیار داشت و یگان‌هایی را به کشورهای دیگر گسیل کرده بود. کتاب او به نام «تاریک‌ترین ایام انگلستان و راه خروج»، در ۱۸۹۰به چاپ رسید. این کتاب شامل مقایسه‌ای تأثیرگذار از تاریکی اجتماعی انگلستان با تصویر دیوید لیوینگستون از تاریکی آفریقا بود. او گزارش می‌کرد که در یک سال ۲۱۵۷ نفر در لندن مرده و ۲۲۹۷ نفر خودکشی کرده بودند، ۳۰/۰۰۰ نفر با تن‌فروشی گذران می‌کردند، ۱۶۰/۰۰۰ نفر به جرم مستی محکوم شده، و بیش از ۹۰۰/۰۰۰ نفر دچار فقر شدید بودند. بوث در ادامه به توصیف تلاش‌های عظیم ارتش نجات برای تغییر این وضعیت پرداخت. تصویر کلی گویای نیازهای شدید بود.

کلیسای انگلستان چنان درگیر گذشته بود که به‌دشواری می‌توانست خود را با بحران اجتماعی تطبیق دهد. تأسیس کلیساهای جدید در شهرهای صنعتی که به‌سرعت زیاد می‌شدند مستلزم تصویب مجلس بود. این امر زمان‌بر و پرهزینه بود. در نتیجه، توده‌های جدید شهری معمولاً بی‌بهره از خدمات کلیسای انگلستان رشد می‌کردند.

نهضت خاصی در کلیسای آنگلیکن، موسوم به گروه مسیحیان سوسیالیست، استثنای چشمگیری در این زمینه بود. ف. د. موریسِ[7] الاهیدان (۱۸۰۵-۱۸۷۲)، چارلز کینگزلی[8] رمان‌نویس (۱۸۱۹-۱۸۷۵) و جان مَلکم لادلو[9] حقوقدان (۱۸۲۱-۱۹۱۱) از جمله مقامات کلیسایی بودند که به پیام خاص انجیل برای طبقهٔ کارگر انگلستان باور داشتند.

نهضت مسیحیان سوسیالیست طی فعالیت کوتاهی که از ۱۸۴۸ تا ۱۸۵۴ داشت، به کلیت نگرش لسه فر حمله کرد. موریس به کینگزلی چنین نوشت: «رقابت را طوری مطرح کرده‌اند

---

1. George Müller; 2. Plymouth Brethren; 3. Charles Haddon Spurgeon; 4. T. B. Stephenson; 5. William Booth
6. Methodist New Connection; 7. F. D. Maurice; 8. Charles Kingsley; 9. John Malcolm Ludlow

که گویی قانون عالم است. این دروغی بیش نیست. زمان آن رسیده که ما چه در کلام و چه در عمل اعلام کنیم که این دروغ است.»

او مدعی شد که قانون حقیقی عالم این است که انسان آفریده شده تا در جامعه زندگی کند. انسان‌ها زمانی به طبیعت حقیقی خود پی می‌برند که با یکدیگر همچون فرزندان خدا و برادران در مسیح همکاری کنند.

رهبران سوسیالیسم مسیحی برچسب سوسیالیسم را از این‌رو پذیرفتند که برانگیزاننده بود. می‌گفتند که سوسیالیسم فقط به معنی علم ایجاد شراکت بین انسان‌هاست. آنها سوسیالیسم را صورتی از تکوین مسیحیت می‌دانستند و باور داشتند ایمان مسیحی طرفدار جامعه‌ای است که همکاری بین انسان‌ها را جانشین تقابل آنها با یکدیگر می‌سازد.

نهضت مسیحیان سوسیالیست در عمل نتایج محدودی داشت. کارگاه‌های همیاری آنها سازماندهی ضعیف و خوشبینی نابه‌جایی دربارهٔ نقش کارگران داشت. شاید بزرگترین خدمت آنها اندیشه‌هایی بود که به فراسوی اقیانوس اطلس انتقال یافت.

به‌طور کلی، کارگران در انگلستانِ قرن نوزدهم به‌تدریج هم از قدرت سیاسی برخوردار شدند و هم از شرایط بهتر کار. انگلستان قدم به قدم و از طریق تصویب قوانین مختلف، آموزهٔ قدیمی لسه فر را کنار گذاشت و زندگی را بر شهروندان کارگر خود آسان‌تر کرد، به‌گونه‌ای که کار برای کودکان زیر ده سال ممنوع و کار روزانهٔ زنان و کودکان به ده ساعت در روز محدود شد، کارخانه‌ها از لحاظ رعایت مسائل ایمنی بازرسی می‌شدند، و بسیاری موارد دیگر. در حالی که انگلستان امتیازات بسیاری به کارگران داده بود، بسیاری در آمریکا هنوز وجود چیزی به اسم بحران اجتماعی را تشخیص نداده بودند.

انجیل اجتماعی در آمریکا

نهضت عمده برای تحقق عدالت اجتماعی در ایالات متحده، انجیل اجتماعی خوانده می‌شد. این نهضت در میان کشیشان پروتستان لیبرال و استادان الاهیات لیبرال پا گرفت. آنها هیچ سازمان برجسته‌ای تشکیل ندادند، بلکه تصمیم گرفتند فعالیت‌های خود را از طریق کلیساهای مستقر و نهادهای سیاسی موجود انجام دهند.

هستهٔ اصلی انجیل اجتماعی عبارت از این اعتقاد بود که کار نجات‌بخش خدا هم ساختارهای جمعی را در بر می‌گیرد و هم زندگی فرد را. اگر موضوع خیر و شر در جامعه واقعاً به موجودیت جمعی آن برگردد نه صرفاً به مجموعهٔ افراد خوب و بد آن، آنگاه مسیحیان وظیفه دارند بازسازی نظم اجتماعی را وجههٔ همت خود قرار دهند، زیرا این بخشی از مسئولیت دینی آنهاست.

پیام‌آوران انجیل اجتماعی از طیفی از منابع استفاده می‌کردند. خود مکتب بیداری روحانی که در زمان دوایت مودی تمرکز بسیاری بر فرد یافته بود، در ابتدا این رویا را داشت که کل آمریکا کشوری اخلاقی و مسیحی باشد. پیش از جنگ داخلی، بیداری‌های روحانی

و اصلاحات در کنار هم پیش می‌رفتند. برای مثال، چارلز فینی کسانی را که به زندگی تازه دعوت کرده بود تشویق می‌کرد پس از تجربهٔ شخصی توبه و تولد دوباره در فکر مأموریت اجتماعی خود در زمینهٔ مبارزه با برده‌داری باشند.

با این‌همه، رهبران انجیل اجتماعی آثار سوسیالیست‌های مسیحی اروپایی مانند موریس، چارلز کینگزلی، و دیگران را هم خواندند.

در آخر، به الاهیات جدید می‌رسیم. «الاهیات پیشرو» که در دانشکدهٔ الاهیات آندوور و از پشت منبرهای نیوانگلند ارائه می‌شد، برای نخستین واعظان انجیل اجتماعی، الگویی کلی از باورها فراهم کرد.

پدر این نهضت، واشنگتن گلادِن[1] (۱۸۳۶–۱۹۱۸) بود که نخستین کتاب از آثار متعدد خود را دربارهٔ انجیل اجتماعی در ۱۸۷۶ منتشر کرد. او که از ساکنان مهاجرِ نیوانگلند بود، تأثیرگذارترین سال‌های عمرش را در نخستین کلیسای جماعت‌گرای کلمبوس در ایالت اوهایو گذراند. در مرکز اوهایو، او از نزدیک با مشکلات کارگران آشنا شد.

جماعت کلیسای گلادن هم شامل کارفرمایان بود و هم کارگران. این بود که در منازعات مربوط به دورهٔ صنعتی‌شدن، او در کمال نگرانی مشاهده می‌کرد «شکاف بین این طبقات در حال گسترش است.» او در شماری از سخنرانی‌های عصرگاهی‌اش، با تمرکز بر مشکلات کارگران، اعلام داشت که باور دارد تعلیمات عیسی شامل اصولی برای ساماندهی درست جامعه است.

در سرود روحانی معروف زیر از گلادن، گوشه‌هایی از افکار و احساسات این اصلاحگر را می‌بینیم:

ای سرورم، می‌خواهم با تو همراه شوم
آزاد در باریکه‌راه‌های خالی خدمت
راز خود را با من بگو، کمک کن تا تاب بیاورم
کارِ تابسوزِ جانفرسا را.

گلادن سوسیالیست نبود. به مالکیت خصوصی و کسب‌وکار خصوصی اعتقاد داشت. اما بر این باور بود که بسیاری از صنایع را می‌توان با همیاری اداره کرد و راه‌آهن‌ها، معادن، و صنایع مربوط به خدمات عمومی شهرها باید توسط دولت اداره شوند.

از نظر تأثیرگذاری ماندگار، نبی برجستهٔ انجیل اجتماعی، والتر روشنبوش[2] (۱۸۶۱–۱۹۱۸) بود. این کشیش آلمانی باپتیست جوان در منطقهٔ موسوم به هِلز کیچن[3] نیویورک اجاره‌نشین بود. در این زمان ذهنش سخت به این مسئله اشتغال داشت که پاسخ مسیحیت

1. Washington Gladden; 2. Walter Rauschenbusch

۳. منطقه‌ای که در گذشته بسیار فقیر و فاسد بود. مردم در چنین مناطقی عموماً در خانه‌های مستهلک اجاره‌نشین هستند. (مترجم)

به معضلات شهری چیست. کتاب‌هایی که روشنبوش را در سطح ملی مطرح کرد، محصول زمانی بود که در دانشکدهٔ الاهیات روچستر به تدریس تاریخ کلیسا اشتغال داشت. سه کتاب اصلی او عبارتند از: «مسیحیت و بحران اجتماعی» (۱۹۰۷)، «مسیحی‌کردن نظم اجتماعی» (۱۹۱۲)، و «الاهیاتی برای انجیل اجتماعی» (۱۹۱۷).

روشنبوش با اجتناب از آموزهٔ تسلی‌بخش پیشرفت انسان، توصیهٔ خود را در مورد مسئولیت اجتماعی بر پایهٔ مفهوم پادشاهی خدا مطرح می‌کند.

> او می‌نویسد: «انجیل اجتماعی عبارت از پیام قدیمی نجات است، ولی مبسوط‌تر و فشرده‌تر. اِوانجلیکال که بر فرد تمرکز دارد به ما آموخته است که گناهکاربودنِ قلب تک‌تک انسان‌ها را ببینیم و ما را از ایمان به آمادگی و قدرت خدا برای نجات هر جانی که به‌سوی او می‌آید، برخوردار کرده است، اما موجب نشده از گناهکاربودن نظم اجتماعی و سهم آن در گناهان تمام افرادی که در دایرهٔ آن هستند، درک شایسته‌ای داشته باشیم ... انجیل اجتماعی می‌کوشد انسان‌ها را به توبه از گناهان جمعی‌شان وادارد و وجدان حساس‌تر و امروزی‌تری ایجاد کند.

برجسته‌ترین نمونهٔ گناه در جامعه از نظر واعظان انجیل اجتماعی، نظام سرمایه‌داری بود. آنها می‌گفتند که تا وقتی در این نظام تغییری ایجاد نشده، نجات انسان میسر نیست. معتقدان به انجیل اجتماعی بر سر اینکه بازسازی نظام آمریکا مستلزم چه مقدار تغییر است، با هم اختلاف نظر داشتند، اما در عین حال توافق داشتند که پادشاهی خدا بدون آن نمی‌آید.

انجیل اجتماعی تا چه اندازه در فرقه‌های مسیحی رسوخ یافت؟ بسیاری از دانشکده‌های الاهیات برنامهٔ درسی خود را بازبینی کردند تا دغدغه‌های اجتماعی را در مباحث خود بگنجانند. با این‌همه، مهمترین نشانهٔ تغییر در سال ۱۹۰۸ دیده شد و این زمانی بود که شورای فدرال کلیساها تشکیل شد. تقریباً نخستین اقدام قانونی شورا عبارت بود از تصویب «اعتقادنامهٔ اجتماعی کلیساها». این مصوبه خواهان بسیاری از امتیازاتی شد که نسل‌های بعدی کارگران آمریکا آنها را مسائل اولیه می‌دانستند. این امتیازات عبارت بودند از: امنیت شغلی، مستمری تأمین سالمند، حداقل دستمزد، و حقوق داوری.

کلیسا در سراسر تاریخ خود کوشیده بود در همان حال که انسان را آمادهٔ حیات پس از مرگ می‌کند، زندگی او را بر زمین ارتقا بخشد. همواره این امکان وجود داشت که مسیحیان از فرط تمرکز بر زندگی آینده، ظاهراً حساسیت خود را نسبت به درد و رنج‌های زندگی حاضر از دست بدهند. یقیناً، بحران اجتماعی قرن گذشته این مسئله را آشکار کرد.

نهضت‌های مسیحی گوناگونی که دغدغه‌های اجتماعی داشتند با این خطر روبه‌رو شدند که پیام انجیل را به کنش‌گری اجتماعی تقلیل دهند. لیکن برای همهٔ ما یادآور این نکتهٔ مهم هستند که مسیحیان زمانی می‌توانند برای سرنوشت ابدی انسان‌ها ابراز نگرانی کنند که نشان داده باشند به نیازهای آنها در این زندگی نیز توجه دارند.

پیشنهادهایی برای مطالعهٔ بیشتر

Carter, Paul A. *The Decline and Revival of the Social Gospel.* Hamden, CT: Archon Books, 1971.
Dayton, Donald W. *Discovering an Evangelical Heritage.* New York: Harper & Row, 1976.
George, Timothy, ed. *Pilgrims on the Sawdust Trail: Evangelical Ecumenism and the Quest for Christian Identity.* Grand Rapids: Baker, 2004.
Handy, Robert, ed. *The Social Gospel in America 1870-1920.* New York: Oxford University Press, 1966.
*Rauschenbusch, Walter. *Christianity and the Social Crisis in the 21st Century: The Classic that Woke up the Church.* With essays edited by Paul Raushenbush. New York: Harper Collins, 2007.
White, Ronald C., Jr. and C. Howard Hopkins. *The Social Gospel.* Philadelphia: Temple University Press, 1976.

عصر ایدئولوژی‌ها

۱۹۱۴-۱۹۸۹

قرن بیستم عرصهٔ درگیری غول‌های بزرگ سیاسی و نظامی بود: کمونیسم، نازیسم، و آمریکانیسم. پاگانیسم [بت‌پرستی] جدیدی در توسل به قوانین اقتصادی، نژادپرستی، و حقوق مسلم فرد ظهور یافت. مسیحیان وادار شدند رنج بکشند، بیندیشند، و به شیوه‌های جدیدی متحد شوند. پروتستان‌ها نهضت‌هایی برای اتحاد با یکدیگر تشکیل دادند. مسیحیان کاتولیک رومی کوشیدند کلیسا را با اقتضائات روز تطبیق دهند. فروپاشی دیوار برلین نشان از افول قدرت ایدئولوژی‌ها دارد. افزون بر اینها، مسیحیت «جدید» در کشورهای جهان سوم و فراسوی آنها با شتابی محاسبه‌ناپذیر در حال ظهور و گسترش است. این مسیحیت نو فریادهای اعتراضِ پیروان برخی مذاهب را تحت‌الشعاع قرار می‌دهد. در این فریادها هم خطر را تشخیص می‌دهد و هم دعوت به خدمت را.

عمر الأنبياء والرسل

- نبي الله آدم
- نبي الله إدريس
- نبي الله نوح

١٩٢٥

- شيث ابن آدم
- شيث آدم ابن السكينة / ادريس متى شيث
- شعيب ابن روم

- نبي الله كليم الله موسى
- نبي الله ابراهيم

١٩٥٠

- داود ابن اشعيا
- نبي الله محمد وإسماعيل
- كنية ذو النون
- ذنيجات داود ابن اشعيا

١٩٩٦

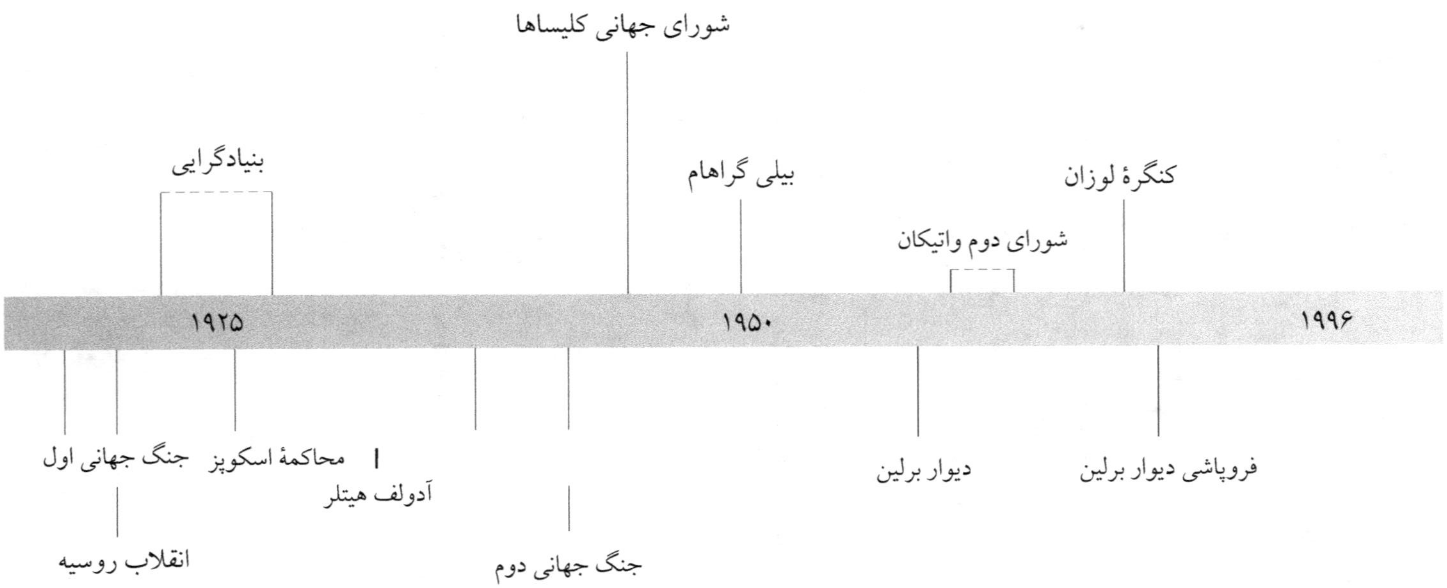

فصل چهل‌ودوم

دیوارنگاری بر دیوار شرم

ایدئولوژی‌های قرن بیستم

طی تابستان سال ۱۹۶۱ پلیس آلمان شرقی، به تحریک نخست‌وزیر شوروی، نیکیتا خروشچف، در صدد برآمد موج فراریان از آلمان شرقی به برلین غربی را بازگرداند. هنگامی که محدودیت‌های سختگیرانه‌تر برای سفر نتیجه نداد، پلیس دیواری بتونی با سیم‌خاردار به طول بیست‌وشش مایل کشید که مانند زخمی کریه بر سیمای شهر نشست. ساکنان خشمگین برلین اسم این دیوار را *Schandmaurer* گذاشتند که به معنی دیوار شرم است!

در سمت شرقی دیوار برلین ساختمان‌های تیره و تاریک دنیای کمونیستی قرار داشت که آرمانشهری زمینی را در نوعی جامعهٔ بی‌طبقهٔ آینده وعده می‌داد. در سمت غربی دیوار نیز فروشگاه‌ها و سینماهای متعلق به «غرب آزاد» قرار داشت با جستجوی بی‌وقفه‌اش برای ثروت و سعادت در زندگی حاضر. به موازات دیوار، پناهگاه‌هایی بی‌نشان واقع‌اند، یادگارهایی خاموش از رایش سوم آدولف‌هیلتر که زمانی شکست‌ناپذیر بود.

چگونه مسیحیت با پیام صلح و آزادی‌اش در این سال‌هایی که مردم جهان به جان هم افتاده بودند تاب آورده است؟ مسیحیت نیز همچون نویدهای دیگر به بشریت، مجبور بوده بجنگد تا جایی برای خود بر دیوارهای خون‌آلود منازعات انسان‌ها بگشاید. با نگاهی به دو نسل گذشته، پیام مسیحیت همچون دیوارنگاری‌هایی انبوه جلوه می‌کند که بر دهه‌های پیشین

نقش بسته و گرداگردش را پیام‌هایی گرفته‌اند به همان اندازه جذاب و شاید پرمطالبه‌تر. این پیام‌ها عبارتند از: نازیسم، مارکسیسم، و کاپیتالیسم.

خدایان پسامسیحی برای توده‌ها

آرنولد توینبی[1]، مورخ برجسته، یک بار این نظر را مطرح کرد که در قرن بیستم ادیان بزرگ جهان جای خود را به سه ایدئولوژی پسامسیحی دادند یعنی ناسیونالیسم، کمونیسم، و فردگرایی. این ایدئولوژی‌ها از خصلت دینی برخوردارند. هریک مطالبه‌هایی غایی[2] دارد: میهن‌پرستی، مبارزهٔ طبقاتی، یا انسان‌گرایی سکولار. هریک تشریفات و نمادهای مقدس، نوشته‌های الهامی، اصول اعتقادات، قدیسین، و رهبران کاریزماتیک خود را دارد.

با این‌همه، نظریهٔ توینبی فقط تا اندازه‌ای درست است. مردمِ غرب حرکت قرن بیستم را به‌سوی سکولاریسم، درست تشخیص داده‌اند. ایدئولوژیِ‌های نوظهور ناسیونالیسم، کمونیسم، و فردگرایی عمدتاً جای ادیان بزرگ را گرفتند یا بر آنها مسلط شدند و کاری کردند که چندان مهم جلوه نکنند. بسیاری پیش‌بینی می‌کردند که این روند ادامه خواهد یافت و عقل و علم رازهای بیشتری از جهان و مردم آن خواهند گشود. هرچه مردم باسوادتر شوند نیاز کمتری به دین خواهند داشت، لااقل به‌شکل قبلی به آن نیاز نخواهند داشت. از آوای حرکت به‌سوی سکولاریسم چنین برمی‌آمد که از باورمندان به خدا کاسته خواهد شد، و خدایی که به او باور دارند چیزی کمتر از خدا خواهد بود. اگرچه بسیاری از مردم غرب همچنان معتقد به استیلای سکولاریسم هستند، این نظریه هرگاه کل جهان را در نظر بگیریم به‌طور مضحکی نادرست است. دنیای امروز مذهبی‌تر از هر زمان دیگری است، حتی می‌توان گفت به‌شکل مفرط مذهبی است. مسیحیان غرب ممکن است هنوز بر این باور باشند که مسیحیت در حال عقب‌نشینی است و از گسترش بی‌سابقهٔ آن مطلع نباشند. پیش از پایان قرن، نظریه‌پردازان بخش وسیعی از نظریهٔ توینبی را رد کردند؛ آینده را در صورتی بهتر می‌توان فهمید که بیشتر به موضوعات دینی و فرهنگی توجه کنیم تا سیاسی و اقتصادی.

با این‌همه، حکومت‌های توتالیتر یعنی تمامیت‌خواه متعددی ظهور کردند که اغلب یک دیکتاتور در رأس آنها بود یا گروه کوچکی از خواص که کنترل نیروی مسلح را در اختیار داشتند. حکمرانان می‌توانند با استفاده از روش‌های پیچیدهٔ روان‌شناختی، ذهن و عواطف مردم را علیه دشمنان رژیم تحریک کنند. تبلیغات سیاسی و کنترل رسانه‌ها همراه با به‌دست‌گرفتن اهرم‌های اقتصادی، به این هدف صورت می‌گیرد که شکل جدیدی از ملتی ظهور کند که کوچک‌ترین اشتیاقی برای آزادی‌های فردی ندارد. چنین است راه‌ورسم حکومت‌های تمامیت‌خواه.

---

۱. Arnold Toynbee از این نویسنده چند کتاب به فارسی ترجمه و منتشر شده است. (مترجم)

۲. مطالبهٔ غایی به این معنی است که هر خواسته و انتظار دیگری در نهایت به آن ختم می‌شود. (مترجم)

ریشه‌های این ایدئولوژی‌های قرن بیستم و رژیم‌های تمامیت‌خواهِ مدافع آنها به خاک خون‌آلود جنگ جهانی اول بازمی‌گردد. مذهب تازۀ اروپای اوایل قرن بیستم ناسیونالیسم بود. پانژرمانیسم و پان‌اسلاویسم موجب درگیری قدرت‌های بزرگ اروپا در منطقۀ بالکان شد. نظامی‌گری فزاینده، امپریالیسم اقتصادی، و سیاست مبتنی بر قدرت، بستر جنگ را فراهم کرد و اتفاقی که کبریت را کشید در ۲۸ ژوئن ۱۹۱۴ افتاد. در این روز، دانشجویی جوان، ملهم از ناسیونالیسم صربی، ولیعهد اتریش-مجارستان را ترور کرد. با فرارسیدن ماه اوت، آلمان و اتریش (یعنی دُول محور) در برابر فرانسه، روسیه، و بریتانیا (یعنی متفقین) صف‌آرایی کرده بودند. پیش از پایان جنگ، بیست‌وهفت کشور، از توکیو تا اتاوا، در این منازعه درگیر شدند.

برای نخستین بار دنیا با مفهوم «جنگ تمام عیار» آشنا شد. طبق معمول، سربازان و خلبانان جان خود را از دست دادند. اما در این زمان، غیرنظامیان ناچار بودند از آزادی‌های مدنی خود بگذرند و دارایی‌های شخصی خود را در راه جنگ قربانی کنند. در هر دو سوی جبهه، مردم اعتقاد داشتند که درگیر جنگی درست و عادلانه‌اند. هنگامی که ایالات متحدۀ آمریکا در ۶ آوریل ۱۹۱۷ وارد جنگ شد، پرزیدنت وودرو ویلسون[1]، پسر یک کشیش پرزبیتری، اعلام داشت که هدف از این جنگ «ایجاد امنیت در جهان برای دموکراسی است.»

در حالی که آمریکاییان سربازان و تجهیزات نظامی خود را برای نبرد آماده می‌کردند، روسیه در جنگ ناکام ماند. در انقلاب نوامبر ۱۹۱۷، بلشویک‌ها - پیشگامان نظامی و خودگماردۀ یک جامعۀ جدید سوسیالیستی - قدرت را از تزار گرفتند، و در اوایل ۱۹۱۸ انقلابیون با آلمان صلح کردند.

با ورود یک میلیون پیاده نظام آمریکایی به اروپا، متفقین توانستند آلمان را به ترک مخاصمه و مآلاً به شرکت در کنفرانس صلح پاریس وادارند. اما معاهدۀ صلحی که چنین به آلمانی‌ها تحمیل شد در عمل ترکیبی غریب از آرمان‌گرایی ساده‌اندیشانه و تلافی‌جویی شدید بود.

وودرو ویلسون که برای تأسیس جامعۀ ملل تلاش کرده بود، با عدم حمایت مردم آمریکا روبه‌رو شد. سایر متفقین اصرار داشتند آلمان تقصیر جنگ را گردن بگیرد و می‌خواستند این کشور را برای سال‌های آتی فلج کنند. آنها به هر دو خواستۀ خود رسیدند، اما آلمانی‌ها این را فراموش نکردند. ظهور حزب نازی نتیجۀ همین کینه‌کشی‌ها بود.

ظهور نازیسم

نازی‌ها معنی توتالیتاریسم یا تمامیت‌خواهی را به دنیا آموختند. آنها نسخۀ دست‌راستیِ حکومت دیکتاتوری بودند. به این می‌گوییم فاشیسم. چنین دولت‌هایی با تأکید بر وحدت طبقاتی و بازتأیید ارزش‌های سنتی، به مقابله با سرخوردگی یا بیگانگی فردی و همچنین تنش‌های اجتماعی و اقتصادی برمی‌خیزند. نهضت‌های فاشیستی برای بزرگ‌انگاری ملت،

1. President Woodrow Wilson

آن را دارای رسالتی خاص یا متشکل از نژادی بی‌همتا و یا تبلور خود حکومت می‌دانند. مالکیت خصوصی و فعالیت‌های سرمایه‌داری از نظر حاکمان فاشیست بلامانع است، اما سفت‌وسخت آنها را کنترل می‌کنند.

پس از جنگ جهانی اول، سراسر اروپا پر شد از حکومت‌های راستگرا، اما بزرگترینشان ناسیونال سوسیالیسم آلمان بود که به نازیسم معروف شد. کلیساهای پروتستان در سرزمین‌های لوتری میلیون‌ها نفر را به‌خاطر این مذهب جدید سیاسی از دست دادند. بسیاری از در سازش یا همکاری درآمدند و برخی نیز مسیحیت سنتی را ترک گفتند.

اکثر روحانیون پروتستان در آلمانِ پس از جنگ سلطنت‌طلب بودند. آنها نه با سوسیالیسم همدلی داشتند نه با دموکراسی. اما این همدلی در بسیاری از مردم وجود داشت. کارگران مراکز صنعتی از کلیسایی که از نظر اجتماعی و سیاسی مواضع ارتجاعی داشت منزجر شدند. در همان حال، طبقهٔ بافرهنگ آلمان آمادهٔ پذیرش نازیسم بود، زیرا این طبقه به دیدگاه رمانتیک دربارهٔ گذشتهٔ آلمان رو آورده بود. دیدگاه رمانتیک خصلت حماسی، اشرافی، و اغلب پانته‌ئیستی یعنی وحدت‌وجودی داشت.

رهبر جنبش نازی، آدولف هیتلر، زادهٔ اتریش بود که در ۳۰ ژانویهٔ ۱۹۳۳ به صدارت اعظم جمهوری آلمان رسید. دو سال بعد هم اختیار کامل دولت را به‌دست گرفت.

نازی‌ها به اتحاد مطلق مردم آلمان تحت رهبری پیشوا *(der Führer)* و تبلور این اصل رهبری در تمامی ساختارهای کشور باور داشتند. با ادغام تمام ابزار اجتماعی، اقتصادی و سیاسی کشور، آنها در صدد خلق یک اَبَرجامعهٔ آرمانی بودند.

نازی‌ها برخی از اهداف اندیشمندان روشنگری مانند آزادی فردی و رواداری را کنار گذاشتند و به تبعیت از راه و روش مرسوم در روشنگری، به نقد عقلی سنت‌های کتاب‌مقدس پرداختند. به‌این‌ترتیب، شکل جدیدی از مسیحیت ابداع شد که در آن «عیسای نازی» تنها احساسی که نسبت به یهودیان و عهدعتیق «فاسدشان» داشت، تحقیر بود و بس. الاهیدانان نازی باور داشتند که مسیحیان به نکتهٔ اصلی تعلیمات عیسی پی نبرده و به‌اشتباه او را در چارچوب یهودیت تصویر کرده بودند. به‌عادت مرسوم اندیشمندان روشنگری، آنها فقط وانمود به نقد سنت می‌کردند؛ اصل ماجرا این بود که کل سنت عیسی و مردم یهود را کنار گذاشته و سراغ سنت دیگری رفته بودند. آنها به بزرگ‌انگاری گذشته‌ای ابتدایی و آرمانی‌شده پرداختند که در اپراهای واگنر و داستان‌های پهلوانی قدیمی ژرمن‌ها تصویر شده بود و پیچیدگی‌های زندگی امروز جایی در آن نداشت. موضوع نژاد نقشی محوری در ایدئولوژی نازی داشت. نازی‌ها مرتب دم از این می‌زدند که در آلمانی‌ها ویژگی‌های بی‌همتایی هست که ریشه در خاک کشورشان دارد. «خاک» و «خون» وجه فارق آلمانی‌ها از تمام ملت‌های دیگر بود. از این‌رو، نازی‌ها اندیشه‌ها و اشخاص بیگانه، به‌خصوص یهودیان و اندیشه‌هایشان را، فاسدکننده می‌دانستند. نظریه‌پردازان نازی آموزه‌ای بربرمنشانه بر ضد یهودیان توسعه دادند. آنها استدلال می‌کردند که آلمان در صورتی می‌تواند پاکی ازدست‌رفتهٔ گذشته را باز یابد که خود را از آلایش‌های حاضر بپیراید. یهودیان نقش بلاگردان را داشتند. آنها را خاستگاه

تمام شرور مدرن می‌دانستند، «نژادی فرهنگ‌سوز» که هم کاپیتالیسم را وارد دنیا کرد و هم مارکسیسم را. هیتلر اعلام داشت که حتی ایمان مسیحی نیز از توطئه‌های یهودیان است. «ظهور مسیحیت بزرگترین ضربه‌ای بود که بر بشریت فرود آمد. بلشویسم فرزند نامشروع مسیحیت است. هر دو از اختراعات یهودیانند.» نسل‌کشی یهودیان اقدامی در جهت پاکسازی اجتماعی بود که برای بازگرداندن آلمان به گذشتهٔ بی‌آلایشش ضروری شمرده می‌شد. نازی‌ها ابتدا یهودیان آلمان را از حقوقِ شهروندی‌شان محروم کردند و به آنها برای مهاجرت از آلمان فشار آوردند. هنگامی که ارتش رایش سوم اروپای شرقی را درنوردید، که جمعیت یهودیان در آن بیشتر بود، یهودستیزی به خشونت انجامید. جوخه‌های مرگ نازی‌ها هزاران یهودی را در دم از بین بردند. اردوگاه‌های معروف کار اجباری، که در اصل برای درهم‌شکستن روحیهٔ مخالفان نازی‌ها بر پا شده بود، تقدیر به‌مراتب شوم‌تری برای یهودیان رقم زد.

در سال ۱۹۴۰ نازی‌ها برای تحقق «راه‌حل نهایی» خود، یعنی امحای کل جمعیت یهودی اروپا، اردوگاه‌های جدیدی ساختند که بزرگترینشان، آشویتس، در لهستان بود. آنها مردان و زنان و کودکان را جمع می‌کردند و به این «کارخانه‌های مرگ» می‌فرستادند، جایی که در کمال سنگدلی به آنها گرسنگی می‌دادند، تیراندازی می‌کردند، با انتشار گاز خفه‌شان می‌کردند یا برای تحقیقات پزشکی مورد استفاده‌شان قرار می‌دادند. به‌نحو معقولی تخمین زده می‌شود که شش میلیون یهودی در هولوکاست از بین رفتند.

مسیحیان در زمان هیتلر

در دنیای نازی‌ها، جایگاه مسیحیان متعهد امن‌تر از یهودیان نبود. هیتلر که در خانواده‌ای کاتولیک به دنیا آمده و رشد کرده بود، تمام اصول مسیحی را که تا آن زمان آموخته بود فدای ایمان جدید خود به احیای آلمان از طریق ناسیونال سوسیالیسم کرد.

در مراحل صعود به قدرت، هیتلر با تأکید بر غرور ملی و تظاهر به طرفداری از نقش کلیساها در حیات ملی، سعی در جلب حمایت مسیحیان داشت. مقامات کلیسایی نیز همچون میلیون‌ها آلمانی دیگر، از شکست کشورشان در جنگ جهانی اول ضربه خورده بودند. آنها نیز آرزوی تولد دوبارهٔ آلمان را داشتند.

کاتولیک‌ها که طی دههٔ ۱۹۲۰ در جمهوری آلمان قدرتمند بودند، دولت جدید نازی را توصیه کردند و از توافقنامهٔ *(concordat)* بین پیشوا و پاپ که به کاتولیک‌ها آزادی مذهبی می‌داد، حمایت به‌عمل آوردند.

این توافقنامه دستاورد مهمی برای هیتلر بود، زیرا منزلت او را ارتقا داد و به‌طور موفقیت‌آمیزی کاتولیک‌ها را از صحنهٔ سیاسی آلمان بیرون راند. با این‌همه، هیتلر خیال نداشت به تعهدات خود عمل کند.

در همین حال، نهضت موسوم به مسیحیان آلمانی که بین پروتستان‌ها پا گرفت می‌خواست رابطهٔ نزدیک‌تری با نازی‌ها داشته باشد. نهضت مسیحیان آلمانی قصد داشت کلیساهای

پروتستان در بیست‌وهشت ناحیهٔ آلمان را تحت رهبری یک اسقف متحد کند. هواداران این نهضت، لودویگ مولر[1] را که نازی دوآتشه‌ای بود برای این مقام برگزیدند. آنها همچنین «اصل پیشوا»[2] را وارد نظام اداری کلیسا کردند و اجرای «اصل آریایی» را در دستور کار قرار دادند. به‌موجب این اصل، تمام یهودی‌تباران باید از مناصب کلیسایی کنار گذاشته می‌شدند. در ۱۹۳۳ سه هزار نفر از مجموع هفده‌هزار کشیش پروتستان در آلمان به نهضت مسیحیان آلمانی تعلق داشتند.

برای مقابله با این نهضت، گروهی از خادمان مسیحی، به رهبری مارتین نیمولر[3] مجمع اضطراری کشیشان را پایه‌گذاری کردند و نظام اداری جایگزینی برای کلیسا پدید آوردند که به کلیسای معترف[4] موسوم شد. این نهضت در اوج خود، احتمالاً به بزرگی گروه مسیحیان آلمانی بود. مابین دو حزب، اکثریت کشیشانِ کم‌دل پروتستان قرار داشتند که در نهایت بدون اعتراض علنی، تن به دستورهای هیتلر دادند.

در ماه مه ۱۹۳۴ کلیسای معترف اعتقادات الاهیاتی خود را از طریق «بیانیهٔ بارمِن» اعلام داشت. این بیانیه که بیشتر آن را کارل بارت[5] نوشت، کلیساهای آلمان را به بازگشت به حقایق محوری مسیحیت فرامی‌خوانْد و ادعاهای تمامیت‌خواهانهٔ دولت آلمان را رد می‌کرد. بیانیهٔ بارمن کلیسا را دعوت می‌کرد تا به مکاشفهٔ الاهی، به‌خصوص در عیسی، اتکا کند. همچنین الاهیات طبیعی [یا عقلی] را رد می‌کرد. الاهیدانِ معتقد به الاهیات طبیعی ممکن است از یکی از پدیدارهای طبیعت برای اثبات وجود خدا استفاده کند یا خصلت خوبی در طبیعت (مانند خلاقیت) مشاهده کند و نتیجه بگیرد که خدا سرچشمهٔ آن است. بارت دربست الاهیات طبیعی را کنار گذاشت، زیرا معتقد بود که این رهیافت به‌طور حتم به بت‌پرستی تنزل می‌یابد و خدا را در قامت انسان توصیف می‌کند. الاهیات لیبرالی به روشی مشابه سعی داشت خدا را از دریچهٔ نگاه انسان ببیند. لیبرال‌ها فقط پذیرای تعلیماتی از کتاب‌مقدس بودند که با درک به‌اصطلاح عقلی‌شان از خدا انطباق داشت. آنها توصیف‌های به‌ظاهر ناپسند از خدا را که در کتاب‌مقدس و سنت دیده می‌شد کنار گذاشتند و پذیرای دیدگاهی دربارهٔ خدا شدند که با معیارهایشان سازگاری داشت. نتیجه همان بود که از الاهیات نازی حاصل شد: بت‌پرستی بی‌لگام. خدا نه فقط دوستدار ما، بلکه شبیه ماست.[6] حتی با اندکی تأمل متوجه می‌شویم که سیاست نسل‌کشیِ نازی‌ها صورتی اهریمنی از بت‌پرستی بود. هزار افسوس که ایمانداران نازی جنایت خود را اقدام به پاکسازی با تأیید الاهی می‌دانستند. الاهیات نادرست نتایج شومی دارد.

کلیسای معترف برنامه‌ای برای مبارزه با نازیسم نداشت، بلکه عمدتاً با تحریفات بدعتکارانهٔ نهضت مسیحیان آلمانی مقابله می‌کرد، و در واقع رهبران کلیسای معترف پیوسته به دولت ابراز وفاداری می‌کردند و کامیابی‌های سیاسی هیتلر را به او تبریک می‌گفتند. از آنجا که مسیحیان لوتری از دیرباز حامی قدرت حاکم بودند، کلیسای معترف تصمیم نداشت

---

1. Ludwig Müller; 2. The Führer; 3. Martin Niemöller; 4. The Confessing Church; 5. Karl Barth

۶. متأسفانه جناس لفظی نویسنده را که شامل استفاده از کلمهٔ Like در هر دو معنی‌اش است، نمی‌توان در فارسی بازآفرینی کرد. (مترجم)

کلیسایی رقیب باشد، بلکه صرفاً می‌خواست نهادی برای دفاع از ایمان مسیحی درست در برابر جعلیات باشد.

کلیسای معترف که از یک سو تحت فشار گشتاپو قرار داشت و از سوی دیگر اکثر رهبران کلیساهای پروتستان با آن مخالف بودند، در وضعیت خطرناکی بود. در سال ۱۹۳۵ حدود هفتصد کشیش کلیسای معترف دستگیر شدند. وجود این نهضت مایهٔ سرافکندگی نازی‌ها بود، و شهادت آنها بر خداوندی مسیح بر تمام جهان، به زبان بی‌زبانی نفی تمامیت‌خواهی هیتلر بود.

هنگامی که آشکار شد دوست هیتلر، لودویگ مولر، نتوانسته کلیساهای پروتستان آلمان را زیر بیرق نازی‌ها متحد کند، پیشوا تمایلی فزاینده به نازی‌های مخالف مسیحیت یافت. اینان ادعا داشتند که در خود نازیسم، مسیحیت به معنی واقعی کلمه تحقق یافته است. در سال ۱۹۳۵ نازی‌ها مستقلاً وزارت امور کلیسایی تشکیل دادند که ریاست آن به هانس کرل[1]، حقوقدان نازی، سپرده شده بود. هنگامی که کرل با مخالفت مقامات کلیسایی روبه‌رو شد، اعلام داشت: «ناسیونال سوسیالیسم همان اجرای ارادهٔ خداست. ارادهٔ خدا خود را در خون آلمانی آشکار می‌سازد. این حزب نمایندهٔ مسیحیت راستین است.»

نیّات هیتلر اکنون بر همه آشکار شده بود. مقامات کلیسایی دربارهٔ گسترش «شرک‌ورزی جدید» و محدودیت‌های فزاینده برای فعالیت‌هایشان ابراز نگرانی کردند و سرانجام از واتیکان کمک خواستند.

در ۱۴ مه ۱۹۳۷ پاپ با همکاری کاردینال ائوجنیو پاچلّی[2] وزیر امور خارجهٔ پاپ که پس از چندی پاپ پیوس دوازدهم شد، پیش‌نویس نامهٔ رسمی پاپی خود را تهیه کرد که عنوان آن *Mit Brennender Sorge* یعنی با نگرانی عمیق بود. این نخستین سند مهم کلیسایی در انتقاد از نازیسم، پس از آنکه به‌طور مخفیانه به آلمان فرستاده شد، در یکشنبهٔ نخل از فراز منابر کلیساهای کاتولیک خوانده شد تا آنکه نسخه‌ای از آن به‌دست نازی‌ها افتاد. همان‌گونه که ریچارد پیرارد[3] توضیح می‌دهد، نامهٔ پاپ ضمن اعتراض به ایذای مذهبی کلیسا، از کاتولیک‌ها می‌خواست تا در برابر آیین بت‌پرستانه‌ای که حول نژاد و کشور شکل گرفته بود ایستادگی کنند، در برابر تحریف آموزه‌های مسیحی و اخلاقی بایستند و وفاداری خود را به مسیح، کلیسای او، و کلیسای کاتولیک حفظ کنند. در ابتدا، هیتلر واکنش تندی نشان داد، اما سپس با سکوت کامل در برابر این نامه، از قطع رابطه با رُم اجتناب کرد. او چون می‌دانست از حمایت مردم معمولی کاتولیک آلمان برخوردار است، صرفاً فشار بر کلیساها را افزایش داد تا راه بر هرگونه مقاومت سازمان‌یافته ببندد.

انقلاب روسیه

از آن‌سو، در همین دهه‌های آشوب‌زدهٔ بیست و سی قرن بیستم، بلشویک‌های روس (یا همان کمونیست‌ها) نظام توتالیتر دیگری پدید آوردند که رژیمی چپ‌گرا بود. نظام کمونیستی

1. Hanns Kerrl; 2. Eugenio Cardinal Pacelli; 3. Richard Pierard

بسیاری از همان خصوصیات آلمان هیتلری را داشت: حکومت دیکتاتوری، محوریت یک حزب [یعنی تک‌حزبی]، رعب و وحشت، تبلیغات، سانسور، اقتصاد کنترل‌شده، و دشمنی با تمام ادیان سازمان‌یافته.

تفاوت آنجا بود که ایدئولوژی کمونیستی بر طبقهٔ کارگر، بر انقلاب همچون وسیلهٔ ایجاد دگرگونی اجتماعی، و بر هدف آرمانشهریِ جامعهٔ بی‌طبقه تأکید داشت. از سال ۱۹۱۷ تا ۱۹۲۴ مغز متفکر انقلاب روسیه، ولادیمیر ایلیچ اولیانف[1] (۱۸۷۰-۱۹۲۴) بود. ما او را به نام لنین می‌شناسیم، رهبر سوسیالیست تبعیدشده‌ای که در ۱۹۱۷ از سوئیس به وطن بازگشت تا سیر وقایع را رهبری کند.

لنین خشونت را سلاح اصلی مارکسیسم می‌دانست. هیچ چیز را مسلم فرض نمی‌کرد. برای نابودی کاپیتالیسم، او حزب کمونیست بسیار منضبطی ایجاد کرد، تا اول ترتیب همهٔ نهادهای سنتی را بدهد و آنگاه اختیار تشکیلات حکومت جدید را به‌دست گیرد. بدین‌گونه، حزب و کشور یکی شدند.

هنگامی که لنین در سال ۱۹۲۴ درگذشت، ستیزه‌ای تلخ بر سر رهبری شوروی میان لئون تروتسکی[2] و ژوزف استالینِ[3] جاه‌طلب درگرفت. با فرارسیدن سال ۱۹۲۷ استالین دیکتاتور بی‌رقیب بود. او عزم داشت اتحاد جماهیر شوروی را، چنان‌که در آن‌زمان خوانده می‌شد، به کشوری صنعتی با توان رقابت با کشورهای کاپیتالیستی دگرگون کند.

استالین یک چیز را بسیار خوب ثابت کرد، اینکه در بی‌رحمی و شقاوت گوی سبقت از هیتلر ربوده بود. او از رعب و وحشتی که پلیس مخفی در دل‌ها می‌انداخت و اردوگاه‌های کار اجباری استفاده کرد تا کوچک‌ترین صدای اعتراض را در نطفه خفه کند و تمام رقبای احتمالی را از میان بردارد.

انقلاب کمونیستی مسیحیت را با چالشی بزرگ روبه‌رو ساخت، زیرا جهان‌بینی آن آشکارا بر پایهٔ بی‌خدایی استوار بود. نظریهٔ مارکسیستی-لنینیستی ادعا داشت که دین نوعی آگاهی کاذب است، بازتابی وهمی و گمراه‌کننده از جهان که از تمایز طبقاتی ناشی می‌شود. هرگاه جامعه وضعیت به‌اصطلاح «نرمال» خود را در نظام کمونیستی باز یابد، دین به مرگی طبیعی از میان خواهد رفت. این نظریهٔ حزب بود؛ اما کمونیست‌ها فعالانه با دین مبارزه می‌کنند. این حزب، خود را تجسم آرمان‌های مارکسیسم می‌داند و حتی به گوشه‌ای از جامعه اجازه نمی‌دهد بیرون از کنترل آن کاری انجام دهد. از نظر کمونیست‌ها، دینِ نهادینه‌شده عبارت از نیروی اجتماعی مرتجعی است که فقط راه پیشرفت به‌سوی جامعهٔ بی‌طبقه را سد می‌کند و باید از شر آن خلاص شد.

تا چندین قرن پیش از انقلاب روسیه، کلیسای ارتودوکس روسی کلیسای رسمی کشور محسوب می‌شد، و تزار از لحاظ نظری، رییس کلیسا بود. اما هنگامی که بلشویک‌ها بر کشور تسلط یافتند، زمین‌های کلیسا را مصادره و یارانه‌های دولتی کلیسا را لغو و ازدواج مدنی را تصویب کردند و جلوی آموزش‌های دینی در مدارس را گرفتند. کلیسا چگونه می‌توانست

1. Vladimir Ilich Ulyanov; 2. Leon Trotsky; 3. Joseph Stalin

در جامعه‌ای تاب بیاورد که در آن نمی‌توانست به فرزندان خودش آموزش دهد و فضا آکنده از تلقینات الحادی بود؟

کلیسای ارتودوکس در پاسخ به این دستورها، راه عصیان در پیش گرفت. پاتریارک تیخِن[1] که تازه به این مقام برگزیده شده بود، در نخستین نامهٔ شبانی‌اش، به دولت اعلام جنگ داد. شورش تقریباً همهٔ شهرها را در بر گرفت. در خشونت بی‌برنامهٔ شش سالِ نخست انقلاب، بیست‌وهشت اسقف و بیش از هزار کشیش کشته شدند.

قانون مصوب ۱۹۲۹ کشور دربارهٔ «انجمن‌های دینی»، فعالیت کلیساها را با محدودیت‌های سختی روبه‌رو کرد و به‌نحو مؤثری مانع از تأثیرگذاری آنها بر جامعهٔ روسی شد. آزار شدید کلیسا برای چند سال پیاپی ادامه یافت. هزاران روحانی در جریان جمعی‌شدن[2] کشاورزی و پاکسازی‌های استالین از صحنهٔ روزگار محو شدند.

قانون اساسی جدید شوروی مصوب ۱۹۳۶ حق رأی را به روحانیون بازگرداند، اما «خادمان دین» همچنان شهروندان درجه‌دو، دارندگان حرفه‌ای که «از عقب‌ماندگی و جهل زحمتکشان بهره‌برداری می‌کند»، محسوب می‌شدند. پلیس مخفی پیوسته آنها را به‌عنوان «روحانیون فاشیست» مورد آزار قرار می‌داد.

با فرارسیدن ۱۹۳۹، تبلیغات الحادی، قوانین به‌شدت دین‌ستیزانه، و فضای رعب و وحشت استالینی، کلیسای ارتودوکس روسی را به آستانهٔ فروپاشی رساند. از مسیحیان لوتری تقریباً رد و اثری بر جای نماند، و فرقه‌های باپتیست و اِوانجلیکال تار و مار شدند.

با این‌همه، در غرب، انزجار از رژیم شوروی با گزارش‌هایی که از آزار و اذیت کلیسا می‌رسید، فزونی می‌گرفت. کلیسای کاتولیک رومی اعلام خطر کرد. در ماه مارس ۱۹۳۷ پاپ پیوس یازدهم نامهٔ پاپی خود را که *Divine Redemptoris* [رهانندهٔ الاهی] نام داشت در محکومیت «خطاهای کمونیسم» انتشار داد. او ضمن انتقاد از گسترش کمونیسم، با ملت روس ابراز همدردی کرد، و آموزه‌های کلیسای کاتولیک را همچون جایگزینی برای کمونیسم ارائه داد. در مقابله با سیاست «جبههٔ مردمی» آن روزهای استالین، پاپ اعلام داشت که «کمونیسم ذاتاً نادرست است و کسی که در اندیشهٔ نجات تمدن مسیحی باشد در هیچ مورد نباید با آن همکاری کند.» این نامهٔ پاپ که درست چهار روز پس از نامهٔ رسمی او در تقبیح آلمان نازی منتشر شد، موضع واتیکان را در حمایت از ایمانداران جفادیده در کشورهای توتالیتر تثبیت کرد.

تأثیر جنگ جهانی دوم

جنگ جهانی دوم با حملهٔ نیروهای آلمان به لهستان در ۱۹۳۹ آغاز شد. هیتلر با رژیم فاشیستی موسولینی در ایتالیا و گروه نظامی‌گرای حاکم در ژاپن ائتلاف کرد. هر سه در تب‌وتاب کشورگشایی بودند. هیتلر درست پیش از ورود لشکریانش به لهستان، با استالین معاهدهٔ عدم تعرض امضا کرد، اما در عرض دو سال، به متحد پیشین خود پشت کرد. روسیهٔ

1. Tikhon; 2. Collectivization

کمونیست برای جلوگیری از پیشروی ژاپن در شرق و ارتش نازی در اروپا و شمال آفریقا، ناچار به ائتلاف با فرانسه، بریتانیای کبیر، و ایالات متحدهٔ آمریکا شد.

درست مانند جنگ جهانی اول، مسیحیان در هر دو سوی درگیری، شریک فعالیت‌های نبرد بودند، اما با تب‌وتابی کمتر. مسیحیان آلمان در تنگنای خاصی قرار داشتند. مقامات کلیسای آلمان موضع صلح‌جویانهٔ خود را نسبت به دولت نازی حفظ کردند، اما در تسکین رنج‌های مسیحیان آلمان ناکام ماندند. نزدیک‌ترین مشاوران هیتلر، یعنی بورمان[1] هیملر[2] و هایدریش[3] به‌طور نظام‌مند در پی «حل نهایی» مسئلهٔ کلیسا بودند. کلیساها را می‌بایست به اطاعت از نظم نوین واداشت، روحانیون را از تمام امتیازاتشان محروم کرد، و مسیحیت را واگذاشت تا چنان‌که هیتلر می‌گفت، به «مرگ طبیعی» از میان برود.

در مناطق اشغال‌شدهٔ اروپا، با کشیشان و شبانان، و همچنین دینداران عادی، طوری رفتار می‌شد که گویی جنایتکارند. هزاران تن از آنها اعدام یا به اردوگاه‌های کار اجباری فرستاده شدند. فقط اقتضائات جنگ و نیاز به حمایت مردمی مانع از آن می‌شد که نازی‌ها ریشهٔ دین را از خود آلمان برکنند.

ایستادگی کلیساهای آلمان در برابر هیتلر به‌طور حیرت‌انگیزی سست بود. آنها دغدغه‌ای نداشتند مگر ایمان شخصی فرد به‌علاوهٔ تبعیت از دولت که رسم دیرینه‌شان بود؛ همچنین نگرشی محافظه‌کارانه که هیچ‌گونه نسخهٔ دست‌چپی را برای اصلاح اجتماعی و سیاسی قبول نداشت و آنها را به پذیرش ادعای نازی‌ها دایر بر اینکه یگانه گزینه در برابر کمونیسم هستند، سوق داده بود.

وضعیتی کاملاً متضاد در روسیهٔ در حال جنگ برقرار بود. استالین دریافت که کلیسا نقش مهمی در تقویت روحیهٔ عمومی در زمان جنگ دارد و می‌تواند به ادغام مناطق تصرف‌شده کمک کند و مایهٔ ارتقای سیاست خارجی شوروی در آینده شود.

استالین به کلیساها اجازه داد سازمان‌های خود را دوباره برقرار و کمک‌های مالی جمع‌آوری کنند، و به‌طور خصوصی برخی آموزش‌های دینی به بچه‌ها بدهند. در ۱۹۴۵ کلیسای ارتودوکس و سایر گروه‌های دینی دوباره از جایگاه یک نهاد حقوقی و به‌همراه آن از حق مالکیت و تولید ملزومات مراسم دینی برخوردار شدند. به‌این‌ترتیب، کلیسای ارتودوکس روسی با آنکه هنوز سخت تحت نظر بود، در بهترین وضعیت از زمان انقلاب روسیه قرار داشت.

در ۱۹۴۳ دولت شورای امور کلیسای ارتودوکس روسی را تشکیل داد و یک سال بعد هم شورایی مشابه برای سایر گروه‌های دینی تأسیس کرد. این شوراها ضمن حفظ رابطهٔ حکومت و کلیساها، مقرراتی در خصوص امور دینی وضع و از اجرای قوانین اطمینان حاصل می‌کردند.

بااین‌حال، در کل، جنگ جهانی دوم، تأثیری ویرانگر بر مسیحیت داشت، هم از نظر مادی و هم اخلاقی. هزاران کلیسا نابود و روحانیون کشته شدند و ایمانداران وفادار مورد آزار قرار گرفتند یا از خانه و کاشانهٔ خود رانده شدند. سطح خشونت بر اثر استفاده از وسائل زرهی،

1. Bormann; 2. Himmler; 3. Heydrich

بمب‌های آتش‌زا، موشک‌های هدایت‌شونده، و بمب اتم، افزایش یافت. شرکت‌کنندگان در یک نظرخواهی عمومی در دانشگاه‌های آمریکا، رژیم روسیه را فاسد، ولی از نظر اخلاقی هم‌تراز آمریکا دانستند؛ روسیه نمونه‌ای معیوب از سوسیالیسم و آمریکا نسخه‌ای ناقص از کاپیتالیسم بود. اما با توجه به اعمال بی‌رحمانه‌ای که غیر از کلیسا به دیگران هم آسیب زد، این نظریه معقول به‌نظر نمی‌رسد. آمار انسان‌هایی که به‌دست کمونیست‌ها کشته شدند هنوز تکمیل نشده، اما حداقل ده برابر قربانی‌های نازی‌ها (شش میلیون) و بلکه بیشتر است.

این کشتار برای بسیاری امکان جنگ موجه را زیر سؤال برد. آنها بر این نظر بودند که توصیهٔ مسیحیان به جنگ فقط آن را بدتر می‌کند. با وجودی که برخی از مسیحیان در تلاش‌های صورت‌گرفته برای ایجاد نزدیکی بین ملت‌ها و کلیساها حضور داشتند، مانند سازمان ملل متحد (۱۹۴۵) و شورای جهانی کلیساها (۱۹۴۸)، تداوم احساسات تند ملی تمام ریسیده‌های آنها را پنبه می‌کرد.

پس از آنکه فروافتادن بمب اتم، ژاپن را به میز مذاکره کشاند و کمونیست‌ها و نیروهای متفقین کار رایش سوم را ساختند، فاتحان وارد دوره‌ای شدند که به «جنگ سرد» موسوم شد. در مقام رهبر دموکراسی‌های غربی، ایالات متحده ابتکار عمل را از طریق سیاست سد نفوذ[1] به‌دست گرفت تا از توسعه‌طلبی شوروی جلوگیری کند. آمریکا آماده بود تا تقریباً در هر جای جهان جلوی گسترش کمونیسم را بگیرد، حتی به بهای مداخلهٔ نظامی، اما در نهایت توسعهٔ بمب هیدروژنی و موشک‌های بالستیک (زمین‌به‌زمین) دوربرد، رویارویی نظامی بین ابرقدرت‌ها را مستلزم پرداخت بهایی بسیار سنگین‌تر از حد تصور ساخت.

پروفسور ریچارد پیرارد شرایط را به این شکل خلاصه می‌کند:

با آنکه جنگ سرد به‌صورت رقابت بین قدرت‌های بزرگ آغاز شد، به‌سرعت بُعدی ایدئولوژیک یافت. دو طرف در دنیای قطبی‌شده مورد حمایت جماعت‌های مسیحی خود قرار گرفتند. حاکمان شوروی به‌شیوه‌ای مسیحایی آموزه‌های کمونیستی را موعظه می‌کردند و از ضرورت رهانیدن خلق‌های گرفتار به ستم «امپریالیست‌ها» دم می‌زدند.

در همین حال، رهبران کلیسای ارتودوکس روسی نیز تلاش داشتند کلیساهای کشورهای دیگر را مشمول حوزهٔ قضایی خود سازند. نمایندگان کلیسای ارتودوکس در سفرهای خارجی خود، بدون استثنا «نظر» مسکو را در باب مسائل جهان اعلام و از وضعیت زندگی در اتحاد جماهیر شوروی تعریف و تمجید می‌کردند. آنها به‌خصوص در کمپین‌های صلح با حمایت شوروی فعال بودند. پس از مرگ استالین در ۱۹۵۳، کلیسای ارتودوکس با تأکید بر «همزیستی مسالمت‌آمیز»، در امور بین‌الکلیسایی شرکت جست و سرانجام نیز در ۱۹۶۱ به شورای جهانی کلیساها پیوست.

---

1. Containment Policy

غرب بر پایهٔ ایدئولوژی متقابل خود واکنش نشان داد که عبارت بود از کمونیسم‌ستیزی. فرض بنیادین آن این بود که توطئه‌ای کمونیستی در سطح جهان به مرکزیت مسکو در جریان است که تمام ناآرامی‌ها و انقلاب‌های عالم از آن خط می‌گیرند. کمونیسم‌ستیزی به‌ویژه پاسخ آمریکا بود به بن‌بستی که در رابطهٔ شرق و غرب پس از جنگ جهانی دوم پیش آمده بود. از ناتوانی آمریکا در صدور فضیلت‌های دموکراسی لیبرالی به تمام کشورهای جهان، حالتی ناشی شد که آمیزهٔ سرخوردگی و نگرانی بود.

بدین‌گونه، دیوار بر جای ماند.

پیشنهادهایی برای مطالعهٔ بیشتر

Detzler, Wayne A. *The Changing Church in Europe*. Grand Rapids: Zondervan, 1979.
Dowley, Tim. ed. *Eerdman's Handbook to the History of Christianity*. Grand Rapids: Eerdmans, 1977.
Franzen, August. *A History of the Church: Revised and Edited by John P. Dolan*. New York: Herder and Herder, 1969.
Hardon, John A. *Christianity in the Twentieth Century*. Garden City, NY: Double-day & Company, Inc., 1971.
Johnson, Paul. *A History of Christianity*. New York: Atheneum, 1983.

فصل چهل‌وسوم

مهاجران بی‌ریشه در جامعه‌ای بیمار

اِوانجلیکال‌های آمریکا

در کمپین انتخابات ریاست جمهوریِ ایالات متحدهٔ آمریکا در ۱۹۷۶، ایمان اِوانجلیکال جیمی کارتر[1] به یکی از موضوعات برجسته تبدیل شد. بسیاری از آمریکاییان با آگاهی از اینکه رسوایی واترگیت چندی پیش موجب سقوط دولت نیکسون شده بود، احساس می‌کردند که اخلاق بالاترین اهمیت را در دولت دارد. با این‌همه، دیگران هشدار می‌دادند که دین ممکن است مایهٔ تفرقه در کشور شود و جایگاهی در کمپین سیاسی آمریکا ندارد.

آرتور شلزینگر[2] مورخی که زمانی مشاور دو رئیس‌جمهور، جان کندی[3] و لیندون جانسون[4] بود، بی‌پرده گفت: «به‌نظرم کارتر نمی‌بایست در صمیمیت خود با خدا، عیسی و ... پای این چیزها را وسط می‌کشید. اگر عقیدهٔ او این است، چه خوب، اما کمپین که جای این چیزها نیست!»

اگر ملزومات خدمات اجتماعی را در نظر بگیریم، بدون تردید حق با شلزینگر است. قانون اساسی آمریکا آزمون‌های دینی را برای احراز مناصب اجتماعی قدغن کرده است. اما برای مسیحیان جدی ممکن نیست به دولت یا هر نهاد اجتماعی دیگری (خانواده، دادگاه یا مدرسه) از نگاهی کاملاً غیردینی بنگرند.

---

1. Jimmy Carter; 2. Arthur M. Schlesinger Jr;.3. John Kennedy; 4. Lyndon Johnson

این همان تنگنایی بود که مسیحیان اِوانجلیکال در عصر ایدئولوژی‌ها گرفتار آن شده بودند. آنها به میلیون‌ها نفر ایمان شخصیِ تسلی‌بخشی در مقابل ترس‌های مربوط به آخر زمان ارائه می‌کردند، اما آیا می‌توانستند آمریکا را نیز به‌سوی بیدار بزرگ دیگری در زمینهٔ آرمان‌های اجتماعی هدایت کنند؟

بازگشت مذهب قدیمی

در دههٔ ۱۹۷۰، جیمی کارتر، فرماندار سابق جرجیا، نماد مسیحیت اِوانجلیکالِ احیاشده در آمریکا بود. مذهب قدیمی نشانه‌های آشکاری از بازگشت به زندگی داشت.

بسیاری از آمریکاییان از این امر به شگفت آمدند. آنها طوری بار آمده بودند که فکر می‌کردند امور بیداری روحانی به قلمرو واعظان شفا، مسیحیان دوآتشه، و واعظان قلابی تعلق دارد: یعنی مسئله‌ای به‌شدت احساسی، زننده، و ساده‌لوحانه است. بااین‌حال، در دههٔ ۱۹۷۰ ده‌ها تن از نامداران عرصهٔ سیاست، ورزش، و سرگرمی آزادانه از ایمان خود به مسیح سخن می‌گفتند.

دینداری که ظاهراً به محدودهٔ کمربند کتاب‌مقدس[1] محدود بود، ناگهان در سراسر کشور نمود یافت. چنین می‌نمود که آمریکا تولد تازهٔ مسیحی را کشف کرده است. پس از یک نسل رشد مستمر، عدهٔ مسیحیان اِوانجلیکال به چهل‌وپنج میلیون نفر در ایالات متحده رسیده و چهرهٔ مسیحیت پروتستان آمریکا را تغییر داده بود.

پروتستان‌های به‌اصطلاح جریان اصلی[2] – یا چنان‌که مارتین مارتی[3] اصطلاح کرده است: جامعه‌محور[4]– به فرقه‌های عمده در شورای ملی کلیساها تعلق داشتند که عبارت بودند از: اسقفی‌ها، متدیست‌ها، پرزبیتری‌ها، باپتیست‌های آمریکایی، و کلیسای متحد مسیح. اما در اکثر فرقه‌ها، اِوانجلیکال‌ها اقلیتی محافظه‌کار تشکیل می‌دادند به‌گونه‌ای که در حدود یک‌سوم از سی‌وشش میلیون پروتستان در شورای ملی، اِوانجلیکال بودند. با افزودن این رقم به حدود سی‌وسه میلیون مسیحی اِوانجلیکال در خارج از شورا، پروتستان‌های به‌اصطلاح فردمحور جماعت مذهبی عمده‌ای تشکیل می‌دادند که شمار آنها به جمعیت چهل‌وشش میلیونی کلیسای کاتولیک رومی نزدیک می‌شد.

البته، اِوانجلیکال‌ها رویکرد واحدی به معضلات آمریکا نداشتند. این جنبش شامل تعدادی

---

۱. Bible Belt منظور ایالت‌های جنوبی آمریکاست که از نظر دینی و اجتماعی محافظه‌کارتر هستند و آمار حضور آنها در کلیسا بالاتر است. (مترجم)

۲. Mainline، این اصطلاح را در جلد اول این کتاب، تسامحاً به فرقه‌های سنتی پروتستان برگرداندیم. (مترجم)

3. Martin Marty

۴. مارتین مارتی در اشاره به پروتستان‌های معتقد و متمرکز بر اصلاحات اجتماعی از واژهٔ Public و در اشاره به پروتستان‌هایی که بیشتر بر رستگاری و تحول فردی متمرکزند از لفظ Private استفاده کرده است. این کلمات را به ترتیب به جامعه‌محور و فردمحور ترجمه کرده‌ام. (مترجم)

زیرگروه‌های مجزا بود، از جمله بنیادگرایان، یعنی فعالان راستگرای نرمش‌ناپذیر کلیسا که با هرگونه سازش با فرهنگ معاصر مخالف بودند، و پنتیکاستی‌ها که به‌اصطلاح «تعمید در روح‌القدس» را تجربه کرده بودند و عطایایی مانند سخن‌گفتن به زبان‌ها و شفای معجزه‌آمیز از طریق دعا را به‌کار می‌بردند. این پنتیکاستی‌ها – یا به ترجیح برخی: کاریزماتیک‌ها – مسیحیانی از هر رقم را شامل می‌شدند، از اسقفی‌ها و نزدیک به یک میلیون کاتولیک رومی گرفته تا واعظان شفا از طریق ایمان و انواع و اقسام واعظانی که جلسات خود را زیر خیمه برگزار می‌کردند. با این‌همه، اکثر اِوانجلیکال‌ها اساساً پروتستان‌های متعارفی بودند که بی‌کم‌وکاست به اعتبار و اقتدار کتاب‌مقدس و آموزه‌های درست‌باورانهٔ مسیحی اعتقاد داشتند. آنها بر این باور بودند که انسان باید خود را آگاهانه و شخصاً به مسیح متعهد سازد و این شامل ملاقاتی روحانی خواه تدریجی یا آنی بود که به تجربهٔ تولد دوباره تعبیر می‌شد.

کاریزماتیک‌ها کیستند؟

اصطلاح «کاریزماتیک» دلالت‌های بسیار متنوعی دارد. برخی فرقه‌های کاریزماتیک مانند جماعت ربّانی وجود دارد، اما درصد چشمگیری از اعضای فرقه‌های مسیحی دیگر مانند اسقفی‌ها نیز کاریزماتیک هستند.

به عبارت ساده، لفظ کاریزماتیک آنگاه به افراد اطلاق می‌شود که عطایای مشهودتر[1] روحانی، مانند سخن‌گفتن به زبان‌ها، شفا، و اعمال نبوتی، بخشی مهم و مستمر از عبادت کلیسایی و شخصی آنها را تشکیل داده باشد.

با وجود رشد جنبش اِوانجلیکال و ظهور ناگهانی آن در رسانه‌ها، شواهد چندانی دال بر نقش آن در شکل‌دهی مجدد به اندیشه‌ها و آرمان‌های فرهنگ آمریکایی وجود نداشت. تأثیر آن بر دولت یا دانشگاه‌ها و یا مراکز ارتباطی کشور اندک بود. علت غیبت آن از عرصهٔ سیاست، آموزش، و رسانه‌ها را در نخستین سال‌های قرن بیستم می‌توان یافت.

مورخی به نام جرج مارزدِن[2] از نتردام مسیحیان اِوانجلیکال آمریکا را در قرن بیستم با مهاجران بی‌ریشه در سرزمینی جدید مقایسه می‌کند. فقط در این مورد، اِوانجلیکال‌ها از اقیانوس عبور نکردند تا با وضعیت غافلگیرکنندهٔ سرزمینی جدید روبه‌رو شوند. آنها فقط موقعی که کشور در حال تغییر بود بر سر موضع خود باقی ماندند.

همان‌گونه که دیدیم، پس از جنگ داخلی، مسیحیت اِوانجلیکال در جنوب آمریکا دچار ضربات شکست و سرخوردگی شد. بخش وسیعی از شاخهٔ شمالی اِوانجلیکال‌ها به پیش‌هزاره‌باوری تمایل یافت، یعنی این اعتقاد که بازگشت مسیح نزدیک است و جامعه به‌طور حتم پیش از این اتفاق بدتر خواهد شد. در اواخر دههٔ ۱۸۰۰، مبشر بزرگ، دوایت مودی، به معنای واقعی کلمه اخلاقِ قایق‌نجاتی را موعظه می‌کرد، به این معنی که می‌گفت:

1. Dramatic; 2. George M. Marsden

«من دنیا را به چشم کشتی شکسته‌ای می‌بینم. خدا به من قایق نجاتی داده و گفته تا جایی که می‌توانی مردم را نجات بده.» بدین‌گونه، بسیاری از محافظه‌کاران عرصهٔ موضوعات اجتماعی را واگذاشتند. مورخ اِوانجلیکال، تیموتی اسمیت[1] از این به «برگشت عظیم»[2] یاد می‌کند.

بنیادگرایی در همین وانهادنِ دغدغهٔ اجتماعی ریشه دارد. در دهه‌های ۱۸۸۰ و ۱۸۹۰، مطالعه و بررسی کتاب‌مقدس و تقدس شخصی به‌نظر ارزنده‌تر از اصلاح شیوهٔ زندگی آمریکاییان بود.

با شروع از جلسه‌ای کوچک که در اسوامپسکت، ماساچوست، به تاریخ ژوئیهٔ ۱۸۷۶ تشکیل شد، مسیحیان اِوانجلیکال از فرقه‌های متعدد در کنفرانس‌های تابستانی کتاب‌مقدس حضور می‌یافتند تا دربارهٔ بازگشت مسیح گفتگو کنند. کشیش باپتیست، گوردون[3] از بوستون نقشی مهم در سازماندهی دو کنفرانس بزرگ نبوت در نیویورک (۱۸۷۸) و شیکاگو (۱۸۸۶) داشت که در آنها موضوعات اساسی مربوط به پیش‌هزاره‌باوری تدوین شد. اینها عبارت بودند از: دنیا به سقوط در گناه ادامه خواهد داد تا اینکه ضدمسیح برای آخرین بار آزاد گذاشته خواهد شد تا موجی از ویرانی در جهان به راه اندازد. در پایان این دوره، مسیح با مقدسینش باز خواهد گذشت تا سلطنت خود را بر زمین برای هزار سال برقرار سازد. در چنین کنفرانس‌هایی شکل خاصی از پیش‌هزاره‌باوری با وضوح فزاینده‌ای بیان می‌شد. عنوان آن یعنی دوران‌گرایی[4] چندان گویا نیست، اما در شکل کلاسیک این دیدگاه، سه دوره یا عصر آخر پیش از ابدیّت نقشی بسیار مهم دارند. مطابق این دیدگاه، عیسی می‌خواست عملاً پادشاه مردم اسرائیل شود و در اورشلیم سلطنت کند، اما عبرانیان زیر بار نرفتند. این رد و انکار در حکم پایان (یا تعویق) نخستین عصر از اعصار سه‌گانهٔ فوق بود. عصر بعدی به کلیسا تعلق داشت؛ عیسی که اسرائیلیان سلطنت او را نپذیرفته بودند، توجه‌اش را به مردم غیر عبرانی معطوف کرد. به این امت‌ها او عهد دیگری عرضه داشت که بر پایهٔ فیض و آمرزش و متعاقب عهد شریعت و اطاعت ارائه می‌شد. در نهایت، این عصر به پایان می‌رسد و به شکست ختم می‌شود، مانند هر عهد دیگری. بازگشت عیسی آغاز آخرین عصر از اعصار سه‌گانه را رقم می‌زند: او همچون پادشاه بازمی‌گردد و از طریق اسرائیل برای هزار سال بر سراسر جهان فرمانروایی می‌کند. این شکل از هزاره‌باوری با شکل تاریخی این نگرش تفاوت جدی داشت، زیرا اقتضا می‌کرد خدا دو قوم مجزا داشته باشد: اسرائیل و کلیسا. این دو قوم از دو عهد کاملاً نامرتبط سرچشمه می‌گرفتند که عملکرد آنها بر اساس دو نظام کاملاً متفاوت بود: فیض در تعارض با اطاعت از شریعت. در شکل اصلی و اولیه‌اش، این نگرش ناقض چند باور دیرینه است: اینکه عیسی و کلیسایش به وعده‌های عهدعتیق تحقق بخشیدند، وحدت کتاب‌مقدس، وجود فیض در عهدعتیق، و دعوت عیسی به اطاعت در عهدجدید. افزون بر این، از نظر دوران‌گرایان، مطالب زیادی در عهدجدید هست که به قوم اسرائیل ارتباط دارد نه کلیسا؛ مهمترین نمونه هم موعظهٔ بالای کوه است. بازبینی‌های متعدد در این نظریه آن را برای ایمانداران درست‌باورتر (مانند پرزبیتری‌ها) مقبول‌تر کرده است و

1. Timothy Smith; 2. The Great Reversal; 3. A. J. Gordon; 4. Dispensationalism

امروزه در میان پروتستان‌های محافظه‌کار مقبولیت گسترده‌ای دارد. طنز قضیه در این است که باورهای مشترکی بین این نظریه و اندیشه‌وران مدرن وجود دارد: معتقدان به این نظریه، همانند لیبرال‌ها بر این باورند که عیسی را در درجهٔ اول باید با توجه به بستر زمینی و سیاسی زندگی‌اش فهمید؛ این نظریه (مانند دیدگاهی که می‌گوید دورهٔ عطایای روح‌القدس پایان یافته) شامل توضیحی است در این باره که چرا زندگی کلیسای امروز با آنچه در کتاب‌مقدس می‌بینیم، چنین متفاوت است.

سه عصر حیاتی در دوران‌گرایی

	... عصر یهودی	**عصر کلیسا**	**حکمرانی ۱۰۰۰ ساله**
قوم یا مردم	اسرائیل	کلیسا	اسرائیل/ جهان
نژاد غالب	عبرانیان	امت‌ها	عبرانیان/ جهان
نقش عیسی	عیسی می‌آید تا پادشاه اسرائیل شود.	پس از طرد، عیسی به امت‌ها رو می‌آورد و در کمال رحمت برای گناهانشان جان می‌دهد.	عیسی بازمی‌گردد تا برای ۱۰۰۰ سال حکومت کند.

طی همان سال‌ها، اِوانجلیکال‌های دیگر به سراغ کنفرانس‌های تقدس رفتند. تمایل به برکت ثانوی، تقدیس کامل، یا رسیدن به کمال در زندگی مسیحی همواره یکی از محورهای اصلی بیداری روحانی برای متدیست‌ها بود. در اواخر قرن نوزدهم، اعضای کلیساهای دیگر نیز در این دغدغه سهیم شدند. گروه‌های تقدس‌گرا مانند کلیسای ناصری، و همچنین کنفرانس‌های زندگی عمیق‌تر، ایمانداران را به تسلیم و اتکا به روح‌القدس ترغیب می‌کردند، زیرا آن را راهی برای دستیابی به زندگی پیروزمندانهٔ مسیحی می‌دانستند.

درحالی‌که توجه فزاینده به آخر زمان و زندگی شخصی مسیحی از ریشه‌های محکم کتاب‌مقدسی برخوردار بود، راهی فراروی اِوانجلیکال‌های سنتی گسترد تا قادر به حفظ ایمان خود در فرهنگی باشند که مدام تسلط خود را به آن از دست می‌دادند. به‌این‌ترتیب، اگر نمی‌توانستند امور انسان‌ها را به نظم آورند، می‌توانستند در دنیای روح‌القدس تسلی یابند.

ظهور بنیادگرایی

مبدأ بنیادگرایی را معمولاً انتشار مجموعه‌ای از دوازده کتابچه در سال‌های ۱۹۱۰ تا ۱۹۱۵ در نظر می‌گیرند. از این کتابچه‌ها که شامل مقالات و رسالاتی در دفاع از حقایق بنیادین مسیحیت بودند، سه میلیون نسخه به رایگان در اختیار دانشجویان الاهیات، خادمان مسیحی، و مبشران در سراسر جهان قرار گرفت.

کسی که به فکر اجرای این طرح افتاد، لایمن استوارت[1] تاجر ثروتمند نفت در جنوب کالیفرنیا بود. او عقیده داشت که باید راهی برای تأکید مجدد بر حقایق مسیحی در مقابل نقد کتاب‌مقدس و الاهیات لیبرالی یافت. استوارت پس از شنیدن موعظهٔ کشیش آمزای دیکسون[2] در ماه اوت ۱۹۰۹، از دیکسون برای انتشار مجموعهٔ «بنیادها» کمک گرفت.

در گام بعدی، استوارت از کمک مالی برادرش میلتون[3] بهره‌مند شد و دیکسون، کشیش کلیسای مودی در شیکاگو، کمیته‌ای با حضور مبشر نامدار، تاری[4] تشکیل داد تا در کار نشر مجموعه همکاری داشته باشند.

در نهایت، شصت‌وچهار نویسنده برای همکاری با مجموعهٔ «بنیادها» انتخاب شدند. جنبش پیش‌هزاره‌ای آمریکا و «کنفرانس کِزیک»[5] دیدگاه‌هایشان به‌خوبی انعکاس داده می‌شد. با این‌همه، محافظه‌کاران دیگری نیز بین این نویسندگان حضور داشتند، از جمله مالینز[6] از دانشکدهٔ الاهیات ساوترن باپتیست[7] و بنجامین وارفیلد[8] از دانشکدهٔ پرینستون.

جنگ جهانی اول بروز مناقشهٔ «مدرنیست‌ها با بنیادگرایان» را در فرقه‌های پروتستان به تعویق انداخت. اما کوتاه‌زمانی پس از بازگشت سربازان از اروپا، باپتیست‌ها، پرزبیتری‌ها، متدیست‌ها، و فرقهٔ شاگردان مسیح جنگ‌های لفظی خود را علیه ارزش‌ها و خطرات الاهیات لیبرالی در کلیساها به‌راه انداختند.

در ۱۹۲۰، کرتیس لی لوز[9] سردبیر باپتیستِ خبرنامهٔ «دیده‌بان–آزماینده»، مسیحیان «بنیادگرا» در کنوانسیون باپتیست شمالی[10] را به کنفرانسی در شهر بوفالوی نیویورک دعوت کرد. این گروه از محافظه‌کاران که به «مشارکت بنیادگرایان» شهرت داشتند، محافظه‌کارانی معتدل بودند. آنها باور داشتند که مدرنیست‌ها اصول بنیادین پیام انجیل را وانهاده‌اند. این اصول عبارت بودند از: ذات گناه‌آلود انسان، ناتوانی او برای رسیدن به نجات بدون فیض خدا، نقش محوری مرگ عیسی در تولد دوبارهٔ انسان و تجدید حیات معنوی جامعه، و مکاشفهٔ کتاب‌مقدس که از اعتبار و اقتدار برخوردار است. این گروه نخستین گروهی بود که نام «بینادگرا» بر خود اطلاق کرد. آنها نتوانستند باپتیست‌های شمالی را به پذیرش یک اقرانامهٔ ایمان مجاب کنند، اما لوز و همکارانش این را به حساب شکست آرمان خود نگذاشتند. در ۱۹۲۴، لوز چنین نوشت که برخی از مکاتب فرقهٔ او راه بر نفوذ لیبرالیسم بسته بودند و تحقیق دربارهٔ انجمن‌های میسیون مورد حمایت بنیادگرایان، به تغییراتی انجامیده است که ایجاد یک میسیون جدید را فاقد ضرورت می‌سازد. باپتیست‌های ستیزنده‌تر با لوز مخالفت کردند و «انجمن عمومی بنیادگرای باپتیست‌های عادی»[11] را برای بنیادگرایان تشکیل دادند.

قهرمان پرزبیتریِ دفاع از درست‌باوری، پروفسور گِرشام مِیچن[12] از دانشکدهٔ الاهیات پرینستون بود. در ۱۹۲۹ مجمع عمومی کلیسای پرزبیتری مجوز سازماندهی مجدد دانشکده را صادر کرد. میچن و گروه کوچکی از استادان ممتاز دانشکده بر این باور بودند که کمرنگ‌شدن

---

1. Lyman Stewart; 2. Reverend Amzi C. Dixon; 3. Milton; 4. R. A. Torrey; 5. Keswick Conference; 6. E. Y. Mullins; 7. Southern Baptist Seminary; 8. Benjamin B. Warfield; 9. Curtis Lee Laws; 10. Northern Baptist Convention; 11. The Fundamentalist General Association Of Regular Baptists; 12. J. Gresham Machen

مرزها تأثیر الاهیات لیبرالی را بر این نهاد آموزشی تقویت می‌کرد. این بود که به نشانهٔ اعتراض، پرینستون را ترک و دانشکدهٔ الاهیات وِست‌مینستر را در فیلادلفیا تأسیس کردند.

هنگامی که میچن از قطع رابطه با «هیئت مستقل میسیون‌های خارجی پرزبیتری»[1] خودداری کرد، در دادگاه کلیسای خود محاکمه و به تمرد از امر مافوق‌ها محکوم شد. در نتیجه محافظه‌کارانِ فرقه اقدام به تأسیس «کلیسای درست‌باور پرزبیتری»[2] و «کلیسای کتاب‌مقدسی پرزبیتری»[3] کردند.

در کانون مواضع متفاوت مدرنیست‌ها و بنیادگرایان، دیدگاه‌های متعارض دربارهٔ کتاب‌مقدس وجود داشت. با اینکه در دو طرف، مواضع گوناگونی می‌توان یافت، شِیلر متیوز[4] و میچن را می‌توان نمایندگان دو جناحی دانست که ظهور یافتند.

متیوز استاد الاهیات تاریخی و مدیر امور آموزشی دانشکدهٔ الاهیاتِ دانشگاه شیکاگو بود. در ۱۹۲۴ او در کتاب خود به نام «ایمان مدرنیسم» نگرشی دربارهٔ کتاب‌مقدس بر پایهٔ «تحقیقات علمی» ارائه داد. متیوز می‌گفت الاهیات اعترافی منشأ کتاب‌مقدس را فراطبیعی می‌داند.

> برای مدرنیست، کتاب‌مقدس سند معتبر و محصول یک دین در مراحل تکاملی آن است ... مدرنیست با کشف این تجربه از خدا و پذیرفتن آن همچون تبار دینی خودش، بر اعتبار کتاب‌مقدس صحه می‌گذارد ... به این ترتیب چیزی که مسیحیت به آن تبدیل می‌شود پذیرش مجموعه‌ای از نوشته‌ها نیست، بلکه بازتولید نگرش‌ها و ایمان است، مشارکت با انسان‌هایی است متعلق به ایّام کهن که از نظر اخلاقی کاستی‌هایی داشتند و قلبشان خدا را یافت.

تمام ویژگی‌های عمدهٔ الاهیات لیبرالی را در متن بالا می‌توان دید: (۱) استفاده از فلسفهٔ تکاملی در مورد دین، (۲) دیدگاه خوش‌بینانه دربارهٔ انسان که بر تجربهٔ دینی او متمرکز است؛ و (۳) تصوری اخلاق‌گرایانه از خدایی که انسان در کمال راحتی می‌تواند او را «بیابد».

در ۱۹۱۵ در «مجلهٔ الاهیاتی پرینستون»، پرفسور میچن که احتمالاً شیواترین مدافع درست‌باوری الاهیاتی بود، به موضوع استناد مدرنیست‌ها به شیوه‌های تاریخی و ادبی واکنش نشان داد و گفت: «دانشجوی عهدجدید در درجهٔ اول باید مورخ باشد ... کتاب‌مقدس بازگوکنندهٔ رویدادی واقعی است که حیاتی نو به انسان بخشیده است ... این رویداد همانا زندگی و مرگ و رستاخیز عیسای مسیح است. اقتدار و اعتبار کتاب‌مقدس در همین نقطهٔ محوری باید آزموده شود. آیا کتاب‌مقدس دربارهٔ عیسی درست می‌گوید؟ ... آیا او معلم و سرمشق بود یا نجات‌دهنده؟»

در اینجا نیز می‌توان نشانه‌های بنیادگرایی اولیه را دید: (۱) عیسای ماوراءطبیعی که رستاخیزش از مردگان بر او گواهی می‌دهد. (۲) اعتبار کتاب‌مقدس که اساس ایمان مسیحی است؛ و (۳) نیاز انسان‌ها به برخوردارشدن از «حیات نو».

---

1. Independent Board Of Presbyterian Foreign Missions; 2. Orthodox Presbyterian Church; 3. Bible Presbyterian Church; 4. Shailer Mathews

ویلیام جنینگز برایان، نماد تغییر

با این‌همه، باد و بورانی که در فرقه‌ها جریان می‌یافت حکایت از بادهای شدیدترِ دگرگونی در آمریکا داشت. اگر بخواهیم یک نفر را ذکر کنیم که زندگی‌اش نمایانگر تغییر در نگرش‌های آمریکاییان است، کمتر کسی همچون ویلیام جنینگز برایان[1] سرمشقی تحسین‌برانگیز خواهد بود.

برنامهٔ تلویزیونی برادوِی و فیلم سینمایی «میراث باد» موجب شده‌اند که فقط شنیدن اسم برایان ما را به یاد سالنِ شلوغِ دادگاهی بیندازد که در شهر دِیتونِ ایالت تِنِسی در یکی از روزهای گرم ژوئیهٔ ۱۹۲۵ تشکیل شد و در آنجا نزدیک بود برایان و کلرنس دَرو[2] سر بحث منشأ انسان در کتاب پیدایش به جان هم بیفتند.

جلسهٔ دادرسی برای رسیدگی به پروندهٔ جان اسکوپز[3] تشکیل شده بود. علت احضار نامبرده، تخطی از قانون تنسی مبنی بر منع تدریس تکامل در مدارس عمومی بود.

دَرو که وکیلی کارکشته در اوج توانایی‌های خود بود، تلاش‌های برایانِ سالخورده را که سعی در دفاع از شرح کتاب‌مقدس داشت، به باد نقد و تمسخر گرفت. گروه خبرنگاران دادگاه که به‌شدت مخالف دیدگاه برایان بودند، با پوشش خبری خود میلیون‌ها کلمه به خورد ملتی دادند که پای تلویزیون نشسته بود. تصویر برایانِ عرق‌کرده و وارفته در برابر حملات عقلیِ تند درو، همچنان جایگاه گزاف و مبالغه‌آمیز خود را همچون نماد حماقت مسیحیان معتقد به کتاب‌مقدس در آمریکا حفظ کرده است. جالب اینجاست که ترقی‌خواه واقعی از نظر سیاسی، برایان بود. فیلم «میراث باد» آشکارا تأثیری فریبنده بر جای می‌گذارد. برداشت شخص ممکن است این باشد که برایان یک محافظه‌کار افراطی عیبجو بود و دَرو متفکری پیشگرا و نوجو. نویسندگان نیز برای مشروعیت‌بخشی به کاری که دادگاه برای سیاه‌نمایی برایان انجام داد داستانی سر هم کردند در این باره که برایان نامزد آقای اسکوپز را ترسانده بود.

تصویر برایان همچون یک افراطی متعصب به این سبب وارونه‌نمایی است که او در تمام زندگی به حمایت از انسان‌های عادی برخاست. هیچ‌کس به اندازهٔ او برای «شهروند معمولی آمریکا» نجنگید. همین برایان بود که در برابر داروینیسم اجتماعی قد افراشت و از حق رأی زنان حمایت کرد. این دو ایده با هم ارتباط دارند: اگر زنان که عاطفی‌اند از تکامل‌یافتگی لازم برای تصمیم‌گیری درست عقلانی برخوردار نیستند، پس نمی‌توانند در رأی‌گیری شرکت کنند. برایان به‌عنوان رهبر آرمان ترقی‌خواهانه در حزب دموکرات، سه بار نامزد ریاست جمهوری آمریکا شده و در کابینهٔ پرزیدنت وودرو ویلسون در مقام وزیر امور خارجه خدمت کرده بود. در این مقام، او تعهد خود را به صلح با ورود به مذاکره با سی کشور دربارهٔ قراردادهای داوری[4] نشان داد. با این‌همه، با وقوع بحران ۱۹۱۴، زمانی

1. William Jennings Bryan; 2. Clarence Darrow; 3. John Scopes

۴. Arbitration Treaty طی این قرارداد طرفین متعهد می‌شوند که برای حل اختلافات به‌جای رجوع به نهادهای قضایی، از کمک چند داور معتمد بهره بگیرند. (مترجم)

که آلمانی‌ها لوسیتانیا[1] را در ۷ مه ۱۹۱۵ غرق کردند، ناکارآمدی این قراردادها عیان شد. پرزیدنت ویلسون و کابینه مخالف عمل بر پایهٔ این قراردادها بودند. این تعارض در سیاست موجب کناره‌گیری برایان شد.

با این‌همه، این پایان زودهنگام حرفهٔ سیاسی برایان فقط به معنی ظهور فرصت‌های جدید برای او در اقدامات اصلاحی و مذهبی‌اش بود. دیری نپایید که او پیگیر ممنوعیت مصرف مشروبات الکلی[2] در آمریکا شد و نقش مهمی در تصویب اصلاحیهٔ هجدهم قانون اساسی[3] داشت. موضوع این اصلاحیه عبارت بود از ممنوعیت مصرف مشروبات الکلی پس از ژانویهٔ ۱۹۲۰. این احتمالاً واپسین تلاش موفق مسیحیان اِوانجلیکال برای رسیدن به آمریکای مقید به اخلاق بود.

بعدها، آمریکاییان قانون ممنوعیت را سلاحی سهمگین در دست مُشتی پیوریتن خشک و متعصب دانستند که زندگی برای آنها هیچ لذتی نداشت و مصمم بودند به احدی اجازه ندهند چکه‌ای لذت از زندگی بیرون کشد. خود همین نگرش نمونه‌ای از تغییر در فرهنگ آمریکا بود.

برایان قانون ممنوعیت مشروبات الکلی را ستیز دیگری با آن‌دسته از منافع خودخواهانه می‌دانست که سود خصوصی را بر رفاه انسان ترجیح می‌داد و از عجز توده‌ها تغذیه می‌کرد. برایان نوشت کسانی که در تلاش برای تصویب قانون ممنوعیت هستند «به خلق شرایطی کمک می‌کنند که بالاترین خیر را برای بیشترین افراد به ارمغان می‌آورد ... زیرا اگر به کسی اجازه ندهیم بار خود را با لطمه‌زدن به همنوعانش ببندد در حق او بی‌عدالتی نکرده‌ایم.»

آخرین مبارزهٔ بزرگ برایان تلاشی بود که او را یکراست وارد جنبش بنیادگرایی کرد، و آن عبارت از تلاش برای ممنوعیت تعلیم تکامل در مدارس عمومی آمریکا بود.

پیش از دههٔ ۱۹۲۰، برایان بارها آگاهی خود را از تعلیمات داروین و خطرات آن برای اخلاق عمومی ابراز کرده بود. در اوایل ۱۹۰۵، پس از خواندن کتاب داروین یعنی «تبار انسان» اظهار داشت که تصور زیست‌شناسان از خاستگاه انسان موجب تضعیف آرمان دموکراسی خواهد شد.

در بهار ۱۹۲۱، برایان نظریهٔ تکامل را زیر رشته‌ای از حملات گرفت که همین بلافاصله او را در خط مقدم نیروهای بنیادگرا قرار داد. دغدغهٔ او درستی یا نادرستی نظریهٔ تکامل نبود. هرگز قصد نداشت تکامل را بر پایهٔ علم رد کند. می‌گفت: «اعتراض در درجهٔ اول به‌هیچ‌عنوان متوجهٔ خود نظریهٔ تکامل نیست. اعتراض اصلی به زیانبار بودن این نظریه برای کسانی است که آن را می‌پذیرند.»

سخنرانی او با عنوان «خطر داروینیسم» به‌شکل جزوه چاپ و به‌طور گسترده توزیع شد. او چنین نوشت که اخلاق و فضیلت، به دین و ایمان به خدا بستگی دارد. بنابراین، هر چیزی که ایمان به خدا را تضعیف کند باعث تضعیف انسان می‌شود و او را از عمل درست

---

۱. Lusitania کشتی اقیانوس‌پیمای بریتانیایی. (مترجم)

2. Prohibition; 3. Eighteenth Amendment

باز می‌دارد. نظریهٔ تکامل هرگاه در زمینهٔ نظریه‌های اجتماعی به‌کار گرفته شود، با قرار دادن انسان در سطح جانوران و نادیده‌انگاشتن تمام ارزش‌های روحانی، مهمترین محرک او را برای زندگی اخلاقی از بین می‌برد. بدون قطب‌نمای اخلاقی، لزوم ترقی زورمندان و عدم توجه آنها به دغدغهٔ ضعیفان توجیه عقلی می‌یابد.

مخالفت قانونی با نظریهٔ تکامل به این شکل بود که بین سال‌های ۱۹۲۱ و ۱۹۲۹ سی‌وهفت لایحه بر ضد این نظریه به مجالس قانون‌گذاری بیست ایالت آمریکا تقدیم شد. این لوایح را نسلی تنظیم کرد که اصلاحیهٔ هجدهم قانون اساسی ایالات متحده را به تصویب رساند. این اقدامات نتیجهٔ این عقیده در آمریکا بود که با تصویب قانون می‌توان سطح اخلاق عمومی را بالا برد.

محاکمهٔ اسکوپز نتیجهٔ اجرای قانونی در ایالت تنسی بود که آموزگاران مدارس عمومی را از تدریس نظریهٔ تکامل منع می‌کرد، زیرا این نظریه «با انکار روایت کتاب‌مقدس از آفریده‌شدن انسان به‌دست خدا، آموزش می‌دهد که انسان از مرتبه‌ای پست‌تر از حیوانات برآمده است.»

موضوع فوری در دادگاه شهر دیتون این بود که آیا جان اسکوپز، آموزگار جوان درس زیست‌شناسی دبیرستان، قانون تنسی را زیر پا گذاشته یا نه. اما جنبهٔ حقوقی ماجرا واقعاً در درجهٔ دوم اهمیت قرار داشت. تاجران و گزارشگران، دادگاه را به نمایشی تبدیل کرده بودند با هنرنمایی برایان که مدعی‌العموم بود و کلرنس درو، وکیلی درخشان و معروف که دفاع از اسکوپز را بر عهده داشت. هر دو هم به ابعاد وسیع‌تر این محاکمه توجه داشتند.

برایان با نگاهی به درو گفت: «تنها هدف من از آمدن به دیتون دفاع از کلام خدا در برابر بزرگترین بی‌خدا یا لاادری در آمریکاست!» حاضران در دادگاه کف زدند. درو نیز استدلال کرد که آنچه در دادگاه محاکمه می‌شد آزادی عقل و اندیشه بود و در ادامهٔ دفاعیات خود، شاکی واقعی را اسکوپز و متهم واقعی را برایان جلوه داد. همچنین، در اثبات حماقت بنیادگرایان از شهادت برایان دلیل آورد.

در پایان دادرسی، اسکوپز مجرم شناخته و به پرداخت مقداری جریمهٔ نقدی محکوم شد. بدین‌ترتیب، برایان در دیتون ولی درو در سراسر کشور پیروز شد. پنج روز پس از محاکمه، برایان به‌آرامی در خواب درگذشت و تمام آرمان‌های اصلاح‌طلبانه‌اش نافرجام ماند و پایان زندگی او به معنی واقعی کلمه، نقطه پایان مجاهدهٔ اِوانجلیکال‌ها برای داشتن آمریکای مسیحی بود.

اندک‌زمانی بعد، رکود بزرگ[1] ضربهٔ سهمگین خود را بر آمریکا فرود آورد و مسیحیت اِوانجلیکال نیز همچون بقیهٔ کشور به تقلا افتاد و در انجمن‌های داوطلبی مختلف و برنامه‌های رادیویی به موجودیت خود ادامه داد. بااین‌حال، عموم مردم بنیادگرایان مسیحی را افرادی خشک‌مغز، جاهل، دشمن‌خو، و جدایی‌طلب تصویر می‌کردند.

---

1. The Great Depression

احیای مسیحیت اِوانجلیکال

پس از جنگ جهانی دوم، مسیحیت اِوانجلیکال به جایگاه مطرح خود در آمریکا بازگشت. مشهورترین صدای آن با ته‌لهجهٔ مردم کارولینای شمالی سخن می‌گفت. منظور ما بیلی گراهام[1] است که با موعظه برای هزاران نفر در تمام استادیوم‌های معروف آمریکا، و حضور مستمر در برنامه‌های رادیویی و شبکه‌های ملی تلویزیونی آوازه‌ای به‌هم زد. انجمن میسیونری او مجله‌ای به نام «تصمیم» منتشر می‌کرد که به میلیون‌ها خانه فرستاده می‌شد.

گراهام در سنت کلیساهای باپتیست جنوبی و پرزبیتری جنوبی رشد کرد. او در دانشگاه باب جونز، آموزشگاه کتاب‌مقدس فلوریدا، و ویتن کالج آموزش دیده بود. پس از مدتی کار شبانی در وسترن اسپرینگز[2] از توابع شیکاگو در ایالت ایلینوی، گراهام وارد خدمت تمام‌وقت میسیونری در یک سازمان جوانان به نام «جوانان برای مسیح» شد. پس از یک دوره فعالیت میسیونری بسیار موفق در لس آنجلس در ۱۹۴۹ که تبلیغ گسترده‌ای برای آن شده بود، نام گراهام به‌سرعت بر سر زبان‌ها افتاد. طولی نکشید که او در سراسر جهان جلساتی بشارتی با حضور گستردهٔ مردم برگزار می‌کرد.

با این‌همه، بیلی گراهام صرفاً مشهورترین مبشر در سبک جدید بشارت بود. بسیاری از مسیحیان محافظه‌کار از مسیری که بنیادگرایی در فاصلهٔ بین دو جنگ جهانی پیموده بود، ابراز ناخشنودی می‌کردند. بسیاری از آنها، انتقادی به آموزه‌های این جنبش نداشتند، اما احساس می‌کردند که بنیادگرایی خود را گرفتار یک مشت تأکیدات نامطلوب کرده است.

چندی نگذشته، در سال ۱۹۴۷ کارل هِنری[3] در کتاب خود به نام «وجدان معذب بنیادگرایی مدرن» ابراز تأسف کرد که بنیادگرایی نتوانسته با استفاده از حقایق اساسی ایمان مسیحی برای مسائل مهمی که فراروی انسان مدرن قرار دارد، چاره‌جویی کند.

در ۱۹۵۶ بیلی گراهام گروهی از اِوانجلیکال‌ها را برای انتشار مجلهٔ جدیدی به نام «مسیحیت امروز» هدایت کرد. کارل هنری تدریس در دانشکدهٔ الاهیات فولر را کنار گذاشت تا سردبیری مجله را به‌عهده بگیرد. در آغاز، مجله به‌صورت رایگان برای دانشجویان الاهیات و روحانیونی که دارای دیدگاه‌های الاهیاتی گوناگون بودند ارسال می‌شد و به این ترتیب، طیف وسیعی از مخاطبان را دربرمی‌گرفت.

در نخستین شماره، هنری اظهار داشت که این مجله قصد دارد مسیحیت تاریخی را برای نسل حاضر تبیین کند. بنیان‌گذاران بر این باور بودند که الاهیدانان لیبرال نتوانسته‌اند به نیازهای اخلاقی و روحانی مردم پاسخ گویند. ویراستاران «اعتبار کامل کلام مکتوب خدا» را دربست می‌پذیرفتند. اما می‌خواستند کاربرد پیام انجیل را در تمام زمینه‌های زندگی انسان نشان دهند.

در سال ۱۹۶۰، بیداری اِوانجلیکال از منبع غیرمنتظرهٔ دیگری که بر زندگی مسیحی شخصی تأکید داشت، یعنی جنبش پنتیکاستی، تقویت شد. تجربهٔ پنتیکاستی – یعنی «تعمید

1. Billy Graham; 2. Western Springs; 3. Carl F. H. Henry

روح‌القدس با نشانهٔ سخن‌گفتن به زبان‌ها» - چیز تازه‌ای نبود. جرقهٔ نهضت پنتیکاستی قرن بیستم بیداری روحانی سه‌ساله‌ای بود که در ۱۹۰۶ در همایش خیابان اَزوسا[1] در لس آنجلس آغاز شد. در گذشته نیز تجربهٔ سخن‌گفتن به زبان‌ها وجود داشت، اما خیابان ازوسا شعلهٔ نهضت جهانی پنتیکاستی را روشن کرد. مسیحیان از سراسر آمریکای شمالی، اروپا، و کشورهای جهان سوم به مرکز بیداری در خیابان ازوسا می‌آمدند و آتش بیداری را با خود به خانه می‌بردند.

متعاقباً فرقه‌های پنتیکاستی پدید آمد. بزرگترین فرقه‌های پنتیکاستی در ایالات متحده عبارت بودند از جماعت ربانی[2] کلیسای خدا در مسیح[3] کلیسای خدا[4] و کلیسای تقدس پنتیکاستی.[5] این کلیساها معمولاً از افرادی پر می‌شد که از لحاظ اجتماعی و اقتصادی دچار محرومیت بودند. به‌همین‌سبب، وقتی در ۱۹۶۰ تجربهٔ پنتیکاستی در جماعت‌های لوتری و اسقفی که از لحاظ اجتماعی در سطح متوسط بودند گسترش یافت، رسانه‌ها به این مسئله توجه نشان دادند. خبر این موضوع بر سر زبان‌ها افتاد.

این انفجار جدید شور و اشتیاق پنتیکاستی، جنبش نوپنتیکاستی[6] نامیده شد و فروریزهٔ آن در تمام جهات گسترش یافت. طولی نکشید که آمریکا پر شد از گروه‌های کاریزماتیک دعا. اینها عمدتاً متشکل از اعضای کلیساهای جریان اصلی پروتستان بودند و ادعا داشتند از طریق تعمید پنتیکاستی، زندگی مسیحی‌شان وارد بعد جدیدی شده است.

در بین لوتری‌ها، کلیسای لوتری آمریکا شاهد بیشترین فعالیت در این زمینه در اوایل دههٔ ۱۹۶۰ بود. مناقشه‌ای که در ۱۹۶۳ بروز کرد، فقط زمانی خاموش شد که مسئولان کلیسا اقدام به صدور راهنمای استفاده از عطایا برای پنتیکاستی‌ها کردند. سپس در ۱۹۶۷، تجربهٔ پنتیکاستی به محافل لوتری انجمن میسوری رسید. چندین نفر از خادمان آنها به‌خاطر اعلان علنی این موضوع خلع شدند.

آنچه میزان رسوخ اعتقادات پنتیکاستی را در کلیساهای لوتری در ۱۹۷۲ نشان می‌داد حضور بیش از ده‌هزار نفر در «نخستین کنفرانس بین‌المللی مسیحیان لوتری دربارهٔ روح‌القدس» بود. این کنفرانس در مینیاپولس در ایالت مینه‌سوتا تشکیل شد.

در ۱۹۷۰ مجمع عمومی کلیسای متحد پرزبیتری در آمریکا گزارشی دربارهٔ «کار روح‌القدس» منتشر کرد. این گزارش که نمایانگر دو سال مطالعهٔ دقیق بود، به‌عنوان یکی از بهترین بیانیه‌های رسمی دربارهٔ جنبش بیداری کاریزماتیک ستوده و موجب رشدی چشمگیر در این جنبش شد. در سال ۱۹۷۵ برخی سخنگویان تخمین زدند که بین ده‌هزار تا پانزده‌هزار نفر از اعضای کلیسای متحد پرزبیتری و کلیسای پرزبیتری در آمریکا تعمید پنتیکاستی را دریافت کرده بودند.

این دو فرقه - لوتری‌ها و پرزبیتری‌ها - فقط نمونه‌هایی از رشد این نهضت در سایر کلیساهای متعلق به جریان اصلی پروتستان و کلیسای کاتولیک رومی هستند.

---

1. Azusa Street Mission; 2. The Assemblies Of God; 3. The Church Of God In Christ; 4. The Church Of God
5. The Pentecostal Holiness Church; 6. Neo-Pentecostalism

با پایان دهۀ ۱۹۷۰ در ایالات متحده، اِوانجلیکال‌های فرقه‌های مختلف درگیر این سؤال بودند که آیا ایمان می‌تواند وضعیت را عوض کند؟ به‌مدت چندین دهه فرض آنها بر این بود که با رشد چشمگیر تعداد مسیحیانِ برخوردار از تولد تازه فضای اخلاقی آمریکا تغییر خواهد کرد. با این‌همه، دهۀ ۱۹۷۰ این فرض را با آزمایشی سخت روبه‌رو کرد. شمار اِوانجلیکال‌ها افزایش یافت، اما جامعۀ آمریکا همچنان درگیر جرم و جنایت، طلاق، نژادپرستی، خشونت، انحرافات جنسـی، اعتیاد به مشروبات الکلی، و مواد مخدر بود. برخی از ناظران در این فکر بودند که شـاید گفتۀ شـلزینگر دربارۀ جیمی کارتر، در خصوص تمام اِوانجلیکال‌ها صادق بود، اینکه «اگر عقیده‌شان این است، چه خوب، ولی تأثیری در وضعیت موجود ندارد.»

پیشنهادهایی برای مطالعۀ بیشتر

Levine, Lawrence W. *Defender of the Faith.* New York: Oxford, 1965.

Marsden, George M. *Fundamentalism and American Culture.* New York: Oxford, 1980.

Noll, Mark, David W. Bebbington, and George A. Rawlyk, eds. *Evangelicalism.* New York: Oxford, 1994.

Quebedeaux, Richard. *The New Charismatics.* Garden City, NY: Doubleday, 1976.

Sandeen, Ernest R. *The Roots of Fundamentalism.* Chicago: University of Chicago Press, 1970.

*Synan, Vinson. *The Century of the Holy Spirit: 100 years of Pentecostal and Charistmatic Renewal, 1901-2001.* Nashville: Thomas Nelson, 2001.

Woodbridge, John, Mark A. Noll, and Nathan O. Hatch. *The Gospel in America.* Grand Rapids: Zondervan, 1979.

فصل چهل‌وچهارم

اعتقادنامه‌های جدید برای صبحانه

نهضت اتحاد کلیساها[1]

چندی پیش از مجمع شورای جهانی کلیساها در ۱۹۶۱ که در دهلی نو، پایتخت هندوستان برگزار شد، ویلِم آدولف ویسِرت هوفت[2] با هیئتی از رهبران کلیسای ارتودوکس روسی مشغول صرف صبحانه در یکی از هتل‌های لنینگراد بود. در آن زمان تعریف رسمی شورای جهانی چنین بود: «مشارکت کلیساهایی که خداوند ما عیسای مسیح را به‌عنوان خدا و نجات‌دهنده می‌پذیرند.» روس‌ها اعتراض کردند که در این تعریف، تثلیث که همچون بنیاد ایمان مسیحی جایگاهی والا در کلیساهای ارتودوکس دارد، لحاظ نشده است.

ویسرت هوفت به خاطر آورد که پروتستان‌ها نیز اغلب اعتراض داشتند که در تعریف فوق ذکری از کتاب‌مقدس به میان نیامده. حال او این فرصت را داشت که با کلمات درست بر عناصر وحدت‌آفرین در مسیحیت تأکید کند و در همان حال، با کمال هوشمندی اختلافات را کمرنگ سازد. در بیان خاطراتش می‌گوید: «به‌این‌ترتیب، منوی صبحانه را برداشتم و صورتبندی جدیدی روی آن نوشتم.»

---

۱. Ecumenism را عموماً به نهضت اتحاد کلیساها یا اتحادکلیساگرایی (برای سهولت خوانش متن به اتحادگرایی) یا تلاش برای اتحاد کلیساها ترجمه کرده‌ام. این اصطلاح به‌طور ساده به معنی تلاش عمدتاً سازمان‌یافته و رسمی برای اتحاد کلیساهای مذاهب مختلف مسیحی در سطح جهان است. (مترجم)

2. Willem Adolph Visser’T Hooft

چند ماه بعد در دهلی نو، شورای جهانی کلیساها تعریفی را که ویسر هوفت روی منوی صبحانه نوشته بود، به‌عنوان اعتقادنامهٔ جدید شورا پذیرفت! صورتبندی جدید چنین بود: «شورای جهانی کلیساها مشارکتی از کلیساهایی است که بر خداوند عیسای مسیح به‌عنوان خدا و نجات‌دهنده مطابق کتاب‌مقدس اقرار دارند و بنابراین می‌کوشند در کنار یکدیگر به دعوت مشترک خود برای جلال خدای واحد، پدر، پسر، و روح‌القدس عمل کنند.»

این ابتکار سر صبحانه، یکی از درخشان‌ترین اقداماتی بود که ویسر هوفت در مدت طولانی خدمت خود در مقام دبیر اجرایی شورای جهانی کلیساها به انجام رساند. این اقدام موجب ورود سی میلیون مسیحی ارتودوکس روسی به شورا شد و چهرهٔ نهضت اتحاد کلیساها را تغییر داد.

در قرن شانزدهم، جنبش اصلاحات فقط شامل چهار انشعاب عمده بود که کلیساهایش را از هم جدا می‌ساخت: لوتری، اصلاح‌شده (رِفُرمد)، آناباپتیست، و آنگلیکن. با این‌همه، دیری نپایید که شماری از فرقه‌ها به صحنه آمدند. مؤسس آنها مسیحیانی بودند که بر اهمیت تعلیم به‌خصوصی از کتاب‌مقدس تأکید داشتند. با فرارسیدن قرن بیستم، بیش از دویست فرقه فقطَ در آمریکا ظاهر شدند. نیروی درون مسیحیت مرکزگریز بود- تن به تمرکز نمی‌داد- اغلب مستقل، و گاه جدایی‌افکن بود.

با این‌همه، در قرن بیستم، نیرویی دیگر، این‌بار مرکزگرا، مسیحیان را به همکاری، درآمیختن و عملکرد متحد سوق داد. ما به این نیرو می‌گوییم اِکیومِنیسم یا نهضت اتحاد کلیساها.

جنبش‌هایی برای رسیدن به اتحاد مسیحی

اِکیومِنیکال به معنی جهانی یا جهانگیر است. هرگاه این کلمه به کلیساهای مسیحی اطلاق شود به این معنی است که مسیحیان در هر جای جهان هم باشند از ایمانی واحد برخوردارند. این اتحاد می‌تواند، چنان‌که مسیحیان اِوانجلیکال استدلال می‌کنند، واقعیتی روحانی مستقل از سازمان‌های انسانی باشد؛ همچنین می‌تواند تلاش برای ایجاد نوعی فدراسیون (ائتلاف) کلیساها یا ادغامی از فرقه‌های گوناگون مسیحی باشد. ما به این روح اتحاد می‌گوییم اتحادکلیساگرایی[1] و تلاش سازمان‌یافته برای رسیدن به آن را نهضت اتحاد کلیساها می‌خوانیم. ایجاد شوراهای کلیسایی در سطح ملی و جهانی را نیز اتحادگرایی شورایی[2] می‌خوانیم.

موضوعات معدودی وجود دارد که تمام انسان‌ها درباره‌شان هم‌اندیشه باشند. به‌یقین، مسیحیان دربارهٔ ایمانشان یک‌جور فکر نمی‌کنند. آنها دربارهٔ آموزه‌های دینی، اخلاق، عبادت، و تشکیلات کلیسا با هم اختلاف دارند، و دیدگاه‌های خود را نه صرفاً نظرهای مختلف، بلکه اعتقادات راسخ دینی می‌دانند.

1. Ecumenicity; 2. Conciliar Ecumenism

در نتیجه، مسیحیان دربارهٔ علل جدایی‌ها در مسیحیت با هم توافق ندارند. برخی از وجه تمایز فرقه‌ای خود دفاع می‌کنند؛ برخی دیگر نیز این وجوه را گناه و رسوایی می‌خوانند. به‌هر روی، تلاش برای اتحاد کلیساها یکی از مهمترین ویژگی‌های مسیحیت در قرن بیستم بود.

پس مسیحیان این روح اتحاد را چگونه ابراز کرده‌اند؟

نخستین اقدام مهم در روزگار نو برای تشویق همکاری بین پروتستان‌ها عبارت از تشکیل «ائتلاف اِوانجلیکال»[1] بود. این ائتلاف که در سال ۱۸۴۶ در لندن سازماندهی شد، ایمانداران مسیحی را از پنجاه نهاد اِوانجلیکال در انگلستان و آمریکا در کنار هم قرار داد. به‌مرور، شاخه‌های آن در نه کشور اروپایی تشکیل شد. ائتلاف مروج آزادی دینی و مشوق فعالیت‌های مشترک بود، اما در اواخر قرن نوزدهم شوق اولیه را از دست داد.

درحالی‌که این ائتلافِ متشکل از افراد نشانه‌های بی‌علاقگی از خود بروز می‌داد، جلوهٔ جدیدی از اتحاد نمود یافت و آن عبارت بود از فدراسیون[2] کلیساها (یا فرقه‌های مسیحی). در ۱۹۰۸ سی‌ویک فرقهٔ آمریکایی به شورای فدرال کلیساها[3] پیوست. درحالی‌که این شورا به‌طور فعال دربارهٔ مسائل اجتماعی، اقتصادی، و سیاسی بیانیه صادر می‌کرد، بسیاری از مقامات کلیساییِ محافظه‌کار به الاهیات لیبرالی آن اعتراض داشتند. در ۱۹۵۰ شورای فدرال در بدنه‌ای بزرگتر، یعنی شورای ملی کلیساهای مسیح[4] جذب شد.

با این‌همه، چشمگیرترین نمود نهضت اتحاد کلیساها عبارت از شورای جهانی کلیساهاست که در ۱۹۴۸ در آمستردام شکل گرفت. برای درک بهتر موضوع می‌توان شورای جهانی را به رودی بزرگ، چیزی مانند میسی‌سیپی در عالم مذهب تشبیه کرد که از سه نهر عمده مشروب می‌شود. این سه نهر عبارتند از شورای بین‌المللی میسیونری[5] کنفرانس زندگی و کار[6] و کنفرانس ایمان و تشکیلات.[7] سرچشمهٔ هر سه به کنفرانس بین‌المللی میسیونری در ادینبورگ به سال ۱۹۱۰ بازمی‌گردد که نقطهٔ اوج فعالیت‌های معطوف به اتحاد کلیساها در روزگار جدید بود. در کنفرانس ادینبورگ بیش از هزار نماینده از سراسر جهان حضور یافتند تا به مسائل مربوط به میسیون‌های جهانی کلیسا در دنیای غیرکاتولیک رومی بپردازند. در گفتگو راجع‌به میسیون‌ها، نمایندگان احساس اتحاد عمیقی یافتند.

نخستین دهه‌های نهضت اتحاد کلیساها زیر سایهٔ چهار رهبر قرار گرفت: یک آمریکایی به نام جان مات[8] یک کانادایی به نام چارلز بِرنت[9] یک سوئدی به نام ناتان سودربلوم[10] و یک هلندی به نام ویلِم ویسرت هوفت.

جان مات (۱۸۶۵-۱۹۵۵) متدیست بود و به جرگهٔ روحانیت تعلق نداشت. او ایمان دینی عمیق خود را با غیرت برای بشارت، نفوذش بر مجمع‌های عمومی، و گیرایی و

---

1. The Evangelical Alliance

۲. به معنی ائتلاف و اتحادیه است. (مترجم)

3. The Federal Council Of Churches; 4. The National Council Of Churches Of Christ; 5. The International Missionary Council; 6. The Conference On Life And Work; 7. The Conference On Faith And Order; 8. John R. Mott; 9. Charles H. Brent; 10. Nathan Söderblom

قانع‌کنندگی کلامش درآمیخت. در بیست‌وسه سالگی، منشی کمیتهٔ بین‌المللی انجمن مردان جوان مسیحی (به اختصار YMCA)[1] شد. در این زمان دانشجو بود. مات چون احساس می‌کرد خدمت دانشجویان به هماهنگی گسترده‌تری نیاز دارد، فدراسیون جهانی دانشجویان مسیحی[2] را در سوئد تشکیل داد و خادمان دانشجو را از آمریکا، بریتانیای کبیر، کشورهای اسکاندیناوی[3] و آلمان در کنار هم قرار داد. فعالیت فدراسیون دانشجویی مات را با صدها نفر در سازمان‌های مسیحی آشنا کرد و او را به گزینه‌ای بدیهی برای ریاست کنفرانس میسیونری ادینبورگ تبدیل ساخت.

پس از کنفرانسِ دوران‌ساز ادینبورگ، مات در مقام رئیس کمیتهٔ پیگیری[4] خدمت کرد. هنگامی که شورای بین‌المللی میسیونری در ۱۹۲۱ تأسیس شد، او برای بیست سال به‌عنوان نخستین رئیس آن خدمت کرد. هیچ‌یک از رهبران شورای جهانی کلیساها به اندازهٔ مات به گسترش مسیحیت کمک نکرد. چارلز برِنت (۱۸۶۲-۱۹۲۹) کانادایی و پیرو کلیسای اَنگلیکن و به‌عنوان مبشر مشغول خدمت در جزایر فیلیپین بود. برخلاف مات که محبت مسیح به او انگیزه می‌داد تا سخت برای اتحاد تلاش کند، برنت بیشتر به موضوع تفاوت‌های تعلیمی توجه داشت که مایهٔ جدایی کلیساها بود. او کلیسای اَنگلیکن را پلی می‌دانست که این اختلافات را پوشش می‌داد. هنگامی که کنفرانس ادینبورگ رأی به این داد که دربارهٔ شیوه‌های غلبه بر تعارضاتی تحقیق شود که بین انجمن‌های اعزام‌کنندهٔ میسیونر وجود داشت، برنت توصیهٔ فوق را به همباوران اَنگلیکن خود در همایشی که هر سه سال یک بار برگزار می‌شد، منتقل ساخت. به سفارش او، همایش اقدام به تعیین کمیته‌ای کرد که وظیفه داشت از «تمام کلیساهایی که عیسای مسیح را به‌عنوان خدا و نجات‌دهنده می‌پذیرند دعوت به‌عمل آورد تا با شرکت در کنفرانس‌هایی که تابع روش عمومی کنفرانس جهانی میسیونری بودند، به بررسی کلیهٔ پرسش‌های مربوط به ایمان و تشکیلات کلیسای مسیح بپردازند.»

جنگ جهانی اول و تبعات آن موجب شد که نخستین کنفرانس جهانی دربارهٔ ایمان و تشکیلات تا سال ۱۹۲۷ تشکیل نشود. در این سال، در لوزانِ سوئیس، ۱۵۰ نماینده از ۶۹ فرقه، در ماه اوت حضور به‌هم رساندند و اقدام به تصویب قطعنامه‌هایی کردند که بنیادهای شورای جهانی آینده را تشکیل می‌داد.

برنت باور داشت که همکاری میان کلیساها فقط بر پایهٔ توافق دربارهٔ ضروریات ایمان ممکن است و می‌گفت عامل اصلی عدم اتحاد، مسائل اعتقادی است. تا این اختلافات حل نشوند، مسیحیان به اتحاد اصیل و حقیقی نخواهند رسید. به‌این‌ترتیب، ایمان و تشکیلات، مترادف اعتقاد و عبادت شد.

---

1. The International Committee Of The Young Men'S Christian Association (YMCA); 2. The World Student Christian Federation

۳. ناحیه‌ای در شمال اروپا، شامل کشورهای سوئد، نروژ، (در شبه جزیرهٔ اسکاندیناوی)، دانمارک و نیز معمولاً فنلاند، ایسلند و جزایر فارو (نقل از فرهنگ فارسی معاصر). (مترجم)

4. The Continuation Committee

نهضت زندگی و کار

ناتان سودربلوم (۱۸۶۶–۱۹۳۱)، اسقف اعظم لوتریِ اوپسالا[1] در سوئد، بنیان‌گذار و مروج اصلی «نهضت زندگی و کار» بود. هنگامی که شاه سوئد به‌طور غیرمنتظره در ۱۹۱۴ او را به منصب اسقف اعظم تعیین کرد، مسیحیان محافظه‌کار التزام او را به درست‌باوری زیر سؤال بردند؛ و البته این امر بی‌دلیل نبود.

سودربلوم ایمان به ذات الاهی و انسانی مسیح را نفی می‌کرد، زیرا آن را برای انسان مدرن پذیرفتنی نمی‌دانست. او مکاشفه را فرآیندی مستمر می‌دانست که به عصر رسولان محدود نبود. می‌گفت که دین حقیقی نه بر تصور ما از خدا، بلکه بر خصال اخلاقی ما استوار است. دین یعنی آنچه انسان هست یا انجام می‌دهد، نه آنچه او باور دارد.

بنابراین، برخلاف برنت، سودربلوم اتحاد را نه از راه توافق بر سر آموزه‌ها، بلکه از راه تاریخ می‌جست. می‌گفت که هر گروه مسیحی باید ضمن محترم‌شمردن سایر گروه‌ها، اختلافات تعلیمی خود را با آنها در میان بگذارد و مکاشفهٔ واحد برای انسان‌ها، به‌تدریج در دوره‌های متوالی تاریخ بشر، خود را پدیدار می‌سازد.

با این‌همه، کار بزرگی که سودربلوم انجام داد نه در زمینهٔ الاهیات بلکه در گردآوردن مسیحیان حول دغدغه‌ای مشترک بود. او مغز متفکر در پشت نخستین کنفرانس زندگی و کار بود که در استکهلم برگزار شد. در اوت ۱۹۲۵ پانصد نماینده از سی‌ونه کشور و نودویک فرقه به این نتیجه رسیدند که مسائل مربوط به اخلاق اجتماعی بزرگتر از آن است که با تلاش فردی حل شود، و جماعت مسیحی باید مسئولیت تحقق خیر عمومی را بر عهده گیرد.

شاید شگفت جلوه کند، اما با فرارسیدن سال ۱۹۳۷ هم «کنفرانس ایمان و تشکیلات» و هم «کنفرانس زندگی و کار» تصدیق کردند که نیل به اتحاد مسیحی مستلزم فعالیت سازمانی جدید و شمول‌گراتر است. هر دو کنفرانس در جلسهٔ همان سال خود در بریتانیا، به‌اتفاق خواهان تشکیل شورای جهانی کلیساها شدند.

ظهور آدولف هیتلر و جنگ جهانی دوم تأسیس این شورای جهانی را به تعویق انداخت، اما در سال ۱۹۴۸ نخستین مجمع با حضور ۳۵۱ نمایندهٔ ۱۴۷ فرقه از ۴۴ کشور جهان تشکیل شد. از مهمترین کلیساها و گروه‌های مسیحی که در مجمع شرکت نداشتند عبارتند بودند از کلیسای کاتولیک رومی، بسیاری از مسیحیان اِوانجلیکال محافظه‌کار، و کلیسای ارتودوکس روسی.

طی این سال‌های مهم آغازین شورای جهانی، دبیر کل شورا ویلِم آدولف ویسِرت هوفت (۱۹۰۰–۱۹۸۵) بود. ویسرت هوفت به دنبال جان مات به‌عنوان منشی کمیتهٔ جهانی Y.M.C.A. و سپس در همان سمت در فدراسیون جهانی دانشجویان مسیحی خدمت کرده بود. در ۱۹۳۸ به‌نظر می‌رسید او مناسب‌ترین گزینه برای هدایت کمیتهٔ مقدماتی باشد که شورای جهانی کلیساها را در آمستردام تشکیل داد.

1. Uppsala

کارل بارت[1]، الاهیدان سوئیسی، تأثیر ژرفی بر وسرت هوفت داشت. هوفت یک‌بار چنین گفت: «بارت فکر می‌کرد که کلیسا بر اثر تلاش برای تطبیق‌دادن خود با گرایش‌های تاریخی، کم‌وبیش روح خود را از دست داده است. او از کلیسا می‌خواست تا دوباره به خود بازگردد.» هوفت به‌یاد داشت که شعار غیررسمی کسانی که نهضت اتحاد کلیساها را به راه انداختند این بود: «کلیسا باید کلیسا باشد.» و این شعار، چنان‌که رهبر هلندی می‌گفت، «به این معنی نبود که کلیسا باید از دنیا فرار کند؛ به این معنی بود که کلیسا صرفاً انعکاس گرایش‌های موجود در جهان نیست.»

یکی از پروژه‌های مورد علاقهٔ ویسرت هوفت پس از جنگ جهانی دوم عبارت بود از تأسیس آموزشگاهی اکیومنیکال (اتحادگرا) در سوئیس برای تربیت رهبران فعّال در نهضت اتحاد کلیساها. او یک روز عصر در آمریکا هنگام شام با سرمایه‌دارانی چون توماس لامونت[2] و جان راکفلر[3] نقشه‌اش را برای راکفلر شرح داد. راکفلر در پاسخ گفت: «باید سرمایهٔ بیشتری جذب کنی.» راکفلر بعداً یک میلیون دلار به تأسیس آموزشگاه فوق در بوئاسی[4] سوئیس کمک کرد.

به برکت تدابیر سیاسی ویسرت هوفت، مجمع شورای جهانی کلیساها پذیرای آمیزه‌ای رنگارنگ از نمایندگانی شد متعلق به فرهنگ‌ها و قاره‌های گوناگون با دغدغه‌های مختلف. هر نشست با حضور این شرکت‌کنندگان تشکیل می‌شد: نمایندگانی محافظه‌کار از کلیساهای ارتودوکس شرقی از کشورهایی در اروپای شرقی و خاورمیانه که مسیحیانش پیرو این مذهب هستند، الاهیدانانی سکولار از اروپا و آمریکای شمالی، اِوانجلیکال‌هایی از اروپا و جهان سوم، لوتری‌های معترف[5] از کشورهای اسکاندیناوی، و سخنگویان الاهیات رهایی‌بخش از آمریکای لاتین.

شورای جهانی کلیساها ادعا نداشت نوعی اَبَرکلیساست. آیین‌نامهٔ این شورا به آن اجازهٔ قانون‌گذاری برای کلیساهای عضو را نمی‌داد. هدف آن عبارت بود از مفاهمه و همکاری بین اعضایش و اتحاد مسیحی هرجا که مقدور بود. بیانیه‌هایی که مجمع‌ها صادر می‌کردند به‌گونه‌ای اجتناب‌ناپذیر شامل نوعی سازش بین نگرش‌های رقیب بود، درست همان‌گونه که در اقدام ویسرت هوفت سر میز صبحانه در لنینگراد دیده شد.

مجمع‌های بعدی در اِوانستون واقع در ایلینوی (۱۹۵۴)، دهلی نو در هندوستان (۱۹۶۱)، اوپسالا در سوئد (۱۹۶۸)، و نایروبی در کنیا (۱۹۷۵) تشکیل شد. در دهلی نو، کلیسای ارتودوکس روسی به شورا پیوست و شورای بین‌المللی میسیونری تحت مدیریت شورای جهانی کلیساها قرار گرفت.

با گذشت سال‌ها، تأکید کنفرانس‌های ایمان و تشکیلات بر آموزه‌های مسیحی کمرنگ شد و دغدغه‌های اجتماعی کنفرانس‌های زندگی و کار افزایش یافت. مجمع‌هایی که در اوپسالا و نایروبی تشکیل شد، نشان از تهاجم سکولاریسم به کلیساها داشت. دغدغه برای

---

1. Karl Barth; 2. Thomas W. Lamont; 3. John D. Rockfeller; 4. Boissy

۵. Confessional Lutherans منظور از این اصطلاح مسیحیان لوتری‌مذهبی است که به تمام آموزه‌های موجود در «کتاب توافقات» The Book of Concord (۱۵۸۰) معتقدند و به آنها اذعان دارند. (مترجم)

مسائل اجتماعی همچون نژادپرستی، جنگ و صلح، فقر و بیکاری، اعتیاد به مشروبات الکلی و مواد مخدر، و نهضت رهایی زنان چنان به بخشی جدایی‌ناپذیر از شوراهای کلیساها در کشورهای گوناگون تبدیل شد که هدف‌گذاری خاص بر اتحاد دوباره میان بدنه‌های گسیختهٔ کلیسایی، به‌گونه‌ای فزاینده به مؤسسات و نهادهای دیگر واگذار گردید.

ادغام فرقه‌ها

با این‌همه، شورای جهانی کلیساها فقط مشهودترین جلوهٔ نهضت اتحاد کلیساها بود. غیرت برای اتحاد همچنین موجب ادغام فرقه‌های مسیحی و شکل‌گیری ائتلاف‌های بین‌المللی کلیسایی شد.

در ایالات متحده که فرقه‌گرایی تا این اندازه چشمگیر بوده از ۱۹۰۰ تا ۱۹۷۰ بیش از سی مورد تجمیع فرقه‌ها، از جمله تشکیل کلیسای متحد متدیست‌ها و کلیسای متحد پرزبیتری‌ها صورت گرفت. در برخی موارد، بدنه‌های کلیسایی که بر سر موضوعاتی چون نژاد در قرن نوزدهم دچار جدایی شده بودند به هم باز پیوستند (متدیست‌ها). همچنین گروه‌هایی که به فرقه‌ای واحد تعلق داشتند و از کشورهای مختلف به آمریکا مهاجرت کرده بودند (لوتری‌ها) دوباره با هم متحد شدند.

مهمترین ادغامی که بیرون از ایالات متحده صورت گرفت مربوط به تشکیل کلیسای جنوب هند بود که در ۱۹۴۷ از اتحاد این سه بدنهٔ مذهبی تشکیل شد: کلیسای آنگلیکن هندوستان، برمه و سیلان، کلیسای متدیست جنوب هند، و کلیسای متحد جنوب هندوستان که خود نتیجهٔ جنبشی بود که کلیساهای پرزبیتری، جماعت‌گرا، و اصلاح‌شدهٔ هلندی را متحد ساخت.

ادغامی مشابه با همین ابعاد، کلیسای جدیدی متشکل از نوزده میلیون عضو در ایالات متحده پدید آورد. این فکری بود که یوجین کارسون بلیک[1] در ۱۹۶۰ مطرح کرد. او مدیر ارشد اجرایی کلیسای متحد پرزبیتری آمریکا (پرزبیتری‌های شمالی) بود و بعدها هم دبیر کل شورای جهانی کلیساها شد. پیشنهاد بلیک این بود که کلیسای اسقفی پروتستان و پرزبیتری‌های شمالی به‌اتفاق از متدیست‌ها و کلیسای متحد مسیح برای تشکیل یک «کلیسای مسیحی» جدید دعوت به‌عمل آورند. بلیک که از صدها انشعاب در کلیساهای پروتستان دل‌آزرده بود، گفت: «من باور ندارم که وجود این‌همه کلیسای مختلف در آمریکا ارادهٔ خدا باشد.»

اسقف کلیسای اسقفی پروتستان، جیمز پایک[2] از پیشنهاد بلیک استقبال کرد و گفت: «روح مقدس خداوند هروقت که ما از موانع بین کلیساها عبور می‌کنیم، با ماست و به‌طور فزاینده هدایتمان می‌کند و راه‌های غلبه بر خودبینی لجوجانه‌ای را که دامنگیر کلیساهای کشورمان شده، نشان می‌دهد.»

---

1. Eugene Carson Blake; 2. James A. Pike

در همایش عمومی کلیسای اسقفی پروتستان در دیترویت که در سپتامبر ۱۹۶۱ تشکیل شد، «خانهٔ اسقفان» به بررسی پیشنهاد قبول دعوت مجمع متحد پرزبیتری پرداخت. یک روز کامل به بحث و گفتگو دربارهٔ این موضوع اختصاص داده شده بود، و جماعتی انبوه در راهروهای کناری کوبو هال[1] برای دیدن آتش‌بازی گرد آمده بودند. ظرف سی ثانیه یا همین حدود، پیشنهاد فوق به‌اتفاق آراء تصویب شد.

اسقفی که ریاست جلسه را بر عهده داشت، عالیجناب آرتور لیشتنبرگر[۲] درحالی‌که نفسش از هیجان بند می‌آمد گفت: «نمی‌دانم چه بگویم!» ظاهراً کلمات دعای اسقف لیشتبرگر درست پیش از اخذ اولین رأی، در ذهن تمام نمایندگان طنین‌افکن بود: «خداوندا بر بدن تکه‌تکهٔ کلیسای خود با نظر رحمت نگاه کن.»

همایش با صدور درخواستی برانگیزاننده از خانهٔ اسقفان برای اتحاد مجدد دنیای مسیحیت به پایان رسید. اسقفان با اعلام اینکه چنین وظیفهٔ خطیری را «در وفاداری به خدا نمی‌توان نادیده گرفت»، مسیحیان را ترغیب کردند که «باید بی‌وقفه فعالیت و دعا کرد تا به‌فیض خدا و در زمانی که او صلاح می‌داند، این جدایی‌ها که در حکم بی‌احترامی به خداوند هستند، رفع شوند.»

با حمایت سایر فرقه‌های شرکت‌کننده، «رایزنی برای اتحاد کلیسا»[۳] به اختصار COCU تلاش خود را برای تدوین برنامه‌ای جهت تجمیع و ادغام آغاز کرد. بعدها رایزنی نام خود را به «کلیسای در حال اتحاد مسیح»[۴] تغییر داد. با این‌همه، گذشت زمان از شور و شتاب اولیه کاست. پس از گذشت بیست سال، فرقه‌های حاضر همچنان جویای ساز و کار صحیح برای اتحاد بودند.

در کنار این ادغام‌ها، در قرن بیستم بین کلیساهایی که دارای اعتراف مشترک بودند، ائتلاف صورت گرفت. کلیساها در سراسر جهان با اعتراف‌های ایمانی و سازمان‌های کلیسایی مشابه به‌طور مرتب برای گفتگو و مشارکت تشکیل جلسه داده‌اند. برخی از این ائتلاف‌ها عبارتند از:

شورای بین‌المللی کلیساهای جماعت‌گرا
کنفرانس جهانی مسیحیان مِنونیت
کنفرانس جهانی مسیحیان متدیست
ائتلاف جهانی مسیحیان باپتیست
فدراسیون جهانی مسیحیان لوتری، و
ائتلاف [اتحادیهٔ] جهانی کلیساهای اصلاح‌شده و پرزبیتری

طی تمام این سال‌ها، مسیحیان اِوانجلیکالِ محافظه‌کار سرسخت‌ترین منتقدان اتحادگرایی شورایی بوده‌اند. مسیحیان اِوانجلیکال که سخت به اعتبار و اقتدار کتاب‌مقدس باور دارند

1. Cobo Hall; 2. Arthur C. Lichtenberger; 3. The Consultation Of Church Union (COCU)

۴. The Church Of Christ Uniting ساختار نحوی این عبارت کمی ناآشناست. ظاهراً علت این نامگذاری عبارت بوده از تأکید بر فرآیند مستمر و ادامه‌یابندهٔ اتحاد که عامل آن مسیح است. (مترجم)

می‌دانند که عیسی دعا کرد تا شاگردانش یک باشند، بااین‌حال صورت فدراسیونی یعنی ائتلافیِ اتحاد مسیحی را زیر سؤال می‌برند.

آنها بنیادهای تعلیمی شورای جهانی و تعهد آن را به بشارت مطلوب و رضایت‌بخش نمی‌دانند. چیزی که به‌ویژه اِوانجلیکال‌های محافظه‌کار را برمی‌آشوبد ورود فزایندهٔ شورای جهانی کلیساها به فعالیت‌های سیاسی در کشورهای در حال توسعه است.

از زمان مجمع اوپسالا (۱۹۶۸) به‌نظر می‌رسد که شورای جهانی کلیساها اتحاد کلیسا را نشانهٔ اتحاد انسان‌ها می‌داند. مسیحیان اِوانجلیکال محافظه‌کار ادعا می‌کنند که این تأکید به‌آسانی می‌تواند حمایت از اهداف انسان‌گرایانه برای جامعه را جایگزین شهادت مشخصاً مسیحی کلیسا سازد. به‌این‌ترتیب، تفاوت میان کلیسا و جهان بیشتر به موضوع ستمدیدگی و ستمکاری تبدیل می‌شود تا ایمان و بی‌ایمانی. نجات هم به *رهایی از ظلم*[1] تعبیر می‌گردد.

جلوه‌های اِوانجلیکال اتحاد

مسیحیان اِوانجلیکال که عمیقاً ریشه در سنت بیداری‌های روحانی دارند، همواره بر ضرورت تجربهٔ شخصی روحانی تأکید داشته‌اند. آنها علاقهٔ چندانی به شکل خاصی از کلیسا ندارند، بلکه دغدغه‌شان در درجهٔ اول مأموریت میسیونری کلیساست. جرج وایتفیلد گویی به نمایندگی از مسیحیان اِوانجلیکال تمامی نسل‌ها سخن می‌گفت آنگاه که در موعظه‌اش از ایوان دادگاه در فیلادلفیا، سر به‌سوی آسمان برداشت و بانگ برآورد:

> ای پدر ما ابراهیم، در آسمان چه کسی با توست؟ اسقفی‌ها؟ نه! پرزبیتری‌ها؟ نه؟ مستقل‌ها یا متدیست‌ها؟ نه، نه، نه! پس چه کسی؟ در آسمان ما این نام‌ها را نداریم. تمام کسانی که اینجا هستند مسیحی‌اند ... عجب، که این‌طور! پس خدایا کمک کن این اسم و رسم‌ها را کنار بگذاریم و به‌راستی و در کردار[2] مسیحی شویم؟

در اوایل دههٔ ۱۹۴۰ مسیحیان اِوانجلیکال آمریکا دو سازمان تأسیس کردند: انجمن ملّی اِوانجلیکال‌ها[3] و شورای کلیساهای مسیحی آمریکا.[4] هر دو سازمان به درست‌باوری مسیحی وفادار بودند، اما در ساختار و در نگرش خود به اتحادگرایی شورایی تفاوت داشتند. شورای کلیساهای مسیحی آمریکا به‌طور خاص نه فقط منتقد شورای ملی و شورای جهانی کلیساها بود، بلکه به تمام کسانی که به‌نحوی با آنها در ارتباط بودند انتقاد داشت.

در سطح بین‌المللی، اِوانجلیکال‌ها یک سری کنگره دایر کردند که مشوق تلاش متحد برای بشارت بود. کنگرهٔ جهانی بشارت در برلین (۱۹۶۶) که از برنامه‌های بشارتی عظیم مبشر

---

1. Liberation

۲. اشاره است به اول یوحنا ۱۸:۳ (مترجم)

3. The National Association Of Evangelicals; 4. The American Council Of Christian Churches

معروف، بیلی گراهام، الهام یافته بود پذیرای شرکت‌کنندگانی بیش از یکصد کشور جهان شد و موجب تشکیل کنفرانس‌هایی در سطح منطقه‌ای و ملی در چندین قارهٔ جهان گردید.

کنگرهٔ بین‌المللی سال ۱۹۷۴ دربارهٔ بشارت جهانی که در لوزان سوئیس برگزار شد، به‌روشنی نشان می‌داد که در دیدگاه‌های مسیحیان اِوانجلیکال دربارهٔ اتحاد، پختگی جدیدی ظهور یافته است. گروهی بین‌المللی مرکب از ۱۴۲ رهبر اِوانجلیکال تحت ریاست افتخاری بیلی گراهام ۲۷۰۰ نفر را به این شهر سوئیسی دعوت کردند. هدف از این کار، انگیزه‌بخشی به گروه‌های منطقه‌ای برای بشارت و تنظیم «عهدنامهٔ لوزان» بود که به امضای اکثریت شرکت‌کنندگان رسید.

عهدنامه تصریح می‌کرد که «تحقق اتحاد مرئی کلیسا در راستی، هدف خداست.» دو دلیل مؤید این تأکید اِوانجلیکال بر یگانگی بود: اولی الاهیاتی است، دومی عمل‌گرایانه.

عهدنامه می‌گوید اتحاد کلیسا هدیه‌ای از جانب خداست که روح‌القدس آن را می‌بخشد و از طریق صلیب مسیح امکان‌پذیر می‌شود: «او صلح و سلامت ماست» (افسسیان ۱۴:۲). در عهدنامه تصریح شده که این اتحاد ممکن است شکل‌های گوناگون به خود بگیرد، اما «اتحادهای سازمانی» همیشه هم اتحاد «در راستی» (افسسیان ۱۳:۴) نیستند.

دلیل عمل‌گرایانه برای «اتحاد مرئی در راستی» این است که «بشارت... ما را به اتحاد می‌خواند.» زیرا چگونه می‌توانیم انجیل صلح و آشتی را موعظه کنیم بی‌آنکه خود آشتی کرده باشیم؟

در نتیجهٔ کنگرهٔ لوزان «کمیتهٔ پیگیری برای بشارت جهانی» مرکب از چهل‌وهشت عضو ایجاد شد. کمیته یک رهبر مسیحی آفریقایی به نام کشیش گوتفرید اوسه-مِنساه[1] را به‌عنوان دبیر اجرایی برگزید و فعالیت خود را در این زمینه آغاز کرد که «هرجا لازم بود مشوق و حامی تشکیل کمیته‌های منطقه‌ای و ملی برای پیشبرد بشارت جهانی در تمام زمینه‌ها باشد.»

بدین‌گونه، در پایان دههٔ ۱۹۷۰، چنین می‌نمود که شورای جهانی کلیساها در تلاش برای رسیدن به اتحاد، تمرکز بر دغدغه‌های اجتماعی را - که گاه با توسل علنی به ابزار سیاسی همراه بود - جلوهٔ اصلی و اولیهٔ اتحاد مسیحی می‌دانست. مسیحیان اِوانجلیکالِ محافظه‌کار هدف خود را بازگرداندن بشارت به جایگاه محوری آن در مأموریت کلیسا قرار داده بودند به این امید که نتیجهٔ آن رسیدن به اتحاد باشد.

پیشنهادهایی برای مطالعهٔ بیشتر

Brown, Robert McAfee. *The Ecumenical Revolution*. Garden City, NY: Doubleday, 1969.
Douglas, J. D., ed. *Let the Earth Hear His Voice*. Minneapolis: World Wide Publications, 1975.
Goodall, Norman. *The Ecumenical Movement*. London: Oxford University Press, 1961.
Hardon, John A. *Christianity in the Twentieth Century*. Garden City, NY: Doubleday, 1971.
Neill, Stephen. *Twentieth Century Christianity*. Garden City, NY: Doubleday, 1963.

---

1. Reverend Gottfried Osei-Mensah

فصل چهل‌وپنجم

دوایی از رحمت

کلیسای کاتولیک رومی: شورای دوم واتیکان

شورای دوم واتیکان در نوع خود پدیده‌ای بود. مراسم گشایش چهارساعتهٔ آن از هر نظر نشان از آغاز «عصری نو برای کلیسا» داشت. کلاه‌های سپید بلند اسقفان همچون موجی از میان جمعیت انبوه در میدان سن پیتر می‌گذشت؛ کرسی متحرک پاپ چونان قایق سلطنتی بر فراز این نهر سپید بالا و پایین می‌شد، و در دو سوی آن صدای بادبزن‌هایی از پر شترمرغ بلند بود، و همسرایان به لاتین می‌خواندند *Ubi Caritas Et Amor Deus Ibi Est* یعنی «هرجا نیکوکاری و محبت باشد، خدا حاضر است.»

اما شورای دوم واتیکان چیزی بیش از یک نمایش بود - بسیار بیش! آنچه این شورا به جهان نشان داد حضور ژرف و دیرینهٔ روحی نو در کلیسای کاتولیک رومی بود که در عصر ایدئولوژی‌ها بانگ تغییرخواهی می‌کشید. این شورا دیدگاه پروتستان‌ها را نیز دایر بر اینکه کلیسای کاتولیک یک نظام یکدست و مطلق‌گراست بی‌اعتبار کرد، و همچنین حکایت از این داشت که کلیسای کاتولیک، برای نخستین بار، به‌طور ضمنی تصدیق می‌کرد کسانی که در گذشته آن را ترک کرده بودند شاید دلیل درستی برای این کار داشته‌اند.

در تصویر سنتی از کلیسای کاتولیک که بیشتر محصول شورای ترنت بود، کلیسا دژی تسخیرناپذیر جلوه می‌کرد که زیر حملهٔ نیروهای سکولاریسم، مدرنیسم، و فردگرایی قرار

داشـــت. در داخل دیوارهای آن افراد می‌توانســـتند از امنیت و نجات برخوردار شوند، زیرا در آنجا حقایق تغییرناپذیر خدا، قربانـــی حقیقی آیین قربانی مقدس، و خطاناپذیری پاپ را می‌یافتنـــد. نامهٔ پاپ پیوس دوازدهم (۱۹۳۹–۱۹۵۸) در ۱۹۵۰ با عنوان *Humani Generis* [در باب نژاد بشر] انعکاســـی از همین تصویر بود. در این نامه او به ملامت الاهیدانانی پرداخت که تلاش داشتند تعلیمات کلیسا را به‌روزرسانی و «اهمیت تعلیمات رسمی کلیسا را تضعیف کنند ... به این ترتیب که می‌خواســـتند آنها را از مفاهیم و صورتبندی‌هایی که کلیسا دیری به آنها پایبند بوده جدا سازند و در مقابل، به زبان کتاب‌مقدس و پدران بازگردند ...»

شـــورای دوم واتیکان (۱۹۶۲–۱۹۶۵) تصویری دیگر از کلیسا ارائه کرد و از آن همچون «قوم زائر» ســـخن گفت. در این تصویر، کلیسا تحت هدایت خدا، در جهان، و در کنار سایر زائران، راه می‌ســـپارد و به ضعیفان و زحمتکشـــان خدمت می‌کند. این شورا چندان مدعی کامیابی یا یقین نبود، زیرا زائران هنوز به مقصد نرسیده و در راهند.

چه توضیحی برای این انقلاب در رُم وجود دارد؟ چه رخدادهایی دست‌به‌دست هم داد تا این ذهنیت محاصره‌شدگی[1] را در کلیسای کاتولیک رُم به چالش بکشد؟

شبان نیکو، پاپ ژان

شـــهریاری که به‌طور خاص پنجره‌های کلیســـای کاتولیک را به‌روی تغییر گشود، آنجلو رونکالّی[2] بود که ما او را به نام ژان بیست‌وسوم[3] می‌شناسیم.

پاپ ژان اغلب می‌گفت که فکر این شـــورا همچون الهامی ناگهانی از سوی روح‌القدس به ذهنش افتاد. در واقع، پس از انتخاب او در ۲۸ اکتبر ۱۹۵۸، از ریاســـتش بر کلیسا فقط نود روز گذشته بود که در ۲۵ ژانویهٔ ۱۹۵۹ نقشهٔ خود را برای تشکیل شورا به جهان اعلام داشت.

با این‌همه، از بســـیاری جهات، آنجلو رونکالّی به‌طور بی‌نظیری برای این لحظه از تاریخ آماده شده بود. او تقریباً قضاوتی شهودی دربارهٔ امیدها و نیازهای انسان‌ها داشت. زمانی که کشیشـــی جوان بود پس از یک سال تدریس زندگی و اندیشهٔ پدران اولیهٔ کلیسا در دانشکدهٔ پاپی لاترانِ[4] رُم، مافوق‌های او به این نتیجه رســـیدند که مسائل حاشیه‌سازی مطرح می‌کند. او جرئت طرح مســـائل تصورناپذیری به خود داده بود همچون اینکـــه ازدواج بین پیروان مذاهب مختلف را در برخی شـــرایط باید مجاز دانست. رونکالّی مدتی را به کار خسته‌کنندهٔ رونوشـــت‌برداری از نامه‌ها در نهاد مربوط به روابط کلیســـای رُم با کلیساهای شرق گذراند تا اینکه مقامات کلیســـا دریافتند لازم اســـت نمایندهٔ پاپ را به بلغارســـتانِ دوردست گسیل کنند (۱۹۲۵–۱۹۳۴). رونکالّی از بلغارستان برای ده ســـال به کشـــور مسلمان ترکیه رفت و از تبعیدگاه خود به فرانســـهٔ آشـــوب‌زده در اواخر جنگ جهانـــی دوم انتقال یافت، آن‌هم فقط به این دلیل که واتیکان نمی‌خواســـت شخص مهمی را به آن خطهٔ به‌هم‌ریخته بفرستد. بااین‌حـــال، افتادگی و توانمندی‌های رونکالّی به دل فرانســـویان نشســـت. در ۱۹۵۳، پاپ

---

1. besieged mentality; 2. Angelo Roncalli; 3. John XXIII; 4. the Pontifical Lateran Seminary

پیوس دوازدهم کلاهِ قرمز کاردینالی بــه او اعطا کرد و به مقام رهبر روحانی ونیز منصوبش نمود.

ژان در همه‌جا با غیرکاتولیک‌ها ملاقات می‌کرد و دوســت می‌شد. هنگامی که در ترکیه بود، به فرار و ساماندهی یهودیانی که از آلمان نازی می‌گریختند کمک کرد، و در فرانسهٔ بعد از جنگ از دیدن فیلم‌هایی که پشــته‌های عظیم اجساد یهودیان را در بوخن‌والد و آشویتس نمایــش می‌دادند بر خود لرزیــد و گفت: «چطور چنین چیزی ممکن اســت؟ بدن عرفانی مســیح!» هنگامی که گروهی از یهودیان پس از انتخاب او بــه مقام پاپی به دیدارش آمدند، به‌ســوی آنها رفت و بدون تشــریفات، درودی را که در کتاب‌مقدس آمده تکرار کرد: «من یوسف هستم، برادر شما.»

خواســتهٔ ژان این بود که در مقام خود به‌عنوان پاپ نه به‌عنوان سیاستمدار یا پاپی فاضل، بلکه همچون «شــبان نیکوی مدافع راستی و نیکی» شــناخته شود. او اغلب از واتیکان برای بازدید از یتیم‌خانه‌ها، زندان‌ها، مدارس، و کلیســاها خارج می‌شــد. یک بار حتی گروهی از سیرک‌بازان ســیّار را به حضور پذیرفت و توله شــیری به نام دالی را نوازش کرد. همچنین اقدام به برچیدن رســومی کرد مانند خودداری از ورود بازدیدکنندگان به گنبد کلیسای سن پیتر (حضرت پطرس) هنگام قدم‌زدن پاپ در باغ. ژان دراین‌باره گفت: «خب نگاه کنند مگر چه می‌شود؟ من که کار بدی نمی‌کنم.»

پس از اینکه پاپ ژان قصد خود را برای تشکیل شورای عمومی اعلام کرد، اظهار داشت که هدف آن *aggiornamento* (آجورنامِنتو) خواهد بود. این واژهٔ ایتالیایی به معنی «روزآمدکردن یا به‌روز رســانی» اســت، و نه تنها به معنی تطبیق‌دادن خود با ظواهر بیرونی زندگی جامعهٔ معاصر، بلکه به معنی تحول فکری کامل از درون اســت. ظاهراً برنامهٔ ژان این بود که شورا ضوابط قانونی سفت‌وسخت گذشته را کنار بگذارد و خود را وقف دغدغه‌های شبانی حاضر کند. بســیاری انتظار داشــتند که این برنامهٔ آجورنامِنتو به تغییری انقلابی در کلیسا همترازِ ایمان‌آوردن کنســتانتین یا نهضت اصلاحات منجر شــود. لازمهٔ چنین تحولی پایان‌دادن به رابطهٔ نزدیک دین و سیاســت بود، که از زمان کنســتانتین باب شد، و همچنین ترک مواضع بســته‌ای بود که جنبش اصلاحات متقابل پدید آورد. به‌طور یقین خواســتهٔ ژان همگام‌شدن کلیسا با دنیای معاصر بود. برنامهٔ آجورنامِنتو بی‌شک بلندپروازانه بود.

از آغاز آن اکتبرِ پرشــور و شــتاب، هنگامی که ۲۵۴۰ نفر از ۲۹۰۸ کاردینال، پاتریارک، اســقف، و اَبوتِ[1] واجد شرایط به رُم رسیدند، پیدا بود که شورای دوم واتیکان شبیه هیچ‌یک از شــوراهای پیشین نخواهد بود. عدهٔ کثیر شــرکت‌کنندگان گواه این واقعیت بود. در اولین شــورای واتیکان (۱۸۶۹-۷۰) که خطاناپذیری پاپ را اعلام کرد، ۶۰۰ تا ۷۰۰ نفر از پدران حضور داشتند. در شــورای تِرِنْت نیز که هجده سال به‌طول انجامید و اصلاحات پروتستان را محکوم کرد، فقط حدود دویســت نفر از اعضا به مصوبات آن رأی دادند. این بار ۲۳۰ پدر

---

۱. سرپرست دیر.

از کشوری حضور داشتند که از سال ۱۹۰۸ عرصهٔ میسیون کلیسا بود، یعنی ایالات متحدهٔ آمریکا که پس از ایتالیایی‌ها با ۴۳۰ شرکت‌کننده، دومین گروه پرشمار بود. ۲۳۰ نفر از آفریقا و بیش از ۳۰۰ نفر هم از آسیا حضور داشتند.

شورای دوم واتیکان، نخستین شورایی بود که با هدف مبارزه با بدعت، اعلام اصول اعتقادی جدید یا بسیج کلیسا علیه قوای متخاصم تشکیل نشد. برای مثال، شورای ترنت (۱۵۴۵–۶۳) اعتبار بخشش‌نامه‌ها را که لوتر به آنها تاخته بود، بازتأیید کرد و دژی آموزه‌ای در برابر اصلاحات پروتستان بر پا داشت. پاپ ژان نشان داد که شورای دوم واتیکان برای خدمت به هدفی مثبت نه منفی تشکیل شد. سخنرانی افتتاحیهٔ پاپ تأکید داشت که شورا بیشتر باید بر امور شبانی متمرکز شود تا مسائل تعلیمی. او اذعان داشت روزگار کلیسای دولتی به‌سر آمده و در عصر جدیدی که در راه است، کلیسا نباید اقتدار خود را با توسل به اسلحهٔ سرکوب حفظ کند، بلکه باید با «دوای رحمت حکم براند نه سختگیری.» بنابراین، شورا به هدف توانمندسازی کلیسا برای «به‌روز رسانی خود» تشکیل شد. این نوگرایی به اتحاد دوبارهٔ جهان مسیحیت شتاب می‌داد و به‌این‌ترتیب دعای مسیح که «تا آنها یک باشند» تحقق می‌یافت.

این سخنان پاپ دلیرانه بود و دیری نپایید که دو روز بعد به آزمون گذاشته شد، یعنی زمانی که اسقفان و اَبوت‌ها برای نخستین جلسهٔ کاری خود، بر صندلی‌های تاشوِ روکش‌سبز نشستند. نخستین وظیفهٔ پدران این بود که اعضایی برای ده کمیسیون دائمی انتخاب کنند. آنها بر میز خود، جهت «راهنمایی»، فهرستی از اسامی اعضای کمیسیون‌های مقدماتی یافتند. این کمیسیون‌ها را کاردینال‌های عضو مجمع موسوم به Curia[1] هدایت کرده بودند، یعنی مجمع مسئول امور اداری کلیسا و مستقر در واتیکان که تحت کنترل روحانیون ایتالیایی قرار دارد. فهرست‌های «راهنما» این فکر را به پدران القاء می‌کرد که با گزینش متخصصانِ مورد نظر مجمع که زحمت کار مقدماتی را کشیده بودند، کار راحت‌تر جلو خواهد رفت. مسئله این بود که چه کسی شورا را اداره خواهد کرد– مجمع فوق یا خود پدران؟ و پرسش بنیادی‌ترِ مستتر در این سؤال این بود که گشودگی واتیکان در برابر تأثیرات دنیای بیرون تا چه اندازه خواهد بود؟

آن روز رأی‌گیری انجام نشد. یکی از اعضا، با پشتی اندک خمیده، موی سپید، و دماغ عقابی‌شکل از پشت میز هیئت رئیسه که متشکل از ده کاردینال بود برخاست و رو به دو ردیف طولانی پدران شورا گفت: «فهرست نامزدهایی که پیش از افتتاح شورا تهیه شده‌اند مورد پذیرش ما نیست. ضمن اینکه وقت نداشته‌ایم نامزدهای خودمان را انتخاب کنیم. بنابراین، استدعا داریم به ما فرصت داده شود تا نامزدهای خود را معرفی کنیم.»

درخواست او مورد حمایت و تأیید قرار گرفت و جلسهٔ مجمع کمتر از نیم ساعت پس از تشکیل خاتمه یافت. فردی که این درخواست را مطرح کرده بود، کاردینال آشیل لینارت[2]

---

۱. این واژه نیز متأسفانه مانند برخی از اصطلاحات تخصصی به‌کار رفته در این کتاب معادلی در زبان فارسی ندارد. چنین می‌نماید که Curia برگرفته از کلمهٔ Coviria در زبان لاتین باشد که به معنی «مجمع یا گردهمایی» است و از ساختار حکومتی روم باستان وام گرفته شده. بنابراین، با تسامح آن را به مجمع برگردانده‌ام. (مترجم)

2. Achille Cardinal Lienart

اسقف اعظم هفتادوهشت سالهٔ لیله[1] در شمال فرانسه بود. کاردینال لینارت شش ماه از وقت خود را صرفِ آمادگی برای شـــورا کرده بود. آنچه بســـیاری از پدران، روشی بی‌خطر برای تســـریع انتخابات می‌دانستند، به‌نظر کاردینال لینارت مانوری بود که سمت‌وسوی خاصی به شورا می‌داد. بااین‌حال، اسقفان نشان دادند که به‌سادگی تن به تصمیم مجمع Curia نخواهند داد. دو روز بعد که اعضای ده کمیسیون را انتخاب کردند، فهرست نهایی متعادل و بین‌المللی شده بود.

محافظه‌کاران و پیشگرایان

همین خرده اقدام راهبردی در نخســـتین روزهای شورا خطی فاصل بین دو گروه اصلی اسقفان رسم کرد که به «محافظه‌کاران» و «پیشگرایان» معروف شدند. پدرْ فرانسیس مک‌کول[2] پژوهشگر مریلندی کتاب‌مقدس، اظهار داشت در طرف محافظه‌کاران کسانی هستند «که در آینده تهدیدی برای گذشـــته می‌بینند» و در طرف پیشگرایان نیز کسانی هستند که «در آینده وعدهٔ آینده را می‌بینند.» این دو تصور کم‌وبیش در همهٔ موضوعات تعارض داشتند.

افرادی که عمدتاً مســـئول موضع محافظه‌کارانه بودند به مجمـــع رُمی Curia، یعنی نهاد اداری مرکزی رُم، تعلق داشتند. اینان که بیشتر ایتالیایی‌های سالخورده بودند، بی‌هیچ تماسی با دنیای مدرن، نفوذ و کنترل عظیمی نه فقط بر کلیســـای کاتولیک در جهان، که بر شـــخص پاپ داشـــتند. آنها معمولاً از وضعیت موجود کلیسا خرسند بودند و به هر تلاشی برای تغییر آن به نظر خصومت می‌نگریستند.

اگر می‌خواستیم فقط یک نماینده برای دیدگاه محافظه‌کارانه ذکر کنیم، این فرد کاردینالِ دانشـــمند هفتادودو ساله، آلفِردو اوتّاویانی[3] می‌بود. اوتّاویانی که در نانوایی پدرش در بخش تراسته‌وِره رُم متولد شد، بخش اعظم زندگی‌اش را در فقط یک مایل مربع از واتیکان گذرانده و بـــه معنایی زندانی وظیفهٔ خود، یعنی نظارت بر صحت آموزه‌ها و محکوم‌کردن بدعت بود. در سالنامهٔ پاپی نام او بیست‌وسه مرتبه ذکر شده بود. او عضو هفت انجمن، دو کمیسیون، و یک هیئت، و حامی بیســـت‌ودو فرقهٔ مذهبی کاتولیک بود. منتقدان او می‌گفتند که اوتّاویانی احساس می‌کرد هر چیز تازه‌ای غلط است. اما سخن او در واقع این بود که هر چیز جدیدی لزوماً درست نیست.

بسیاری از مقاماتِ محافظه‌کار از آغاز هیچ علاقه‌ای به این شورا نداشتند و در خفا آن را «حماقت» پاپ می‌دانســـتند. این بود که تلاش داشتند در کارهای مقدماتی آن خلل یا تعویق ایجاد کنند، زیرا تصورشـــان این بود که شورا با پرده‌برداشتن از اختلافات درونی کلیسا به آن آسیب می‌زد. اینان مصمم بودند قدرت تصمیم‌گیری مجمع عالی Curia همچنان در انحصار روحانیون عالی‌مقام ایتالیایی که به انجماد فکری[4] خود می‌بالیدند باقی بماند.

1. Lille; 2. Father Francis J. McCool; 3. Alfredo Cardinal Ottaviani; 4. Parochialism

روحانیون پیشـــگرا رهبر واحدی نداشـــتند، بلکه حول گروهی توانمند از کاردینال‌های اهل آلمان، فرانسه، اتریش، و فروبومان (یعنی بلژیک، لوکزامبورگ، و هلند) گرد آمدند. فرد شـــاخص آنها، کاردینال یان آلفرینک[1] رهبر بلندبالا و تنومند کلیســـای هلند بود. ارتباط‌های آلفرینک با به‌اصطلاح «برادران جداشـــدهٔ» پروتستان در هلند به‌اندازه‌ای بود که یک روزنامهٔ ایتالیایی به او برچسب «ضد رُم» زد.

شـــورا کار خود را از طریق چهار جلســـهٔ مجزا دنبال کرد. اولین نشست از ۱۱ اکتبر تا ۸ دسامبر ۱۹۶۲ طول کشید. در سه سال بعدی، طی ماه‌های پاییز، سه نشست دیگر نیز تشکیل شد.

تعارض بین دیدگاه‌های محافظه‌کاران و پیشگرایان از همان ابتدا آشکار بود. در نخستین نشست، پیشگرایان خواستار تغییر آیین عبادی کلیسا شدند به‌طوری که از زبان‌های امروزی به‌جای زبان ســـنتی لاتین استفاده شـــود و غیر روحانیون نیز در اجرای آیین قربانی مقدس شرکت داشته باشند. چنان‌که انتظارش می‌رفت، این پیشنهاد با اعتراض محافظه‌کاران روبه‌رو شد.

موضوعی که به بحث‌های بنیادی‌تری انجامید، ســـند پیشـــنهادی (طرح کلی) مربوط به مکاشـــفهٔ الاهی بود. تقریر این موضوع که توســـط کمیســـیون الاهیات و زیر نظر کاردینال اوتّاویانی صورت گرفت، مؤکداً بر وجود دو منبع برای مکاشفه، یعنی کتاب‌مقدس و سنت، تصریح داشت که کلیسای کاتولیک رومی از زمان شورای ترنت آنها را به‌رسمیت شناخته بود. پیشگرایان که دلیلی برای تأکید بر افتراقات کاتولیک‌ها و پروتستان‌ها نمی‌دیدند، می‌خواستند کتاب‌مقدس و ســـنت را دو نهر از چشمه‌ای واحد محســـوب کنند. لیکن، پرسش محوری این بود که آیا برخی از حقایق ایمان فقط در ســـنت آمده یا تمام حقایق ایمان را می‌توان در کتاب‌مقدس یافت؟

این بحث قریب دو هفته ادامه یافت. ســـرانجام ۱۳۶۸ پدر شـــورا رأی به بایگانی ســـند الاهیاتـــی کاردینال اوتّاویانی دادند، هرچند این رأی به تصویب دو ســـوم اکثریت نرســـیده بود. پاپ ژان که روند جلســـات را از تلویزیون مداربســـتهٔ آپارتمانش دنبال می‌کرد، ضمن مداخله خواســـتار بازنویسی این طرح پیشنهادی توســـط کمیته‌ای جدید به ریاست مشترک کاردینال اوتّاویانی و کاردینال آگوستین بئا[2] شد. فرد اخیر سرپرست ژزوئیت دبیرخانهٔ نوبنیاد ترویج اتحاد مســـیحی و رهبر پیشگرایان شورا بود. پدْر گرِگوری باوم[3] کشیش کانادایی و از الاهیدانان شورا، چنین گفت: «این روز در تاریخ به‌عنوان روز پایان نهضت اصلاحات متقابل ثبت خواهد شد.»

در ســـوم ژوئن ۱۹۶۳ در میانهٔ فراهم‌سازی مقدمات جلسهٔ بعدی، پاپ ژان بیست‌وسوم درگذشـــت و دنیای مسیحیت را در ســـوگ فرو برد. در ۲۱ ژوئن کاردینال مونتینی[4] اسقف اعظم میلان، با نام پاپ پل ششم به جانشینی او انتخاب شد. پاپ جدید بلافاصله قصد خود را برای ادامهٔ شورا اعلام داشت.

---

1. Jan Cardinal Alfrink; 2. Augustin Cardinal Bea; 3. Father Gregory Baum; 4. Cardinal Montini

طی جلسهٔ دوم، در پاییز ۱۹۶۳، درک جدید پیشگرایانه از کلیسا با مفاهیم سنتی محافظه‌کاران تعارض یافت. شورای اول واتیکان خطاناپذیری و تقدم پاپ را اعلام کرده بود. شورای دوم واتیکان سعی داشت توضیح دهد که چگونه مجموعهٔ اسقفان[1] به‌همراه پاپ کلیسا را اداره می‌کنند. محافظه‌کاران از تقدم پاپ دفاع می‌کردند، و پیشگرایان معتقد به افزایش قدرت اسقفان (یعنی جمع‌گرایی)[2] بودند.

محور یکی از گفتگوهای حیاتی در جلسهٔ سوم (که از ۱۴ سپتامبر تا ۲۱ نوامبر ۱۹۶۴ طول کشید) موضوع آزادی مذهب بود. آیا اعلامیهٔ آزادی مذهب حقیقت خدا را نسبی نخواهد کرد؟ و آیا مروج لاقیدی نسبت به امور دینی نخواهد شد؟ زیرا به مثابهٔ گفتن این است که «تا وقتی صداقت داری به هرچه می‌خواهی باور داشته باش.»

در جلسهٔ سوم همچنین سخت تلاش می‌شد تا رهنمودهایی برای زندگی و خدمت کشیشان، رسالت مسیحی اعضای عادی کلیسا در جهان، و فعالیت میسیونری در مناطق غیرمسیحی ارائه شود.

جلسهٔ پایانی که از ۱۴ سپتامبر تا ۸ دسامبر ۱۹۶۵ به طول انجامید شاهد احیای بحث دربارهٔ آزادی مذهبی بود. در اعلامیهٔ شورا دربارهٔ حق آزادی عمل بر طبق وجدان آمده بود که هیچ دولتی حق ندارد با توسل به جبر و فشار از موعظه و پذیرش پیام انجیل جلوگیری کند. در همین حال، کلیسا فرضی را که از زمان کنستانتین داشت کنار گذاشت، اینکه هرجا از ابزار لازم برخوردار بود (همچون در اسپانیا و ایتالیا) خواسته‌های دینی‌اش را بر مردم تحمیل کند و کار نجات جان‌ها را پیش ببرد. کلیسای کاتولیک رومی با پذیرش این مصوبه، رسماً از لحاظ اصولی هرگونه توسل به قدرت برای سرکوب ندای وجدان را کنار گذاشت. آنچه کلیسا در هفتم دسامبر اعلام کرد به معنی فاصله‌گرفتن از رسم هزاروپانصد ساله‌اش بود.

جشنی باشکوه در میدان سَن پیتر (حضرت پطرس) به تاریخ ۸ دسامبر ۱۹۶۵ پایان‌بخش کار شورا بود. شاید کلمهٔ «انقلابی» در وصف شورای دوم واتیکان بیش از حد قوی باشد. الاهیات سنتی کاتولیکی و ریاست پاپ بر کلیسا همچنان‌که بود باقی ماند. شانزده مصوبهٔ شورا، با چند استثنا، حاکی از مقداری سازش بین پیشگرایان و محافظه‌کاران بود.

موج توفندهٔ تغییر

با این‌همه، در این شورا چرخشی مهم از روحیهٔ خشماگین شورای ترنت و خصلت تدافعی شورای اول واتیکان دیده می‌شد. شورای دوم واتیکان کاری کرد که کلیسای کاتولیک روی خود را به‌سوی جهان گرداند، آن‌هم نه با خشم، که با دلواپسی.

---

۱. College Of Bishops را در اینجا اجباراً به مجموعهٔ اسقفان ترجمه کرده‌ام. از ترجمهٔ این کلمه به کالج و هیئت خودداری کردیم زیر ابداً رسا نیست. کلمهٔ کالج در اینجا مشتق از واژه‌ای لاتینی است به معنی مجموعه یا گروه؛ بنابراین، منظور مجموعهٔ اسقفانی است که هریک در عین اشتغال به وظایف اسقفی و شبانی مستقل خود، با پاپ نیز در پیوند و مشارکت هستند. (مترجم)

2. Collegiality

کار شورا به اندازهٔ کافی اساسی بود که بتواند موجی توفنده از تغییر در کلیسا به راه اندازد. دهۀ پس از پایان شورا پرتلاطم‌ترین زمان در تاریخ جدید کلیسا بود. بسیاری از نقاط عطف روحانی و مذهبی ناگهان کنار زده شد، به‌گونه‌ای که مسیحی کاتولیک عادی هاج‌وواج ماند.

نخستین موج توفانی آنگاه فرود آمد که کوتاه‌زمانی پس از شورا، آیین عبادی جدید کلیسا معرفی شد. مسیحی کاتولیک عادی که آموخته بود آیین قربانی مقدس را مراسمی رازآمیز و تغییرناپذیر بداند که مسیح خود مقرر کرده است، از نظر فکری و روحانی و عاطفی آمادگی این تغییر را نداشت. او می‌دید که میز قربانی مقدس را جلوتر آورده‌اند و کشیش رو به جماعت می‌ایستد، و به‌جای زمزمهٔ دعاها به لاتینی، آنها را به صدای بلند و به زبان روزمرهٔ مردم می‌خواند. بسیاری از مناسک قدیمی کنار گذاشته شد. در گذشته، عبادت‌کنندگان تمام حواس خود را به دعا و نیایش خود معطوف می‌کردند و چندان متوجهٔ حضور دیگران نبودند، اما اکنون از آنها خواسته می‌شد که یکدیگر را با «نشانهٔ صلح» درود گویند.

با این‌همه، بنیادی‌ترین موضوع بر مرجعیت کلیسا متمرکز بود. پیش از پاپ ژان و شورای دوم واتیکان، مسیحی کاتولیک تصور می‌کرد ساختار اقتدارگرایانهٔ کلیسا را خدا مکشوف کرده است. کاتولیک‌ها پاپ را حاکمی فراتر از انسان می‌دانستند که هر کلمه‌اش واجد اقتداری فراطبیعی است؛ اسقف نیز برای آنان چنین هیبتی داشت. در این شرایط، فقط معدودی از کاتولیک‌ها به شیوه‌های استبدادی ادارهٔ کلیسا که به چشم ناظران بیرونی، قرون وسطایی جلوه می‌کرد، اعتراض داشتند. کسی جرئت نداشت به اسقفی که حوزه‌اش را همچون تیول شخصی اداره می‌کرد یا به روش کشیش در ادارهٔ کلیسای خود اعتراض کند.

شورای دوم واتیکان برای پیشگرایان امیدوارکننده بود، اما دیری نپایید که دریافتند با همهٔ حرف‌های قشنگ شورا، در عمل تغییر چندانی حاصل نشده است. ساختار اساسی کلیسای رُم، همچنان به‌صورت هرمی ماند که در آن قدرت از پاپ، سَرِ خطاناپذیر کلیسا، آغاز و به مقامات پایین‌تر منتقل می‌شود. شورای دوم واتیکان خود را به آب و آتش زد تا اقتدار مطلق پاپ حفظ شود و برای اسقفان صرفاً نقش مشاور و رایزن قائل شد و بدین‌گونه دست پاپ را در پذیرش یا رد نظرهای مشورتی آنها در ادارهٔ کلیسا باز گذاشت.

در پرتو درک جدیدی که شورا از کلیسا ایجاد کرد، بسیاری از کاتولیک‌ها این ساختارهای اقتدارگرایانه را تحمل‌ناپذیر یافتند و تحرکاتی برای اصلاحات دموکراتیک آغاز کردند. آنها اقدام به مخالفت، تظاهرات، و تحصن در کلیسا نمودند و اعتراض خود را به رسانه‌ها کشاندند.

کلیسای رُم در سال ۱۹۶۸ دچار تنش شدیدی شد، و این زمانی بود که پاپ پُل نامهٔ پاپی خود را با عنوان *Humanae Vitae* [در باب زندگی انسان] منتشر و در آن استفاده از روش‌های مصنوعی جلوگیری از بارداری را محکوم کرد. به‌این‌ترتیب، او اعتبار خود را به خطر انداخت و تصمیمی خلاف نظر اکثریت قریب‌به‌اتفاق اعضای کمیسیون کنترل موالید خود گرفت. کل این موضوع یکی از جدی‌ترین بحران‌ها را برای اقتدار پاپ از زمان لوتر رقم زد.

به‌تدریج بدنه‌ای نیرومند از دیدگاهی اعتراضی شکل گرفت که از پاپ به دلیل عدم همکاری با اسقفان در صدور نامهٔ فوق انتقاد می‌کرد. سخنگوی برجستهٔ این دیدگاه، کاردینال

سوئِنِنس[1] اسقف اعظم مالین در بلژیک و یکی از طراحان شورای دوم واتیکان بود. کاردینال سوئِنِنس در سـخنرانی‌ها، کنفرانس‌های خبری، و نوشته‌هایش خواستار پایان‌یافتن ریاست قرون وسـطایی پاپ بر کلیسا می‌شد و هرگز از تکرار گفتهٔ خود دست نمی‌کشید: پاپ دیگر نباید طوری رفتار کند که انگار بیرون از کلیسا یا بالاتر از کلیساست.

ممنوعیت طلاق از نظر کلیسا کم‌وبیش به‌اندازهٔ بحران کنترال موالید بحرانی بود. طبق این قانون، ازدواجی که به‌درسـتی مطابق آیین مقدس کلیسا بین دو کاتولیک تعمیدیافته صورت گرفته باشد قابل انحلال نیست، حتی توسط خود پاپ. در مواردی که زن و شوهر نتوانند در صلح و صفا به زندگی با یکدیگر ادامه دهند، کلیسـا به آنها اجازهٔ متارکه می‌دهد، مشروط بر اینکـه تا زمان مرگ یکی از زوجین، از ازدواج مجدد خودداری کنند. با وجود گرفتاری‌های بزرگ این سیاسـت برای کسانی که درگیر ازدواج‌های ناموفق بودند، تا شورای دوم واتیکان فقط معدودی به آن اعتراض کردند.

اما همین‌که سـیمای جنبش‌ناپذیری و خطاناپذیری زیر فشـار رویدادهای بعد از شورا ترک برداشت، شـماری از کشیشان و الاهیدانان در درستی قانون سختگیرانهٔ طلاق و اعتبار آن از نظر کتاب‌مقدس تردید کردند. آنها از کلیسـا می‌خواستند که به موعظه دربارهٔ تقدّس ازدواج همچـون یکی از آیین‌های مقدس و اینکه تعهدی برای تمام عمر اسـت ادامه دهد، اما در برخورد با زوج‌های ناکام در زندگی زناشـویی، رویکرد شبانی نرمش‌پذیرتری داشته باشد.

بحران هویت

در میانهٔ تمام این تغییر و تحولات، کلیسـا با خروج انبوه کشیشـان، برادران روحانی، و راهبه‌ها روبه‌رو شـد. از سال ۱۹۶۲ تا ۱۹۷۴ شـمار کل دانشجویان الاهیات فقط در ایالات متحده تا ۳۱ درصد کاهش یافت، و بین ۱۹۶۶ و ۱۹۷۲ تقریباً هشـت هزار کشیش آمریکایی از خدمت عمومی خارج شدند.

به‌نظر می‌رسـید که ریشـهٔ این بحران، مسئلهٔ هویتی کشـیش بود. کشیش‌بودن واقعاً به چه معناست؟ تقدسـی که زمانی خدمت کشیشی را دربرمی‌گرفت در قیاس با توصیف‌های عهدجدید از خادم روحانی، عجیب می‌نمود. از این گذشـته، گرایش دموکراتیک در کلیسا موضوع تفوق ردهٔ کشیشـی را قرون وسـطایی جلوه می‌داد. عضویت در کلیسا در جامعهٔ سکولار که بیشتر نتیجهٔ تعهد شخصی فرد بود تا ولادت او در خانوادهٔ کاتولیک، موجب شد که دیگر لازم نباشد کشیش تمامِ بار مأموریت کلیسا را بر دوش بکشد.

از نظر کاردینال سـوئِنِنس جدال بر سر موضوع اقتدار در کلیسا به دو الاهیات متعارض بازمی‌گشت: یک نگرش، کلیسا را بالاتر از هر چیز، مشارکتی از جماعت‌های روحانی می‌داند که با به‌رسمیت‌شناختن تقدم پاپ، اتحادشان در ضروریات با یکدیگر حفظ می‌شود. نگرش

1. Cardinal Suenens

دیگر، یعنی الاهیات سنتی، کلیسا را نوعی اَبَرکشور قرون‌وسطایی می‌انگارد که تحت ریاست مطلق یک نفر اداره می‌شود و هدف آن تحمیل اراده‌اش بر اعضای کلیسا و جامعه است.

کاردینال سوئِنِنس امید برای آیندهٔ کلیسا را در نهضت جدیدی یافت که بر بُعد شخصی زندگی مسیحی تأکید داشت، یعنی نهضت بیداری کاریزماتیک در مسیحیان کاتولیک.[1] رهبران این نهضت آغاز آن را از بهار ۱۹۶۶ می‌دانستند و این زمانی بود که دو نفر از اعضای عادی هیئت علمی دانشگاه دیوکین[2] در شهر پیتسبورگِ ایالت پنسیلوانیا دریافتند که از قدرت مسیحیان اولیه برای اعلام انجیل برخوردار نیستند. آنها وقت خود را به دعا دادند و دلنگرانی خود را با سایر اعضای هیئت علمی در میان گذاشتند. سپس، در اوت ۱۹۶۶ دو مرد جوانِ حاضر در همایش ملی کرّسیلو[3] (جنبش احیای کاتولیکی که در اواخر دههٔ ۱۹۴۰ در اروپا پدید آمد) کتابی به این حلقه معرفی کردند که توجه آنها را سخت برانگیخت. این کتاب نوشتهٔ کشیشِ پروتستان، دیوید ویلکرسون[4] بود و *نوجوانان چه می‌جویند؟*[5] نام داشت. چندین نفر از اعضای هیئت علمی دیوکین پس از ملاقات شخصی با پروتستان‌های کاریزماتیک منطقه در پیتسبورگ، تعمید پنتیکاستی را با نشانهٔ سخن‌گفتن به زبان‌ها دریافت کردند. در اواسط فوریهٔ ۱۹۶۷ در آنچه تاریخنگارانِ این جنبش «آخر هفتهٔ دیوکین» می‌خوانند، گروهی از دانشجویان و عدهٔ بیشتری از اعضای هیئت علمی از تجربهٔ پنتیکاستی برخوردار شده بودند.

اخبار تجربیات پیتسبورگ طولی نکشید به دانشگاه نوتردام[6] در ایالت ایندیانا رسید. در جلسات خانگی دعا که مورد تشویق و حمایت اعضای مشارکت تجارت‌پیشگان پروتستان موسوم به انجیل کامل[7] بود، شماری از کاتولیک‌ها تعمید روح‌القدس را دریافت کردند. کوتاه‌زمانی پس از عید قیام «نخستین کنفرانس ملی پنتیکاستی کاتولیکی» در محل دانشگاه نوتردام برگزار شد. حدود یکصد دانشجو، کشیش، و اعضای هیئت علمی، که عموماً از نوتردام و ایالت میشیگان بودند، در این کنفرانس حضور داشتند. این همایش بسیار مورد توجه عموم قرار گرفت و به رویدادی سالانه تبدیل شد. رشد نهضت بسیار چشمگیر بود. صد نفری که در ۱۹۶۷ به این کنفرانس آمده بودند به ۱۱۵۰۰ نفر (از جمله ۷ اسقف و ۴۰۰ کشیش) در ششمین کنفرانس (ژوئن ۱۹۷۲) تبدیل شدند. در این زمان، نهضت پنتیکاستی کاتولیکی به جنبش بین‌المللی پرتوانی موسوم به نهضت بیداری کاریزماتیکی در مسیحیان کاتولیک تبدیل شده بود.

---

1. The Catholic Charismatic Renewal; 2. Duquesne

۳. The National Cursillo Convention کرّسیلو را به تبعیت از متن انگلیسی ترجمه نکردیم، اما معنی این واژه دوره‌های کوتاه‌مدت آموزشی است. (مترجم)

4. David Wilkerson

۵. نام اصلی این کتاب «صلیب و چاقوی ضامن‌دار» است که چند دههٔ پیش توسط شادروان کشیش طاطه‌ووس میکائلیان به فارسی ترجمه و منتشر شد. بنا به دلایلی صلاح دیده شده بود که نام کتاب به «نوجوانان چه می‌جویند؟» تغییر یابد. فیلمی هم از این کتاب تهیه شد که بسیار مورد استقبال بینندگان قرار گرفت. (مترجم)

6. Notre Dame

۷. عنوان این مشارکت کمی در ترجمه تقطیع شد تا برای خوانندهٔ فارسی‌زبان گویا باشد. عنوان انگلیسی آن عبارتست از:
The Protestant Full Gospel Business Men'S Fellowship

در پایان دههٔ ۱۹۷۰، کلیسای کاتولیک رومی از بسیاری جهات، کمی از دیوارهای امن قلعهٔ قرون وسطایی‌اش فاصله گرفته بود. این کلیسا نیز همانند «برادران جداشده‌اش»، گذشتن از عصر ایدئولوژی‌ها را سفری مخاطره‌آمیز و اغلب نامطمئن یافت.

پیشنهادهایی برای مطالعهٔ بیشتر

Abbott, Walter M., ed. *The Documents of Vatican II*. New York: Guild Press, 1966.
Berkouwer, G. C. *The Second Vatican Council and the New Catholicism*. Grand Rapids: Eerdmans, 1965.
Dolan, John P. *Catholicism: An Historical Survey*. Woodburry, NY: Baron's Educational Series, 1968.
Gillis, Chester. *Roman Catholicism*. New York: Columbia University Press, 1999.
McCarthy, Timothy. *The Catholic Tradition: Before and After Vatican II, 1878-1993*. Chicago: Loyola University Press, 1994.
Ranaghan, Kevin and Dorothy. *Catholic Pentecostals*. New York: Paulist Press Deus Books, 1969.

عصر گسترش و جابه‌جایی جهانی

۱۹۰۰-

عدهٔ کسانی که در یکصد سال گذشته مسیحی شده‌اند از هر زمان دیگری بیشتر بوده است. هرگاه بر نقش بشارت در پذیرش ایمان مسیحی تمرکز کنیم، می‌توان استدلال کرد که آنچه در یکصد ساله گذشته اتفاق افتاده، در تاریخ کلیسا سابقه نداشته است. فعالیت گستردهٔ میسیونری در اواخر دههٔ ۱۸۰۰ و اوایل دههٔ ۱۹۰۰ در این رشد انفجاری که عمدتاً در جنوب خط استوا رخ داده، مؤثر بوده است. با این‌همه، چنین می‌نماید که این رشد جدید خصلت متمایز و ابتکار عمل خاص خود را دارد که روح‌القدس به آن بخشیده است. طنز قضیه این است که پایگاه‌های سابق میسیون در اروپا و آمریکای شمالی دچار رکود و زوالند. اگر مراکز جدید مسیحیت در جهان جنوب و ماورای آن بتوانند به ایمان مسیحی خود وفادار بمانند و به این کار بی‌سابقهٔ روح‌القدس شهادت دهند، در حافظهٔ تاریخ ثبت خواهد شد. همچنین زمان نشان خواهد داد که آیا نشانه‌های انگیزش «روحانی» موجب احیای شهادت مسیحی وفادارانه‌ای در غرب خواهد شد یا نه. بدون انگیزش روح‌القدس، با گذشت زمان، برچسب «پسامسیحی» برای غرب با مسمیٰ‌تر خواهد شد.

عصر گسترش و جابه‌جایی جهانی

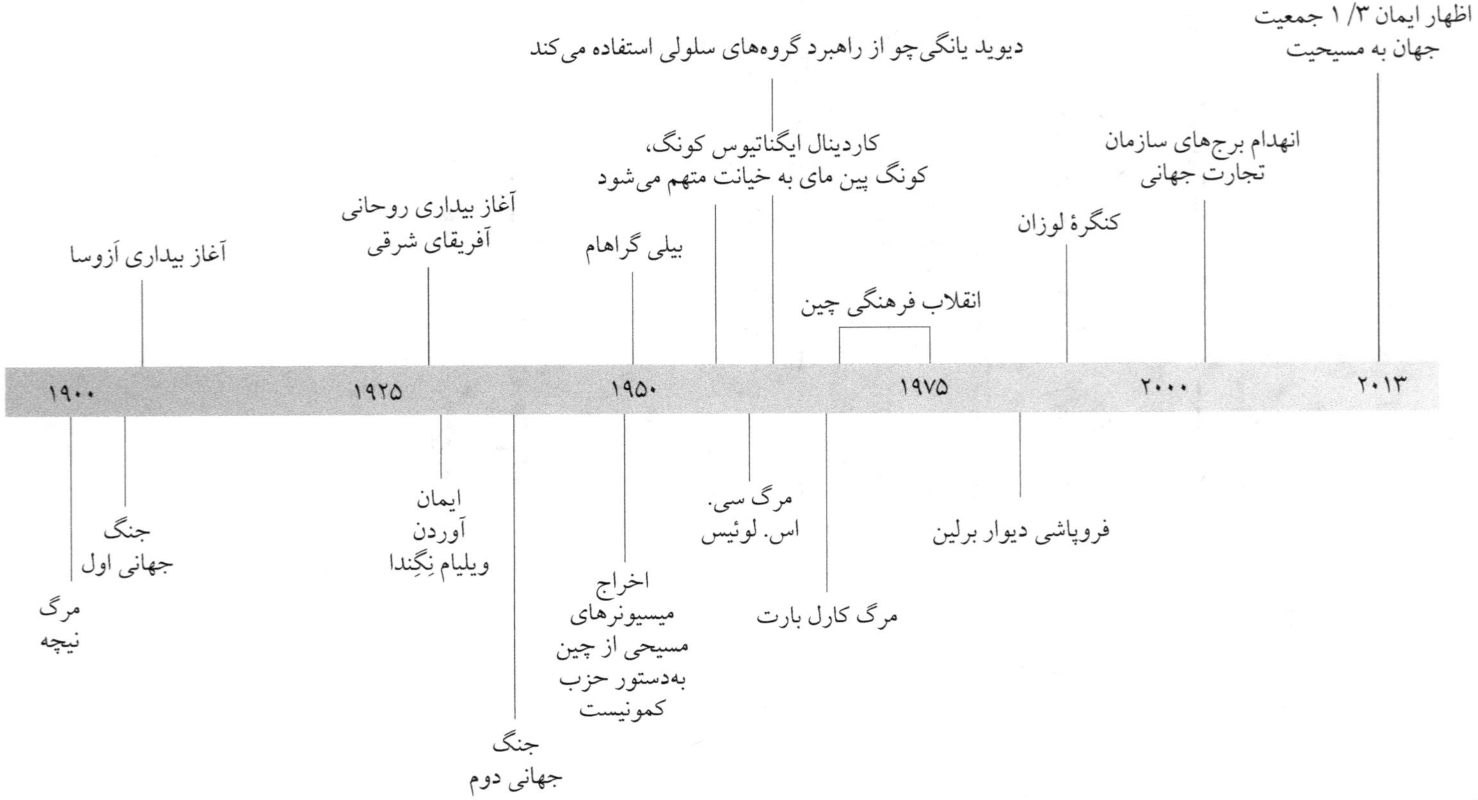

فصل چهل‌وششم

مسیحیت در غرب

افول و بازسازی

وضعیت دین در غرب بسیار مبهم است و نظرهای بسیاری در این باره وجود دارد. برخی بر این باورند که روزگار تأثیر مسیحیت بر فرهنگ به سر آمده است. بسیاری نیز غرب را «پسا-مسیحی» می‌خوانند. در همین حال، عده‌ای هم ظاهراً عقیده دارند که کلیسای اِوانجلیکال پیروز شده است، به این معنا که امروزه مردم «مسیحیت» را همان دیدگاه‌های اِوانجلیکال به تفکیک از الاهیات لیبرالی می‌دانند. عده‌ای نیز که از کاهش تعداد مسیحیان اطلاع کامل دارند، احساس می‌کنند که آمریکای شمالی بزودی شاهد کار عظیم دیگری از روح‌القدس خواهد بود. اگر فضای کتاب مکاشفه را ملاک قرار دهیم، بسیاری در کلیسا هنوز به‌درستی نمی‌دانند در اسرائیل جدید هستند یا در بابل قدیمی! هر دو جهت را باید بررسی کرد. بااین‌همه، نخست باید با برخی از ویژگی‌های قرن بیستم و ماجراهای آن آشنا شویم.

در آغاز قرن بیستم، مسیحیان محافظه‌کار با مسیحیان نوظهورِ پیشگرا یا به‌عبارتی لیبرال که به‌نظر می‌رسید کم‌کم بر فرهنگ تسلط می‌یافتند، در کشمکش بودند. لیبرال‌ها مفهومی از پیشرفت اخلاقی و روحانی را دستمایه قرار داده بودند که شکوفایی تمدن غرب را انتظار می‌کشید. این لیبرال‌ها مدعی بودند که آرمان و چشم‌انداز اخلاقی عیسی را دریافته‌اند بی‌آنکه آموزه و آیین عبادیِ کژنمای مسیحیان سنتی آنها را به کج‌راهه بیندازد. سایر لیبرال‌ها با

بلندنظری اذعان می‌داشتند که هر انسانی از استعداد دینی خالص و اصیل برخوردار است. آنها چنین استدلال می‌کردند که تجربهٔ دینی باطنی در بودایی و باپتیست در اصل یکی است هرچند ممکن است نمود بیرونی آن متفاوت باشد. این دیدگاه‌های پیشگرا به‌نظر می‌رسید بخش وسیعی از فرهنگ شمال و غرب اروپا و آمریکای شمالی را فراگرفته باشد. بسیاری از مؤسسات آموزشی در غرب، همچون دانشگاه‌ها، دارای چنین گرایش‌هایی بودند یا بر اثر گرایش به ماتریالیسم (اصالت ماده) موجودات روحانی را انکار می‌کردند. محافظه‌کاران با شور و شوق برای بیداری روحانی و زورآزمایی عقلی، به این چالش پاسخ گفتند. نهضت بنیادگرایی مسیحی به بهترین شکل ممکن در برابر تعلیمات لیبرال‌ها ایستاد (هرچند جالب است که در خصوص اکثر مفاهیم محوری مدرنیته با آنها اشتراک نظر داشت.)

چنین می‌نماید که مؤثرترین پاسخ در موعظه نهفته بود. برخی تخمین زده‌اند که یک میلیون نفر به دعوت بشارتی بیلی ساندِی[1] پاسخ گفتند. تأثیرگذارترین مبشر، بیلی گراهام، پیام انجیل را به گوش بسیاری از جهانیان رساند. نیرومندترین دفاعیه‌پرداز این قرن نیز، سی. اس. لوئیس[2] کلاس درس و دانشگاه را واگذاشت تا شرحی از آموزه‌های سنتی مسیحی ارائه کند. تأثیرگذارترین الاهیدان قرن بیستم نیز کارل بارت[3] بود. با آنکه بارت اِوانجلیکال محافظه‌کار نبود، به هدف و آرمان آنها کمکی شایان کرد، زیرا با توجه به اعمال وحشیانهٔ برخاسته از مذهبی بشری که دو جنگ جهانی شاهد آن بودند، کلیسا و دانشگاه را به‌گونه‌ای مؤثر به مکاشفهٔ الاهی بازخواند.

در روزگار سی. اس. لوئیس و بیلی گراهام چشم‌انداز جهان تغییر کرده بود. دو جنگ جهانی شرارتی مهلک را به نمایش گذاشت که ضربهٔ سختی به خوش‌بینیِ پیشگرایان وارد ساخت. برای مدتی، به‌نظر می‌رسید مسیحیان اِوانجلیکال مچ رقیبان لیبرال خود را با نوعی احساس اطمینان از اینکه پیام محافظه‌کاران پیروز شده است، خوابانده‌اند. پس از وقوع دو جنگ جهانی، آشکار شد که اِوانجلیکال‌ها در برابر دشمنان دیگری قرار گرفته‌اند که تأثیر زیادی در تضعیف یا افول ایمان زندهٔ مسیحی دارند. نظریه‌پردازان عوامل متعددی را سبب‌ساز این احساس افول و زوال می‌دانند. برخی می‌گویند که اشتغال بی‌پایان و افراطی به امتیازات شخصی و کامرانی موجب تنزل اهمیت جامعه و ارزش‌های اخلاقی در نظر افراد شده و توانگری و مال‌اندوزی به هدف دائمی آنها تبدیل شده است. بسیاری دریافته‌اند که «دارا» و «ندار» هر دو مبتلای این تلاش بی‌پایان برای افزودن بر داشته‌های خود هستند، یعنی بی‌فضیلتیِ موسوم به «مصرف‌گرایی». کلیساها، منهای چند استثنا، مُهر تأیید بر این تکاپوی اقتصادی زده‌اند و تعلیم عیسی را دربارهٔ مال و اموال نادیده می‌گیرند.

فناوری (تکنولوژی) چنان نقشی در زندگی روزمرهٔ غربیان یافته که تا همین چند سال پیش تصور آن ممکن نبود؛ قرن بیستم شاهد ظهور تلویزیون و دسترسی به شبکهٔ حیرت‌آور اطلاعات از طریق رایانه بود. آیفون در سال ۲۰۰۷ به بازار آمد و اکنون به جمع وسایل ضروری بیشتر دانشجویان پیوسته است. گوشی‌های هوشمند امکان دسترسی شخصی،

---

1. Billy Sunday; 2. C. S. Lewis; 3. Karl Barth

خصوصی و قابل‌حمل افراد را به ســرگرمی و اطلاعات فراهم کرده و موجب اطلاع فوری آنها از دیدگاه‌های سایر کاربران سایت‌های اجتماعی و تعامل با آنها شده است.

فناوری بخشی از گرایش به جهانی‌شدن است که کسب‌وکار را تغییر می‌دهد و فرهنگی مشــترک، خاصه برای جوانان، پدید می‌آورد. مقصد بعدی فنــاوری، نامعلوم و پیامدهایش نیز در هاله‌ای از راز پوشیده اســت. برخی در آن به چشم دموکراتیزه‌شدن دانش می‌نگرند: زیرا اطلاعات را در دســترس شماری افزون‌تر از انسان‌ها قرار می‌دهد، همچنان‌که با اختراع دســتگاه چاپ این اتفاق افتــاد. برخی دیگر نیز بر پایهٔ شــواهد می‌گویند که فناوری جدیدِ ارتباطی موجب کاهش توان تمرکز افراد و خلاقیت آنها می‌شــود. این فناوری با ظرفیتی که برای نیک و بد دارد، ممکن اســت موجب تشدید و تقویت فرهنگ خودمحوری ما شود که کمی پیش به آن اشاره کردیم. برخی دیگر نیز تمام تقصیرها را به پای کلیسا می‌نویسند، زیرا اغلب به‌نظر می‌رســد کلیسا به‌جای اینکه عامل تغییر محیط خود باشد فقط بازتاب آن است. سکولاریسم یکی از بی‌شمار نام‌ها و توصیف‌های این ایمانِ رو به افول است.

جداانگاری دین و دنیا (سکولاریزاسیون)

تعبیــر امروزی از جداانگاری دین و دنیا تاریخی پیچیده دارد. از ارکان محوری این تعبیر امروزی این است که به‌روشــنی می‌توان مرزی میان آنچه دینی است و آنچه غیردینی است ترسیم کرد. ممکن است در نظر خوانندگانی که به این دیدگاه خو گرفته‌اند عجیب بنماید، اما زمانی چنین می‌اندیشــیدند که رسیدن به معرفت خدا، کنکاشی است که سراسر عمر انسان را به خود مشغول می‌دارد و نیازمند بهره‌گیری از تمام زمینه‌های دانش است. لازمهٔ شناخت خدا داشــتن سبکی خاص برای زندگی، رعایت آدابی مقدس، و قرار گرفتن در جامعه‌ای نو بود. امروزه شناخت خدا کنکاشی عقلی یا دانشگاهی انگاشته می‌شود که لازمه‌اش نه تبدیل زندگی انســان اســت نه حتی داشــتن ایمان به خدا! برخی حتی ممکن است ادعا کنند که تعهدات دینی صلاحیت تعقل دربارهٔ موضوع خدا را از فرد ســلب می‌کنند یا آن را ناممکن می‌ســازند. صاحب‌نظران چندین جنبش را مســئول رواج این طرزفکر می‌دانند. برخی از متهمان ردیف اول عبارتند از: فلســفهٔ مدرســی در قرون وسطیٰ یا زوال آن (که خدا را فقط یکی از علل مؤثر متعدد می‌دانست)، فلســفهٔ مدرسی پروتستان (که بر تفصیلات خشک و بی‌روح عقلی تکیه داشت)، و ظهور دولت‌های ملی (که برخوردی محدودکننده با ایدهٔ خدا و ســاحت خدمت به او داشتند). اما شــاید هریک از اینها را بتوان مسئول شرایط پیش‌آمدهٔ امروز دانســت که موجب شده دین را دانشی مجزا در ردیف زیست‌شناسی یا فیزیک بدانیم که به قلمرو شخصی یا خصوصی مجزایی تعلق دارد.

در دنیای امروز، سکولاریســم یا جداانگاری دین و دنیا به جنبش‌هایی اشاره دارد که در پی برچیدن بســاط دین یا محدودکردن نفوذ آن هســتند. رابطه‌ای معکوس بین امر دینی و دنیوی برقرار شده است به‌گونه‌ای که با جان‌گرفتن دین، سکولاریسم رو به ضعف می‌گذارد

و برعکس. در این فضا، منتقدانی که ذهنیت سکولار دارند سناریویی مطرح می‌کنند که ریشه در اندیشهٔ روشنگری دارد و طبق آن، هرچه بیشتر بتوان برای پدیده‌های جهان توضیحات طبیعی یافت، مردم در نهایت متوجه خواهند شد که نیازی به مقولهٔ فراطبیعی ندارند. کسانی که سر ستیز با دین دارند، ایمان را نه فقط غیرضروری، که شرارت‌آمیز می‌دانند. این صداهای خشمناک ادعا می‌کنند که دین ریشهٔ اکثر بلاهایی است که بر سر جهان آمده. البته، کلیسا با بی‌خدایانِ هوشمندتری روبه‌رو شده است، اما بی‌خدایان و سکولارهای امروزی کار دشمنی را به‌جایی رسانده‌اند که خواستار محو دین و حتی مسیحیت از عرصهٔ عمومی هستند. بنابراین، چندان گزافه نیست اگر فرهنگ غرب به «مسیحیت‌هراسی» توصیف شود.

بی‌خدایان هوشمندتر

دیوید بِنتلی هارت[1] در کتاب خود به نام «توهمات بی‌خدایان: انقلاب مسیحی و دشمنان آراسته‌اش» این نکته را بیان می‌کند که منتقدانِ سرسخت متأخر تعبیر نادرستی از گذشته دارند. آنها کم‌وبیش تمام شروری را که دامنگیر انسان شده ناشی از دین و به‌طور خاص از مسیحیت می‌دانند. نیچه[2] (۱۸۴۴-۱۹۰۰) فاضل‌تر و فرهیخته‌تر بود. دیوانگیِ «مرد دیوانه‌ای» که نیچه از او سخن می‌گفت به این نبود که وجود خدا را انکار می‌کرد. نیچه بر این باور بود که اکثر فرهیختگان اعتقاد به خدا را کنار گذاشته‌اند و فرهنگ از این‌رو به داوری «منکر خدا» برمی‌خاست که نمی‌توانست با نتیجهٔ انکار خدا کنار بیاید.

نیچه می‌دانست که کل چشم‌انداز اخلاقی تمدن غرب در مفهومی خاص از خدا ریشه داشت و اصول اخلاقی غرب می‌بایست تن به یک پوست‌اندازی اساسی بدهد. از آنجا که نیچه به تاریخ غرب آگاه بود، نتیجه‌گیری او درست برعکس منتقدان امروز است. اعتقاد به خدا را نمی‌توان صرفاً مشکلی دانست که گریبانگیر نگرش کلان غرب به اصول اخلاقی است. خدا اساس و بنیادی است که بی آن، ارزش‌های غربی بر پا نمی‌مانند.

آلیستر مک‌گراث[3] این جار و جنجال‌های خصمانه را نتیجهٔ هراس می‌داند، زیرا مسیحیت در حال رشد است و شماری بی‌سابقه از دانشمندان مطرح جهان به وجود خدا اذعان می‌کنند. این واقعیت‌ها در تقابل با این اسطورهٔ متداول سکولار قرار دارد که تحصیلات موجب می‌شود مردم خدا را کنار بگذارند.

شاید بی‌اعتنایی نسبت به مسیحیت به‌اندازهٔ دشمنی با ایمان نگران‌کننده باشد. به‌نظر می‌رسد بخش گسترده‌ای از فرهنگ غرب متوجهٔ این موضوع نیست یا اهمیتی به آن نمی‌دهد. زبان کتاب‌مقدس که زمانی گفتار تمام شهروندان فرهیخته را شکل می‌داد، به‌نظر می‌رسد از زندگی روزمرهٔ مردم غرب رخت بر بسته. مطالعات فراوانی نشان می‌دهد که مسیحیان کمتر

1. David Bentley Hart; 2. Nietzsche; 3. Alister McGrath

از گذشــته با تعلیمات کلیدی مسیحی آشــنایی و به آنها تعهد دارند. شگفت آنکه، مدافعان آموزه‌ها و تعلیمات مســیحیت نیز به توضیحات غیردینی متوســل می‌شوند، و از مسیحیت برای شــکلی از درمان که بر پایهٔ خودیاری با حمایت خداســت اســتفاده می‌کنند! یکی از نمودهای بارز جداانگاری دین و دنیا کاهش حضور و عضویت در کلیساست. در اروپا میزان حضور افراد در کلیسا به زیر ۱۰ درصد و در برخی مناطق به زیر ۵ درصد رسیده است. آنچه این افول را چشمگیرتر می‌سازد این است که گردانندگان و اعضای بزرگترین کلیساها در اکثر پایتخت‌های اروپا مهاجرانی هستند که از جهان جنوب به این کشورها آمده‌اند.

تعویض جایگاه میان مسیحیان و کلیساهای غرب

ظهور سکولاریسم سبب‌ساز تغییراتی چشمگیر در کلیسای غرب بود. در میان کلیساهای جریان اصلی پروتستان – یعنی کلیساهای اسقفی، متدیست، پرزبیتری، کلیسای متحد مسیح، جماعت‌های عمدهٔ کلیسای لوتری، و «کلیسای مسیحی» (شاگردان مسیح) – این تأثیر عمدتاً منفی بود. این کلیساها نماد نظام مستقر، لیکن فاقد موضوعیت قدیم شمرده می‌شد. در نتیجه، کلیساهای متعلق به جریان اصلی پروتستان از میانهٔ دههٔ ۱۹۶۰ به این‌سو شاهد کاهش اعضا و درآمد خود بودند؛ بدین‌گونه، این کلیساها از جریان اصلی به جریان فرعی تبدیل می‌شدند.

در مقابل، پروتســتان‌های محافظه‌کار مانند اِوانجلیکال‌هــا، بنیادگرایان، کاریزماتیک‌ها، و گروه‌های کلیســایِ پنتیکاستی عموماً در حال شــکوفایی بودند. اگر بخواهیم به نمونه‌ای چشمگیر در این دوره اشاره کنیم، شمار مســیحیان پنتیکاستی جماعت ربانی از نیم میلیون نفر به چهار میلیون نفر رســید. در ۱۹۹۰، کلیســای کاتولیک رومی در ایالات متحده نیز با رشــد روبه‌رو بود، به‌طوری که اعضــای آن به پنجاه‌وپنج میلیون نفــر افزایش یافت. البته، بخش گســترده‌ای از این رشد مرهون رشــد انفجاری جمعیت لاتین‌تباران آمریکا بود. بیش از یک‌ســوم اعضای کلیســای کاتولیک رومیِ آمریکا را اســپانیایی‌تباران تشکیل می‌دادند. کلیســاهای محافظه‌کار رشــد ثابت و فزایندهٔ اعضای خود را مرهون وفاداریشــان به ایمان خود و کتاب‌مقدس می‌دانســتند؛ برخی دیگر نیز پاسخ‌های محکم کلیساهای محافظه‌کار و سازماندهی کارآمدشان را از عوامل این رشد محسوب می‌کردند.

پاسخ‌های مسیحیان اِوانجلیکال: نجات، بازسازی، و خدمت مرتبط

در مجموع، پاسخ کلیساهای محافظه‌کار به رخنهٔ سکولاریسم بر سه گونه بود: یک پاسخ ریشه در نظرپردازی دربارهٔ وقایعی داشت که آخر زمان یا لااقل آغاز آن را رقم می‌زد. در این تعابیر که عمومیت داشت، چنین انگاشته می‌شد که دنیای معاصر به‌طور فزاینده رو به هلاکت می‌رود و جایگاه چندانی در نقشــهٔ خدا برای کلیسا ندارد. مسیحیان محافظه‌کار بر این باور بودند که به‌سبب شــرارت فزاینده و تزلزل اخلاقی جهان، به‌زودی کلیسا از جهان برگرفته،

یا به تعبیری «ربوده»، خواهد شد. هال لیندسی[1] مجموعه کتاب‌های بسیار پرفروشی نوشت از جمله «مرحوم مغفور سیارهٔ بزرگ زمین» و «شیطان، سالم و سرحال در سیارهٔ زمین». این کتاب‌ها امید به بازگشت قریب‌الوقوع عیسی را شدت بخشید، و با تقویت این انتظار و آگاهی، تلاش برای نجات جهان سقوط‌کرده بیهوده می‌نمود.

خدمت و مأموریت میسیونری کلیسا هر دو باید معطوف آماده‌کردن جان‌ها پیش از رخداد آخرزمان شود. حتی برخی از منتقدان مسیحی بر این نظر بودند که در این تب‌وتاب اِوانجلیکال‌ها سایه‌هایی از عقاید گنوستیکی وجود داشت، از این نظر که جهانِ آفریدهٔ خدا و قصد او را برای نجات‌بخشیدن آن کم‌بها می‌شمرد؛ حال‌آنکه تن و روح هر دو باید نجات یابند. پس از چند دهه که بازگشت مسیح در تاریخ‌های پیش‌بینی‌شده تحقق نیافت، این جنبش از تب‌وتاب افتاد، هرچند انتشار هر خبری از اتفاقات خاورمیانه یا اتحادیهٔ اروپا می‌توانست این طرزفکر را زنده کند و انگیزه‌ای برای نوشته‌شدن کتاب دیگری با اطلاعات به‌روز شده باشد. اونجلیکال‌ها از این رویکرد به آینده دست برنداشتند، بلکه عموماً به این نتیجه رسیدند که اِشکال در روش آنها بوده. شاید به‌نحوی متناقض، برخی از شخصیت‌های دخیل در این رویکرد در رویکرد بعدی شرکت جستند که مدعیات مسیحیت را دربارهٔ جهان و کشور به پرسش می‌گرفت. این رویکردها در عمل به هم می‌آمیزند.

رویکرد بعدی عبارت بود از درآویختن با نیروهای سکولار در عرصه‌های سیاسی و فرهنگی. جِری فالوِل[2] کشیش کلیسای باپتیست توماس رُد[3] در شهر لینچبِرگ ایالت ویرجینیا بود، اما پس از تأسیس گروه اقدام سیاسی موسوم به «اکثریت اخلاقی» در سال ۱۹۷۹، به نخستین سخنگوی برجستهٔ به‌اصطلاح «جناح راست مذهبی» تبدیل شد. این عنوان برای ائتلافی از مسیحیان بنیادگرا، پنتیکاستی، اِوانجلیکال، و کاتولیک به‌کار می‌رفت که آنچه به فعالیت آنها انگیزه می‌بخشید دلنگرانی از تنزل اخلاق در آمریکا بود. آنها در عرصهٔ سیاست بسیار فعال شده بودند. هستهٔ این جنبش را ائتلافی سست از گروه‌هایی تشکیل می‌داد که «اکثریت اخلاقی» هدایتشان را بر عهده داشت. گروه موسوم به «صدای مسیحی» به رهبری رابرت گَرَنت[4] «زنانِ دلنگران برای آمریکا» به رهبری بِورلی لائی[5] و «شورای آزادی» که مؤسس آن پَت رابرتسن[6] مبشر تلویزیونی و نامزد ناکام جمهوری‌خواهان در انتخابات ریاست جمهوری ۱۹۸۸ بود، حول برنامه‌ای برای دفاع از ارزش‌های اخلاقی سنتی و هدف‌های سیاسی محافظه‌کارانه شکل گرفتند.

آنچه به فعالیت‌های جناح راست مذهبی انگیزه می‌داد تصور آنها بود دایر بر اینکه ایالات متحده زیر نفوذ انسان‌گرایی سکولار قرار گرفته و رسانه‌ها و مدارس دولتی به ارزش‌های سنتی خانوادگی می‌تازند. به‌نظر می‌رسید که چند موضوع حاد در سطح ملی آتش این واکنش محافظه‌کارانهٔ نو را برافروخت. یکی، تصمیم دیوان عالی آمریکا بود در سال ۱۹۷۳ که در خصوص پروندهٔ موسوم به «رو در برابر وید»[7] حق جِین رو[8] را که زنی جوان اهل تگزاس بود

1. Hal Lindsey; 2. Jerry Falwell; 3. Thomas Road Baptist; 4. Robert Grant, The Christian Voice; 5. Beverly LaHaye, Concerned Women For America; 6. Pat Robertson, The Freedom Council; 7. Roe V. Wade; 8. Jane Roe

برای خاتمه‌دادن به بارداری خود از طریق سقط جنین به‌رسمیت شمرد. بسیاری از مسیحیان کاتولیک و پروتستان که باور داشتند زندگی انسان از بدو تشکیل نطفه آغاز می‌شود، از تصمیم دادگاه یکّه خوردند و به وحشت افتادند. مورد دوم این بود که در سال ۱۹۷۸ گسترش حمایت از حقوق همجنس‌گرایان در کالیفرنیا به رأی گذاشته شد. هنگامی که گروهی از کشیشان محافظه‌کار ائتلافی برای شکست این اقدام تشکیل دادند، سازمان خدمات درآمد داخلی آمریکا هشدار داد که فعالیت سیاسی اعضای این ائتلاف، معافیت کلیساهایشان را از پرداخت مالیات به خطر می‌اندازد. کشیشان همین را دلیل کافی برای تشکیل «صدای مسیحی» دانستند. آنها نمی‌خواستند دست از مبارزه بردارند. سرانجام نیز نوبت به مبارزه بر سر متمم حقوق برابر رسید، جنبشی که خواهان حمایت قانون از زنان به پشتوانهٔ این متمم در قانون اساسی بود. جری فالول نیز همانند بسیاری از مسیحیان محافظه‌کار با متن این قانون که مورد تأیید کنگره قرار گرفته بود مخالفت کرد. او بر این باور بود که متمم فوق به ازدواج همجنس‌گرایان و فرزندپذیری آنها مشروعیت می‌بخشد و به زنان اجازه می‌دهد وارد خدمت نظام شوند. به‌این‌ترتیب، مبارزهٔ فالول در ویرجینیا علیه تصویب این متمم، موفقیت‌آمیز بود.

این سه موضوع – سقط جنین، حقوق همجنس‌گرایان، و فمینیسم – مسیحیان محافظه‌کار را وارد عرصهٔ مبارزات سیاسی کرد، و دیری نپایید که دامنهٔ این مبارزات به موضوعات اخلاقی و سیاسی دیگر نیز کشیده شد. جناح راست مذهبی برای تحقق اهدافش سخت به خدمات مسیحی مبشران تلویزیونی اتکا داشت. برنامهٔ «زمانی برای انجیل کهن» و «شبکه پخش برنامه‌های مسیحی» (به‌اختصار CBN) و «انجمن ۷۰۰» ده‌ها برنامهٔ تلویزیونی و رادیویی مسیحی را در حمایت از خط‌مشی اخلاقی و سیاسی مسیحیان محافظه‌کار به روی آنتن فرستاد. در رادیو، دکتر جیمز دابسون[1]، روان‌شناس کودک که مجری شده بود، برنامهٔ مسیحی رادیویی خود را که «تمرکز بر خانواده» نام داشت توسعه داد و به صدایی نیرومند در حمایت از ارزش‌های سنتی خانوادگی تبدیل کرد. شاید مهمترین تأثیر این گروه‌ها از لحاظ سیاسی این بود که توانستند مسیحیان بنیادگرا و پنتیکاستی یعنی جزئی از جمعیت آمریکا را که در گذشته فعالیت سیاسی نداشتند، آموزش دهند و به تحرک وادارند.

رویکرد سوم شامل درپیش‌گرفتن مسیر یا راهبردی جدید است. بسیاری از مسیحیان اِوانجلیکال سعی داشتند به‌جای رویارویی مستقیم، با توجه به مقتضیات فرهنگ جدید با آن روبه‌رو شوند. این شخصیت‌های کلیسایی دریافتند دوره‌ای که در آن مشغول خدمت مسیحی‌اند دورهٔ خودابرازیِ فرد است. این بود که اقدام به تأسیس کلیساهای به‌اصطلاح کاربرپسند[2] کردند که دین را تقریباً به‌طور کامل مبتنی بر انتخاب شخصی می‌کرد. اشتیاق به بشارت، آنها را به تحلیل تقاضا برانگیخت تا بتوانند تجربه‌ای به متقاضیان عرضه کنند که دلپسند آنها باشد. برخی برنامه‌ای مناسب حال جویندهٔ دینی طرح کردند. بسیاری از کلیساها رویکردی عملی مبتنی بر خودیاری در پیش گرفتند؛ شکلی خاص از تمثیل به‌کار گرفته شد تا فنونی از کتاب‌مقدس استخراج شود، که ناگهان به راهنمایی برای کامیابی در زندگی تبدیل شد.

---

1. Dr. James Dobson; 2. User-friendly

پدیدهٔ کلان‌کلیسا[1] نمونه‌ای از سومین رویکرد به خدمتِ مرتبط است. همگام با افول فرقه‌گرایی در زندگی عمومی آمریکا و تبدیل فزایندهٔ دین به امری خصوصی، استقبال عمومی در آمریکا از کلیساهای بزرگ، یا به‌گفتهٔ خالی از لطافت برخی «مارکت مذهبی»، بیشتر شد. رشد کلیساهای بزرگ لااقل بخشی به این سبب بود که تصویر منفی مسیحیت فرقه‌گرا را کنار گذاشتند و ذائقه‌ها و سلیقه‌های مردم را در امور دینی ملاک قرار دادند. همانند نسلِ هفتادوشش میلیونی پس از جنگ جهانی دوم، کلان‌کلیساها خوش داشتند خود را مستقل و بسیار فردی‌شده[2] بدانند.

با حضور هزاران نفر در این کلیساها، به‌طور معمول جمعیت بزرگی در عبادت روز یکشنبه شرکت می‌کرد، اما در سایر روزهای هفته نیز در ساختمان کلیسا جنب‌وجوش وجود داشت و این به دلیل تشکیل کلاس‌های آموزش کتاب‌مقدس، جلسات گروه‌های حمایتی، برنامه‌های گردش برای سالمندان، کلاس‌های کاهش وزن، و فعالیت‌های کانون شادی بود. توجه به ذائقهٔ عمومی را در چند ویژگی مشترک این کلیساها می‌توان دید: اول) این جماعت‌های مسیحی به‌ندرت عنوان فرقهٔ خاصی را یدک می‌کشیدند و ترجیح می‌دادند به‌جای نام فرقه، بیرون روی تابلوی کلیسا از کلماتی مانند «عبادتگاه»، «کانون»، یا «جماعت» استفاده شود. این عنوان نمادی از گشودگی آنها نسبت به افرادی بود که با زمینه‌ها و مشکلات گوناگون همچون طلاق، اعتیاد، و افسردگی پا به این کلیساها می‌گذاشتند. دوم) عبادت در این جماعت‌های بزرگ، با همراهی موسیقی روحانی تند و شورانگیز و همه‌پسند صورت می‌گرفت. انتخاب موسیقی به‌گونه‌ای فزاینده متأثر از صنعت تولید تجاری موسیقی مسیحی بوده است. سوم) این جماعت‌ها حول خدمت جذاب واعظی بسیار تأثیرگذار با شخصیتی گیرا شکل یافته بود. موعظه‌ها بر کاربرد کتاب‌مقدس در امور زندگی روزمره تأکید داشت؛ و نکتهٔ چهارم) این کلیساهای بزرگ تصویری از کارایی و توانگری ارائه می‌دهند؛ زیرا ساختمان‌هایشان اغلب نو، و کارکنان مجموعه بسیار آموزش‌دیده و کارآمد هستند و خدمات کلیسا تقریباً هر نیازی را که بتوان تصور کرد، پوشش می‌دهد.

مورخان این پدیده را نمونه‌ای دیگر از شخصی‌سازی ایمان در آمریکا می‌دانند. حتی در میانهٔ هیجان حضور در جماعتی انبوه، اعضای کلان‌کلیسا به دنبال ایمانی بودند که به آنها در زندگی شخصی‌شان کمک می‌کرد، یعنی در مسائل مربوط به فرزندپروری، حفظ اتحاد خانواده، و احساسات و عواطف شخصی. کسانی که از پیش عادتِ حضور در کلیسا را داشتند، این کلیساها را در مقایسه با کلیسای کوچک محله‌شان که در گذشته برای عبادت به آنجا می‌رفتند ساده و بی‌تکلف می‌یافتند. آمریکایی‌ها به خانهٔ شخصی، وسیلهٔ نقلیهٔ شخصی، باغچهٔ شخصی، لباس‌شویی شخصی، و مغازه‌های سلف‌سرویس علاقه داشتند. حتی در خانواده‌ای که زیر یک سقف زندگی می‌کرد، آمریکاییان ترجیح می‌دادند هرگاه وضع اقتصادی خانواده اجازه می‌داد، هریک اتاق و حتی تلویزیون، تلفن و اتومبیل مجزای خود را داشته باشند.

---

1. Megachurch

۲. Individualized یعنی بسیار متمرکزشده بر فرد، فردمدار. (مترجم)

بســیاری از کلان‌کلیساها به رشد ادامه می‌دهند، اما روند رشــد بسیاری دیگر نیز ثابت مانده است. نسل جدید ممکن است برای جبران فردگرایی و انزوای موجود، در پی مشارکت جمعی باشــد. برخی رویکردی نو می‌جویند که مناســب حال نسل نوظهور باشد. همچنین صدها کلیســای جدید در سراسر بریتانیا و ایالات متحده نمودار شدند که همه تلاش داشتند به نســل پست‌مدرن خدمت کنند. صداهای جدید چنین می‌گفتند: «کسانی که حاضر نیستند روش خدمت خود را تغییر دهند، در این خطر قرار دارند که پیام انجیل را پشــت شیوه‌های خاصی برای اندیشــه و بیــان پنهان دارند که اکنون دیگر توانایی ارتباط با نســل نوظهور را ندارد.» کلیســاهای نوظهور بر احساســات و عواطف بیش از عقل و تفکّر خطی[1]، بر تجربهٔ شــخصی بیش از حقایق گزاره‌ای، و بر شــمول‌گرایی بیش از انحصارگرایی تأکید داشتند و برخلاف فضای فردگرایانهٔ کلان‌کلیساها که موجب می‌شد فرد در خیل جمعیت گم شود، بر مشارکت در عبادت جمعی تأکید داشتند.

نشانه‌های نگران‌کننده

نشــانه‌های هشــیارکننده‌ای دال بر این وجود دارد که تلاش‌های مســیحیان اِوانجلیکال محافظه‌کار (خواه آماده‌شــدن بــرای نجات روحانی از دنیای در حــال نابودی خواه احیای جایگاه ایمان مســیحی در کشــور از راه پیروزی در مبارزات سیاسی یا به راه‌آوردن فرهنگ منحط جامعه) نتوانسته‌اند راه بر موج توفندهٔ سکولاریسم بگیرند. با کنارهم‌گذاشتن تمام اینها شاید بتوان گفت که نشانه‌های بسیار حاکی از حرکت آرام «مذهب ایّام قدیم» به‌سوی جایگاه اقلیت در فرهنگ اســت. محافظه‌کاران دیگر نمی‌توانســتند زوال کلیسا را مسئلهٔ کلیساهای وابســته به جریان اصلی یا لیبرال بدانند. با آغاز زوال بســیاری از فرقه‌های محافظه‌کار، این پرسش‌های آزاردهنده مطرح شد: آیا فرقه‌های محافظه‌کار نیز دچار زوالی همچون کلیساهای لیبرال خواهند شــد؟ آیا وضع مسیحیت در آمریکای شمالی به‌زودی مانند اروپا خواهد شد؟ محافظه‌کاران دیگر نمی‌توانستند از کاهش شیب این زوال در اوایل دههٔ ۱۹۹۰ به خود دلداری دهند. آماری که اخیراً از «مرکز تحقیقات پیو»[2] منتشــر شده نشانگر پایین‌ترین میزان عضویت افراد در کلیســا از زمان نخستین آمار این سازمان در ۱۹۳۰ است. امروزه از هر پنج آمریکایی یک نفر، و در بزرگسالان زیر سی سال، از هر سه نفر یک نفر می‌گوید که هیچ‌گونه تعلق دینی ندارد. در ضمن، باید افزود که مسیحیان محافظه‌کار در مورد سه موضوعی که هدف مبارزات جناح راستِ دینی بود، یعنی سقط جنین، حقوق همجنس‌گرایان، و فمینیسم، متحمل شکست شــده‌اند. محدودیت‌های قانونی در خصوص ازدواج همجنس‌گرایان در ژوئن ۲۰۱۳ لطمهٔ جدی دید. متمم *پیشــنهادی کالیفرنیا ۸* (قانونی بــرای ممانعت از ازدواج همجنس‌گرایان) و

---

۱. منظور اســتدلالی است که گویی در یک راستا، از مقدمات آغاز می‌شود و به نتیجه می‌رسد؛ نمونه‌ای از آن را می‌توان استدلال قیاسی دانست با مثال معروفِ انسان می‌میرد، سقراط انسان است، پس سقراط می‌میرد. (مترجم)

2. Pew Research Center

قانون دفاع از ازدواج هر دو در دیوان عالی آمریکا لغو شدند. افزون بر اینها، چندین موضوع در حال حاضر سایهٔ تهدید بر سر مسیحیان محافظه‌کار غرب گسترده است.

کشمکش‌های جاری

نهاد خانواده و ازدواج صدمه دیده‌اند. این مفاهیم سنتی که زوج پیش از رفتن به زیر یک سقف باید ازدواج کرده باشند و پیوند زناشویی باید برقرار بماند، موضوعاتی است که فرهنگ عمومی جامعهٔ غرب و اعضای کلیسا موضع یکدست و یکسانی دربارهٔ آنها ندارند. فرهنگ عمومی غرب مفهوم سنتی ازدواج را دیری پیش از آنکه در محاصرهٔ منافع همجنس‌گرایان قرار گیرد، ترک گفته بود. خانواده‌های تک‌والدی (که یک خانواده از هر پنج خانواده را در بر می‌گیرند) و زنان شاغل (که لااقل چهل درصد نیروی کار را تشکیل می‌دهند) عواملی است که موجب تشدید بی‌ثباتی خانواده در غرب می‌شود.

صبح یازدهم سپتامبر ۲۰۰۱ مردم آمریکا با گوشت و پوست خود تروریسم افراطی را احساس کردند. آنها دریافتند که آنچه به چشم‌انداز سیاسی آینده شکل خواهد داد، به‌طور حتم دین و حتی مذهبیون دوآتشه خواهند بود. در این حادثهٔ تروریستی، دو هواپیمای مسافربریِ پر از سوخت به برج‌های دوقلوی مرکز تجارت جهانی در نیویورک کوبیده شدند. تروریست‌ها که در سال ۱۹۹۳ نتوانسته بودند این مرکز را منهدم کنند، این بار موفق شدند. هواپیمای سوم هم به پنتاگون برخورد کرد، و مسافران هواپیمای چهارم که قصد حمله به کاخ سفید را داشت با ربایندگان درگیر شدند و در نهایت این هواپیما در جنوب غربی پنسیلوانیا سقوط کرد. صحنهٔ فروریختن مرکز تجارت جهانی هنوز پیش چشم تقریباً همهٔ آمریکاییان است.

به فاصلهٔ چند روز پس از حادثهٔ یازده سپتامبر، پرزیدنت جرج بوش که هنوز یک سال از ریاست‌جمهوری‌اش نمی‌گذشت، با اعلام جنگ علیه تروریست‌ها، ائتلافی از کشورهای عمدتاً غربی تشکیل داد و نیروهای خود را برای جنگ با تروریست‌های گروه طالبان به افغانستان فرستاد. آنها در این کشور پایگاه ساخته و مشغول آموزش نیروهای خود بودند. ائتلاف آمریکایی با همکاری جنگ‌سالاران کلیدی افغانستان توانست ظرف چند ماه طالبان را زمین‌گیر و از قدرت برکنار کند. اُسامه بن لادن، سرکردهٔ مخوف‌ترین پیکارجویان مذهبی، پس از شناسایی محل اختفایش، به ضرب گلوله از پا درآمد، اما تا این زمان توانسته بود ترتیب چند حملهٔ جدید دیگر به «کفار» را بدهد.

ظرف چند ماه، دولت جدیدی در کابل، پایتخت افغانستان، به روی کار آمد. دیری نپایید در ادامهٔ جنگ نیروهای ائتلاف علیه ترور به رهبری آمریکا، حمله به عراق در دستور کار قرار گرفت. این کشور طبق گزارش‌ها یکی دیگر از مقرهای پیکارگران مذهبی بود. حملهٔ نیروهای ائتلاف، به سرنگونی صدام حسین انجامید. با این‌همه، جنگ در عراق که کشوری بزرگ‌تر و قوی‌تر بود به نسبتِ جنگ در افغانستان پیچیدگی و دشواری بسیار بیشتری داشت.

مدرنیته و اسلام

یکی از توضیحات معمول «مدرنیته» ناظر بر دلالت‌های دینی و سیاسی این لفظ است. در این رویکرد، دولت-کشور یا همان دولت ملّی در صورتی مدرن دانسته می‌شود که نسبت به باورهای دینی مختلف زیر چتر گسترده‌تر ملی خود، رواداری پیشه کند. به‌این‌ترتیب، دولت در امور دینی تا اندازه‌ای بی‌طرفانه یا با توجه به منافع عمومی عمل می‌کند و اجازه می‌دهد باورمندان به ادیان گوناگون، از جمله اسلام و مسیحیت، در یک کشور با هم زندگی کنند. این مفهوم برای درک نقش اسلام بسیار مفید است. پس از جنگ جهانی اول، کم‌وبیش برای کل دنیای عرب حکومت‌هایی تعیین شد (که گاه بسیار جعلی و مجموعه‌ای از گروه‌های متخاصم زیر یک پرچم بودند). هریک از این حکومت‌ها زیر نظر یک کشور اروپایی قرار داشت (و از نظر اکثر مردم عرب، اینها نیز دولت‌های مسیحی محسوب می‌شوند). این ترتیبات بخشی از تصویری بزرگتر موسوم به امپریالیسم است. مسیحیان مدتی پس از اصلاحات پروتستان (جنگ‌های سی ساله) برای رسیدن به توافق با حکومت مدرن تغییر رویه دادند. این در حالی است که دین اسلام تقریباً به‌طور ذاتی و ضروری از خصلت اجتماعی و سیاسی برخوردار است. متفکران مسلمان به‌طور معمول بر این باورند که اسلام زمانی درست اجرا می‌شود که کشور بر اساس قوانین اسلامی اداره شود. برای مدت‌زمانی، مسلمانان تحت حکومت‌های مدرنی زندگی می‌کردند که کشورهای اروپایی با اقتدار نظامی خود از آنها حمایت می‌کردند. فرمانروایانی چون انور سادات در مصر و شاه در ایران برای تضمین بقای حکومت مدرن خود، در کمال بی‌رحمی صدای مخالفان را خاموش می‌کردند. تصور بر این بود که مصر و ایران کشورهایی غربی‌شده هستند. همین‌که مردم عرب از استقلال سیاسی برخوردار شدند، جریانات تندروتر اسلامی با موفقیت قدرت را به‌دست گرفتند. با پیروزی انقلاب اسلامی، ایران از کشوری متمایل‌به‌غرب ناگهان به کشوری با حکومت اسلامی تبدیل شد. گذشت زمان مشخص خواهد کرد که کدام کشورهای عربی خواهان حکومت اسلامی یا نوعی حکومت مدرن خواهند بود.

در حال حاضر، چنین می‌نماید که بخش عمده‌ای از چشم‌انداز سیاسی و فرهنگ این کشورها را جریانات شیعی شکل می‌دهند. مسلمانان مدرن، که به‌زعم اکثر اهل تحقیق در اکثریت قرار دارند، به‌نظر می‌رسد در سکوت کامل هستند. خیز اسلامگرایان رادیکال چشم‌انداز دینی را در سراسر جهان تغییر داده است، و بسیاری از کشورهای عربی اکنون به‌سمت رادیکالیسم دینی رفته‌اند. باید به این نکته توجه داشت که به‌گواهی تاریخ، حکمرانان مسلمان با شهروندان مسیحی خود تا زمانی که حاضر بوده‌اند در ممالک اسلامی شهروند درجه دو محسوب شوند، مدارا کرده‌اند.[1]

۱. موضوعاتی که نویسنده در این باب به‌اجمال مطرح می‌کند بسیار پیچیده‌تر از این تصویر نسبتاً کلیشه‌ای و ساده‌انگارانه است. (مترجم)

امروزه، وضعیت مسیحیان در کشورهای عربی مساعد نیست. در سال ۱۹۰۰ پانزده درصد مردم خاورمیانه و شمال آفریقا مسیحی بودند؛ پس از صد سال، تخمین زده می‌شود که این رقم به ۵ درصد رسیده است. شمار مسیحیان عرب که زمانی چشمگیر بود کاهش یافته است، زیرا یا به تسلیم و تمکین وادار شده یا از کشور خود رانده شده‌اند، و یا به قتل رسیده‌اند. شاید چیزی که به‌همین‌اندازه اهمیت دارد حضور مسلمانانی است که با اهداف تبلیغی یا حتی نظامی در غرب زندگی می‌کنند. عقل حکم می‌کند مسیحیان نسبت به خطری که از جانب اسلامگرایان افراطی در کشورهای عربی یا غربی آنها را تهدید می‌کند، هشیار باشند. اما خطر بزرگتر برای مسیحیان، بی‌وفایی به مسیح است هرگاه مردم با محبت مسیح در قالب شهادت و خدمت ملموس مسیحی روبه‌رو نشوند.

از شهادت‌های مستمری که دربارهٔ نوکیشان مسیحی در این کشورها و گشودگی نسبت به انجیل شنیده می‌شود نمی‌توان آمار دقیقی ارائه کرد. اخبار موجود از کسانی که در این کشورها مسیح را در خواب ملاقات می‌کنند، استقبال مثبتِ شگفت دنیای عرب از مسیحیان اِوانجلیکال، استمرار کلیساهای زیرزمینی، و وجود مسیحیانی که حاضرند میان مسلمین خدمت و زندگی کنند، تا اندازه‌ای ضامن استمرار حضور مسیحیان در این منطقه از جهان است. این مسیحیانی که به زندگی در دنیای عرب دعوت شده‌اند، برخی از قهرمانان رسالت کلیسا در جهانند.

افزون بر توجه به خطر مذهبیون افراطی، کلیسا می‌بایست با موج جدید مهاجرت به کشور نیز روبه‌رو می‌شد. قانون مهاجرت و ملیت موسوم به Hart-Cellar Act که بخشی از قوانین مربوط به حقوق مدنی بود، راه مهاجرت از آسیا، خاورمیانه، و آفریقا را به آمریکا باز کرد. مهاجرت‌های غیرقانونی از آمریکای جنوبی و مرکزی نیز به تنوع نژادی در این کشور دامن زد. با وجودی که برخی آراء در کلیسا مسائل نژادی را بهبود بخشید، کلیسای اِوانجلیکال تا حد زیادی تفکیک افراد را بر اساس نژاد و جایگاه اقتصادی حفظ کرده است. نژاد و طبقهٔ اقتصادی با هم ملازمه دارند؛ مثلاً در کلیسایی که اکثر اعضای آن سفیدپوست هستند خانوادهٔ سیاهپوستی که سطح زندگی‌اش مشابه اعضای این کلیساست، راحت‌تر پذیرفته می‌شود.

همچنین، با وجود رشد انفجاری میسیون‌های مسیحی در سراسر جهان، مسیحیان غرب رفته‌رفته در این حوزه مشکل پیدا می‌کردند؛ زیرا فرقه‌های اِوانجلیکال و سازمان‌هایی که در کار اعزام مبشر به جهان بودند، با تعدیل بودجه مواجه می‌شدند. مسیحیان اِوانجلیکال با این پرسش روبه‌رو بودند که آیا میسیونرها باید توجه خود را به دغدغه‌های انسان‌دوستانه معطوف کنند یا نجات روحانی مردم. همچنین این پرسش برای آنها مطرح بود که میسیونرها تا چه اندازه تعصبات فرهنگی خود را بر مردم کشورهای مقصد تحمیل می‌کنند؛ از این گذشته، مواجههٔ گسترده‌تر با ادیان جهان به آنها تواضع می‌بخشید. تنوع نژادی و جغرافیایی، آگاهی از اسلام، و فناوری جهانی‌ساز، همهٔ اینها تصویری روشن‌تر از اهمیت این موضوعات ترسیم می‌کند. فعالیت میسیونری در ماورای بحّار آسان‌تر می‌نمود؛ اما چیزی که به پیچیدگی آن دامن زد، نزدیک‌تر شدن جهان از نظر جغرافیایی و کوچک‌تر شدن آن به‌همت فناوری بود.

شکست یا تجدید سازمان؟

خبردادن از زوال مسیحیت در غرب ممکن است زودهنگام باشد. مسیحیت دستِ‌کم به‌سبب منابع مالی و مؤسسات آموزشی‌اش همچنان تأثیرگذار خواهد بود. مدارک دانشگاهی غرب هنوز در جهان جنوب معتبر است. ارزیابی کامل‌تر دشوار است، هرچند برخی ملاحظات مفید می‌توان مطرح کرد. محیط فرهنگی غرب به‌طور فزاینده به سمت سکولاریسم و دشمنی با ایمان پیش می‌رود. مسیحیانی که جویای دنیای مسیحیت هستند (یعنی قلمرویی مسیحی که در آن بین حکومت و کلیسا رابطهٔ ذاتی و همکاری و تعاون هست) سرخورده خواهند شد. مسیحیان باید آمادگی این را داشته باشند که خود و اعتقاداتشان بیشتر به حاشیه رانده شوند و بیشتر مورد آزار و اذیت قرار گیرند. تعقیب قانونی کشیشان به‌خاطر طرح سخنان نفرت‌آفرین[1] و قطع بودجهٔ فدرال از مدارس مسیحی تقریباً اجتناب‌ناپذیر است. فرقه‌های وابسته به جریان اصلی در کل با افت روبه‌رو خواهند شد، هرچند درجهٔ سازگاری آنها با هنجارهای فرهنگی محیط متفاوت خواهد بود؛ برخی ممکن است به‌طور غریزی به سنت بزرگ کلیسا بازگردند و انجیل را از نو کشف کنند (این رویکرد را پسا-لیبرالیسم می‌خوانند).

برخی کلیساها در سنت پنتیکاستی، محافل غیرفرقه‌ای، و فرقه‌های محافظه‌کار به رشد خود ادامه خواهند داد. پیشرفت واقعی را باید در کلیساهای نوبنیاد جست که متأسفانه انعکاس بسیار محدودی در گزارش‌ها دارند. این کلیساها انعطاف‌پذیر و متحرکند، و در هر جایی می‌توانند تشکیل شوند، از فضای باز جلوی مغازه‌ها که میز و صندلی می‌چینند گرفته تا در گروه‌های سلولی. بنابراین، ارائهٔ آمار دقیق از آنها ممکن نیست.

برای روشن‌تر شدن موضوع مثالی شخصی می‌آورم. من (یعنی ویراستار کتاب، هچت) به کلیسای باپتیستی که در نزدیکی محل زندگی‌مان قرار داشت می‌رفتم. در شرایط بسیار سادهٔ زندگی ما، سه کلیسای شاخص عبارت بودند از: کلیسای ما، متدیست‌ها و «کلیسای مسیح». ساختمان کلیساهای ما شکل معمول کلیسا را داشت و از خانه‌های خودمان قشنگ‌تر بود. هنگامی که یکی از کلیساهای غیرفرقه‌ای کاریزماتیک جلساتش را در فضای یک خواربارفروشی قدیمی آغاز کرد، تضاد کاملاً مشخص بود. آنها تابلویی دراز با کلی نوشته روی آن داشتند، و از ما هم کم‌بضاعت‌تر بودند. با نهادها و مؤسسات مسیحی بزرگتر (مانند برنامه‌های میسیون و دانشکده‌های الاهیات) نیز ارتباط نداشتند. از همه مهمتر، آنها حاشیه و استثنا، و ما اصل بودیم. اکنون که پنجاه سال از آن زمان گذشته، این کلیساهای نوظهور دیگر در حاشیه نیستند، بلکه از نظر تعداد به اصل تبدیل شده‌اند. آیندهٔ نزدیک متعلق به چنین گروه‌هایی است که مستقل و خودشان کارفرما هستند.

هنجار جدید مرکب از پنتیکاستی‌ها و جماعت‌های مسیحی غیرفرقه‌ای است. ظهور آنها از تغییر در درک چگونگی مسیحیت در آیندهٔ غرب حکایت دارد. ما در دورهٔ بازسازیِ

---

۱. این معادلی است که فرهنگستان زبان فارسی برای Hate Speech به‌کار برده و منظور از آن گفتاری است که به اختلافات دامن می‌زند و باعث شقاق و دشمنی و کینه‌ورزی می‌شود. (مترجم)

متعاقب این انقلاب اجتماعی قرار داریم؛ جمعیت مسیحیان اِوانجلیکال را از این پس به‌طور عمده باید در این بسترِ متحرکِ متشکل از اقلیت‌های گوناگون یافت. این جماعت خصلتی همچون آناباپتیست‌ها از خود به نمایش می‌گذارد. همه‌شان صلح‌طلب نیستند (هرچند برخی از یاد برده‌اند که بسیاری از مسیحیان پنتیکاستی در جنگ جهانی اول به خدمت سربازی نرفتند). برخی نیز ممکن است به‌طور نوستالژیک آرزوی روزهای خوش آمریکای مسیحی را داشته باشند، اما خود را مخالف فرهنگ جاری می‌دانند؛ آنها بر شاگردی و مشارکت جماعت مسیحی تمرکز دارند؛ ممکن است برای پاسخگویی به نیازها مشارکت کنند، اما فاقد گرایش و جهت‌گیری سیاسی مسیحیان اِوانجلیکال قدیمی‌تر هستند.

نشانه‌های حیات روحانی را در جاهای دیگر نیز می‌یابیم. در آمریکا کاتولیک‌های جوانی که از نظر علمی بسیار توانمند و از نظر روحانی سرسپرده هستند، به‌نظر می‌رسد چه از لحاظ فکری، چه روحانی، و چه از نظر تعداد رتبه‌ای عالی دارند. همایش‌های مختص جوانان مانند Passion (اشتیاق)[1] نیز اسباب دلگرمی است. در سال ۲۰۱۳ شصت‌وچهار هزار دانشجو که در سن کالج بودند، در تعطیلات کریسمس برای شرکت در این همایش به آتلانتا رفتند. همایش «اشتیاق» چه در آمریکا برگزار شود چه خارج از آن، ظرفیت محل برگزاری پر می‌شود. باید افزود، ابتکارات متعددی به هدف احیا و بیداری صورت می‌گیرد. یک گروه فعال در زمینهٔ اتحاد کلیساها به نام Renovaré [تجدید حیات] با گذشتن از مرزهای فرقه‌ای، می‌خواهد در زمینهٔ شکل‌گیری شخصیت روحانی بیشتر بیاموزد. دعا کنیم تا روح خدا عمل فرماید.

پیشنهادهایی برای مطالعهٔ بیشتر

Bellah, Robert N. et al. *Habits of the Heart: Individualism and Community in American Life*. New York: Harper & Row, 1985.
Bennett, Wiliam J. *The Index of Leading Cultural Indicators*. New York: Simon and Schuster, 1994.
Collins, Kenneth J. *The Evangelical Moment: A Promise of an American Religion*. Grand Rapids: Baker Academic, 2005.
George, Timothy, ed. *Pilgrims on the Sawdust Trail: Evangelical Ecumenism and the Quest for Christian Identity*. Grand Rapids: Baker, 2004.
*Noll, Mark. *The Old Religion in a New World: the History of North American Christianity*. Grand Rapids: Eerdmans, 2002.
Shelley, Bruce, and Marshall Shelley. *The Consumer Church*. Downers Grove, IL: InterVarsity Press, 1992.
*Weigel, George. *The Cube and the Cathedral: Europe, America, and Politics Without God*. New York: Basic Books, 2005.
Wuthnow, Robert. *The Struggle for America's Soul, Evangelicals, Liberals, and Secularism*. Grand Rapids: Eerdmans, 1989.

---

۱. این کنفرانس‌ها آیهٔ اشعیا ۸:۲۶ را سرلوحه قرار داده‌اند که می‌گوید: «در طریق داوری‌هایت، ای خداوند، برایت انتظار می‌کشیم، نام و یاد توست اشتیاق جان ما.» از این‌رو، معادل اشتیاق را به‌کار بردیم. (مترجم)

فصل چهل‌وهفتم

تغییر مسیر به‌سوی جهان جنوب

«مسیحیت جدید» چیست؟

در آغاز قرن بیستم، نقشهٔ گستردگی مسیحیت در جهان که احتمالاً دوایت مودی یا ولادیمیر لنین[1] سراغ داشتند، به‌کلی تغییر کرده بود. در سال ۱۹۰۰ فقط ده درصد از مسیحیان جهان در قاره‌های جنوب و شرق زندگی می‌کردند، اما یک قرن پس از آن، دستِ‌کم هفتاد درصد از مسیحیان جهان در این دو قاره می‌زیستند. تعداد مسیحیانی که هر هفته در کلیساهای آنگلیکن نیجریه عبادت می‌کردند از مجموع تمام کسانی که در کلیساهای اسقفی و آنگلیکنِ بریتانیا، اروپا، و آمریکای شمالی حضور می‌یافتند بیشتر بود. اعضای کلیساهای جماعت ربانی در آمریکای لاتین ده برابر آمریکا بود. در کنگو بیش از بریتانیای کبیر مسیحی باپتیست وجود داشت. در چین کمونیست هم عدهٔ مسیحیانی که یکشنبه به کلیسا می‌رفتند بیش از اروپای غربی یا آمریکای شمالی بود.

فیلیپ جِنکینز[2] استاد ممتاز تاریخ در دانشگاه بایلور، اظهار داشت نشانه‌هایی که دین از خود در قرن جدید بروز می‌دهد حاکی از آن است که جایگزین ایدئولوژی همچون مهمترین نیروی حرکت‌آفرین در امور بشر می‌شود. او در نشریهٔ The Atlantic Monthly چنین نوشت: «اگر نگاه خود را به فراتر از غرب لیبرال متوجه کنیم»،

1. Vladimir Lenin; 2. Philip Jenkins

مشـــاهده می‌کنیم انقلاب مســـیحی دیگری ... از هم‌اکنون در جریان است. در جهان، مسیحیت در واقع به‌سوی فراطبیعت‌باوری و درست‌باوری جدید یا همان نئوارتودوکسی [به‌گفتهٔ جنکینز] در حرکت است؛ از بسیاری جهات نیز حرکت آن به‌ســوی جهان‌بینی کهنی است که در عهدجدید بیان شده: یعنی تصویری از عیسی همچون تجسم قدرت الاهی که بر نیروهای شرارت که فلاکت و بیماری بر نژاد بشر نازل می‌کنند پیروز می‌شود.

جنکینز به‌طور خاص به «جهان جنوب» یا آن مناطقی از زمین اشاره داشت که غربیان زمانی از آنها به جهان ســوم تعبیر می‌کردند. او چنین استدلال می‌کرد که مسیحیت معاصر به جنوب رخت کشـیده و به‌نظر می‌رسـد کفهٔ اهمیت به سمت جنوب سنگین شـده است و نقشهٔ این جابه‌جایی را می‌توان به گلابی تشـبیه کرد. جنکینز می‌نویسد در این جنوب یا جهان سوم، ما با جمعیت عظیم و فزایندهٔ مسـیحیان روبه‌رو هستیم، به‌طوری که آمار جمعیت مسیحیان در آغاز قرن بیست‌ویکم از این قرار است: ۴۸۰ میلیون نفر در آمریکای لاتین، ۳۶۰ میلیون نفر در آفریقا، و ۳۱۳ میلیون نفر در آسیا در قیاس با جمعیت ۲۶۰ میلیونی مسیحیان در آمریکای شمالی.

جنکینز این جابه‌جایی را حاکی از دردسـر برای امپراتوری سـنتی فرهنگی کشورهای اطلس شمالی می‌دانسـت که منظور از آن تشکیلات دینی مســیحیان لیبرال است. جنکینز می‌نویسـد شاید روشن‌ترین نمونه اتفاقی باشد که در کنفرانس لمبث در ۱۹۹۸ افتاد. در این کنفرانس، مسیحیان جنوب از برتری عددی خود برای ترویج دیدگاه‌هایی استفاده کردند که به‌کل در کشورهای اطلس شمالی (یا همان غرب) نامطلوب بود. جنکینز می‌گوید «امپراتوری سابق ملکه ویکتوریا از آفریقای جنوبی تا سنگاپور ضربهٔ متقابل فرود آورد.»

رشد مســیحیت به‌خصوص در آفریقای پسااسـتعماری بی‌وقفه بوده. در سال ۱۹۰۰ از ۱۰۷ میلیون جمعیت قارهٔ آفریقا، فقط ۱۰ میلیون مســیحی بودند، یعنی حدود ۹ درصد. در آغاز قرن بیسـت‌ویکم، جمعیت مسیحیان به ۳۶۰ میلیون نفر از جمعیت ۷۸۴ میلیونی آفریقا رسـید، یعنی ۴۶ درصد. کارشناسان پیش‌بینی می‌کردند که احتمالاً این آمار بالاتر برود، زیرا کشورهای مسیحی آفریقایی بالاترین نرخ رشد جمعیت را در دنیا دارند. پژوهشگران انتظار داشتند در ربع اول قرن بیست‌ویکم جمعیت مسیحیان جهان به دو میلیارد و ششصد میلیون نفر برسد و مسیحیت به بزرگترین دین فعلی جهان تبدیل شود. باید توصیفی از این مسیحیت جدید داشته باشیم، حتی اگر به شیوه‌های غربی به آن نظر افکنیم.

ظهور مسیحیت جهانی به‌عنوان ایمان پنتیکاستی یا کاریزماتیک

نخسـتین نکته‌ای که به‌طور قطع دربارهٔ کلیساهای واقع در زیر خط استوا می‌توان گفت این است که کاریزماتیک هستند. «عطایای روحانی» در عبادت گروهی و فردی این کلیساها نقشی برجسـته دارد. فهمیدن تاریخچهٔ این جنبش خواننده را برای پذیرش این حقیقت در

مورد جهان جنوب آمـــاده می‌کند. چند جنبش مختلف زمینه و تمهیدات لازم را برای ظهور مسیحیت پنتیکاســتی معاصر فراهم می‌کنند. جنبش‌های مسیحیان متدیست و تقدس‌گرا با خصلت برابری‌خواهانه‌شان که می‌توانست مرزهای اقتصادی، نژادی، و جنسیتی را درنوردد، از هر نظر برای سرحدنشینان آمریکای شمالی مناسب بود. با فرارسیدن سال ۱۹۰۰ در حالی که ۱۵۰ ســال از الاهیات تقدس‌گرایانه می‌گذشــت، پنتیکاســتی‌ها به اخذ و اصلاح سنت تقدس‌گرایانه‌ای اقدام کردند که دربرگیرندهٔ چند تأکید مختلف بود.

رویکرد موســوم به «ســومین برکت»، به اولین برکت که شامل توبه و تغییر زندگی بود و دومین برکت که ایمانداران را به تقدیس و زندگی پاک برمی‌انگیخت و سوق می‌داد (تأکیدی که مایه‌اش از وسلی بود) اذعان می‌داشت. افزون بر این دو، پنتیکاستی‌ها به برکت سومی هم اذعان می‌داشتند که عبارت بود از تعمید روح‌القدس. تعمید روح‌القدس شامل قدرت‌بخشی خــاص روح‌القدس برای خدمت اســت (قدرت‌بخشــی از تأکیدات جنبــش کِزیک بود). پنتیکاستی‌ها همچنین تأکید داشــتند که تعمید روح‌القدس تؤام با سخن‌گفتن به زبان‌هاست. در تصور بسیاری از پنتیکاســتی‌ها، ریخته‌شــدن روح‌القدس با روزهای آخر پیوند داشت. کنفرانس‌های نبوت و پدیدارشــدن دوبارهٔ دیدگاه‌های پیش‌هزاره‌ای (دایر بر بازگشت مسیح برای برقرارســاختن سلطنت هزارســاله‌اش) این انتظار را تقویت می‌کرد. خدمات متعدد در زمینهٔ شفای الاهی نیز تقویت‌کنندهٔ این تصویر بود که خدا قومش را برای خدمت آماده می‌کند.

همچنین وقوع بیداری‌های روحانی در کشورهای مختلف جهان مانند هندوستان، ولز، و کره اسباب دلگرمی جنبش پنتیکاستی شد. در بیداری روحانی ولز، حضور و قدرت روح‌القدس آشکار بود. ســخنگوی آن، ایوان رابرتس[1] تعلیم می‌داد چنین تجربه‌ای از روح‌القدس شرط لازم بیداری روحانی است. «پنتیکاست کره‌ای» زمینه‌ساز بسیاری از عاداتی شد که تا امروز در کلیسای کره بر جای مانده، مانند جلسهٔ دعا در صبح زود و دعای همزمان افراد.

پنتیکاستی و کاریزماتیک

این دو واژه گاه به‌جای هم به‌کار می‌روند. لفظ پنتیکاستی اغلب به رخدادها و فرقه‌هایی اطلاق می‌شــود که سرچشمه‌شــان بیداری روحانی اَزوســا در اوایل دههٔ ۱۹۰۰ بود. فرقه‌های پنتیکاستی همچون کلیساهای موسوم به جماعت ربانی و کلیسای خدا، اغلب بر این باورند که نشانهٔ اعطاشدن روح‌القدس به فرد سخن‌گفتن به زبان‌هاست.

به‌طور معمول زمانی از لفظ کاریزماتیک برای توصیف افراد استفاده می‌شود که عطایای مشهودتری مانند ســخن‌گفتن به زبان‌ها، شفا، و نبوت، بخشی مهم و معمول از عبادت جمعی و فردی اعضای کلیســا را تشکیل داده باشــد. کلمهٔ «کاریزماتیک» بیشتر برای تعلیم، مناسک، و شیوهٔ عبادتیِ الهام‌یافته از پنتیکاست به‌کار می‌رود که امروزه از مرزهای فرقه‌های پنتیکاستی فراتر رفته‌اند.

1. Evan Roberts

در روایت معمول، دو مرد در کانون سرچشمهٔ جنبش پنتیکاستی قرار دارند. چارلز پارهام[1]، خادم سابق کلیسای متدیست، پس از الهام‌گرفتن از منابع گوناگون، دستان خود را برای دعا بر سر آگنس اوزمان[2] گذاشت. آگنس شروع به سخن‌گفتن به زبان‌ها کرد، که به اعتقاد پارهام به زبان چینی سخن می‌گفت. دیگران نیز روح‌القدس را یافتند و به زبان‌ها متکلم شدند. گمان بر این بود که پارهام به سوئدی حرف می‌زند. پارهام باور داشت که تکلم به این زبان‌های واقعی به‌طور معجزه‌آسا صورت می‌گیرد (Xenolalia)[3] و به فعالیت میسیونری در سطح جهان خواهد انجامید. ویلیام سِیمور[4] با اینکه از دانشجویان سفیدپوست تفکیک شده بود، به‌مدت سه ماه در دروس کتاب‌مقدس پارهام که در هیوستونِ تگزاس برگزار شد شرکت کرد. اندک‌زمانی پس از آن، سیمور کشیش یکی از کلیساهای تقدس‌گرای آمریکاییان آفریقایی‌تبار در لس‌آنجلس شد. آنها با تعلیم او دربارهٔ زبان‌ها مخالفت کردند، اما برخی دیدند که سیمور بر میزبانش، ادوارد لی[5] دست گذاشت تا دعا کند. لی دچار حالتی تقریباً نیمه‌هشیار شد و در پی آن به زبان‌ها سخن گفت. در همان جلسه، هفت نفر دیگر از جمله خود سیمور، تعمید روح‌القدس را که توأم با تکلم به زبان‌ها بود دریافت کردند.

دیری نپایید که خانهٔ لی دیگر برای گروه‌هایی که از نظر نژادی مختلط بودند و برای مشاهده و دریافت تجربهٔ پنتیکاستی می‌آمدند، ظرفیت نداشت. متعاقب این تجربه، بیداری‌های روحانی اَزوسا اتفاق افتاد. داستان ظهور و فعالیت میسیونری جنبش‌های پنتیکاستی و کاریزماتیک که در پی می‌آید، بی‌تردید مهمترین داستان قرن بیستم برای درک مسیحیت امروز است. برآورد میزان گسترش و رشد فرقه‌های پنتیکاستی فقط بخش بسیار کوچکی از این داستان است، زیرا تأثیرات پنتیکاستی و کاریزماتیک مهمترین عوامل تأثیرگذار بر مسیحیت غیرفرقه‌ای است. از این هم چشمگیرتر، امروزه الاهیات و اعمال کاریزماتیک را در بسیاری از مسیحیان وابسته به فرقه‌های اصلی پروتستان و کلیسای کاتولیک می‌توان دید.

پژوهندگان آمریکاییِ این جنبش، به سه موج اخیر حرکت روح‌القدس اشاره دارند. موج نخست به ریخته‌شدن روح‌القدس در اَزوسا و ظهور فرقه‌های پنتیکاستی عمده در پی آن برمی‌گردد. در موج دوم، مواجهه‌ای گسترده با نهضت کاریزماتیک و استقبال از آن صورت گرفت، به‌طوری که موجب ورود آن به فرقه‌های اصلی پروتستان و کلیسای کاتولیک در دهۀ ۱۹۶۰ و اوایل دهۀ ۱۹۷۰ شد. موج سوم نیز شاهد استقبال مسیحیان محافظه‌کار از موضوع آیات و معجزات بود. این موج در دهۀ ۱۹۸۰ در دانشکدهٔ الاهیات فولرِ کالیفرنیا آغاز شد و نتیجهٔ تعلیمات و خدمت جان ویمبر[6] بود. شبکه‌ای از کلیساها موسوم به وینیارد[7] یا تاکستان از نشانه‌های پایدار این نهضت است که موجب برخورداری بسیاری از مسیحیان اِوانجلیکال از تجربهٔ پنتیکاستی شد.

---

1. Charles Parham; 2. Agnes Ozman

۳. یعنی تکلم به زبان‌های نیاموخته. (مترجم)

4. William Seymour; 5. Edward Lee; 6. John Wimber; 7. Vineyard

برخی از مورخان به روایت معمول از ظهور نهضت پنتیکاستی، در چارچوبی گسترده‌تر نظر می‌افکنند. آنچه در اَزوسا اتفاق افتاد شاید بخشی از حرکت گسترده‌تر روح‌القدس در کشورها و فرهنگ‌های گوناگون بود. شاید ازوسا اورشلیمِ پنتیکاست جدید یا یکی از چندین‌وچند پنتیکاستی بود که همزمان در جهان به‌وقوع می‌پیوست. شاید هم این تجربه، جلوهٔ غالب عصری گسترده‌تر از تجدید حیات روحانی با محوریت روح‌القدس باشد که شیوه‌هایی از زندگی روحانی را که مبتنی بر تأمل است، نظیر آنچه در آثار هنری نیوون[۱] و ریچارد فوستر[۲] می‌یابیم، دربرمی‌گیرد. همچنین می‌توان آن را بخشی از سناریویی بزرگتر دید، یعنی زوال مستمر لیبرالیسم دینی که جوشش‌های ناگهانی جریانات محافظه‌کارتر مسیحی یا اِوانجلیکال جایگزین آن می‌شد. با آنکه هریک از این تعبیرات مزایا و محاسن خود را دارد، به‌نظر می‌رسد که گسترهٔ این جنبش بر اکثر عوامل دیگر سایه می‌اندازد.

این آمیختگی با فرقه‌های گوناگون تقریباً داشتن برآوردی دقیق از عدهٔ هواداران جنبش پنتیکاستی/ کاریزماتیک را غیرممکن می‌سازد. یک حساب سرانگشتی نشان می‌دهد که امروزه از هر چهار مسیحی بیش از یک نفر به این جنبش تعلق دارد، هرچند ممکن است آمار واقعی و تأثیرات این جنبش بسیار فراتر از این اعداد و ارقام باشد. آنچه این رشد تصاعدی را چشمگیرتر می‌سازد همزمانی رشد بی‌سابقهٔ مسیحیت در قرن اخیر با رویدادهای این دوره است.

رشد عددی مسیحیان پنتیکاستی و کاریزماتیک نیز حیرت‌انگیز است.

مناطقی که دیوید بارِت مشخص کرده است	**تعداد مسیحیان کاریزماتیک/ پنتیکاستی به میلیون در سال ۱۹۰۰**	**تعداد مسیحیان کاریزماتیک/ پنتیکاستی به میلیون در سال ۲۰۰۰**
آفریقا	۰.۹	۱۲۶
آسیا	۰	۱۳۵
اروپا	۰	۳۷.۶
آمریکای لاتین	۰	۱۴۱.۴
آمریکای شمالی	۰	۷۹.۶
اقیانوسیه	۰	۴.۳

از همین‌روست که پژوهشگران با اندکی اغراق ادعا می‌کنند گسترش جهانی مسیحیت در واقع همان گسترش مسیحیت پنتیکاستی است.

۱. Henry Nouwen از آثار ارزشمند این روحانی فقید کاتولیک کتاب‌های «بازگشت پسر گمشده»، «در نام عیسی» و «یادآور زنده» به فارسی ترجمه شده‌اند. (مترجم)

۲. Richard Foster از آثار ارزندهٔ این نویسندهٔ بزرگ مسیحی کتاب کلاسیک «انضباط‌های روحانی» به فارسی ترجمه شده است. (مترجم)

ریشه‌داشتن در فعالیت‌های میسیونری غرب

از میسیونرها اغلب انتقاد می‌شود که هم به مسیح خدمت کرده‌اند هم دستی در تجارت داشته‌اند. آنها را پیاده نظام استعمار دانسته‌اند که نمی‌توانستند میان پیام انجیل و ترجیحات فرهنگی خود فرق بگذارند. سخن معروفی از جومو کنیاتا[1] [نخستین رئیس جمهور کنیا که مخالف استعمارگران بود] گویای این چشم‌انداز است: «هنگامی که میسیونرها به آفریقا آمدند، آنها کتاب‌مقدس را داشتند و ما سرزمین‌مان را. به ما گفتند: "بیایید دعا کنیم." چشمانمان را بستیم، و وقتی باز کردیم، ما کتاب‌مقدس را داشتیم و آنها سرزمین‌مان را.» پژوهندگان اخیرِ فعالیت‌های میسیونری، با اشاره به دفاع مستمر میسیونرها از عدالت و استقلال، از آنها با کلمات بهتری یاد می‌کنند.

میسیونرها به‌هرحال تأثیر خود را خواهند گذاشت. مارک نول[2] بین تأثیر مستقیم میسیونرها و الگوی پایدارتری که از خود بر جای می‌گذارند، فرق می‌گذارد. به یک معنا، بیداری در آفریقای شرقی رنگ و بویی کاملاً غربی یا آمریکایی داشت. ژوزف چرچ[3] و برخی دیگر عملاً چارلز فینی، واعظ بیداری روحانی را الگو قرار دادند و حتی نوشته‌های فینی دربارهٔ بیداری روحانی به‌صدای بلند خوانده می‌شد. چرچ الاهیات کِزیک را به‌کار می‌گرفت و از کتاب‌مقدس موسوم به اسکوفیلد[4] استفاده می‌کرد. او از سیاست غربی سخن می‌گفت و از طب غربی بهره می‌گرفت.

با تمام این اوصاف، نول هشدار می‌دهد این نتیجه‌گیری که غربیان مردم آفریقای شرقی را استثمار کرده‌اند، شاید تنها یک گوشه از داستان باشد. در واقعیت امر، تأثیرات متعددی به‌هم می‌پیوندند. همچنین، درکی عمیق‌تر از اینکه چرا این میسیونرها و نه دیگران تأثیرگذار بودند شاید اسباب آشنایی بیشتر ما با فرهنگ آفریقایی شود. بسیاری از افراد مطلع با ارزیابی این تعاملات فرهنگی نتیجه می‌گیرند که بیداری روحانی در آفریقای شرقی خصلتی کاملاً آفریقایی داشت. کتاب مارک نول «شکل جدید مسیحیت در جهان: بازتاب ایمان جهانی در تجربهٔ آمریکایی» نام دارد. این کتاب بیشتر به این سبب مهم است که فراتر از پرسش مهم دربارهٔ ماهیت دقیق تأثیرات مستقیم میسیونرها بر ملل جنوب، به درکی گسترده‌تر از تأثیر آمریکا بر گسترش مسیحیت در جهان جنوب نظر دارد. او تمرکز ما را از آنچه میسیونرها انجام دادند به این مسئله معطوف می‌کند که آنها الگوی چه نسخه‌ای از مسیحیت برای مسیحیان جهان جنوب بودند.

مسیحیت را مسیحیان اروپایی به آمریکا آوردند؛ بنابراین، مسیحیت در آمریکا خودش محصول خدمات میسیونری است. بااین‌حال، مسیحیت در آمریکا شکل مجزایی یافته است.

---

1. Jomo Kenyatta; 2. Mark Noll; 3. Joseph Church

۴. Scofield Study Bible منظور ویراستی از کتاب‌مقدس است که متن آن را الاهیدانی معروف به نام سایروس انگرسون اسکوفیلد ویرایش کرد و با توضیحاتی که در حاشیهٔ آن آورد، دوران‌گرایی و تفسیر وقایع آینده بر پایهٔ مطالب کتاب‌مقدس را میان بنیادگرایان مسیحی رواج داد. (مترجم)

درک این شـــکل مجزا، کلید پی‌بردن به بزرگترین تأثیر خدمات میسیونری است. چند ایده به ما کمک می‌کند تا تصویری از خصوصیات مسیحیت در آمریکای شمالی ترسیم کنیم. به‌طور کلی می‌توان گفت که مســـیحیت در آمریکا بیشتر بر اساس پذیرش داوطلبانهٔ ایمان مسیحی گسترش یافته و کمتر می‌توان آن را جلوه‌ای از دنیای مسیحی (Christendom) دانست.

دنیای مسیحی

به ساده‌ترین بیان، دنیای مسیحی به معنی مملکت مسیحی است: یعنی سرزمین‌هایی که ساکنانش به‌جای پیروان مذاهب دیگر، مسیحیان هستند. امروزه این لفظ به‌طور معمول با ملاحظات فرهنگی و سیاســی خاص به‌کار مــی‌رود، به این معنی که فرهنگ خاصی ممکن اســت ارزش‌های مســیحی را بپذیرد و از آنها به‌عنوان قانون استفاده کند (برای مثال، قوانین موسوم به قوانین آبی[1] که فروش برخی کالاها را در روزهای یکشنبه ممنوع می‌کنــد.) به گمان برخی، ایــن اصطلاح مفروض می‌انگارد کــه تمدن غرب محصول مســیحیت است. به‌طور کلی بازوی دینی (کلیســا) و بازوی سکولار (دولت مدنی) به اهداف متفاوتی خدمت می‌کنند، اما در خدمت تحقق واقعیتی واحد هستند. در قوی‌ترین جلوهٔ دنیای مســیحی، یعنی کلیسای دولتی، تمام مسیحیان در مملکتِ مسیحی شهروند محسوب می‌شوند و تمام شهروندان مملکت، مسیحی به‌شمار می‌آیند.

شدیدترین مخالفت با ایدهٔ دنیای مســیحی از ناحیهٔ آناباپتیست‌ها صورت می‌گیرد. آنها کلیســا را نه از لحاظ ســاختاری و نه از لحاظ سازمانی وابســته به حکومت نمی‌دانستند و عقیده داشتند که کلیسا از هر نوع دولت و منطقهٔ جغرافیایی مرتبط با آن، مستقل است. کلیسا متشــکل از کسانی اســت که به‌طور داوطلبانه عضویت بر اساس پیمان را پذیرفته‌اند. همین رویکردی که امروزه برای آمریکاییان مسئله‌ای بسیار ساده است، موجب دستگیری و کشتار سنگدلانهٔ آناباپتیست‌ها هم به‌دست پروتســتان‌ها و هم کاتولیک‌ها شد. مخالفت با موضوع دنیای مسیحی بسیار خطرناک بود.

آناباپتیست‌ها اســتدلال می‌کنند که در آمریکا شکلی غیررسمی از دنیای مسیحی وجود دارد. با اینکه دولت ایالات متحده هیچ کلیســا یا شــاخه‌ای از مسیحیت را به‌عنوان مذهب رسمی کشور اعلام نکرده اســت (که به این اصطلاحاً قطع مناسبات[2] می‌گویند)، مسیحیان همچنان کشــور خود را به معنایی مســیحی می‌دانند و عقیده دارند که کلیسا مانند مسئول امور روحانی در یک ســازمان[3] وظیفه دارد به دولت خدمت کند. مســیحیان آمریکا بین دو

1. Blue Laws; 2. Disestablishment

۳. کلمهٔ انگلیسی Chaplain را به‌صورت عبارت توضیحی ترجمه کرده‌ام. این کلمه عموماً به معنی کشیش یا نمایندهٔ یک مذهب است که مسئول امور دینی یا خدمات روحانی در یک سازمان، نهاد یا مؤسسهٔ غیردینی است. (مترجم)

قطب قرار گرفته‌اند که یکی اعتقاد آناباپتیست‌ها به استقلال کامل کلیسا از حکومت است و دیگری عقیدهٔ پر و پا قرص به دنیای مسیحی به‌طوری که در اروپا الگوی آن دیده می‌شود. فاصله‌گیری هرچند نامحسوس در آمریکا از الگوی جهان مسیحی، از عوامل بسیار مهم برای درک مسیحیت در آمریکاست.

مسیحیتی که از همه سریع‌تر در آمریکای شمالی رشد کرد، و به گسترده‌ترین شکل در جهان جنوب مورد استقبال واقع شد، بر مبنای پذیرش داوطلبانه استوار بود و در آمریکای شمالی بر توبه و تغییر زندگی شخصی و فردی نیز تأکید داشت. مسیحیان آمریکا از جان بانیان استقبال کردند. اثر او به نام «سیاحت مسیحی» (۱۶۷۸) شکلی از مسیحیت را که بر زندگی مسیحی شخص متمرکز است، هم به کمک تشبیهات توصیف می‌کند و هم موجب تقویت آن می‌شود. بانیان پیوریتَنیسم را ترک نمی‌کند، بااین‌حال داستان او بیانگر این معناست که مسیحیت با توبه و تغییر زندگی فرد آغاز می‌شود و سیر و سلوکی همچون زندگی یک زائر است. در بیداری‌هایی که مذهب آمریکا را شکل داد، تأکید باز متوجهٔ تغییر و تبدیل زندگی فرد بود. گاه این تأکید در کلیساهای نقاط دیگر جهان نیز که بیشتر به حیات جمعی و اجتماعی گرایش دارند مورد توجه قرار گرفته است.

کلیساهای آمریکایی همچنین رهبران خود را بیشتر بر اساس استعداد و ابتکار عمل آنها می‌پذیرفتند تا بر مبنای جایگاه سازمانی یا سلسله‌مراتبی‌شان. برای مثال می‌توان به تأثیرگذاری وسلی اشاره کرد: آنچه به میراث او شکل داد، مهارت‌های نوآورانه‌اش در سازماندهی بود تا تلاش‌هایش برای حفظ رابطه با کلیسای انگلستان. در نهایت، آنچه تأثیری ماندگار بر کلیساهای جهان جنوب بر جای گذاشت، گرایش ذاتی به اختیار، استقلال، و نوآوری در خدمات میسیونرهای غربی بود.

عمل طبق کتاب‌مقدس

امروزه کتاب‌مقدس قرابت خاصی با جهان جنوب دارد. خوشبختانه، میسیونرها اغلب تلاش سخت برای ترجمهٔ کتاب‌مقدس به زبان مردم محلی را در برنامهٔ کار خود قرار داده‌اند. این نظر درست است که ترجمه فرصت کافی در اختیار میسیونرهای غربی قرار می‌دهد تا تعصبات فرهنگی خود را در متن دخالت دهند. با این حال، کاری که ترجمه انجام داد بیشتر تقویت استقلال فرهنگی مخاطبان ترجمه بود تا دستکاری فرهنگ آنها. چندین پژوهشگر به نقش محوری ترجمه در ظهور اندیشهٔ آزاد اشاره کرده‌اند. خواندن کتاب‌مقدس به زبان مادری خود، عاملی تقویت‌کننده در بر دارد. خوانندگان کتاب‌مقدس از دیدن اینکه برخی از آداب و رسوم آنها دارای نمونه‌هایی مشابه در کتاب‌مقدس است خوشحال می‌شوند و این اتفاق زمانی می‌افتد که صفحات کتاب‌مقدس را می‌گشایند و به تفحص در آن می‌پردازند.

برخی مقایسه‌ای انجام داده‌اند بین تأثیر جهانی‌سازِ تأکید اسلام بر زبان واحد قرآن برای همه و تأثیر ترجمهٔ کتاب‌مقدس در تقویت فرهنگ و آداب محلی مخاطبان. مزیت

دیگر ترجمهٔ کتاب‌مقدس این بود که مردم می‌توانستند کتاب‌مقدس را بررسی و تعلیمات میسیونرها را سبک‌سنگین کنند. برای مثال، آفریقاییان زمانی که دریافتند بین پاتریارخ‌های بزرگ یعنی پدران قوم یهود، چندهمسری رواج داشته، به این فکر افتادند که پس علت این‌همه تأکید میسیونرها بر تک‌همسری چیست.

کار اصلی بومی‌سازی زمانی آغاز شد که ترجمه‌های کتاب‌مقدس در اختیار مخاطبانشان قرار گرفت، و خوانندگان توانستند زبان، تصویرسازی، و فرهنگ کتاب‌مقدس را برای خود اخذ کنند. مارک نول شماری از رویکردهای فرهنگی به کتاب‌مقدس را فهرست کرده است. مسیحیان غرب معمولاً نامه‌های تعلیمی و بشارتی پولس رسول را کلیدی برای رمزگشایی از مابقی متن کتاب‌مقدس می‌دانند. برای برخی از آفریقاییان، کتاب لاویان متن محوری کتاب‌مقدس است، زیرا مضمون تقدس و مراسم را در این کتاب با طبع خود سازگار می‌یابند. آنها از کتاب لاویان دریافته‌اند که چیزهای حلال و حرام ریشه در کتاب‌مقدس دارند و چنین نیست که صرفاً محصولات خرافات بت‌پرستان باشند. برخی از مسیحیان آسیایی نیز بر کتاب امثال تمرکز می‌کنند، زیرا این کتاب نشان‌دهندهٔ علاقهٔ خدا به حکمت است، یعنی همان‌چیزی که آنها زمانی در آثار کنفوسیوس می‌جستند.

به‌نظر می‌رسد مردم در جهان جنوب خود را مخاطب مستقیم کتاب‌مقدس می‌دانند و طوری به مطالعهٔ آن می‌پردازند که گویی کتاب‌مقدس مستقیماً برای آنها نوشته شده. در مقابل، خوانندگان غربی فاصله‌ای تاریخی بین جهان آن‌گونه که خود می‌بینند و دنیای کتاب‌مقدس ملاحظه می‌کنند. آنچه توجه آنها را به‌طور خاص جلب می‌کند، میزان تفاوت تجربهٔ آنها با تجربهٔ مسیحیان در عهدجدید است. اغلب اشاره شده که برای مسیحیان پنتیکاستی، عهدجدید با آنچه دربارهٔ سخن‌گفتن به زبان‌ها، معجزات شفا، اخراج ارواح ناپاک، و نبرد روحانی در آن آمده است، نه تنها عجیب نیست، بلکه راه و روش زندگی مسیحی را نشان می‌دهد. در مقابل، مفسران غربی معمولاً رخدادهای عهدجدید را در قالب موضوعات آشناتر برای مردم امروز تعبیر می‌کنند و مثلاً می‌گویند که امروزه باید مسئلهٔ اخراج ارواح ناپاک را با توجه به بیماری‌های روانی تفسیر کرد. حتی ایمانداران اِوانجلیکال و بنیادگرا در غرب راهبردهایی برای توضیح فاصلهٔ میان متن و تجربهٔ امروز خود یافته‌اند. برای مثال، دوران‌گرایی کلاسیک، تلاش داشت تعلیمی را که در کتاب‌مقدس به کلیسا مربوط می‌شد از راهنمایی‌ها و رهنمودهایی که خطاب به قوم دیگر خدا، یعنی بنی‌اسرائیل، بیان شده بود تمیز دهد. دوران‌گرایی با تصریح به اینکه این دو قوم مطلقاً ربطی به هم ندارند، مخالف این بود که پیام‌های مربوط به آنها با هم درآمیزند یا اشتباه گرفته شوند؛ هم از این‌رو، اظهار تأسف می‌کرد که چرا مسیحیان موعظهٔ بالای کوه را به خود مربوط کرده‌اند حال آنکه مخاطب اصلی آن قوم اسرائیل بود.

رویکردی که شاید از دوران‌گرایی هم سفت‌وسخت‌تر است انقطاع‌باوری[1] نامیده می‌شود. انقطاع‌باوری استدلال می‌کند که زمان معجزات و عطایای کاریزماتیک به پایان رسیده است.

---

۱. انقطاع‌باوری را معادل Cessationism آورده‌ام. انقطاع به معنی قطع‌شدن و توقف است. (مترجم)

یکی از ستون‌های فکری نهضت بنیادگرایی (که میانهٔ خوبی با دوران‌گرایی نداشت) یعنی وارفیلد[1] چنین استدلال می‌کرد که امروزه مسیحیان نباید در انتظار معجزه باشند. او معتقد بود که معجزات را می‌توان به سه مجموعه تقسیم کرد که هریک برای تأیید اعتبار مکاشفه‌ای جدید بود. هنگامی که موسیٰ شریعت را به مردم بخشید، هنگامی که ایلیا و الیشع نبوت می‌کردند، و هنگامی که عیسی پادشاهی خدا را اعلام داشت، شاهد فراوانی معجزات هستیم. همین نظریه‌های دوران‌گرایی و انقطاع‌باوری نشانگر این است که چگونه مسیحیانِ بسیار محافظه‌کار در غرب، همچون رقیبان لیبرال‌شان، سعی در رفع دلنگرانی خوانندگانی داشتند که احساس می‌کردند تجربهٔ کلیسایی آنها با آنچه در کتاب‌مقدس سراغ دارند، بسیار متفاوت است.

جهان‌بینی و مابعدالطبیعه بسیار حیاتی‌اند (مابعدالطبیعه یا متافیزیک در عمل یعنی این سؤال که «چه چیزی واقعی است؟»). مشاهدات کلی دربارهٔ موضوعات فلسفی خطرناک است، اما این مشاهده درست است که مسیحیان در جهان جنوب، در دنیای اطراف خود تعاملی زنده می‌بینند میان آنچه به تعبیری قلمرو روحانی (یعنی غیرمادّی) و قلمرو مادّی (یعنی دنیای محسوس فیزیکی) است. غربیان به‌طور معمول بر این باورند که تسلط بر قلمرو مادّی (احتمالاً از راه علم) انسان را از قلمرو روحانی بی‌نیاز یا حتی چنین نیازی را اساساً نفی می‌کند.

مثال خامی می‌آوریم که شاید در ارزیابی این معنا راهگشا باشد. جادوگر یا نبی قبیله ممکن است به مردم بگوید بیماری و مرگ به این دلیل بر آنها نازل شده که به دوستانشان خیانت کرده و مورد غضب خدایان قرار گرفته‌اند. تفسیر روحانی این اتفاقات ناگوار ادامه دارد تا زمانی که محققی غربی سر می‌رسد و آب را آزمایش می‌کند و متوجه می‌شود آب چاه مسموم است. نظر قطعی محقق این است که مرگ و میر اهالی هیچ ربطی به خدایان ندارد، بلکه علت بیماری مردم، وجود میکروب در آب است. بسیاری از غربیان با همین قیاس دوحدیِ[2] ساده‌انگارانه به پدیده‌ها نگاه می‌کنند: هر پدیده‌ای یا توضیح طبیعی دارد یا فراطبیعی. این تصور همان اندازه معنی دارد که بپرسیم دوست داری سوار اتوبوس شوی یا نهارت را به مدرسه ببری؟

این مثال ما را متوجهٔ رخنهٔ ماتریالیسیم می‌کند. مسیحیان غرب اغلب خود را با دیدگاه غالب تطبیق می‌دهند. بیم آنها از این است که دانش انسان ضرورت وجود خدا را نفی کند. آنها تعلیمات مسیحی از این قبیل را که خدا بقای جهان را حفظ می‌کند و یا، خدا را نمی‌توان عاملی در کنار عوامل دیگر دانست، ترک می‌کنند. برخی ایدهٔ وجود خدا را به‌طور کلی کنار می‌گذارند یا نوعی دئیسم مشروط اختیار می‌کنند. در چنین خداباوری سرکوفته‌ای، خدا بیرون از صحنه است و به‌ندرت نمایان می‌شود؛ ارواح خبیثه، روح‌ها، و فرشتگان نیز

---

1. B. B. Warfield

۲. منظور از Dilemma یا قیاس دوحدی در منطق این است که از میان دو گزینهٔ (معمولاً) نامطلوب، مجبوریم فقط یکی را برگزینیم. (مترجم)

جلوه‌ای کم‌رنگ دارند. برای اکثر غربیان، فقط چشم‌اندازی معتدل برای امور روحانی وجود دارد. برای جهان جنوب، دنیاهای مادّی و معنوی با هم تلاقی دارند. در چنین دنیایی، ارواح خبیثه یا ارواح ممکن است بر خلق‌وخوی فرد تأثیر بگذارند یا آسایش او را بر هم زنند. قلمروهای روحانی و مادّی جایگاه استواری در ذهن این مسیحیان دارند، و در ورود به متن کتاب‌مقدس چندان مانعی پیش پای آنها نیست.

انجیل و عدالت اجتماعی

کلیسای جهان جنوب عموماً در شرایط فقیرانه‌ای قرار دارد. عنوان «جهان سوم» به همین معناست. البته باید توجه داشت که همهٔ مردم جهان جنوب فقیر نیستند، اما بخش عمده‌ای از جهان جنوب به‌طور اجتناب‌ناپذیری درگیر بی‌عدالتی اجتماعی و شرایط حاصل از آن است. ایمانداران این بخش از جهان ذاتاً گرایش دارند به اینکه باور داشته باشند انجیل به موضوع فقر می‌پردازد. الاهیدانان معتقد به الاهیات رهایی‌بخش ادعا می‌کنند که عیسی رهایی از نظام‌های ظالمانهٔ اقتصادی را هدف خود قرار داده بود. این الاهیدانان کتاب‌مقدس را در ارتباط با موضوع بی‌عدالتی اجتماعی تفسیر می‌کنند و مسیحیان را فرامی‌خوانند تا به‌جای اینکه فقط از عدالت حرف بزنند، به آن عمل کنند. مسیحیان اِوانجلیکال محافظه‌کار در جهان جنوب بیش از همتایان خود در آمریکای شمالی، متأثر از الاهیات رهایی‌بخش‌اند. اما تأکید خود را بر خبر خوشِ مربوط به عمل رهانندهٔ عیسی از گناه نیز حفظ کرده‌اند. با این حال، حتی در درک کار رهانندهٔ مسیح نیز متأثر از شرایط خود هستند.

این حساسیت نسبت به بی‌عدالتی اجتماعی حتی اساسی‌ترین آموزه‌های مسیحی را متأثر می‌سازد. کلیسا بیان‌کنندهٔ سه رویکرد عمده برای درک اقدامی است که عیسی به‌هدف نجات خانوادهٔ بشری انجام داد: (۱) مسیحیان اِوانجلیکال به‌طور معمول رویکردی اتخاذ می‌کنند که مسیح را نماینده یا جایگزین ما می‌داند که بر صلیب جان داد تا نجات را عملی سازد. (۲) سایر مسیحیان، به‌خصوص کسانی که در مواضع لیبرالی مدرن قرار دارند، صلیب را دلیل دراماتیک (نمایش‌گونهٔ) محبت خدا می‌دانند که هرگاه آن را درک کنیم، جایی برای تردید در مورد محبت خدا نسبت به ما باقی نمی‌گذارد و بیدارمان می‌سازد تا ما نیز در مقابل، خدا را دوست بداریم. این دو نظریه بر کلیساهای غرب غالب است. در اولی، عیسی مجازات یا به‌عبارتی قرض شخص ما را که گناهکار هستیم بر دوش می‌گیرد. در دومی، عیسی به ناتوانی ما در دریافت محبت و سهیم‌کردن دیگران در آن می‌پردازد. (۳) نظریهٔ سومی هم هست که در کلیسای شرق حفظ شده و برای هزار سال، رایج‌ترین رویکرد آن به کفّاره بوده است. در این رویکرد، عیسی بندهای اسارت ما را می‌گشاید. خانوادهٔ بشری به‌گونه‌ای اجتناب‌ناپذیر با ظلم شریرانه و دشمن روحانی خاصی روبه‌روست که دارای شخصیت است (شیطان و ارواح خبیثش). از این گذشته، ما با گناهی روبه‌رو هستیم که غلبه بر آن خارج از توان ماست. سرانجام اینکه، با مرگ روبه‌روییم. مرگ به سراغ هر انسانی می‌آید. این دشمنان بر ما

دســت خواهند یافت و چه بخواهیم چه نخواهیم فصل آخر را بر داستان زندگی ما خواهند نوشـــت. اما، عیســـی، با آمدنش به جهان، با مرگ خود، و رستاخیزش، ما را از چنگ مرگ و شکست رهانیده است. پیروزی او بر مرگ نشان از این دارد که او قهرمان ماست که به ما ظفر می‌بخشد. هر کسی که با عیسی یگانگی داشته باشد شریک پیروزی او خواهد بود.

جهان جنوب اغلب ریشـــه در موتیف یعنـــی مضمون مکررِ پیروزی دارد که «مســـیح ظفرمند»[1] خوانده می‌شـــود. چشم‌انداز پیروزی بر دشـــمنانی که ذکر شد شکل‌دهندهٔ دعای شـــخصی، آیین عبادی، و اعمال دینی مســـیحیان در این بخش از جهان است. مردمی که در جهان جنوب زندگی می‌کنند برای تصور این دشـــمنان نیازی به اســـتفاده از قوهٔ تخیل خود ندارند. آنها وضع آشـــفتهٔ سیاسی، فســـاد، خشـــونت، و مظالمِ به‌ظاهر گریزناپذیر اقتصادی را تجلیات ازهم‌گســـیختگی خلقت می‌دانند. عیســـای اناجیلِ با قدرت به مبارزه با شرارت برمی‌خیزد که این نشانهٔ پادشاهی آیندهٔ الاهی است. پولس ادعا می‌کند که خود آفرینش برای رهایی ناله برمی‌آورد. امید و تجربهٔ رهایی آن، بی‌اندازه قدرتمند اســـت. این تعبیر از عیسی و رسالت او، هرچند دیری در غرب مورد غفلت واقع شده، در بن الاهیات و عبادت کلیسا در جهان جنوب قرار دارد.

ویژگی‌های دیگر: عبادتِ کل بدن برای کل جهان

کلیساها در بیرون از غرب از حس یگانگی خاصی برخوردارند که درک آن برای غربیان دشـــوار است. مســـیحیان غربی به فردگراترین فرهنگ تاریخ تعلق دارند. اگر از دانشجویان غربی بپرســـید که خود را چه کسی می‌دانند، تعلق خود را به گروهی خاص تصدیق خواهند کرد، اما جواب کامل به ســـؤال شما را موکول به این می‌دانند که هویت فردی خود را به شما گفته باشـــند. غربیان فکر می‌کنند که خودِ واقعی ما در داده‌های فردی ما منعکس اســـت که ما را از خانواده و جامعه‌مان متمایز می‌ســـازد (یعنی اطلاعـــات فردی متمایزکننده در مقابل اطلاعات گروه). برای اکثر مردم جهان، خلاف این امر صادق است: آنها بر این باورند که اگر می‌خواهند هویت اصلی‌شـــان را به شما بگویند باید به گروه متبوع خود اشاره کنند. می‌توان اســـتدلال کرد که هم هویت گروهی و هم هویت فردی ضـــرورت دارند، اما اگر آمریکاییان به‌طور مفرط فردگرا باشـــند، شاید به‌درستی نتوانند عملکرد کلیســـاها در دیگر نقاط جهان را دریابند. در بســـیاری از این فرهنگ‌ها کل یک گروه به مســـیح ایمان می‌آورند. همچنین احساســـی از اتحاد یا همبستگی بین اعضا همچون بدن کلیسا وجود دارد که از نگاه غربیان، استعاری یا تصور آن دشوار است.

در این کلیساها، همبستگی در عبادت دسته‌جمعی مشهود است. اغلب ایمانداران مسیحی در جهان جنوب با کل بدن خود در کلیســـا سرود می‌خوانند. این روش عبادت در مقایسه با اکثر کلیساهای غرب، پرجنب‌وجوش اســـت اما می‌تواند با عبادت آیینی همراه شود. دعای

1. Christus Victor

شفاعتی از عوامل مهم در عبادت این کلیساهاست؛ بخش‌های جداگانهٔ دعا ممکن است ساعت‌ها به طول انجامد. بسیاری از ایمانداران فکر می‌کنند که خدا به سخن‌گفتن با ما ادامه می‌دهد درست همان‌گونه که دیرزمانی پیش با انبیا سخن می‌گفت. البته، عطای نبوت جای کتاب‌مقدس را نمی‌گیرد. سخنان نبوتی جدید اغلب با مطالعهٔ کتاب‌مقدس آغاز می‌شود. در این هنگام، عبارت خاصی به ریشهٔ سخن نبوتی جدید تبدیل می‌شود.

دیوید یانگی چو[1] شبان بزرگ‌ترین کلیسای جهان در کرهٔ جنوبی است. یانگی چو به این سؤال که چطور در فرهنگی چنین مردسالارانه او از زنان در کادر رهبری کلیسا استفاده می‌کند، خیلی ساده پاسخ داد: «خدا به من گفت.» ایمانداران در جهان جنوب، به‌خصوص مسیحیان کاریزماتیک، با احساسی از انتظار برای سخن‌گفتن خدا و یافتن عطای نبوت زندگی می‌کنند. ایمانداران مسیحی که بیرون از غرب زندگی می‌کنند ویژگی دیگرشان مواجههای پررنگ با نیروی شر است. این ایمانداران وارد جنگی می‌شوند که پولس در باب ۶ افسسیان به آن اشاره کرده است. رویارویی با تجلیات این دشمنان روحانی در عبادت دسته‌جمعی، یکی از خصوصیات محوری مسیحیت در نقاط مختلف جهان به‌طور اعم و مسیحیان پنتیکاستی به‌طور اخص است. آلن آندرسن[2] یکی از رهبران در مطالعات پنتیکاستی، اذعان می‌دارد که آنچه نقشی محوری در سرشت و رشد کلیسا دارد، باور به این است که خدا عطای شفا را به کلیسا بازگردانده. او می‌نویسد: «در بسیاری موارد، توانایی واعظ برای شفادادن بیماران اصلی‌ترین دلیل رشد کلیساست.» نهیب‌زدن به ارواح پلید و اخراج آنها و دعا برای شفای بیماران جایگاه خاص خود را در عبادت این کلیساها دارد.

نکتهٔ آخر اینکه مسیحیان در جهان جنوب از همان روزهای نخست از مأموریت‌های میسیونری استقبال می‌کنند. بسیاری از آنها، همچون مسیحیان پنتیکاستی، بر این باورند که در یک موقعیت حساس آخرزمانی قرار دارند که در آن، خدا قومی خوانده‌شده از تمامی نژادها را برای تکمیل کار خود پدید می‌آورد. برای مثال، می‌توان به دوره‌ای اشاره کرد که نهضت کلیسای خانگی به‌تازگی در چین آغاز شده بود. این گروه‌های خانگی زمانی که برای موعظه از این روستا به آن روستا می‌رفتند، با مخالفت سهمگینی روبه‌رو می‌شدند. کل مردم روستا بیرون می‌آمدند و سنگ و میوه‌ها و سبزیجات گندیده به طرف این به قول خودشان «پس‌مانده‌های» جامعه پرتاب می‌کردند – این افلیج‌ها و گداها و کورهایی که به مسیح ایمان آورده بودند. اما این مسیحیان تحمل کردند. برای چند دهه، آنها جلسات خود را به‌طور زیرزمینی تشکیل می‌دادند، اما وقتی در زمان کمونیست‌ها رشدی فزاینده یافتند، به نهضت «بازگشت به اورشلیم»، بازگشت به خاورمیانه و دنیای عرب معروف شدند. البته، از این عبارت در غرب سوءتعبیر شده است، زیرا منظور مسیحیان چینی این نیست که می‌خواهند به اورشلیم یا اسرائیل بشارت بدهند. هنگامی که آنها از «بازگشت به اورشلیم» سخن می‌گویند، پیشرفت جغرافیایی انجیل را در درازنای تاریخ مد نظر دارند. انجیل در اورشلیم آغاز شد و عموماً در مسیر غرب، به طرف آفریقای شمالی و اروپا گسترش یافت.

---
1. David Yonggi Cho; 2. Allan Anderson

بنابراین، نهضت بازگشت به اورشلیم که از ذهنیتی چینی برخوردار است، تحقق «مأموریت بـزرگ» [متی ۱۹:۲۸] را در گرو این می‌بیند که کل دنیا را با پیام انجیل دور بزند و دوباره به محل شروع برسد.

بنابراین، نهضت بازگشت به اورشلیم در سال‌های پایانی قرن بیستم، امید آن داشت که ۱۰۰/۰۰۰ میسـیونر را به ۵۱ کشور جهان گسیل کند. هدف آنها نه اورشلیم و اسرائیل، بلکه تمام کشـورها و مردمی بود که در فاصلۀ بین چین و اورشلیم زندگی می‌کردند و پیام انجیل به آنها نرسـیده بود. مسیحیان چینی جادۀ ابریشـم قدیمی را در نظر داشتند که زمانی مسیر تجارت را از خاورمیانه به‌سوی چین گشود بود، و در طول آن تقریباً ۵۲۰۰ قبیله و گروه‌های قومیِ مختلف که اطلاعی از پیام انجیل ندارند، از جمله بسیاری از مسلمین، زندگی می‌کنند. برخی از مسـیحیان چینی باور داشـتند که اصلاً برای ترویج ایمان خود در بین همین گروه خوانده شده‌اند. برخی هم حرف از اعزام صد هزار مبشر به خاورمیانه می‌زدند.

پیشنهادهایی برای مطالعۀ بیشتر

Aikman, David. *Jesus in Beijing*. Washington, DC: Regnery, 2003.
*Anderson, Allen. *To the Ends of the Earth: Pentecostalism and the Transformation of World Christianity*. New York: Oxford University Press, 2013.
*Jacobsen, Douglas. *The World's Christians: Who they Are, Where They Are, and How They Got There*. Oxford, UK: Wiley-Blackwell, 2011.
*Jenkins, Phillip. *The Next Christendom: The Coming of Global Christianity*. 3rd ed. Oxford, UK: Oxford University Press, 2013.
Lambert, Tony. *China's Christian Millions*. London: Monarch, 1999.
*Latourette, Kenneth Scott. *Christianity in a Revolutionary Age*. Vols. 4-5. New York: Harper and Row, 1961-62.
Marshall, Paul, ed. *Radical Islam's Rules: The Worldwide Spread of Extreme Shari'a Law*. Lanham, MD: Rowman & Littlefield, 2005.
*Noll, Mark, *The New Shape of World Christianity: How American Experience reflects Global Faith*. Downers Grove, IL: InterVarsity Press, 2009.

فصل چهل‌وهشتم

پنجره‌هایی به‌سوی دنیای مسیحیت

جاها و اشخاص ایمان

با کمال فروتنی یادآوری می‌کنیم که ما کلیسای جهانی[1] را از نگاه غربی توصیف می‌کنیم. همان‌گونه که رَندی ریچاردز[2] نوشته است: «تعمیم همواره نادرست و معمولاً مفید است.» اکنون برای آنکه آب و رنگی به توصیف و شرح خود از جهان جنوب بیفزاییم می‌خواهیم داستان‌هایی، هرچند کوتاه، از چند نقطه از جهان و مسیحیانی که به‌اتفاق قوم بزرگ خدا را تشکیل می‌دهند، نقل کنیم.

چین

نخست و با تفصیل بیشتر سراغ داستان حیرت‌انگیز ایمان در چین می‌رویم. در چین بر سر مناقشات مذهبی دشمنی‌های شدیدی بروز کرده بود. در یکی از شورش‌های مذهبی، بیست‌وپنج میلیون نفر جان خود را از دست دادند! تلاش‌های میسیونرهای مسیحی نیز با

---

۱. Global Church منظور از این اصطلاح یعنی کلیساهای نقاط مختلف جهان، به‌خصوص بیرون از غرب. برای خوانندهٔ فارسی زبان این تأکید چندان ضرورتی ندارد. (مترجم)

2. Randy Richards

سوءظن روبه‌رو شده و به اخراج میسیونرها از کشور در قرون نهم و سیزدهم منجر شده بود. ژزوئیت‌ها در دهۀ ۱۶۰۰ موفقیتی ماندگارتر ولی محدودتر داشتند. البته، برخی از مسیحیان گله داشتند که ژزوئیت‌ها از سر و ته تعلیمات مسیحی طوری زده‌اند که با ذائقۀ چینی‌ها سازگار شود.

کشورهای غربی کار میسیونری خود را در اواخر دهۀ ۱۸۰۰ و اوایل دهۀ ۱۹۰۰ بر چین متمرکز کردند. پس از جنگ جهانی دوم، جنگی داخلی بین حزب ملی‌گرای چیانگ کای‌شِک[1] و حزب کمونیست مائو تسه‌تونگ[2] درگرفت. در نهایت، حزب ملی‌گرا از سرزمین اصلی بیرون رانده و در تایوان مستقر شد. کمونیست‌ها جمهوری خلق چین را تشکیل دادند و میسیونرهای مسیحی را با وجود مدت‌های مدید اشتغال در این کشور، در سال ۱۹۴۹ اخراج کردند. بسیاری نگران بقای مسیحیت در چین بودند. علت این نگرانی عبارت بود از سابقۀ خشونت در چین بر سر مسائل مذهبی، بدگمانی افراد به مسیحیت از این حیث که آن را ابزار امپریالیسم غربی می‌دانستند، ایمان ضعیف و اسمی برخی از نوکیشان، و دشمنی کمونیست‌ها با دین.

در آغاز تلاش صورت گرفت تا اختیار مسیحیت و ادیان دیگر در کشور به‌دست گرفته شود. مائو تسه‌تونگ باور داشت که با جلوگیری از ستمکاری و دستکاری دین، ایمان مذهبی خودبه‌خود به زوال طبیعی دچار خواهد شد. نهادهای دولتی خاصی شکل گرفت که هدف از آنها اطمینان از تطبیق‌یافتن مذاهب کشور با اهداف میهن‌پرستانه بود. نهضت میهن‌پرستانۀ پروتستان موسوم به سه‌خود[3] (۱۹۵۵) و انجمن میهن‌پرستانۀ کاتولیک[4] (۱۹۵۷) به نهادهای نیرومندی تبدیل شدند که به نام وفاداری به میهن، دست به سانسور و تحمیل همگامی با دولت می‌زدند. تفرقۀ شدیدی بین مسیحیان چین افتاده بود. برخی به این حرکت‌ها پیوستند و دشواری‌ها را تاب آوردند تا مطمئن شوند صدایی مسیحی در چین باقی خواهد ماند. برخی دیگر اعتراض کردند که این نوع همکاری به معنی کوتاه‌آمدن در مورد ایمان مسیحی است.

سازمان پروتستان «سه‌خود» نام خود را از راهبردی قدیمی در زمینۀ خدمات میسیونری اخذ کرده بود که کلیساها را به خوداتکاییِ افزون‌تر دعوت می‌کرد: «خودگردانی، خودحمایت‌گری، و خودتبلیغی.» استفاده از این ترکیبات برای کمونیست‌ها که هرگونه نفوذ غرب را ظالمانه می‌دانستند، معنایی افزون‌تر داشت. به پروتستان‌هایی که همکاری می‌کردند به چشم خائن نگریسته می‌شد. به آنها می‌گفتند «کلیسای سه‌خود» که اکنون بیشتر به «کلیسای ثبت‌شده» معروف است. سایر مسیحیان از جان خود در راه حفظ استقلال‌شان گذشتند. به اینها می‌گفتند «کلیسای زیرزمینی»، «کلیسای خانگی»، و امروزه بیشتر «کلیسای ثبت‌نشده» خوانده می‌شوند. سیاست دولت چین شامل آزار و اذیت وحشیانۀ مسیحیان بود، اما این دولت همچنین باور داشت که اگر ارتباط مسیحیان چین را با غرب قطع کند، مسیحیت در

1. Chiang Kai-Shek; 2. Mao Zedong; 3. The Protestant Three-Self Patriotic Movement; 4. Catholic Patriotic Association

چین نابود خواهد شد. بعدها سیاست دیگری در چین دنبال شد که تلاش داشت دین را به‌کل ریشه‌کند کند. رئیسْ مائو تسه‌تونگ انقلاب بزرگ فرهنگی پرولتری (۱۹۶۶-۱۹۷۶) را به راه انداخت. وحشیگری عظیم، آموزش مجدد، و چیزی شبیه کیشِ تکریم مائو تسه‌تونگ به هنجار و قاعده تبدیل شده بود. دارایی‌های کلیسا مصادره شد، و حتی مسیحیانی هم که با کلیساهای ثبت‌شده همکاری داشتند مورد جفا قرار گرفتند.

پس از مرگ مائو تسه‌تونگ، افراد میانه‌روتری بر سر کار آمدند. دِنگ شیائوپینگ[1] تجسم این رویکرد گشوده‌تر بود. پرزیدنت جیمی کارتر در ژانویهٔ ۱۹۷۹ اقدام به عادی‌سازی روابط با چین کرد. دِنگ شیائوپینگ که به آمریکا رفته بود از اقدام کارتر در جهت منافع مردم چین سپاسگزاری کرد و پرسید که چطور می‌تواند لطف او را جبران کند. کارتر در پاسخ گفت که وقتی پسربچه بود هفته‌ای پنج سِنت برای احداث بیمارستان و مدرسه در چین هدیه می‌داد و میسیونرها را قهرمان ایمان خود می‌دانست. سپس به این نکته اشاره کرد که چین ورود میسیونرها، کتاب‌مقدس، و آزادی عبادت را ممنوع کرده و او درخواست رفع این ممنوعیت را دارد. جناب شیائوپینگ در پاسخ گفت که به زمان نیاز دارد تا در این باره فکر کند. صبح روز بعد، در پاسخ به درخواست کارتر اعلام داشت که چین به میسیونرها اجازهٔ فعالیت نخواهد داد، اما اجازهٔ توزیع کتاب‌مقدس را خواهد داد و قانونی در مورد آزادی عبادت وضع خواهد کرد. اجازهٔ چاپ و نشر کتاب‌مقدس زودتر صادر شد، و در سال ۱۹۸۲ قانونی تصویب گردید که به مسیحیان آزادی بیشتری برای عبادت می‌داد. در چین، آزادی عبادت از منطقه‌ای به منطقهٔ دیگر بسیار فرق می‌کند، اما کلیساهای ثبت‌نشده (زیرزمینی) به‌طور فزاینده‌ای جلسات علنی برگزار می‌کنند و کلیساهای ثبت‌شده هم از آزادی بیشتری بهره‌مند می‌شوند.

خطوط دشمنی با عادی‌شدن همکاری بین کلیسای قانونی ثبت‌شده و کلیساهای ثبت‌نشده، در حال کاهش است. صدا و تأثیر مهم دیگری افزون بر کلیساهای ثبت‌شده و ثبت‌نشده نمایان شده است. موفقیت اقتصادی چین، کارآفرینان را از چهارگوشهٔ جهان به این کشور آورده است. به اتباع بیگانهٔ صاحب گذرنامه اجازهٔ قانونی برای عبادت آزادانه و اجتماع داده می‌شود. این کلیساهای متشکل از مسیحیانی از نقاط مختلف جهان، از حیث تأثیر روحانی و رابطه‌شان با کلیساهای دیگر در چین مهم‌اند.

شمار نوکیشان مسیحی در چین اسباب حیرت است. در سال ۲۰۰۰ به‌طور محافظه‌کارانه تخمین زده می‌شد که این رقم ۸۹ میلیون نفر، یعنی درست ۷.۱ درصد جمعیت چین باشد.

کاردینال کونگ: عزم خلل‌ناپذیر

کاردینال ایگناتیوس کونگ، کونگ پین‌مِی (یا گونگ پین مِی)[2] در سال ۱۹۳۰ دستگذاری و در ۱۹۵۰ نخستین اسقف بومی شهر بندری مهم شانگهای شد. او در سال ۱۹۵۵ به دلیل خودداری از قطع ارتباط با پاپ و تصدیق مشروعیت تلاش دولت چین برای کنترل کلیسای

1. Deng Xiaoping; 2. Ignatius Cardinal Kung, Kung Pin-Mei (Also Gung Pin Mei)

کاتولیک، راهی زندان شد. مقامات چین اسقف را در برابر جماعتی عظیم در استادیوم مخصوص مسابقات سگ‌ها گرداندند تا پاپ را انکار کند. در مقابل، او متمردانه فریاد زد: «درود بر مسیح پادشاه، درود بر پاپ.» اسقف پنج سال را در زندان گذراند تا اینکه در ۱۹۶۰ به خیانت محکوم شد. برای بیست‌وپنج سال غیر از مواقعی که نوبت اعمال شاقه بود، او را در انزوا نگاه داشتند. به او کتاب‌مقدس یا تسبیح داده نشد. اجازهٔ نامه‌نگاری یا هیچ‌گونه تماسی هم با خانواده‌اش نداشت.

پس از مرگ رئیسْ مائو، چین کم‌کم به‌سوی فضای اقتصادی بازتر، و به میزان و سرعتی کمتر، به‌سوی فرهنگی گشوده‌تر پیش می‌رفت. دِنگ شیائوپینگ ضیافتی به افتخار کاردینال و اسقف مانیل، خایمه سین[1] در ۱۹۸۴ برگزار کرد. این مقام کلیسایِ فیلیپینی نقشی مهم در قیام مردم و سرنگونی فردیناند مارکوس[2] [رئیس جمهور فیلیپین] داشت. مقامات چینی برای اینکه نظربلندی خود را به نمایش بگذارند، از اسقف سالخورده هم که سی سال حبس کشیده بود، برای شرکت در ضیافت دعوت به‌عمل آوردند. ترتیب همه‌چیز به‌دقت طوری داده شده بود که این دو مقام کلیسایی فرصت دیدار و گفتگوی خصوصی پیدا نکنند. بااین‌حال، اسقف سالخورده از فرصت استفاده کرد تا سرودی بخواند. او متمردانه سرودی به لاتین بر اساس متی ۱۸:۱۶ خواند: «بر این صخره، کلیسای خود را بنا می‌کنم.» سی سال انزوا و اعمال شاقه خللی در عزم او پدید نیاورده بود. سال بعد، کونگ به‌خاطر «مسائل مربوط به سلامت» آزاد شد. آن‌روز عصر حتی کاردینال سین هم نمی‌دانست که پاپ ژان پل دوم کونگ را کاردینال اعلام کرده است، هرچند به‌صورت *In Pectore* (یعنی «در دل»). منظور از این اصطلاح، انتصابی است که به‌صورت مخفیانه صورت می‌گیرد چون اقدام علنی، نامناسب یا حتی خطرناک است). اتفاقات زندگی کونگ جالب‌توجه بود. او در آغاز قصد همکاری با مقامات چینی را داشت، اما سپس بنای سرکشی گذاشت. سی سال انزوا و کار سخت خللی در ارادهٔ او ایجاد نکرده بود. بسیاری نگران این بودند که ژزوئیت‌ها مسیحیت را فدای سازشکاری خود کرده‌اند. برخی دیگر نیز در این اندیشه بودند که اصلاً مسیحی واقعی چرا باید با کلیسای ثبت‌شده همکاری کند. با این‌همه، زمان گواه بر قدرت شخصیت‌ساز روح‌القدس است که می‌تواند از فردی با آغاز ضعیف، ایمانداری قوی بسازد.

کُره

مواجههٔ کره با مسیحیت با الگوهای معمول تطبیق نداشت. با کمی تعدیل می‌توان گفت که مسیحیت را کره‌ای‌ها به کره آوردند. در سال ۱۷۸۴، یی سینگ‌هون[3] زمانی که برای یک مأموریت دیپلماتیک به چین رفته بود، تعمید یافت. او با آثاری از میسیونر معروف ژزوئیت، متیو ریچی، به میهن بازگشت. مسیحیان کره با اینکه کشیش نداشتند، یکدیگر را تعمید می‌دادند و آیین قربانی مقدس (عشای ربانی) را برگزار می‌کردند. در ۱۷۹۴، کشیشی از چین

1. Jaime Sin; 2. Ferdinand Marcos; 3. Yi Sing-hun

به نام جیمز چو[1] مخفیانه به کره فرستاده شد که در آنجا مشغول خدمت به تقریباً چهار هزار مسیحی شد. این مسیحیان کاتولیک که مقامات بیم داشتند با قدرت‌های خارجی همدست باشند، مورد آزار و اذیت قرار گرفتند و امواج شهادت برای مدتی نزدیک به نیم قرن یکی از پی دیگری به راه افتاد و حتی خود چو نیز به خیل شهیدان پیوست.

در سال ۱۸۷۳، شاه گوجونگ[2] موضع بازتری نسبت به غرب اتخاذ کرد. در این دورهٔ جدید، بر شمار کاتولیک‌ها افزوده شد. یک میسیونر پرزبیتری اسکاتلندی به نام جان راس[3] در زمان خدمت خود در چین، عهدجدید را برای مردم کره ترجمه کرد. با فرارسیدن دههٔ ۱۸۸۰، تعداد زیادی از میسیونرهای پروتستان شروع به کار در کره کردند.

خدمات پروتستان‌ها مردی جوان به نام سان چو کیل[4] را تحت تأثیر قرار داد. خانوادهٔ او در ۱۸۸۵ به پیونگ‌یانگ رخت کشید. در همان سال، چندین میسیونر پرزبیتری آمریکایی به آنجا آمدند. این میسیونرها از ترجمهٔ کتاب‌مقدس حمایت به‌عمل آوردند و از راهبرد جان نِویوس[5] میسیونر آمریکایی در چین، استفاده کردند. نِویوس می‌خواست کلیساها قوی و متکی‌به‌خود باشند. ورود میسیونرها به کره مصادف شد با سرخوردگی مردم کره از شرایط سیاسی کشور. کره مجبور شده بود در سایهٔ چین، روسیه، و ژاپن موجودیت داشته باشد. کیل با مذهب تائوی خود مشکل داشت و شروع به تفحص دربارهٔ مسیحیت کرد. یکی از میسیونرهای آمریکایی به نام ساموئل مافِت[6] از کیل دعوت کرد تا کتاب «سیاحت مسیحی» را بخواند. او در یکی از دوره‌های تلاش و تقلای روحانی‌اش، یک شب تمام گریه و دعا کرد و به مسیح ایمان آورد.

کیل نقشی فعال در رهبری کلیسا و بشارت بین طبقهٔ کارگر ایفا کرد. در ۱۹۰۳ او وارد دانشکدهٔ الاهیات پرزبیتری پیونگ‌یانگ شد (که تحت حمایت مافت قرار داشت). گزارش‌ها از بیداری روحانی در ولز کیل را برانگیخت که جلسات دعای صبحگاهی برگزار کند تا برای بیداری روحانی در کره دعا کنند. در پایان ده روز آموزش نوایمانان، یکی از میسیونرها در حضور جمع به «یکدندگی و تکبر» خود اعتراف کرد. طولی نکشید که بسیاری به همین شکل در حضور عموم اعتراف کردند. کیل خودش اعتراف کرد که در مورد یک وصیت عملکرد شایسته‌ای نداشته است. این جلسه از ساعت هشت عصر تا ۲ بامداد طول کشید. حاضران در جلسه به‌طور همزمان دعا می‌کردند، به‌طوری که هریک از ایمانداران به‌صدای بلند دعا می‌کرد. برخی می‌گویند که صدای این دعاهای همزمانِ کثیر همچون سمفونی گوشنوازی برای خداست. بسیاری از غربیان این شکل از دعا را تجربه‌ای متمایز در روحانیت کره‌ای دانسته‌اند (که البته به کره محدود نیست).

در ۱۹۱۰، ژاپن کره را تصرف کرد و تا پایان جنگ جهانی دوم بر آن حکم راند. ژاپنی‌ها رفتار وحشیانه‌ای با کلیساها داشتند. بسیاری از مسیحیان، حامی استقلال از ژاپن بودند. کیل با همهٔ پایبندی‌اش به اصول مسیحی در زمینهٔ نفی خشونت، یکی از شخصیت‌های برجسته در این نهضت بود. برای نخستین بار، مسیحیان به‌خاطر ایستادگی در مقابل نیروهای

1. James Chou; 2. King Ko-jong; 3. John Ross; 4. Sun Chu Kil; 5. John Nevius; 6. Samuel Moffett

استعمارگر شهرت یافتند. پس از چندی، کیل شبان کلیسای بسیار مهمی شد موسوم به «کلیسای پرزبیتری مرکزی». رهبری جنبش استقلال در نهایت به بهای جان او و پسرش تمام شد. کیل پس از آنکه همکارانش در جنبش استقلال‌طلبی دستگیر شدند، خود را در اختیار مقامات قرار داد و پس از آزادی، بر اثر پیچیدگی‌های ناشی از آنچه بر او گذشته بود، درگذشت. مارک نول گزارش می‌دهد که کیل هفده هزار موعظه ایراد کرد و در تشکیل شصت کلیسای مختلف شرکت داشت.

پس از جنگ جهانی دوم، کره میان بخش شمالی که مورد حمایت شوروی بود و بخش جنوبی که تحت حمایت ایالات متحده قرار داشت، تقسیم شد. جنگ در ۱۹۵۳ تمام شد، اما وحشیگری علیه مسیحیان تمام نشد. کمونیست‌ها به کلیسا حمله بردند. در این زمان، دو سوم مسیحیان کره‌ای در شمال بودند. ارزیابی وضعیت مسیحیت در کرهٔ شمالی به دلیل ماهیت بسیار پنهان‌کارانهٔ دولت آن دشوار است. در کرهٔ جنوبی، چندین گروه مسیحی شکوفا شده‌اند. پرزبیتری‌ها، پنتیکاستی‌ها، و اخیراً، کاتولیک‌ها رشدی چشمگیر داشته‌اند. نتایج بیداری روحانی کره، رشد انفجاریِ مسیحیت را شتاب بخشید. در ۱۹۱۴، از هر صد کره‌ای یک نفر پروتستان بود. در ۲۰۱۰، از هر سه کره‌ای یک نفر مسیحی بوده.

یکی از بزرگترین کلیساهای جهان در کره قرار دارد. کلیسای یوئیدو فول گاسپل [کلیسای جزیرهٔ یوئیدو موسوم به انجیل به‌طور کامل][1] بیش از یک میلیون عضو دارد. ساختار سلولی این کلیسا برای کلیساهای مختلف جهان، الگو و شاید الهام‌بخش است. کرهٔ جنوبی فقط از ایالات متحده در تأسیس دانشکده‌های الاهیات و اعزام میسیونر به نقاط مختلف جهان تبعیت می‌کند. این میسیونرها به هرجا که می‌روند سیاست تأسیس کلیساهای به‌خودمتکی را دنبال می‌کنند، اما همچنین روحانیت خاص کلیسای کره را با خود می‌برند که در شکل و سرشت متفاوت است. این روحانیت متمایز ریشه در دعا دارد. محوریت دعا را در «کوه دعا» می‌توان دید. کشیش دیوید یانگی چو از کلیسای یوئیدو، رشد کلیسا را نه از ساختار سلولی آن می‌داند و نه نتیجهٔ بازدهی حیرت‌انگیز این ساختار، بلکه به دعا منسوب می‌کند.

بیداری روحانی در آفریقای شرقی

داستان دو مرد و رفاقتی که با هم پیدا کردند، بخشی از بیداری بزرگ روحانی است که آفریقای شرقی را در نوردید. هر دو دستخوش یأس و ناامیدی شدند. سیمئون نسیبامبی[2] در ۱۸۹۷ متولد شد. او در ۱۹۲۲ ایمان آورد. فرصت‌های متعددی این امید و انتظار را ایجاد کرد که حتماً او برای ادامهٔ تحصیل در خارج گزینش خواهد شد، اما این اتفاق نیفتاد. خدا به سرخوردگی شدید سیمئون با یک رویا پاسخ داد. در این رویا، خدا از او خواست تا ارزش تحصیلات را با ارزش پیام انجیل و آمرزشی که به او اعطا شده بود مقایسه کند.

---

1. The Yoido Full Gospel Church; 2. Simeon Nsibambi

دکتر ژوزف چرچ هنگام تحصیل در دانشـــگاه کمبریج، در ماه اوت ۱۹۲۰ قلب خود را به مسیح سپرد. این دانشگاه با حرکت‌های اِوانجلیکال مأنوس بود. مبشر آمریکایی، دی ال مودی تقریباً چهـــار دهه پیش از تحول روحانی چرچ، در کمبریج موعظه کرده بود. به دنبال موعظهٔ مودی، بسیاری از دانشـــجویان کمبریج به خدمت در میسیون‌ها دعوت شدند، از جمله گروه موســـوم به «هفت کمبریجی»[1] که چین را هدف خدمت خود قرار دادند. یکی از دانشجویان به نام جرج لورنس پیلکینگتون[2] به اوگاندا رفت و شـــاهد یک بیداری در سال ۱۸۹۳ شد که پیش‌نشـــانه‌ای از بیداری روحانی آینده بود. دکتر چرچ تخصـــص حرفه‌ای خود را به‌عنوان پزشک در آفریقا به‌کار گرفت و توانمندی خود را همچون میسیونری ممتاز نشان داد.

در ســـال ۱۹۲۹، چرچ از نظر جسمانی و روحانی دورهٔ یأس و ناامیدی شدیدی را پشت سر می‌گذاشت. هنگامی که آرزو می‌کرد دوستی داشته باشد تا خلاء خود را پر کند با سیمئون نسیبامبی آشنا شد. این دو با یکدیگر از آرزوی خود برای بیداری روحانی چه برای خود چه برای آفریقا، ســـخن گفتند. آنها برای دو روز با هـــم دعا و کتاب‌مقدس را مطالعه کردند. این تجربه و وحدت در هدف، زندگی‌شـــان را تغییر داد. نول تأملات چرچ را دربارهٔ این جلسه چنیـــن نقل می‌کند: «این زمانی بود که خدا در فیض متعال خود به ملاقاتم آمد و مرا به جایی رســـاند که دیگر از نظر انســـانی توانی برای من باقی نمانده بود، آنگاه صلاح دید سهمی از قدرت پنتیکاست به من اعطا فرماید.»

مشـــارکتی که با این دو آغاز شـــده بود، مدام رشـــد می‌کرد و بزرگتر می‌شد. در سپتامبر ۱۹۳۵ گروه دیگری برای احیای روحانی تشـــکیل شـــد. آنچه به اندیشهٔ آنها شکل داده بود این تأکید کِزیک بود که تا انســـان خود را کاملاً تســـلیم مسیح نکند، از پیروزی‌های روحانی خبری نخواهد بود. آنها اقدام به برنامه‌ریزی و برگزاریِ مجموعه‌جلساتی کردند که در حکم نقطه آغاز بیداری روحانی بود. در این گروه، ژوزف چرچ (تنها عضو انگلیســـی) و سیمئون نســـیبامبی حضور داشـــتند. طولی نکشـــید ویلیام ناگِندا[3] هم به این حلقه پیوست و نقشی به‌مراتب تأثیرگذارتر از تمام دیگر اعضای گروه در گسترش بیداری روحانی ایفا کرد. ماهیت این بیداری را که بر اثر ریخته‌شـــدن روح‌القدس ایجاد شد در این دو کلمهٔ مهم می‌توان دید: آباکا abaka یعنی مشتعل یا فروزان و بالوکوله balokole که به معنی نجات‌یافتگان است.

برخی این هستهٔ رهبری را نه فقط برای موعظه، بلکه به‌خاطر حکمت‌شان در سازماندهی ســـتایش می‌کنند که گروه‌هایی متشکل از مسیحیان معمولی را برای بشارت اعزام می‌کردند. پهنهٔ جغرافیایی بیداری روحانی از اوگاندای شمالی تا کنیا، رواندا، بوروندی، و تانزانیا را (که در آن زمان تانگانیکا نامیده می‌شـــد) دربرگرفت و بســـیاری را هم بیرون از این مرزها لمس کرد. شمار کسانی که از این بیداری متأثر شدند در مخیله نمی‌گنجد. درصد پیروان مسیحیت در پایان قرن بیســـتم عبـــارت بود از: اوگاندا ۸۹ درصد، کنیـــا ۷۹ درصد، رواندا ۸۱ درصد، بوروندی ۹۰ درصد، و تانزانیا ۵۱ درصد.

1. Cambridge Seven; 2. George Lawrence Pilkington; 3. William Nagenda

شـــاید تأثیرگذارترین گروه، متعلق به ویلیام ناگِنـــدا و ژوزف چرچ بود. خانوادهٔ نیرومند ناگِندا حقانیت موعظه‌های قوی او را اثبات می‌کرد. ناگِندا همچنین یکی از آزمون‌های سخت را در زمان بیداری روحانی پشـــت سر گذاشـــت، و آن عبارت از این بود که در سال ۱۹۴۱، بیست‌ونه دانشجو از کالج الاهیات موسوم به اسقف تاکر[1] اخراج شدند، زیرا مدیران مدرسه نگران شـــور و شوق این به‌اصطلاح بالوکوله‌ها (نجات‌یافتگان) برای بیداری روحانی بودند. خوشبختانه مسئولان مدرســـه (که اتفاقاً همگی هم انگلیسی بودند) توانستند کم‌وبیش تمام دانشـــجویان، از جمله ویلیام ناگِندا، را برگردانند. دانشـــجویان نیز توانستند ضمن ابراز شور و حرارت خود برای بیداری، به کلیســـای خود نیز وفادار بمانند؛ این انعطاف‌پذیری اهمیت بســـیار خود را در نهضت بیداری نشـــان داد، گو اینکه نهضت بارها و بارها مرز بین کلیساها را درنوردید؛ زیرا از کلیساهای برادران، ادونتیست‌های روز هفتم، مِنونیت‌ها، باپتیست‌ها، و متدیست‌ها گزارش‌هایی دال بر حضور در این بیداری وجود دارد.

یکی دیگر از افراد معروف در نهضت بیداری، فِستو کیوِنگِره نام داشت. او در خانواده‌ای حاکم متولد شد و در جوانی به چوپانی اشتغال داشت. چوپان جوان در حین کار داستان‌های کودکان را دربارهٔ عیســـی می‌خواند و در یکی از جلســـات بشـــارتی، قلب خود را به مسیح سپرد. کیوِنگِره الاهیات خواند، شبانی یک کلیسا را بر عهده گرفت، و سرانجام به مقام اسقفی در کلیســـای اَنگلیکن دستگذاری شـــد. با بیلی گراهام دوستی به‌هم زد و مترجم او شد و در جلسات بشارتی وی حضور می‌یافت. شجاعت کیوِنگِره در مواجهه با ایدی امین[2] [دیکتاتور اوگاندا] ســـتایش بسیاری را برانگیخت. امین اسقف‌اعظم کیوِنگِره، جانانی لووُوم[3] را به قتل رساند و کیوِنگِره تا سرنگونی امین در تبعید به‌سر می‌برد. در این مدت، او به چهرهٔ بین‌المللی معتبری تبدیل شـــد که در دفاع از عدالت اجتماعی و دغدغه‌های کل آفریقا سخن می‌گفت. الاهیات او ریشهٔ ژرفی در صلیب داشت. کیوِنگِره باور داشت که مسیح او را خوانده تا امین را به‌رغم تمام جنایاتش محبت کند.

در چین، کره، و آفریقای شـــرقی ما چند عنصر مشترک می‌یابیم. هریک در همان حال که مدیون تلاش‌های میسیونری هستند، فرهنگ غنی مسیحی خود را دارند. هریک نیز آمار رشد حیرت‌انگیزی داشـــته‌اند؛ و هریک مسیحیانی پرورش داده‌اند که با شکیبایی در ناملایمات و رفتار فیض‌آمیز خود، به مسیح خدمت می‌کنند.

پیشنهادهایی برای مطالعهٔ بیشتر

*Anderson, Allen. *To the Ends of the Earth: Pentecostalism and the Transformation of World Christianity.* New York: Oxford University Press, 2013.
* Hill, Jonathan. *Zondervan Handbook to the History of Christianity.* Grand Rapids: Zondervan, 2006.

1. Bishop Tucker Theological College; 2. Idi Amin

۱. Janani Luwum مجســـمهٔ تمام قد این شـــهید مســـیحی نیز همراه با دیتریش بونهفر و بسیاری دیگر بر دیوار کلیسای وست‌مینستر لندن نصب شده است. (مترجم)

*Jacobsen, Douglas. *The World's Christians: Who they Are, Where They Are, and How They Got There*. Oxford, UK: Wiley-Blackwell, 2011.
*Osborn, H. H. *Pioneers in the East African Revival*. Winchester, UK: Apologia, 2000.
*Noll, Mark A. and Carolyn Nystrom. *Clouds of Witnesses: Christian Voices from Africa and Asia*. Downer Grove, IL: InterVarsity Press, 2011.
*Spickard, Paul R. and Kevin M. Cragg, *A Global History of Christians: How Everyday Believers Experience Their World*. Grand Rapids: Baker, 2004.

گفتار پایانی

ر. ل. هَچِت

به‌طور خلاصه می‌توان گفت: از دیدگاه پولس «نجات‌یافتن» به معنی پیوستن به «قوم» خداست که روح‌القدس آنها را در «خانوادهٔ» خدا متولد می‌سازد و بدین‌گونه همچون یک «بدن» به یکدیگر می‌پیوندند، و گردهم‌آمدن آنها در روح‌القدس، آنها را به‌صورت «معبد» خدا شکل می‌دهد. چنین نیست که خدا صرفاً افراد را نجات بدهد و برای آسمان آماده کند؛ بلکه او «قومی» برای نام خود می‌آفریند، که می‌تواند در بین آنها ساکن شود و آنها در زندگی خود با یکدیگر، حیات و خصائل خدا را آن‌گونه که در وحدت و چندگانگی او هست، نمودار می‌سازند.

گوردون فی[1]

پولس، روح‌القدس، و قوم خدا

روایت‌های متعددی که در این کتاب خواندیم، کیستی ما را توضیح می‌دهند. روایت مسیحیان درست‌باورِ نخستین را خوانده‌ایم که با دریافتن گوشه‌ای از راز کیستی عیسی، کلیسا را در مسیر درست نگاه داشتند. روایت اصلاح‌گران پروتستان را خوانده‌ایم که کوشیدند با

---

1. Gordon Fee

تفحص در کتاب‌مقدس، قلب انجیل را دریابند. روایت ایماندارانی را خوانده‌ایم که به‌جای تسلیم‌شدن به گرایش‌های لیبرالی در الاهیات، ایمان خود را پاس داشتند. روایت‌هایی از بیداری‌هایی خوانده‌ایم که بر فرهنگ شکوفای ما تأثیر گذاشته‌اند. این روایت‌ها کیستی ما را باز می‌نمایند: ما در آمریکای شمالی مسیحیان محافظه‌کار یا اِوانجلیکالِ ارتودوکس (یعنی درست‌باور) و پروتستان هستیم. این پروفایل بسیاری از دانشجویان و خوانندگان آثار دکتر شِلی در طول سال‌هاست.

حق داریم روایت خود را بازگو کنیم و جایگاه خود را در روایت کلان خدا بیابیم. با این‌همه، امروزه بسیاری احساس می‌کنند که اگر ذهن خود را به موفقیت روایت خودمان مشغول کنیم، این کار به بهای گرانی تمام خواهد شد. شیفتگی ما به روایت خودمان ممکن است شائبهٔ نقطه‌اوج یا نتیجه‌بودن آن را ایجاد کند. در این صورت، ممکن است دیگران را به‌درستی نبینیم و ستایش نکنیم و ارزیابی غلطی از خود داشته باشیم؛ بر اثر ارزیابی نادرست از روایت خود، با سرخوردگی و این خطر مواجه خواهیم شد که جهت حرکت روایت کلان خدا را گم کنیم. رشد بی‌سابقهٔ مسیحیت در صد سال اخیر مستلزم ارزیابی مجدد است. در حال حاضر، آنچه در آغاز مسیحیت رخ داد با آنچه اکنون رخ می‌دهد به‌طور عمیقی یکی است. گوردون فی یادآوری می‌کند که نخستین مسیحیان دریافته بودند خدا در حال تشکیل‌دادن قومی متشکل از تمام مردم جهان برای خود بود که اغلب به طبقات یا رده‌های پایین تعلق داشتند و به آنها امتیاز تعلق به قوم خدا داده می‌شد. امروزه، خدا تقریباً از هر قوم و ملت و جایی که بتوان تصور کرد، قومی برای خود فراهم می‌آورد.

نقل‌وانتقال‌ها و دشواری‌های مربوط به کلیسای غرب را تا حدی در این پرتو می‌توان درک کرد؛ تجربهٔ کلیسای غرب شاید نمونه‌ای در مقیاس کوچک از آن چیزی باشد که به‌طور گسترده‌تر در جهان در حال وقوع است. مسیحیان در غرب جایگاه خود را از دست می‌دهند و حتی با آزار و اذیت روبه‌رو می‌شوند، اما در همان حال نیز شاهد فراهم‌آمدن این قوم متنوع هستند.

مشکلات و خطرات زیادند؛ اندیشیدن به این مشکلات عدیده ناروا نیست. آیا این ایمانداران جدید اهل خرافات یا ساده‌لوح نیستند؟ آیا ایمان آنها اسمی و بی‌رمق نیست؟ آیا می‌توانند با فرهنگ خود قطع رابطه کنند؟ نسل‌کشی رواندا چگونه توانست در قلمرو بیداری روحانی آفریقای شرقی رخ دهد؟ به‌درستی می‌توانیم از خودمان هم مشابه این پرسش‌ها را به‌عمل آوریم: آیا رفاه مادّی غرب رفتار مسیحی آن را شکل داده یا تغییر شکل داده است؟ آیا ما غربیان شاهد این نبوده‌ایم که در جنگ داخلی، برادر مسیحی به روی برادر مسیحی خود اسلحه کشیده است؟ همچنین باید از خود بپرسیم که از مسیحیان جهان جنوب چه چیزهایی می‌توان آموخت: آیا مفهوم همبستگی را می‌دانیم؟ آیا دیدگاه‌های متافیزیکی ما [یعنی دیدگاه فلسفی غرب دربارهٔ واقعیت] صدای روح‌القدس را خاموش نمی‌سازد؟ در اینجا نیز، ممکن است با ارزیابی روایت‌های خود به این نتیجه برسیم که ارزش تعلق به قوم خدا از هر چیز دیگری بالاتر است.

این چرخه ادامه دارد. درک درست تاریخ کلیسا به ما کمک می‌کند کتاب‌مقدس را درست بفهمیم؛ درک درست کتاب‌مقدس هم کمک می‌کند فهم درستی از تاریخ کلیسا داشته باشیم. اگر به اهمیت الاهیاتی این نکته وقوف پیدا کنیم که کلیسا قوم خداست متشکل از مردم مختلف جهان، تاریخ کلیسا را با نگاه جدیدی خواهیم خواند.

با نزدیک‌شدن به او، یعنی به آن سنگ زنده که آدمیان رد کرده‌اند امّا نزد خدا برگزیده و گرانبهاست، شما نیز چون سنگ‌های زنده به‌صورت عمارتی روحانی بنا می‌شوید تا کاهنانی مقدّس باشید و به‌واسطهٔ عیسی مسیح، قربانی‌های روحانی مقبول خدا را بگذرانید. زیرا در کتب مقدّس آمده است که:

«هان در صهیون سنگی می‌نهم،
سنگ زیربنایی برگزیده و گرانبها؛
آن که بر او توکّل کند
سرافکنده نگردد.»

این سنگ برای شما که ایمان آورده‌اید، گرانبهاست؛ امّا آنان را که ایمان نیاورده‌اند،
«همان سنگی که معماران رد کردند
سنگ اصلی بنا شده است.»

و نیز،

«سنگی که سبب لغزش شود،
و صخره‌ای که موجب سقوط گردد.»

اینان می‌لغزند چو کلام را فرمان نمی‌برند، که این بر ایشان مقدّر گشته است. امّا شما ملتی برگزیده و کاهنانی هستید که پادشاهند؛ شما امّتی مقدّس و قومی متعلق به خدایید، تا فضایل او را اعلام کنید که شما را از تاریکی به نور حیرت‌انگیز خود فراخوانده است.

پیش از این قومی نبودید، امّا اکنون قوم خدایید؛ زمانی از رحمت محروم بودید، امّا اکنون رحمت یافته‌اید. (اول پطرس ۲:۴-۱۰؛ ترجمهٔ هزارهٔ نو)

بروس شِلی

امروزه پس از گذشت دو هزار سال، مسیحیت، لااقل به‌طور اسمی، دین یک‌سوم مردم جهان است. ایمانی که از چند ماهیگیر و خراجگیر و دردسرسازِ جوان در منطقهٔ گمنام یهودیه آغاز شد، در سراسر جهان گسترش یافته و تقریباً یک میلیارد انسان در دنیا به آن التزام دارند.

به‌طور یقین، یکی از جنبه‌های قابل‌توجه‌تر مسیحیت امروز این است که انگشت‌شماری از این مسیحیانی که به ایمان خود اذعان دارند، مطالعه‌ای جدی در تاریخ دین‌شان داشته‌اند. در عصر گذشته، پیروان یک دین به‌ندرت با پیروان دینی دیگر مواجه می‌شدند. بر همین اساس نیز اندک‌کسانی ناگزیر بودند از دین خود در برابر انتقادات دین رقیب دفاع کنند. با این‌همه، در روزگار ما که وسایل ارتباط جمعی، دنیا را به همسایگی ما آورده‌اند جهل مسیحیان توجیه‌پذیر نیست.

نهضت جدایی کلیسا از حکومت، دین را از عرصهٔ آموزش‌های همگانی کنار رانده است. این درست، اما حتی آموزش‌های مسیحی در بسیاری از فرقه‌ها نیز زمینه را چندان برای برخورداری اعضا از درکی پخته و بالغانه از ایمان فراهم نکرده است. بنابراین، آیا واقعاً باید تعجب کنیم که مسیحی امروز غالباً خطاهای فاحش تعلیمی را با تعلیمات درست مسیحی در می‌آمیزد یا طرزعملی برگرفته از آیین شرک را به جای طرزعمل مسیحی می‌گیرد و از آن دفاع می‌کند؟

مسیحیان آگاه ممکن است وسوسه به طرح این سؤال شوند که «اگر پارسا به‌دشواری نجات یابد، خدانشناسان و گناهکاران چه خواهند کرد؟» (اول پطرس ۴:۱۸). اما این مسیحیان می‌دانند که ناکامی انسان فقط نیمی از داستان است. آنها درک می‌کنند که کلیسا خود اغلب بدترین دشمن خود بوده است و چه بسیار پیش آمده که بیداری از منبعی کاملاً نامنتظر فرارسیده است. بارها کلیسا شاهد بوده که «قدرتی» نامرئی تهدیدی را که متوجهٔ وجود آن بوده رفع کرده یا بحران خاصی را به فرصتی برای رشد تبدیل کرده است. جفاهای شدید، اهل بیت ایمان[1] را پاک و پالوده کرده‌اند. گسترش بدعت موجب شد کلیسا اعتقادات اساسی خود را روشن سازد. ظهور ناگهانی افواج بربر در را به روی گسترش بیشتر مسیحیت گشود. این توانمندی برای رویارویی با چالش‌های جدید و بهره‌وری از منابع احیاکنندهٔ روحانی، یکی از رموز رشد مسیحیت است.

آنچه راه آینده را همواره داشته معمولاً تفحص و تأمل دربارهٔ گذشته بوده است، دربارهٔ صورت آشکارشدهٔ خدا در روایت عیسی. مسیحیان همواره دورهٔ عیسی و رسولانش را الگویی برای سراسر دوره‌های دیگر دانسته‌اند، زیرا ارمغان آن برای کلیسا عبارت بوده از ایمانش به عیسی، مسیحای قیام‌کرده، و امید آمرزش گناهان از طریق او. این دوره، در زندگی پولس، ثابت کرد که انجیل فیض مرزهای ملیت، نژاد، جنسیت، یا فرهنگ را درمی‌نوردد.

مسیحیت کاتولیک (جهانی) که این حقیقت را می‌پذیرفت، گسترشی شتابان در سراسر دنیای مدیترانه داشت، و با اندیشه‌های بیگانهٔ گنوستی‌سیزم (آیین غنوسی)، بدعت مارسیون (مرقیون)، و مونتانیسم درآویخت و آنها را دروغ شمرد، دروغی که با استناد به نوشته‌های رسولان و اسقفانِ درست‌باوری که حافظ آنها بودند، ماهیتش آشکار شد. در همین حال، مسیحیان با جفای امپراتوری روم مواجه شدند و از اینکه قهرمانانه در راه ایمان خود شهید

---

۱. اشاره است به غلاطیان ۶:۱۰. (مترجم)

شـــوند، بیم به دل راه ندادند تا شـــاهدی برای ایمانداران دیگر باشند و آنها راه‌شان را دنبال کنند.

این بذر خون شهیدان، به‌گفتهٔ ترتولیان، در نهایت ثمر فراوان خود را در واقعهٔ ایمان‌آوردن امپراتوری به‌بار آورد. عصر امپراتوری مســـیحی در ســـال ۳۱۲ آغاز شد و این زمانی بود که کنستانتین رویایی از مسیح دید. پیش از پایان قرن چهارم، مسیحیت به دین رسمی امپراتوری پهناور روم تبدیل شد. تشکیل کلیسا در گوردخمه دلیل داشت، ولی مسیحیت به قصر و کاخ چه ارتباطی دارد؟

کلیســا تحت سرپرســتی امپراتور یاد گرفت با صورتبندی ایمان بـــرای توده‌های مردم، به کرســـی‌های قدرت خدمت کند. بدین‌گونه، عصر شـــوراهای بزرگ کلیســـایی آغاز شد. مسیحیانی که تمایلی به قصرها نداشتند، در جستجوی راهی دیگری به‌سوی فیض، راه بیابان را در پیش گرفتند. راهبان گرانقدر دیری نپایید خود را در مقام پیشـــگامان نهضتی نو یافتند، همان که موج آینده را به راه می‌انداخت: رهبانیت.

با این‌همه، بســـیاری از مسیحیان در وصلت فرخندهٔ مسیحیت و حکومت، دست خدا را می‌دیدند. در شرق، این وصلت هزار سال ادامه یافت. شیوه‌ای از زندگی پرهیزکارانهٔ عرفانی تحت حمایت امپراتوران ارتودوکس تا سال ۱۴۵۳ رونق داشت. در این سال، ترکان مسلمان مهاجم به امپراتوری بیزانس پایان دادند. با این‌همه، ســـقوط قسطنطنیه به معنی ظهور مسکو، پایتخت جدید مسیحیت ارتودوکس شرقی بود.

در غـــرب، حکایت فرق می‌کرد. پس از قرن پنجم کـــه ژرمن‌ها و هون‌های بربر خطوط دفاعـــی امپراتوری را در هم شکســـتند و در خود شـــهر مقدس تاخت و تـــاز کردند، مردم توضیحات این رخداد را سعی داشتند در کتاب «شهر خدا»ی آگوستین بیابند. آنها دورنمایی از عصر جدید یافتند. ما این ســـده‌ها را قرون وســـطیٰ می‌خوانیم. کسانی که در این سده‌ها زندگی می‌کردند آنها را مسیحی می‌دانستند.

دلایل این تصور را باید در نقش پاپ جست که قدم به ویرانه‌های امپراتوری سرنگون‌شده در غرب گذاشـــت و کلیسای قرون وســـطیٰ را بر فرّ و شکوه ازدست‌رفتهٔ امپراتوری روم بنا کرد. کلیســـای رُم همچون یگانه پیوند موجود با گذشتهٔ روم، راهبان بندیکتی را بسیج کرد و آنها را به‌عنوان ســـفیران پیام انجیل نزد مردم ژرمن فرستاد. قرن‌ها طول کشید، اما پاپ‌ها به کمک امیران مسیحی، به‌آرامی در یک قاره صلح برقرار کردند و مردمش را تعمید دادند و آن را دنیای مسیحیت خواندند، و این اروپای مسیحی بود.

با این‌همه، توده‌های تعمیدیافته به معنی مشـــرکانِ تعمیدیافته بودند. با فرارســـیدن قرن دهم، تجدید حیات روحانی ضرورتی مبرم بود. این اتفاق از صومعه‌ای در مرکز فرانســـه به نام کلونی آغاز شـــد و آن‌قدر گسترش یافت تا به خود پاپ رسید. بزرگترین پاپ اصلاحگر، گرگوری هفتم بود. جانشینان غیور او منصب پاپی را به اوج قدرت زمینی رساندند. کلیسای قـــرن دوازدهم دیگر عامل قوام و دوام شـــکلی از امپراتوری رومی نبود، بلکه خودش نوعی امپراتوری بود، پادشـــاهی روحانی و زمینی‌ای که از ایرلند تا فلســـطین، از زمین تا آسمان،

گسترش داشت. جنگ‌های صلیبی و فلسفهٔ مدرسی شاهد بر این حاکمیت مطلق پاپی بود.

با این‌همه، قدرت فساد می‌آورد، به‌طوری که کلیسا جهان را به‌دست آورد اما روحش را از دست داد. به‌هرروی، این همان چیزی بود که اصلاحگران متعدد، همچون والدنسی‌ها، فرانسیسی‌ها، و آلبیگایی‌ها، درباره‌اش موعظه می‌کردند. در میانهٔ تقلا برای قدرت دنیوی و شواهد دینداریِ بی‌ثمر در قرون چهاردهم و پانزدهم، بسیاری از مسیحیان برای تجدید حیات روحانی و کسب رویایی نو، به کتاب‌مقدس رجوع کردند.

اصلاحات دینی با خشم و خروش آغاز شد. مارتین لوتر شیپور را به صدا درآورد، اما بسیاری دیگر این آرمان را دنبال کردند. در دوره‌ای که ما اصلاحات دینی می‌خوانیم بسیج گروه‌های پروتستان صورت گرفت که عبارت بودند از مسیحیان لوتری، رفرمد یا اصلاح‌شده، اَنگلیکن، و آناباپتیست. در میانهٔ قرن شانزدهم، نهضت اصلاحاتْ اتحاد سنتی اروپای غربی را از بین برده و پلورالیسم یعنی تکثرگرایی دینی را برای روزگار مدرن به میراث گذاشته بود.

کلیسای رُم در برابر این حمله به سنت ایستادگی کرد و سربازانی جدید، به‌خصوص انجمن عیسی، را فراهم آورد. کلیسا امواج جدیدی از میسیونرها به آسیا، آفریقا، و آمریکای لاتین فرستاد؛ و در فرانسه، هلند، و آلمان درگیر جنگ شد. اما در پایان، چیزی به نام دنیای مسیحیت یا دنیای مسیحی به تاریخ پیوست، و جای آن را مفهومی نو از کلیسا، یعنی فرقه‌گرایی گرفت که به ملل مدرن اجازه می‌داد کلیسا را جامعه‌ای تلقی کنند جدا از حکومت که عضویت در آن اختیاری است.

در قرن هفدهم، مکاتب جدید فکری سر برآوردند که البته هیچ‌یک به اندازهٔ خود «کیش عقل» قدرتمند نبود. پرسش عقل این بود که چه کسی به خدا نیاز دارد؟ انسان می‌تواند روی پای خود بایستد. مسیحیان فریاد اعتراض خود را بلند کردند، اما این اندیشه آن‌قدر گسترش یافت تا اینکه سکولاریسم بر زندگی اجتماعی جوامع غربی مسلط شد. البته، خدا باقی ماند، اما به‌عنوان یک انتخاب شخصی.

مسیحیان دیگر نمی‌توانستند برای سرکوب این بدعت‌ها به ضرب و زور متوسل شوند. بنابراین، بسیاری از آنها به شیوهٔ رسولان متوسل شدند، یعنی دعا و موعظه. نتیجه، مجموعه‌ای از بیداری‌های اِوانجلیکال بود: در رأس آنها، پارسامنشی، متدیسم، و بیداری بزرگ. اِوانجلیکال‌ها از طریق موعظه و تحول روحانی در فرد می‌خواستند جایگاه خدا را در زندگی عمومی احیا کنند.

عصر پیشرفت شاهد این بود که مسیحیان از هر طیف و قِسمی به نبردی سهمگین با پیشرفت سکولاریسم برخاستند. بیداری‌های اِوانجلیکال به تلاش‌هایی نو برای رساندن انجیل به سرزمین‌های دوردست انجامید و انبوهی از خدمات اجتماعی مسیحی در اروپا و آمریکای صنعتی‌شده شکل گرفت. دستگاه پاپی که حالتی تدافعی به خود گرفته بود از استحکامات خود در رُم، دشمنان مدرن ایمان کاتولیک را زیر رگباری از موشک گرفت. با این‌همه، اگرچه

مسیحیان از هرچه در توان داشتند مایه گذاشتند، مسیحیت در غرب به‌آرامی از عرصهٔ زندگی عمومی کنار گذاشته شد و مسیحیان خود را در برابر همان مشکلی یافتند که امروز در برابر ما قرار دارد و آن عبارت از این است که مسیحیان چگونه می‌توانند بر اخلاق جوامع کثرت‌گرا و توتالیتر که دیگر التزامی به مفروضات مسیحی ندارند، تأثیر بگذارند؟

عمق این مسئله در عصر ایدئولوژی‌ها نمایان شد، آنگاه که خدایان نوظهور، از انسان‌های سکولار عبودیت می‌طلبیدند. نازی‌ها مفهوم کشور را عظمت می‌بخشیدند، کمونیست‌ها حزب را می‌پرستیدند، و دموکراسی آمریکایی فرد و حقوقش را تکریم می‌کرد. مللِ به‌اصطلاح تنویریافتهٔ مدرن در تلاش برای استقرارِ برتری این خدایان نو، دو جنگ جهانگیر به راه انداختند. هنگامی که ایدئولوژی واحدی نتوانست غلبه یابد، کشورهایی که زمانی مسیحی بودند به همزیستی در چارچوب جنگ سرد رو آوردند. در این روزگار آشفته، فرقه‌های مسیحی درگیر مجادله بین الاهیات مبتنی بر درست‌باوری و الاهیات لیبرالی بودند. این مسیحیان راه‌هایی برای احیای اتحاد ازدست‌رفته می‌جستند، و گرسنگی جدیدی برای تجربیاتی از نوع تجربیات رسولان در خود احساس می‌کردند.

پس از جنگ جهانی دوم، رهبری مسیحی نیرومندی در جهان سوم شکل گرفت که خبر از دمیدن روزی نو برای ایمان کهن می‌داد. آیا میسیونرهای متعلق به اروپا و آمریکای شمالیِ گرفتار به شکلی نو از پاگانیسم (غیرخداپرستی)، توانسته بودند با رساندن انجیل به آسیا، آفریقا، و آمریکای لاتین، آینده‌ای برای مسیحیت رقم زنند؟

پاسخ این پرسش فقط با گذشت زمان مشخص خواهد شد. اما مسیحیان می‌توانند امیدوار باشند، زیرا ایمان همواره از شرایط این جهان فراتر می‌رود چراکه اعتماد و توکل به شخصی خاص دارد، به عیسای مسیح، که در تاریخ مکتوب بشر کسی به اندازهٔ او، بر این‌همه انسان، در این همه شرایط مختلف و در مدتی چنین طولانی، تأثیر نگذاشته است. تصویر او بنا به نیازهای انسان‌ها، رنگ و جلوه‌ای متفاوت می‌یابد: او مسیحای یهودی بقیهٔ وفادار، حکمت دفاعیه‌پرداز یونانی، پادشاه کیهانی کلیسای امپراتوری، لوگوس آسمانیِ شوراهای مدافع باورهای درست مسیحی، حکمران جهانیِ دربار پاپی، الگوی رهبانی از فقر رسولی، و نجات‌دهندهٔ شخصی در بیداری‌های روحانی اِوانجلیکال است.

به‌راستی، او مردی برای تمام زمان‌هاست. در روزگاری که بسیاری او را بی‌ارتباط به زمانهٔ ما می‌دانند، یادگاری از ایّامی سپری شده، تاریخ کلیسا شهادتی است خاموش بر اینکه عیسای مسیح از صحنه ناپدید نخواهد شد. لقب او ممکن است تغییر یابد، اما حقیقت او در تمام نسل‌ها باقی خواهد ماند.

یادداشت‌ها

فصل ۲۴

بهترین زندگینامهٔ مارتین لوتر منبع زیر است:

Roland Bainton, *Here I Stand* (Nashville: Abingdon, 1950).

نقل‌قول‌های این فصل از جمله سرودی که سفر روحانی لوتر را وصف می‌کند در این کتاب آمده‌اند (۶۶-۶۷). برای ذکر این نقل‌قول‌ها، از خلاصهٔ پرآب‌وتاب زندگی لوتر در مجلهٔ تایم، مورخ ۲۴ مارس ۱۹۶۷، ص. ۷۰-۷۴ استفاده کرده‌ام بدون اینکه نقل‌قول‌های داخل نقل‌قول‌ها را مشخص کنم.

برای الاهیات و متون داخل جعبهٔ متن نگاه کنید به منبع زیر:

Alister E. McGrath, *Historical Theology: An Introduction To The History Of Christian Thought*, 2nd Ed. (Malden, MA: Wiley-Blackwell, 2013).

فصل ۲۵

نقل‌قول مربوط به مادر شهید از متن زیر است:

Thielman J. Van Braght, *Martyr'S Mirror* (Scottdale, PA: Mennonite Publishing House, 1951), 984-87.

اذعان می‌کنم که به جان. اچ. یودِر و آلن کریدر به‌خاطر خلاصهٔ مفیدی که از اعتقادات آناباپتیست‌ها در Eerdman'S *Handbook*, 399-403 ارائه کرده‌اند، مدیونم.

فصل ۲۸

خلاصـــه‌ای از زندگی لویولا و فرقهٔ ژزوئیت در شـــمارهٔ مـــورخ ۲۳ آوریل ۱۹۷۳ مجلهٔ تایم، ص. ۴۰-۴۸ آمده اســـت. برخی از توضیحات این فصل برگرفته از همین مقاله است. نقل‌قول‌ها دربارهٔ اتفاقات هولنـــاک جهنم نیز برگرفته از کتاب «تمرینات روحانی»، ص. ۵۸ است.

فصل ۳۲

پاسخ بنجامین فرانکلین به عزرا استایلز در منبع زیر نقل شده است:

S. Hudson, *American Protestantism* (Chicago: University of Chicago Press, 1961), 13.

مطلبی را که از بارون فُن هولباخ نقل شده می‌توان در کتاب «تمدن»، صفحات ۳۹۳-۹۴ یافت. مطلب نقل‌شده از دیدرو را می‌توان در منبع زیر یافت:

Frank E. Manuel, *The Age of Reason* (Ithaca, NY: Cornell University Press, 1951), 30.

در مورد انسان‌گرایی رنسانس نگاه کنید به منبع زیر:

Alister E. McGrath, *Historical Theology: An Introduction to the History of Christian Thought,* 115-16.

در مورد حکمت باستانی کتاب مکاشفه نگاه کنید به منبع زیر:

Robert Wilken, *The Spirit Of Early Christian Thought: Seeking The Face Of God* (New Haven, CT: Yale, 2003).

فصل ۳۳

مطالبی که از کتاب «اندیشـــه‌ها» نقل شده در بسیاری از ویراست‌ها آمده است، از جمله ویراست کتابخانهٔ مدرن با مشخصات زیر:

The Modern Library Edition, Blaise Pascal, *Pensées* (New York: Random House, 1941).

مطلبی که دربارهٔ آگوســـت هِرمان فرانکه آمده اســـت توسط تام استریتر در منبع زیر نقل شده است:

The Church And Western Culture :An Introduction To Church History (Bloomington, IN: AuthorHouse, 2006), 319.

آنچه دربارهٔ زینزندورف آمده انعکاس توضیحات ویلیستون واکِر در کتاب «مردان بزرگ کلیسای مسیحی»، صفحات ۳۰۸-۱۶ است.

فصل ۳۶

شـــرایط و رویدادهای انقلاب فرانســـه خلاصه‌ای از مطالبی است که در کتاب «تمدن»، صفحات ۴۵۱-۶۱ و همچنین منبع زیر آمده است:

Peter Gay, *Age Of Enlightenment* (New York: Time-Life, 1966), 167-68.

شرح مربوط به ازدست‌رفتن ایالات پاپی و شورای دوم واتیکان خلاصه‌ای از توضیحات آگوست فرانسن در کتاب «تاریخ کلیسا»، صفحات ۳۸۴-۹۴ است.

فصل ۳۷

مطلبی که از جی. اِم. تریویلیَن نقل شـــده در منبع زیر آمده است که مفیدترین کتاب برای نگارش این فصل بود:

Ernest Marshall Howse, *Saints In Politics* (London: George Allen, 1953), 178.

برای تکمیل بحث بِبینگتون دربارهٔ نهضت اِوانجلیکال به منبع زیر مراجعه کنید:

Thomas Kidd, *The Great Awakening; The Roots Of Evangelical Christianity In Colonial America* (New Haven, CT: Yale, 2007).

فصل ۳۸

نگرش کمپانی هند شرقی بازتابی است از آنچه در منبع زیر آمده است:

Hutchinson And Garrison, *20 Centuries Of Christianity,* 279.

شرح خلاصهٔ کار ترجمهٔ کَری از منبع زیر است:

Stephen Neill, *The Christian Society* (New York: Harper, 1952), 202.

برای شرح خوبی از فولر به منبع زیر مراجعه کنید:

James Leo Garrett, *Baptist Theology: A Four-Century Study* (Macon, GA: Mercer, 2007).

من ســـعی کرده‌ام ضرورت این امر را در بررسی کتاب‌مقدس خاطرنشان کنم. نگاه کنید به منبع زیر:

R. L. Hatchett. "The Hermeneutics Of Conversion," In *The Ties That Bind: Life Together In The Baptist Vision,* Eds. Gary Furr And Curtis Freeman (Macon GA: Smyth And Helwys, 1994).

فصل ۳۹

تصویری که تیموتی فلینت از واعظ غربی می‌پردازد برگرفته از منبع زیر است:

Edwin Scott Gaustad, *Historical Atlas Of Religion In America* (New York: Harper And Row, 1962), 41.

توضیح ویلارد اسپری دربارهٔ مذهب سیاهان برای مخاطبان انگلیسی بود:

Religion In America (Boston: Beacon Press, 1963), 193.

نقل‌قول‌ها از پرزیدنت وولزی و منکین از فصلی است نوشتهٔ جرج مارسدِن در منبع زیر:

The Evangelicals, Eds. David F. Wells And John D. Woodbridge (Nashville: Abingdon, 1975), 122-23.

فصل ۴۰

فشـــردۀ «سخنگویان لیبرالیســـم دینی» از منبع زیر برگرفته شده و نقل‌قول‌ها از صفحات ذکر شده است:

Hordern, *A Layman'S Guide* 44-49.

فصل ۴۱

نقل‌قول‌های مربوط به رمان «روزگار ســـخت» اثر چارلز دیکنز، در کتاب «تمدن: گذشته و حال، صفحات ۴۸۷-۸۸» آمده اســـت. بحث اجمالی دربارۀ مارکس و انگلس نیز برگرفته از همین کتاب است.

توضیحات مربوط به اسقف کِتِلِر و کاردینال منینگ برگرفته از منبع زیر است:

Thomas Bokenkotter, *A Concise History Of The Catholic Church* (Garden City, NY: Doubleday, 1977), 314-16.

توضیح روشنبوش دربارۀ انجیل اجتماعی از منبع زیر نقل شده است:

A Theology Of The Social Gospel (New York: Macmillan, 1917), 5.

فصل ۴۲

در بحث «مســـیحیان در زمان هیتلر» از مقالۀ خوب ریچـــارد پیئرارد تحت عنوان «عصر ایدئولـــوژی» در *Eerdman's Handbook* صفحات ۵۷۶-۷۸ اســـتفاده شـــده. نقل‌قول آخر از صفحات ۵۸۷-۸۸ است.

فصل ۴۳

نقل‌قول‌های مربوط به شیلر متیوز و گِرشام میچن در کتاب زیر آمده است:

Robert L. Ferm, *Issues In American Protestantism* (Garden City, NY: Doubleday, 1969), 262-87.

در مورد محاکمۀ اسکوپز به کتاب زیر مراجعه کنید:

Gary Wills, *Under God: Religion And American Politics* (New York: Simon And Schuster, 1900).

فصل ۴۴

نقل‌قول مربوط به جرج وایتفیلد از کتاب زیر است:

William Warren Sweet, *The Story Of Religion In America* (New York: Harper, 1950), 141-42.

فصل ۴۶

برای مقالهٔ مربوط به «سکولاریزه‌کردن» نگاه کنید به:

The Blackwell Encyclopedia Of Modern Christian Thought (Malden, MA: Blackwell, 1993).
George Weigel, *The Cube And The Cathedral: Europe, America, And Politics Without God* (New York: Basic Books, 2005), 12.

در مورد محاکمهٔ اسکوپز به کتاب زیر مراجعه کنید:

David Bentley Hart, *Atheist Delusions: The Christian Revolution And Its Fashionable Enemies* (New Haven, CT: Yale, 2009) و Alister McGrath, *The Twilight Of Atheism: The Rise And Fall Of Disbelief In The Modern World* (WaterBrook Press, 2006).

در مورد برخی تحولات میان مسلمین نگاه کنید به:

Greg Webster, *Dreams And Visions: Is Jesus Awakening The Muslim World?* (Nashville, TN: Thomas Nelson, 2012).

فصل ۴۷

Philip Jenkins'S "The Next Christianity" Is Found In *The Atlantic,* October, 2002, 53-68.

پنتیکاستی‌ها پیشتاز در برابر اصلاحات متقابل جنوب بودند. با اینکه مسیحیت پنتیکاستی نهضتی بود که در ابتدای قرن بیستم و عمدتاً در آمریکای شمالی آغاز شد، یک قرن بعد جمعیت پنتیکاستی‌ها به حداقل ۴۰۰ میلیون نفر رسید که حضوری قوی و گسترده در جهان جنوب داشتند. در سال ۲۰۴۰ یا همین حدود، ممکن است جمعیت آنها به یک میلیارد هم برسد که در این صورت فقط عدهٔ مسیحیان پنتیکاستی بسیار بیش از کل بودائیان جهان و از لحاظ عددی تقریباً مساوی هندوان جهان خواهد بود.

در مورد ریشه‌ها و تاریخ اولیهٔ نهضت پنتیکاستی به کتاب زیر مراجعه کنید:

Allan Anderson, *An Introduction To Pentecostalism: Global Charismatic Christianity* (New York: Cambridge, 2004), Chapters 2 And 3.

در مورد نقل‌قول مربوط به کنیاتا به صفحهٔ ۴۰ کتاب جنکینز با نام «دنیای مسیحیت بعدی» مراجعه کنید.

در مورد نسبت کاریزماتیک‌ها به کل جمعیت مسیحیان که ۱ نفر از هر ۴ نفر است، نگاه کنید به: گزارش مرکز تحقیقات نیمکت دربارهٔ دین و زندگی اجتماعی (۱۹ دسامبر ۲۰۱۱)، «مسیحیت جهانی: گزارشی دربارهٔ گستردگی و توزیع جمعیت مسیحیان در جهان».

نمودار مربوط به شمار پنتیکاستی‌ها مقتبس از کتاب زیر از مارک نول است. نامبرده به اعداد و ارقامی که در دومین منبع زیر آمده، استناد می‌کند:

Mark Noll, *The New Shape Of World Christianity: How American Experience Reflects Global Faith* (Downers Grove, IL: InterVarsity Press, 2009), 22.

David B. Barrett'S *World Christian Encyclopedia*, 2nd. Ed. (New York: Oxford University Press, 2001).

در مورد آفریقای شرقی نگاه کنید به:

Noll, *The New Shape Of World Christianity*, 185.

در مورد توصیفات دنیای مسیحیت نگاه کنید به صفحات ۱۴–۱۵ در کتاب زیر:

A. Greg Carter, *Rethinking Christ And Culture: A Post Christendom Perspective* (Grand Rapids: Brazos Press, 2006).

در مورد بانیان به کتاب زیر مراجعه کنید:

Linda Woodhead, *Introduction To Christianity* (New York: Cambridge, 2004), 204-5.

دربارهٔ کتاب‌مقدس و ترجمه مراجعه کنید به نوشتهٔ مارک نول (با اتکا به اثر سِنِه):

*The Shape Of World Christianity*36 ,22-24 ,.

در خصوص الاهیات رهایی‌بخش می‌توانید به کتاب زیر مراجعه کنید:

Paul R. Spickard And Kevin M. Cragg, *A Global History Of Christians: How Everyday Believers Experience Their World* (Grand Rapids: Baker, 2004), 429.

نقل‌قول مربوط به «عطوفتِ تولید انبوه شده» از صفحهٔ ۱۷ کتاب زیر است:

Carol Flake, *Redemptorama: Culture, Politics, And The New Evangelicalism* (New York: Penguin Books, 1984).

کارسون در کتاب خود به نام «همسخن‌شدن با کلیسای نوظهور» که در سال ۲۰۰۵ توسط انتشارات زاندرون در گرند رپیدز به چاپ رسید، چنین می‌نویسد: «در قلب نهضت کلیسای نوظهور – یا به قول برخی از رهبرانش که ترجیح می‌دهند آن را «گفتگو» بخوانند – این اعتقاد وجود دارد که تغییرات در فرهنگ نشان از این دارد که کلیسایی نو «در حال ظهور» است. بنابراین، رهبران مسیحی باید خود را با این کلیسای نوظهور یا در حال ظهور تطبیق بدهند. کسانی که در این زمینه اقدام نمی‌کنند، غافل‌اند از تحول و پیشرفت فرهنگ که انجیل را در پشت شیوه‌های اندیشه و بیان خاصی فرو می‌پوشد که دیگر با نسل جدید، یعنی نسل نوظهور، ارتباط برقرار نمی‌کند.» (ص ۱۲)

بسیاری از ناظران، کلیسای نوظهور را با پست‌مدرنیته ارتباط داده‌اند. پروفسور دیوید وِلز چنین نوشته است: «این نگرش پست‌مدرن یا پسامدرن به‌شکل و شیوه‌ها و بیان‌های گوناگون عرضه شده، که شاید کثرت تعریف‌های ارائه‌شده از آن به‌همین‌سبب باشد. از خصائل خود پست‌مدرنیسم چنین برمی‌آید که اصولاً نتوان چیزی به اسم نگرش پست‌مدرن داشت، بلکه آنچه داریم، چشم‌اندازهای متعدد و متنوع پست‌مدرن است. بااین‌حال، وجه اشتراک تمام آنها باور به مرگ معناست. اما، در تعدیل این نکته باید بلافاصله افزود چیزی که آشکارا مرده، معنای عقلی خاصی است که روشنگری عرضه داشت – اما هواداران پست‌مدرنیسم برای هیچ معنای دیگری اساس و بنیادی متصور نیستند.» از کتاب «فوق تمام قدرت‌های زمینی» (گرند رپیدز، اِردمَن، ۲۰۰۵)، ۶۷.

فصل ۴۸

توصیف کلیسای زیرزمینی برگرفته از «مسیحیت زیرزمینی در چین» نوشتهٔ فانگ بای در «اخبار آمریکا و گزارش‌ها از جهان»، مورخ ۳۰ آوریل ۲۰۰۱ اســـت. جابه‌جایی چشمگیر در نقشهٔ جهانی در منبع ذکر شده است:

Christopher J. H. Wright'S "An Upside Down World" In *Christianity Today*, January 2007, 42.

داســـتان دیوید آیکمن و گزارش او از چین را می‌توان در کتاب او با نام «عیسی در پکن» یافت. داستان سو ونکسینگ هم در صفحات ۲۵۸-۶۰ آمده است.

در نخســـتین سال‌های قرن بیست‌ویکم، رشد شـــتابان جمعیت مسیحیان کرهٔ جنوبی که تقریباً ۶ درصد در ســـال بـــود ادامه یافت و آنچه باعث تقویت آن شـــد، تلاش‌های مجدانهٔ بشـــارتی و همچنین مساعدت دولت بود که مســـیحیت را مانعی ایدئولوژیک در برابر رخنهٔ کمونیسم می‌دانست.

در مورد داستان‌ها، از منابع زیر استفاده کرده‌ایم:

Mark Noll And Carolyn Nystrom, *Clouds Of Witnesses: Christian Voices From Africa And Asia* (Downer, Grove, IL: InterVarsity Press, 2011); Jonathan Hill, *Zondervan Handbook To The History Of Christianity* (Oxford: Zondervan, 2006); Allen Anderson, *To The Ends Of The Earth: Pentecostalism And The Transformation Of World Christianity* (New York: Oxford University Press, 2013); Paul R. Spickard And Kevin M. Cragg, *A Global History Of Christians: How Everyday Believers Experience Their World* (Grand Rapids: Baker, 2004); And Douglas Jacobsen, *The World'S Christians: Who They Are, Where They Are, And How They Got There* (Oxford, UK: Wiley-Blackwell, 2011).

داستان کارتر را دانیل وِستال نقل کرده است. همچنین مراجعه کنید به تارنمای زیر:
Http://Www.Washington-post.Com/Wp-srv/Newsweek/Religion.Htm

در مـــورد اعداد و ارقام محافظه‌کارانه، من به آمـــار مرکز تحقیقات نیمکت دربارهٔ دین و زندگی عمومی (۱۹ دســـامبر ۲۰۱۱) استناد کرده‌ام. «مسیحیت جهانی: گزارشی از گستردگی و توزیع جمعیت مسیحیان جهان»، ص ۶۷.

در خصوص بیداری روحانی در آفریقای شرقی مستندات کتاب زیر را دنبال کرده‌ام:

Mark Noll, *The New Shape Of World Christianity*, 169-183.

آنلاین (برخط)، فرهنگ زندگینامهٔ مســـیحیان آفریقایـــی (The Dictionary Of African Christian Biography) شـــامل مقالاتی پرمحتواست. بسیاری منابع مفید دیگر نیز در دسترس است از جمله:

Wesley L. Handy'S Missionforum.Wordpress.Com

برای مطالعات بیشتر

علاوه بر کتاب‌هایی که در پایان هر فصل و در این یادداشت‌ها ذکر شده، سایر کتاب‌های مرجع، حاوی اطلاعات لازم برای دسترسی به مطالبی هستند که کنجکاوی مشتاق‌ترین دانشجویان را ارضا می‌کند. دو منبع زیر شامل مقالات و پیشنهادهایی برای مطالعه دربارهٔ موضوعاتی است که در فصول این کتاب مطرح شده:

The Oxford Dictionary Of The Christian Church 3, rd Ed., Revised, Edited By F. L. Cross And Elizabeth A. Livingstone (New York: Oxford University Press, 2005).

The New International Dictionary Of The Christian Church, Edited By J. D. Douglas (Grand Rapids: Zondervan, 1974).

دانشجویی که با مطالعهٔ فصول مربوط به مسیحیت در آمریکا، به مطالعهٔ بیشتر دربارهٔ این موضوع علاقه‌مند شده می‌تواند مقالات و پیشنهادهایی برای مطالعات بیشتر در منبع زیر بیابد:

Dictionary Of Christianity In America, Edited By Daniel C. Reid (Downers Grove, IL: InterVarsity, 1990).

منبع زیر شامل مجموعهٔ کاملی از نقشه‌های لازم برای مطالعهٔ تاریخ مسیحیت است:

The Macmillan Atlas History Of Christianity, By Franklin H. Littell (New York: Macmillan, 1976).